Catolicismo PARA DUMMIES®

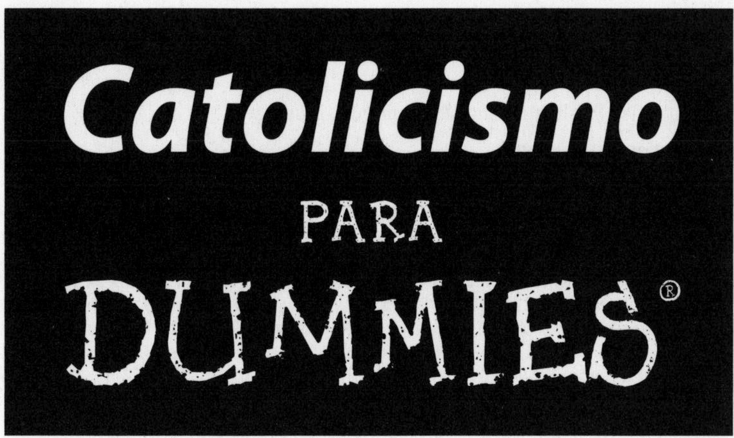

por Rev. John Trigilio Jr., PhD, y Rev. Kenneth Brighenti, PhD

Traducido por Rev. Luis Rafael Rodríguez-Hernández, MDiv

Prefacio por Mons. José H. Gomez

Arzobispo de San Antonio, Texas

BICENTENNIAL 1807 WILEY 2007 BICENTENNIAL

Wiley Publishing, Inc.

Catolicismo Para Dummies®

Publicado por
Wiley Publishing, Inc.
111 River St.
Hoboken, NJ 07030-5774
www.wiley.com

Para obtener información sobre otros productos y servicios, por favor comuníquese con nuestro Departamento de Servicio al Cliente. En los EE.UU. llame al teléfono 800-762-2974 y desde fuera del país al 317-572-3993, o envíenos un fax al 317-572-4002.

Para ayuda técnica, por favor visite la página Web www.wiley.com/techsupport.

La Editorial Wiley también publica sus libros en una gran variedad de formatos electrónicos. Algunos materiales impresos podrían no estar disponibles en formato electrónico.

Número de Control de la Biblioteca del Congreso: 2007931550

ISBN: 978-0-470-17049-6

Impreso en los Estados Unidos de América

10 9 8 7 6 5 4 3 2 1

Nihil Obstat,
Imprimatur: Mons. José H. Gomez, S.T.D.
Arzobispo de San Antonio

San Antonio, Texas
22 de agosto de 2007
Fiesta de Santa Maria Reina

El *Nihil Obstat* y el *Imprimatur* son declaraciones oficiales de que un libro o folleto está libre de error doctrinal o moral. Sin embargo, no hay nada que implique que aquellos que concedieron el Nihil Obstat y el Imprimatur estén de acuerdo con los contenidos, opiniones o declaraciones expresados en la publicación.

Acerca de los Autores

El **Rev. John Trigilio, Jr., PhD, ThD,** es párroco en Nuestra Señora del Buen Consejo (Marysville, Pennsylvania) y también Santa Bernadita (Duncannon, Pennsylvania). Es presidente de la Confraternidad de Clero Católico y editor ejecutivo de su revista trimestral, *Sapientia.* El padre Trigilio es co-presentador de dos series semanales de TV en la Red Mundial de la Eterna Palabra (EWTN): *Red de Fe* y el *Consejo de Fe.* También sirve de consultante teológico y consejero espiritual de EWTN. Apareció en "Who's Who in America" de 1993 y "Who's Who in Religion" en 1999 y es miembro de la Fraternidad de Especialistas Católicos. Fue ordenado sacerdote de la Diócesis de Harrisburg (Pennsylvania) en 1988.

El **Rev. Kenneth Brighenti, PhD,** sirve como párroco de Santa Ana (Raritan, New Jersey). Es el editor gerente de la revista *Sapientia,* miembro de la junta de directores de la Confraternidad de Clero Católico, y es co-presentador de *Concilio de Fe,* una serie semanal de TV en EWTN. El padre Brighenti también tiene 10 años sirviendo como un capellán de las Reserva Naval de los EE.UU. y fue ordenado sacerdote de la Diócesis de Metuchen (New Jersey) en 1988.

Acerca del Traductor

El **Rev. Luis Rafael Rodríguez-Hernández** es un sacerdote bilingüe y párroco en la Diócesis Católica de Harrisburg, Pennsylvania USA. Nación Puerto Rico y se crió en la ciudad de Nueva York. Se graduó de la Pontificia Universidad Católica de Ponce Puerto Rico y completó sus estudios teológicos en el Seminario Teológico San Carlos Borromeo en Philadelphia y fue ordenado sacerdote en 1993 por el difunto Obispo Nicholas C. Dattilo. Aparece regularmente en la programación de Eternal World Television Network (EWTN) y ha dado respuestas en el forum de expertos en Inglés y Español por más de 10 años.

Dedicatorias

Este libro lo dedicamos a Nuestra Señora, Reina del Clero, y a San José, Patrón de la Iglesia Universal.

Y también a su Santidad el papa Juan Pablo II, Obispo de Roma, Vicario de Cristo, Cabeza Suprema de la Iglesia Católica, y Siervo de los Siervos de Dios. Su vida y su sacerdocio abrazaron la cruz, han defendido las enseñanzas ortodoxas de la fe, y han inspirado y animado a muchos católicos en todo el mundo a regocijarse en su religión, y vivirla fielmente en servicio a Dios y compartirla libre y abiertamente de palabra y en obra.

Y también a la reverenda Madre Angélica, PCPA, fundadora de EWTN, quien a pesar de sus muchos padecimientos (heridas, derrames, cirugías, terapias, dolores, y sufrimientos, además de la cruz de ser atacada personalmente y la persecución, los insultos y amenazas) nunca ha dejado de amar, esperar, y servir al Señor Jesús en su santa Iglesia Católica, y de difundir su Palabra y su doctrina y defender la fe mediante los medios electrónicos y de la telecomunicación.

También dedicamos este libro a nuestros cariñosos padres, que nos dieron vida y amor y compartieron su fe católica:

John y Elizabeth Trigilio, Percy y Norma Brighenti

Finalmente, en memoria y amor a los siguientes fieles difuntos:

John Trigilio, Sr. (padre)
1927–1998

Joseph P. Trigilio (hermano)
1964–1997

Michael S. Trigilio (hermano)
1966–1992

Mary Jo Trigilio (hermana)
1960

Agradecimientos de los Autores

El padre Brighenti y el padre Trigilio están endeudados con las siguientes personas por asistirlos en esta obra, su animación, aliento, opiniones, dirección, y consejos en todo este proyecto: Rev. P. Robert J. Levis, PhD; Rev. P. Thomas Nicastro, Jr.; Rev. P. Dennis G. Dalessandro; Louis y Sandy Falconeri y familia; doctores Keith y Christina Burkhart y familia; Thomas McKenna; Jessica Faust; Sandy Blackthorn; Tracy Boggier; Tim Gallan; y en nota especial gracias a nuestros parroquianos donde servimos como párrocos Nuestra Señora del Buen Consejo (Marysville, PA), Santa Bernadita (Duncannon, PA) y Santa Ana (Raritan, NJ).

También agradecemos a las monjas Clarisas Pobres de Adoración Perpetua (Hanceville, AL), los Maestros Religiosos Filippini (NJ), las monjas Carmelitas Descalzadas (Erie, PA), y las monjas Dominicas del Perpetuo Rosario (Lancaster, PA) por sus oraciones y apoyo durante nuestra formación de seminario y sacerdocio sagrado.

Reconocimientos de la Editorial

Estamos orgullosos de este libro. Por favor envíenos sus comentarios o sugerencias usando el formulario de registro disponible en la Internet en `www.dummies.com/register/`.

Entre las personas que ayudaron a colocar este libro en el mercado figuran:

Contrataciones, Editorial y Desarrollo de Publicación

Editores Jefes de Proyecto: Tim Gallan, Alissa Schwipps

Editores de Contratos: Tracy Boggier, Mike Baker

Consultor: Sandy Blackthorn

Correctoras de Estilo: Esmeralda St. Clair, Danielle Voirol

Traductores: Rev. Luis Rafael Rodríguez-Hernández, MDiv; Carmen Grissel de la Torre Soto; Pablo Pilco

Revisor Técnico: Rev. Dennis M. Duvelius

Gerente Editorial Sénior: Jennifer Ehrlich

Asistentes Editoriales: Melissa Bennett, Erin Calligan Mooney, Joe Niesen, Leeann Harney

Foto de Portada: © Matthew Mawson/Alamy

Caricaturas: Rich Tennant, `www.the5thwave.com`

Producción

Coordinadora de Proyecto: Kristie Rees

Diseño Gráfico: Carl Byers, Denny Hager, Stephanie D. Jumper, Laura Pence, Melanie Prendergast, Julie Trippetti

Diseño del Logotipo del Aniversario: Richard Pacifico

Correctora de Pruebas: David Faust, Joni Heredia

Índice: Valerie Haynes Perry

Colaboración Especial: Victoria M. Adang, Christy Pingleton

Un Vistazo al Contenido

Tabla de Materias

Prefacio

La serie *Para Dummies* se ha convertido, con más de 750 tópicos publicados, en un conocido éxito de librería. Tal vez sea por su popularidad que tienes este libro en tus manos.

El *Catecismo de la Iglesia Católica* también ha tenido su propia historia de éxitos editoriales. Cuando fue publicado por primera vez en 1992, para sorpresa del Vaticano, el extenso libro doctrinal se convirtió en un éxito editorial en el mundo entero. En poco más de un año, se había traducido a 20 idiomas distintos, y en el occidente, el libro había superado todos los récords de venta para un libro religioso, con excepción de la Biblia.

En 2002, los obispos del mundo le sugieron al papa Juan Pablo II que una síntesis era necesaria, y así surgió la idea de publicar un "Compendio", que vió la luz en 2005 y que, como su antecesor, también se convirtió en un éxito de librería. Hoy en día es utilizado por las diócesis del mundo entero, y el papa Benedicto XVI no deja de alentar su uso.

No podía pasar mucho tiempo sin que la secuela *Para Dummies* y el Catecismo se encontraran. Y lo han hecho en este libro que presento aquí.

Catolicismo Para Dummies es una presentación sencilla pero muy valiosa de la fe católica, porque aunque no busca ni reemplazar ni imitar el *Catecismo de la Iglesia Católica* ni su *Compendio*, se sirve de su estructura para explicar el catolicismo en sus cuatro grandes temas: la Doctrina (el Credo), la Vida Litúrgica (los Sacramentos), la Moral (los Mandamientos) y la Vida Espiritual (la Oración).

Y así se recorre de manera amena y clara los conceptos centrales que componen el catolicismo.Este libro, que no busca ser el plato principal de la alimentación intelectual y espiritual, logra muy bien convertirse en un buen bocado que sirve para abrir el apetito por la verdadera doctrina de la Iglesia católica.

Ese gran comunicador católico que fue el Obispo Fulton Sheen, decía que el número de personas que odian a la Iglesia católica por lo que verdaderamente es no deben pasar de cien en el mundo; pero el número de aquellos que la odian por lo que *creen* que es son cientos de miles.

Es importante pues, para quienes son católicos, y quienes no lo son, conocer lo que la Iglesia católica enseña de sí misma.

Un libro como este ayudará no sólo a los católicos a embarcarse en el camino de conocer mejor su fe, sino también a aquellos no-católicos a conocer mejor lo que es verdaderamente la Iglesia Católica, y no lo que muchos dicen que es y que no poco frecuentemente, tiene muy poco que ver con la realidad.

La expresión *Para Dummies*, es decir, "para tontos", de esta colección, no significa para nada que sea verdaderamente para gente tonta, o que son tontos quienes leen este libro.Es simplemente una referencia humorística y bien intencionada a la necesidad que tenemos de admitir nuestras propias limitaciones para que a partir de allí comencemos a conocer la verdad de aquello que no conocemos.El éxito de la serie *Para Dummies* se basa en la importancia de no tomarnos tan en serio, y de reconocer con sencillez que un poco más de conocimiento, especialmente en temas que son de importancia vital para nuestra vida, no nos viene nada mal.

San Pablo, en la Primera Carta a los Corintios, decía que "nosotros somos necios por causa de Cristo" (1 Cor 4,10). Quien lee todo el pasaje de esta hermosa Carta, descubre la fina ironía con que San Pablo usa el término "necio" o "tonto".

San Pablo, en efecto, indica que aquel que tiene la humildad para reconocerse "tonto" en algún campo, es decir, limitado, es en realidad más astuto que cualquiera, porque al reconocer su propia falta de conocimiento, es capaz de ponerse en búsqueda de los conocimientos que le faltan.

La serie *Para Dummies* ha sabido trabajar sobre esta ironía paulina, y ha logrado entrar en miles de hogares donde las personas han tenido la inteligencia de reconocerse "tontas" en alguna materia, y por lo tanto, han salido en búsqueda de la información que no buscaron aquellos que se creen astutos o inteligentes, y la encontraron expuesta de una manera suficientemente sencilla como para comprenderla, y suficientemente clara como para tomarla en serio.

Catolicismo Para Dummies puede cumplir esta función de hacernos más inteligentes: el libro es recomendable para el católico que conoce su fe, pero quiere ordenar sus ideas. Es bueno para el católico que no conoce su fe y quiere comenzar a conocerla. Sirve al católico alejado que quiere despertar el hambre de la verdad. Sirve también para ayudar al catecúmeno que se prepara para ingresar a la Iglesia Católica. Y es útil para cualquier persona que quiere conocer los elementos de la fe católica expuestos desapasionadamente; con orden, sencillez y claridad.

A cualquiera que haya decidido "hacerse tonto" para tener una mayor inteligencia y comprensión del catolicismo, le deseo de todo corazón una buena y fructífera lectura.'

Mons. José H. Gomez
Arzobispo de San Antonio, Texas

Introducción

Existen tres grandes religiones cuyas raíces se enlazan con el profeta Abraham: el judaísmo, el cristianismo y el Islam. Y una de esas grandes religiones, el cristianismo, se expresa en tres grandes tradiciones: el catolicismo, la Ortodoxia oriental y el protestantismo. Quizá ya conocías ese detalle. También puede ser que sepas que en este momento existe más de un billón de católicos que habitan sobre la tierra. Eso es, casi una quinta parte de la población total en el mundo.

Seas católico o no, quizás no tengas la menor idea, o quizás es que simplemente desconozcas esos aspectos de la tradición católica, su historia, su doctrina, su liturgia, su devoción o su cultura. No te preocupes. Ya sea que estés de novio, casado o tengas familia, vecinos o un compañero de trabajo católico, o que simplemente tienes curiosidad por conocer más acerca de lo que verdaderamente creen los católicos, entonces este libro es para ti.

Catolicismo Para Dummies toma en cuenta que eres listo e inteligente, pero quizás no estudiaste en la Escuela Católica del Santísimo Sacramento, ni en la Escuela Superior San Tomás de Aquino o tampoco fuiste a la Universidad Católica de tu país. El objetivo de este libro es que puedas darle un pequeño vistazo al catolicismo. No es un catecismo ni tampoco un texto de religión, pero sí es una introducción casual y con sentido práctico para los que no son católicos, así como una reintroducción para los que sí son católicos. Encontrarás explicaciones, con sentido común, de las creencias y las prácticas que tienen los católicos, en un idioma claro y con el porqué y el cómo de las cosas, para que sea sólido.

Aunque *Catolicismo Para Dummies* no es un substituto de *El Catecismo de la Iglesia Católica,* nuestra esperanza es poder darte una buena idea de las cosas. No cubrimos todo acerca del catolicismo, pero sí hablamos de los temas básicos para que la próxima vez que seas invitado a una boda católica, un bautismo, un entierro, una confirmación o una primera Comunión, no te sientas totalmente perdido. Posiblemente ello te ponga en ventaja sobre algunos de tus familiares que quizás sepan menos que tú sobre el catolicismo.

Información sobre Este Libro

Este libro abarca mucho material sobre el catolicismo —desde la doctrina, la moralidad, el culto, la liturgia y las devociones. Pero no necesitarás tener un grado en teología para entender lo que contiene. Todo es presentado de un modo informal y fácil de entender.

Este es un libro de referencia, diferente a los libros que tuviste cuando niño. No tienes que leer los capítulos en orden, uno tras el otro, de principio a fin. Puedes decidir buscar el tema que más te interesa o buscar la página que tenga la respuesta a la pregunta que tengas. También puedes, sin duda, abrir el libro en cualquier parte y escoger un lugar para comenzar a leer.

Este libro tiene seis partes, y cada una de ellas está dividida en capítulos. A su vez, cada capítulo se divide en secciones y cada sección contiene información sobre un aspecto específico del catolicismo.

Convenciones Empleadas en Este Libro

La Iglesia cae entre las diez mejores instituciones que mantienen bien sus registros. De hecho, los monjes fueron los primeros en imprimir la Biblia, a mano, mucho antes que Gutenberg la reprodujera al por mayor en su imprenta (1450). Si fuiste bautizado o casado en la iglesia católica puedes encontrar el registro de tu bautismo en la parroquia donde se llevó a cabo el bautismo o el matrimonio —aunque haya sucedido hace más de 60 años. Por lo tanto, después de 2,000 años de bautismos, bodas, entierros, tribunales, anulaciones, concilios de la Iglesia, de los diversos tipos de documentos papales, las *hagiografías* (biografías de los santos), las investigaciones para alguna canonización y demás, la Iglesia, tenlo por seguro, tiene un gran almacén de registros y textos impresos. Para ponerlo más interesante, el latín es aún el idioma oficial de la Iglesia, así que los documentos oficiales son escritos primero en latín antes de ser traducidos al español u otro idioma.

Como resultado de la tendencia que tiene la Iglesia por utilizar textos cuidadosamente escritos y bien cuidados, no hemos podido evitar usar términos específicamente católicos así como algo del latín en el libro. Por lo tanto, hemos impreso en cursiva los términos difíciles y luego hemos hecho el esfuerzo para poder ofrecerte definiciones completas pero fáciles de entender así como la traducción de esos términos. Si quisieras alguna ayuda con el latín te sugerimos que empieces con una copia de *Latin For Dummies* por Hull, Perkins, y Barr (Wiley).

A lo largo del libro verás escrita la palabra *ortodoxa* con letra *o* minúscula, ello se refiere al creyente correcto o cierto. Pero si ves la letra *O* mayúscula, entonces *Ortodoxa* se refiere a las Iglesias Orientales Ortodoxas, como la Iglesia Griega, Rusa y la Ortodoxa de Serbia. Si también ves la palabra *iglesia* con letra *i* minúscula, se refiere al edificio o a la parroquia, pero si aparece *Iglesia* con letra *I* mayúscula, se refiere a la Iglesia Católica universal.

Suposiciones Tontas

Al escribir este libro hicimos suposiciones acerca de ti:

- Tienes amistades, vecinos o familiares que son católicos y tienes curiosidad por saber más acerca del catolicismo.
- Escuchaste o leíste algo que tiene que ver con los católicos o el catolicismo y tienes preguntas acerca de las creencias o prácticas católicas.
- Quizás eres o no eres católico. Quizás fuiste bautizado en la Iglesia Católica pero no te criaste católico. Quizás ya te comprometiste con otra fe o probablemente aún estás en búsqueda de una fe o no tienes fe de que hablar. Sea como sea, quieres leer algo para saber más sobre los católicos.

Cómo Está Organizado Este Libro

No se pueden resumir dos mil años de historia, teología, espiritualidad, oración, devoción, culto y moralidad en un solo libro. Obviamente tuvimos que dejar fuera ciertas cosas. Pero también hemos resumido bastante. Nuestra meta es proveerte lo central —lo esencial del catolicismo.

Para facilitarte en encontrar esas cosas específicas que buscas y que te interesa saber, hemos dividido el libro en partes, y cada una cubre un tema en particular. Cada parte contiene varios capítulos relacionados al tema.

Parte I: Familiarizarnos con los Puntos Básicos

Esta parte tiene que ver con las ideas fundamentales. Primero te ayuda a responder la pregunta *¿Quién?* —¿Quién es un católico y quién manda en la Iglesia Católica? Cubrimos lo básico, tal como eso de que el catolicismo es una religión principal, el catolicismo como expresión del cristianismo (como lo es la Ortodoxia Oriental y el protestantismo) y las diferentes actividades de los católicos. También te explicamos su poderosa estructura. Le damos una mirada a la jerarquía, desde el papa hasta los sacerdotes, entendiéndola como una cadena de mando.

Parte II: Entendiendo Todas Esas Creencias

Esta parte del libro tiene que ver con el contenido de la fe —las doctrinas y creencias principales y más importantes del catolicismo. Responde a la pregunta *¿Qué?* —¿Qué es lo creen los católicos, de qué manera se manifiesta su culto y qué cosas hacen? También explica la manera en que esta fe se nutre, recibe apoyo, se cultiva y mejora a través de la Misa, el culto oficial a Dios, y a través de los siete sacramentos: el bautismo, la penitencia, la confirmación, la Santa Eucaristía, el matrimonio, el orden sagrado y la unción de los enfermos.

Parte III: Comportarse Como un Santo

Esta parte tiene que ver con la conducta de cada católico —la moralidad católica. Básicamente lo que hace es dar respuesta a la pregunta *¿Cómo?* — Cómo es que los católicos practican su fe? ¿Cómo es que viven la fe día a día en medio de lo que dicen y hacen? Aquí cubrimos las leyes morales del catolicismo como una extensión natural de las leyes en general —las reglas y los códigos de conducta hechos para proteger a sus miembros promoviendo un buen comportamiento y desalentando las malas conductas. Hablamos de la moral natural y los Diez Mandamientos y también de las virtudes morales y los sietes pecados capitales, examinando los variados límites del comportamiento humano.

Parte IV: Viviendo el Catolicismo por Medio de una Vida Devota

Esta parte del libro busca entender las diversas devociones católicas —esas oraciones que se dicen y esas actividades que se hacen más allá de la Misa; y los sacramentos, que los ayudan a continuar y cultivar su relación con Dios. La Iglesia cree que la meta final de toda verdadera devoción es promover, apoyar, resaltar y animar a un fuerte, saludable y absoluto a amor a Dios. Por eso empezamos esta parte con esas devociones centradas en Dios para luego pasar a aquellas dirigidas a los amigos íntimos de Dios, a esos que los católicos llaman —los santos. Esta parte explica que el demostrar devoción a la Virgen María y a otros santos no es considerada adoración, es más bien *honrar* a esa gente verdaderamente especial.

Parte V: La Parte de los Diez

Cada uno de los libros en nuestra serie *Para Dummies* tiene una "Parte de los Diez". Es un rasgo común de la serie. Así que en este libro te presentamos los diez católicos famosos, los diez santos más conocidos y los diez lugares católicos más famosos. Estas personas y lugares le dan una cara y un bello trasfondo a la doctrina, la moral y los ritos que cubrimos en este libro.

Al final del libro, encontrarás un apéndice muy útil.

El Apéndice contiene una historia *muy* condensada, abreviada y resumida desde el período antiguo y medieval hasta el tiempo de la Reforma protestante y la Contrarreforma, del renacimiento hasta el tiempo del iluminismo y los tiempos modernos.

Iconos Empleados en Este Libro

El libro utiliza estos iconos para señalar distintos tipos de información:

El icono "De la Biblia" te ayuda a hacer la conexión entre el catolicismo y la Escritura Sagrada. Si lees el texto al lado del icono, verás la manera en que el catolicismo —la Misa, el Rosario, la jerarquía de la Iglesia y otras cosas— tiene su raíz en la Biblia.

Lamentablemente no recordamos con qué tiene que ver este icono. Es una broma. Este icono busca llamar tu atención sobre esas cosas que merecen ser recordadas, porque es lo básico del catolicismo.

Este icono te alerta sobre esas cosas técnicas o trasfondo histórico que no es esencial conocer. Siéntete libre de saltar tus ojos cuando veas este icono.

Este icono te comunica algunas cositas que te ayudarán a comprender mejor las cosas católicas.

Este icono te advierte sobre ciertas áreas del catolicismo, tal como la obligación de asistir a la Misa el domingo o el sábado. Dejar de asistir sin una excusa legítima, como puede ser una enfermedad grave o severo mal tiempo, es un pecado mortal.

¿Y Qué Hacer Ahora?

Catolicismo Para Dummies es algo como una cena en domingo en casa de nuestra abuelita hispana. La abuela trae a la mesa todo lo necesario: el pan, los frijoles, las tortillas, el guacamole, el queso rallado y el chile; después trae la carne de res asada y el pollo hecho a la parrilla con un arroz amarillo y una bella ensalada; finalmente te presenta el pastel de tres leches, el flan, las frutitas frescas y, para terminar, un café.

De manera análoga, en este libro, tenemos un poco de todo lo que es el catolicismo: su doctrina, moralidad, historia, teología, derecho canónico, espiritualidad y liturgia. En cualquier parte que vayas encontrarás el catolicismo. Puedes buscar y escoger lo que más te interese, y buscar la respuesta a la pregunta que más te atraiga, o abrirlo y empezar a leer lo primero que veas. Por supuesto, podrás decidirte leerle de principio a fin, capítulo por capítulo. No te garantizamos que estés satisfecho cuando lo termines, pero nuestra esperanza es dejarte con una buena impresión acerca de lo que es verdaderamente el catolicismo.

Parte I

Familiarizarnos con los Puntos Básicos

"¡Esa es la Biblia de nuestra familia! Ella en verdad es, la lámpara para mis pies, la luz en mi camino, y la que balancea el estante de nuestros libros".

En esta parte . . .

¿Qué sería una obra teatral de Broadway, alguna ópera clásica o un juego de béisbol de las grandes ligas sin algún programa del evento? ¡Aquí está el programa! En esta parte te ayudaremos averiguar quienes son todos los actores en el catolicismo así como quien es y quien no es católico.

Además, le damos una mirada a lo que es el catolicismo. Es un vistazo a los que los católicos creen y el porqué de esas creencias. Averigua si, después de todo, los católicos son cristianos. También dale una mirada a la cadena de mando en la Iglesia —quien está encargado, y de que.

Capítulo 1

¿Qué Significa Ser Católico?

En Este Capítulo

- Tener una idea sobre el catolicismo
- Apreciar las tradiciones religiosas y sus costumbres
- Pertenecer a una parroquia es algo bueno

Ser católico significa vivir una vida cristiana en su totalidad y desde una perspectiva católica. Para los católicos, todas las personas son básicamente buenas, pero el pecado es una enfermedad espiritual que, en sus inicios, dejó gravemente herida a la humanidad y puede matarla si no se atiende. La Gracia Divina es el único remedio para el pecado y la mejor fuente para obtenerla son los sacramentos, que consisten en varios ritos y que los católicos creen que han sido creados por Jesús y confiados al cuidado de su Iglesia.

¿Cuál es el criterio de fondo desde una perspectiva católica?

- Más que un adherirse intelectualmente a una idea, el ser católico implica un compromiso diario en el acoger el Plan o la Voluntad de Dios— sea cual fuere el lugar en donde se encuentre y hacia donde lo conduzca.
- Ser católico implica, por parte del creyente, cooperar con Dios. Dios ofrece su gracia divina y el católico debe aceptarla y cooperar con ella.
- El libre albedrío es sagrado. Dios nunca te obliga a actuar en contra de tu libertad. Hacer el mal no sólo le hace daño a uno mismo, también hiere a los demás, pues el católico nunca está solo. Los católicos siempre son parte de una familia espiritual llamada la Iglesia.
- Mas allá de ser un lugar al que se asiste los fines de semana para dar culto, la Iglesia es una madre que alimenta espiritualmente, comparte la doctrina, sana, conforta, y cuando es necesario corrige.

En este capítulo podrá tener un vistazo sobre el catolicismo —los términos que utiliza así como sus creencias— una mirada general a su sistema. (El resto del libro desarrolla los pequeños detalles.)

¿Qué Significa Exactamente el Catolicismo?

La respuesta directa es que el *Catolicismo* es la práctica del cristianismo católico romano. *Los Católicos* son miembros de la Iglesia Católica Romana y comparten varias creencias y modos de dar culto, así como una manera particular de ver la vida.

Sus creencias básicas

Los católicos son antes que nada y por encima de todo *cristianos.* Tal como los judíos y musulmanes, son *monoteístas*, lo que significa que creen en un solo Dios. Pero además los católicos, como todos los cristianos, creen que Jesucristo es el Hijo de Dios, creencia que distingue al cristianismo. Los católicos también creen que:

- **La Biblia** ha sido inspirada, revelada como Palabra de Dios y como tal sin errores. (Para más sobre la Biblia vea el Capítulo 3.)
- **El Bautismo,** el rito que nos hace cristianos, es necesario para la salvación —ya sea que el Bautismo se realice por agua, sangre o deseo. (Ver el Capítulo 6.)
- **Los Diez Mandamientos de Dios** nos proveen una guía moral —una manera ética de vivir (Para más sobre los Diez Mandamientos vea el Capítulo 10.)
- **La Santísima Trinidad** —un solo Dios en tres personas— es también parte de la creencia católica. En otras palabras, los católicos creen que Dios, el único Ser Supremo, se compone de tres personas: Dios, Padre; Dios, Hijo; y Dios, Espíritu Santo. (Vea el Capítulo 3.)

Los católicos reconocen la unidad de cuerpo y alma de cada persona humana. La totalidad de la religión se centra en la verdad de que la humanidad se encuentra entre el mundo de lo material y lo espiritual. El mundo físico es considerado parte de la creación de Dios y por lo tanto inherentemente bueno hasta su mal uso por parte de la persona.

Los *siete sacramentos* —el Bautismo, la Penitencia, la Santa Eucaristía, la Confirmación, el Matrimonio, el Orden Sagrado, y la Unción de los Enfermos— son signos externos instituidos por Cristo para comunicar su gracia. Estos ritos católicos, que señalan las siete etapas principales del desarrollo espiritual, están basados en la misma premisa de la unión de cuerpo y alma, de la materia y el espíritu, de lo físico y lo espiritual. Los siete sacramentos contienen un *signo* físico y tangible, como el *agua* usada en el bautismo, o el *óleo o crisma* cuando se unge, para representar una *realidad* espiritual invisible, la gracia sobrenatural que se comunica a través de cada sacramento. (Para más sobre los siete sacramentos, vea los Capítulos 6 y 7).

Los símbolos— desde quemar incienso y encender velas, hasta los vitrales con imágenes de santos; desde las vasijas de óleo o agua, y el pan ácimo y el vino —son parte importante del culto católico. El cuerpo humano tiene cinco sentidos que lo conectan con el mundo físico. El catolicismo usa símbolos tangibles (vea el Capítulo 5) que los sentidos pueden reconocer como un recordatorio de una realidad invisible —la comunicación de la *gracia divina,* don incondicional del amor de Dios.

La gracia nos ha sido dada por Dios gratuitamente, sin mérito nuestro. La gracia es una participación en lo divino; es la ayuda de Dios —inspiración necesaria para poder cumplir con su voluntad. La gracia fue lo que inspiró a los mártires, en los primeros días del cristianismo, a morir antes que negar a Cristo. Fue la gracia la que impulsó a Bernadette de Soubirous (vea el Capítulo 18) a hacer frente al rechazo de la gente de su pueblo después de revelar que había tenido la visión de la Virgen María. La gracia no se puede ver, oír, sentir, oler o saborear, porque es invisible. Sin embargo la fe católica mantiene que la gracia es la potencia viva del alma. La gracia es como una super vitamina espiritual que ayuda a la persona a conformarse, sin egoísmos, a la voluntad de Dios, y como en la batería del conejito mecánico que no deja de pegarle al tambor, la gracia hace que siga, siga y siga caminando el alma. Dada gratuitamente por el Amor de Dios, ella es necesaria para la salvación. El catolicismo enseña que la gracia es un regalo inmerecido de Dios dada a un pueblo indigno de ella. Al ser un regalo la persona puede aceptarla o rechazarla. De aceptarla debe cooperar con ella. La gracia es dada para poder hacer la voluntad de Dios. La gracia tiene que ser puesta en acción por parte de quien la recibe.

La manera principal de dar culto

Los católicos pertenecen a sus propias iglesias, llamadas *parroquias,* y que son los lugares de culto. El servicio diario y semanal católico es la *Santa Misa,* la misma que actualiza los acontecimientos del *Jueves Santo,* día en que Jesús celebró la Última Cena, y el *Viernes Santo,* cuando Jesús murió comprando para la humanidad la vida eterna en el cielo. (Vea el Capítulo 8 para más sobre la Misa.)

La participación dominical en la parroquia no es sólo expresión de un deseo, sino que es una obligación moral. No ir a Misa el domingo sin tener una excusa válida, como puede ser alguna enfermedad o el mal tiempo, es considerado un pecado gravísimo o mortal.

La mayoría de los cristianos asisten a la misa los domingos, pero en la actualidad los católicos pueden escoger entre ir a misa el domingo o el sábado por la tarde.

La práctica de asistir a la llamada *Misa de Vísperas,* la Misa del sábado por la tarde, no fue permitida universalmente sino hasta 1983. La razón de esta práctica, relativamente nueva, es que en la tradición judía, *después de la caída del sol* se considera el día siguiente del calendario. De ese modo la Misa celebrada el sábado después de la caída del sol es propiamente una Misa del domingo.

Originalmente la Misa del sábado por la tarde fue pensada como una solución para aquellos católicos que debían trabajar en domingo o a la misma hora que la Misa dominical. El domingo es el día preferido para celebrar el culto cristiano, día de ir a la Iglesia como familia y vivir como familia. Sin embargo, la opción de asistir a la Misa del sábado por la tarde ya no está restringida sólo para los que trabajan en domingo. Sin embargo aún permanece la obligación de evitar todo trabajo innecesario en domingo ya que es el *Día del Señor* para los cristianos del mundo entero.

Este culto de la noche anterior o Vísperas es algo único del catolicismo. La mayoría de Parroquias tienen la Misa de Vísperas para ayudar a las necesidades de tantas familias de hoy con horarios ocupados. Esto también se da en los días santos o fiestas de guardar, además de otras Misas celebradas en la mañana del día santo. (Para mayor información sobre los días santos o fiestas de guardar, vea el Capítulo 8.)

Podría parecer que los católicos van a la Misa sólo para cumplir con un deber o por cumplir con una ley de la Iglesia, pero participar de la Misa es mucho más que estar físicamente en el templo. El culto católico implica a la persona en su totalidad—cuerpo y alma. Por esta razón, los católicos usan diferentes posturas como estar de pie, sentados, arrodillados e inclinados, escuchar mucho, cantar y responder con ciertas frases. Por ejemplo, si el sacerdote dice, "El Señor esté con ustedes", los católicos responden, "Y con tu espíritu".

Desafortunadamente, algunos católicos no aprecian ni aceptan por completo la gracia de Dios, ni practican lo que se les enseña. Se dice que uno de los lugares más peligrosos del mundo es el estacionamiento de una iglesia católica. Mucha gente —no por necesidad sino por conveniencia— siempre quiere ser la primera en llegar a su auto para poder salir rápidamente, aunque la Misa no haya terminado. Son los mismos que se ubican en los últimos bancos del templo, cerca de la puerta, para poder ser los primeros en salir. Sin embargo, la mayoría de los católicos muestran un gran respeto y permanecen hasta que termina el himno o canto final y a que el sacerdote y el diácono se hayan retirado del santuario.

La visión fundamental

El catolicismo ofrece una perspectiva distinta sobre el mundo y la vida. La visión católica afirma que todas las cosas han sido creadas buenas en sí mismas pero con la posibilidad de ser mal usadas. Honra la inteligencia individual y una conciencia bien formada y motiva a sus miembros a usar su razón. En otras palabras, en lugar de darles una lista de lo que pueden o no pueden hacer, la Iglesia Católica educa a sus miembros a usar su propia capacidad de razonamiento para aplicar, en las distintas situaciones de la vida, las leyes de la ética y la ley moral natural.

El catolicismo no ve a la ciencia o a la razón como enemigos de la fe, sino como cooperadores en la búsqueda de la verdad. Aunque el catolicismo posee una jerarquía compleja para llevar adelante a la Iglesia, también enseña y promueve la responsabilidad individual. Poseer una educación en las ciencias seculares y sagradas es de carácter prioritario. Poder usar argumentos lógicos y coherentes para explicar y defender la fe católica es una característica importantísima.

El catolicismo no es una iniciativa de un-solo-día-de-la-semana. Tampoco separa las dimensiones religiosas y morales de otras dimensiones como la vida política, económica, personal y familiar. El catolicismo busca integrar la fe en toda la realidad.

La visión católica general es que, porque Dios ha creado todo, entonces *nada* está fuera de su jurisdicción, y eso incluye cada uno de tus pensamientos, palabras y obras —por la mañana, por la tarde y por la noche, es decir las 24 horas del día.

Las Leyes Básicas

Los requisitos mínimos para ser católico son los llamados preceptos de la Iglesia:

- Asistir a la Misa todos los domingos y fiestas de guardar.
- Confesarse por lo menos una vez al año o con mayor frecuencia en caso de ser necesario.
- Recibir la Santa Comunión durante la Pascua. Se alienta a que sea recibida diaria o semanalmente.
- Obedecer las leyes del ayuno y la abstinencia: una sola comida completa el día de Miércoles de Ceniza y el Viernes Santo, así como no comer carne los viernes durante la Cuaresma.

¿Eres católico de nacimiento o eres converso?

Algunos católicos permanecen cercanos a su fe desde el comienzo de sus vidas hasta el presente, mientras es posible que otros católicos puedan cambiar su enfoque por algún tiempo pero sólo para después regresar de todo corazón. Hay también otros católicos que pueden haber venido de un pasado religioso diferente o que desconocían totalmente lo que era la religión hasta su conversión al catolicismo.

- *Los católicos de nacimiento* han sido bautizados y criados en la fe católica.
- *Los conversos* son aquellos que pertenecían a otra religión (o ninguna) y posteriormente se hicieron católicos.
- *Los recuperados* son católicos de nacimiento que dejaron la Iglesia, posiblemente para unirse a otra religión. Eventualmente ellos regresaron o *recuperaron* nuevamente su herencia católica.

- Obedecer las leyes del matrimonio de la Iglesia.
- Apoyar financieramente y de otras maneras a la Iglesia.

Usted puede encontrar más sobre los preceptos de la Iglesia en el Capítulo 9. En general se espera que los católicos vivan una vida cristiana, que oren diariamente, que participen en los sacramentos, que obedezcan la ley moral y que acepten las enseñanzas de Cristo y de su Iglesia.

Conocer la fe es el primer paso para ser católico y eso conlleva a una *catequesis,* que es el proceso de descubrimiento de la fe católica y de *lo que* es necesario creer y saber sobre todas sus doctrinas importantes.

El segundo paso es aceptar la fe, lo que conlleva a tener *confianza.* El creyente católico debe confiar en que lo que se le está enseñando es ciertamente la verdad. Después de conocer sobre lo que cree la Iglesia, al católico se le pide *creer* todo lo que se le ha enseñado. Es el acto de responder "Sí" a la pregunta "¿Crees?"

Practicar la fe es el tercer y el paso más difícil. Obedecer las leyes no puede ser solo un asentir sin pensar las cosas. Implica el poder apreciar la sabiduría y el valor de las normas y leyes católicas. A los creyentes se les pide que pongan su fe en acción, que practiquen aquello en lo que creen. A los católicos se les enseña que cada hombre y mujer han sido creados a imagen y semejanza de Dios y que todo hombre y mujer han sido salvados por Cristo y adoptados como Hijos de Dios. Si verdaderamente se cree en eso, requiere que la persona actúe de acuerdo a lo que dice creer. Comportamientos como el racismo o antisemitismo serían una contradicción a esa creencia.

Celebran el Año Entero

Una cosa muy bonita de la fe católica es que casi todos los días del año existen motivos para celebrar. Es posible que la fecha haya sido reservada para honrar a algún santo o conmemorar algún evento especial de la vida de Cristo, como la Fiesta de la Transfiguración de Cristo, cuando se transfiguró delante de los apóstoles (Lucas 9, 28–36; Mateo 17, 1–8; Marcos 9, 2–8). Podrá darse cuenta, al continuar leyendo, que muchas celebraciones y costumbres católicas tienen que ver con la bendición de diferentes objetos por parte del sacerdote. Lea la nota al margen "Oiga Padre José —¿me bendice esto?" de este capítulo, para entender mejor sobre la bendición sacerdotal.

- **El 6 de enero es la fiesta universal y tradicional de la Epifanía.** Sin embargo en las parroquias católicas de los Estados Unidos, donde la Misa es celebrada en inglés, esta Fiesta se celebra el primer domingo posterior al año nuevo. La Epifanía conmemora la visita de los magos, los tres reyes, que trajeron regalos para Cristo, el recién nacido, en el portal de Belén.

  Entre las familias católicas de los polacos, eslovenos, rusos y alemanes existe la costumbre de pedir que el sacerdote bendiga tiza el día de la Epifanía, con la cual escriben sobre el marco de su puerta el año actual, y en medio de esos números, las iniciales CMB en honor de los tres reyes magos Gaspar (Caspar en latín), Melchor y Baltasar. Por lo tanto el día de la Epifanía del domingo del 2008, se escribe "20 + C + M + B + 08". Esta costumbre es un recordatorio para que todos en el hogar pidan a Gaspar, Melchor y Baltasar su intercesión durante el año 2008.

  Además de ser la abreviatura de los nombres de los tres reyes magos, CMB, también es la abreviatura de la frase en latín *Christus mansionem benedicat* (que Cristo bendiga este hogar).

- **El 2 de febrero es la Misa de las Velas.** Conocida también como la Presentación de Cristo (Lucas 2, 22–38), esta Misa es celebrada el día anterior a la fiesta de San Blas, cuando a los católicos se les bendice la garganta. (Para más sobre San Blas vea la nota al margen de este capítulo, "Oiga Padre José —¿me bendice esto?") Las velas, hechas de cera de abeja, son bendecidas durante o después de la Misa del 2 de febrero y la gente se puede llevar algunas a su casa. Cuando los católicos rezan en sus hogares pidiéndole a Dios en momentos de particular necesidad como en tiempos de ansiedad, aflicción, calamidad, guerra, mal tiempo, o enfermedad— y cuando el sacerdote es requerido para administrar unos de los siete sacramentos— la Unción de los Enfermos (conocida anteriormente como la *extrema unción*), estas velas son encendidas antes de la entrada del sacerdote al hogar. En momentos como estos la gente reza muchísimo.

Oiga Padre José —¿me bendice esto?

A los católicos les encanta que sus sacerdotes y diáconos los bendigan, así como a ciertos artículos personales —como la casa, el auto o el perro. Sin embargo es más frecuente pedir la bendición de algún artículo personal y tangible, de valor religioso —su rosario, alguna imagen, medalla, su Biblia y cosas por el estilo. Cualquier artículo devocional u objeto perteneciente a la realidad o actividad humana puede ser bendecido, sin embargo ello no convierte al artículo en un talismán de la suerte. La bendición sacerdotal es un modo de mostrar nuestra gratitud a Dios por darnos su gracia divina y, al mismo tiempo, el poner estas cosas bajo su cuidado protector.

Por ejemplo, si vieras una imagen de la Virgen María en el jardín delantero o posterior de un hogar católico lo más seguro que ya ha sido bendecida. No es cuestión de magia y tampoco hace que las flores del jardín crezcan mejor. Es una manera delicada de recordar a María, la Madre Dios, así como el afecto que los católicos le tienen.

Cada 3 de febrero se bendicen las gargantas con ocasión de la fiesta de San Blas (ver el Capítulo 16). El fue un obispo y mártir que salvó aun niño que se ahogaba. Desde ese momento, las velas bendecidas el día anterior (2 de febrero), se usan para bendecir las gargantas de los católicos, pidiéndole a San Blas su intercesión y protección contra todos los males de garganta. Los ramos de palmeras son bendecidos el Domingo de Ramos, que es el domingo antes de la Pascua. Los católicos utilizan los ramos o palmas para tejer pequeñas cruces, las mismas que, posteriormente, las colocan en la pared de su hogar o junto al crucifijo. Las ramas secas del año anterior son quemadas para ser utilizadas el Miércoles de Ceniza, en que se impone cenizas sobre la frente del creyente como un recordatorio de la necesidad de orar, ayunar y hacer penitencia.

Hay algunos católicos que solamente se acercan al la Iglesia en ocasiones especiales (como el miércoles de ceniza, domingo de ramos o la bendición de las gargantas) esperando recibir "algo" gratis. A Dios gracias son sólo una pequeña minoría. Las cenizas, la bendición de la garganta y los ramos no son cosa de magia. Sólo son símbolos tangibles de la vida espiritual.

Cada vez que un sacerdote o diácono bendice algún artículo religioso, como el rosario, una imagen o alguna medalla de los santos, él realiza la señal de la cruz sobre el objeto con su mano derecha y lo rocía con agua bendita, luego de haber pronunciado la oración de bendición. El agua bendita le recuerda al dueño que el artículo bendecido ha sido reservado para un uso sagrado (por ejemplo para ayudarlo en su vida de oración), por lo que no debe ser usado con fines profanos (no religiosos).

De este modo, casi cualquier cosa puede ser bendecida, siempre y cuando su uso tenga un propósito moral y no vaya a ser vendido. Las bendiciones no tienen propiedades mágicas, pero la bendición sí cambia al objeto convirtiéndolo en un sacramental, es decir, en un recordatorio de la gracia y la generosidad de Dios, que cuando es usado junto a la oración, atrae la bendición de Dios sobre quien lo usa. (Para más sobre los sacramentales, vea el Capítulo 16.)

- **El 17 de marzo es el día de San Patricio.** ¿Quién no conoce la costumbre de vestirse de verde este día en conmemoración del Patrón de la "isla esmeralda", Irlanda? La Misa de la mañana, los desfiles, el pan irlandés, la sopa de papas, la cerveza verde —todas ellas, son costumbres muy bonitas. Dado que muchos inmigrantes irlandeses llegaron a los Estados Unidos durante la gran hambruna que padeció el país, no es de extrañarse que el día de San Patricio sea más celebrado en los Estados Unidos que en la misma Irlanda.

  San Patricio nació en el 387 en Kilpatrick, cerca de Dumbarton, en Escocia y murió el 17 de marzo del año 493. Su padre era oficial del ejército romano. Piratas Irlandeses tomaron prisionero al joven Patricio de 16 años y lo vendieron como esclavo, quien pasó seis años en Irlanda, donde aprendió a hablar el idioma celta y combatió la religión de los druidas. *Confesión* y su *Carta a Coróticо* son las únicas obras conocidas de San Patricio. En *Confesión* se nos revela la misión recibida de parte del Papa Celestino I de ir a convertir a los irlandeses; de *Coróticо* sabemos que era un guerrero con el que Patricio mantenía comunicación. Una tradición piadosa nos dice que Patricio explicaba el misterio de la Trinidad —tres personas en un solo Dios— usando un trébol de tres hojas.

- **El 19 de marzo es fiesta de San José, esposo de la Virgen y Patrón Universal de la Iglesia.** Aunque la Cuaresma es tiempo de penitencia y mortificación, algunas fiestas son tan especiales que la Iglesia quiere que las celebremos con alegría aún cuando caigan en esos días penitenciales. (Para más sobre la Cuaresma vea el Capítulo 8). Esto era más relevante en tiempos pasados cuando los católicos dejaban de comer carne y cualquier otro producto animal durante los 40 días que duraba la Cuaresma, ingiriendo sólo una comida al día. Podrías imaginar lo débil y frágil que dejaba tal disciplina a ciertas personas. Para aliviar un poco el rigor de la penitencia Cuaresmal los fieles recibían una dispensa de ayunar en fiestas especiales —las llamadas solemnidades, como son el 19 de marzo día de San José y el 25 de marzo día de la Anunciación, cuando recordamos la visita del arcángel Gabriel a María anunciándole que sería la madre de Jesús. Los italianos y sicilianos aprovechan completamente esta dispensa para comer los platillos de los que normalmente se abstendrían en Cuaresma; forman altares en mesas con alguna imagen del santo y le piden al sacerdote la bendición de sus panes y dulces. Los panes suelen ser distribuidos a los pobres, mientras que los familiares y amigos consumen los pasteles. Un plato favorito es el *zéppoli,* un tipo de postre relleno de crema hecho en honor de San José, o como se llama en Italiano, *San Giuseppe.*

- **Mayo es el mes dedicado a María, la madre de Jesús.** En este mes también se celebra el día de las madres. Los católicos también suelen coronar, con una corona hecha de rosas, estatuas de la Virgen María (vea el Capítulo 14) mientras que los niños que acaban de hacer su primera Comunión visten sus mejores ropas. Los católicos cantan himnos marianos y en algunos lugares tienen procesiones en las que llevan alguna imagen de María por las calles.

¿Qué prefieres?

Si asistieras a la Misa Dominical en una parroquia católica ubicada en el oeste de la ciudad y el siguiente domingo fueras al otro lado del pueblo, quizás notarías cierta diferencia en el lenguaje utilizado por el sacerdote para celebrar la Misa, o podrías notar algún servicio de sanación añadido al final de la Misa. Ambos servicios son católicos, lo que significa que ambas Misas son permitidos por el papa en Roma, pero cada Misa puede celebrarse un poco diferente.

La Iglesia Latina (*Occidental*) sigue las tradiciones antiguas de la comunidad cristiana en Roma desde el tiempo de San Pedro y San Pablo del primer siglo d.C. Siendo Roma la capital del Imperio Romano, su idioma (el latín) y su cultura, desde su leyes hasta su arquitectura, tuvo una gran influencia en la Iglesia Católica de esa región. Se extendió tanto que cubrió todo lo que hoy conforma Europa Occidental y Polonia. La mayor parte de las parroquias y las diócesis de los Estados Unidos y el Canadá, y casi todas las iglesias en América Central y del Sur pertenecen a la Iglesia Latina. Aunque ya no se celebren ni la Misa ni los sacramentos exclusivamente en latín, se usan los mismos gestos, las mismas oraciones, las mismas vestimentas, en las iglesias de Occidente. Los ritos de la Misa usados después del Concilio Vaticano II pertenecen al *Novus Ordo* (nuevo orden) y son celebrados, usualmente, en la lengua vernácula (lengua común), aunque también puede celebrarse en latín.

La Iglesia Católica del Oriente (*Este*), que está en completa unión con el Vaticano, incluye la Iglesia Bizantina y otras Iglesias Ortodoxas del Oriente que fueron restauradas bajo la autoridad del Obispo de Roma en el siglo 17. Sus siete sacramentos son válidos, pero la manera de celebrar la Misa en la Iglesia Oriental es similar a la de las Iglesias Ortodoxas Griegas o Rusas Orientales —que son las Iglesias de los patriarcas de Constantinopla y Moscú, respectivamente, las mismas que se separaron de la autoridad de Roma durante el Cisma de 1054, y seguían la Liturgia de San Juan Crisóstomo. Los católicos orientales son el otro pulmón de la Iglesia, junto a los católicos romanos latinos (occidentales), con quienes están más familiarizados la mayoría de la gente que vive en los Estados Unidos y en Europa Occidental.

La Misa Tridentina es celebrada sólo en latín. Los que participan en ella son esos católicos de los que se dice tienen un gran amor por la Misa antigua, la Misa Tridentina, que fue la única Misa celebrada en toda parroquia católica desde el Concilio de Trento (siglo 16) hasta 1963. Para celebrar la Misa Tridentina, el sacerdote usa el Misal Romano de 1962, que contiene todas las oraciones necesarias y esenciales, así como las lecturas Bíblicas e indicaciones litúrgicas para la celebración. El sacerdote celebra la Misa Tridentina con cara hacia el altar. En 1988 a través de la encíclica *Ecclesia dei,* el Papa Juan Pablo II dio permiso para que los sacerdotes pudieran celebrar nuevamente la Misa Tridentina.

Las Misas Carismáticas no son un tipo distinto de Misa; son Misas *Novus Ordo* celebradas de modo carismático. *Carismático* significa compartir los dones del Espíritu Santo, como es la sanación o hablar en lenguas. Aquellas personas que no están familiarizadas con el movimiento carismático católico suelen cometer el error de confundir la Misa Carismática con algún servicio pentecostal. Tal como los protestantes pentecostales, los católicos de la renovación carismática son devotos del Espíritu Santo y de sus dones.

- **El 13 de junio es la Fiesta de San Antonio de Padua.** Muchas comunidades de italianos celebran a San Antonio de Padua con Misas especiales y procesiones. Irónicamente, Antonio no era italiano, sino portugués. El pasó muchísimo tiempo en Italia. Conocido como un predicador elocuente, nació en 1195, momento en que Francisco de Asís (4 de octubre) tenía 13 años. Aunque ambos vivieron al mismo tiempo y en Italia, no existen registros históricos que confirmen que ambos santos se conocieron personalmente. San Antonio es el Patrono de las cosas perdidas y de los matrimonios.
- **El 1 de octubre es la fiesta de Santa Teresita de Lisieux (1873–1897), también conocida como la Pequeña Flor.** Tradicionalmente las rosas se bendicen este día y se les distribuye a los enfermos, los de salud delicada, los ancianos, y otros parroquianos con necesidades especiales. Esta tradición, sin duda, es resultado de la promesa hecha por la santa mientras vivía en la tierra, de que pasaría su cielo enviando "una lluvia de rosas" a los fieles de la tierra. (Vea el Capítulo 18 para más sobre Santa Teresita.)
- **El 12 de diciembre es la fiesta de Nuestra Señora de Guadalupe.** Los católicos, especialmente los de herencia hispana, celebran esta fiesta todos los años, dos semanas antes de la Navidad. La Basílica de Guadalupe se encuentra sobre el Monte Tepeyac en la Ciudad de México donde la Virgen María, de piel morena, se le apareció a San Juan Diego, un indígena pobre, hace unos 500 años. La Virgen de Guadalupe dejó su imagen en la tilma de Juan Diego. Hoy en día, la imagen de la Virgen de Guadalupe decora casi todo lo que es hispano, desde las ventanas de los negocios, camisetas, carros y santuarios; muchos de los hispanos se identifican con ella y son sus fieles devotos. (Para leer más acerca de esta basílica, vea el Capítulo 19.)

Conocer las Cuatro Marcas de la Iglesia

El hecho de tener más de 2,000 años de existencia, 266 papas y más de un billón de miembros, nos habla de que hay algo trabajando en la Iglesia Católica para que siga funcionando. Una de las piedras angulares de la Iglesia es la doctrina de las *Cuatro marcas de la Iglesia.* Esta creencia, que se repite en el *Credo de Nicea* (vea el Capítulo 3), y que se proclama en cada Misa de domingo, menciona las cuatro marcas de la Iglesia. El Credo profesa la creencia "en la Iglesia que es Una, Santa, Católica y Apostólica". El Credo resume todos los puntos esenciales de la doctrina Cristiana formulada por la Sagrada Tradición (vea el Capítulo 3), que la Iglesia afirma como parte de revelación.

La Iglesia es Una (unidad)

La primera característica de la Iglesia Católica es su unidad. El oficio y la persona del Papa significan que la Iglesia posee una cabeza suprema. Un solo *depósito de la fe* significa que tiene una sola serie de doctrinas para la Iglesia entera, sistematizadas ahora en el catecismo universal. Los católicos de cada continente en todo el mundo creen en los mismos artículos de fe. El *derecho canónico* (vea el Capítulo 9) es el conjunto de leyes que gobiernan la Iglesia entera. El Código de Derecho Canónico de la Iglesia Occidental (Latina) es distinto al de la Iglesia Oriental (Bizantina), pero aún así ambos tienen una sola y misma fuente, el Papa, el legislador supremo. Ambas expresiones de derecho canónico coinciden en las partes fundamentales, para que se mantenga la continuidad. Seas un católico romano o católico oriental igualmente estás bajo la autoridad de una corte suprema, un legislador supremo, y un juez supremo —el Pontífice Romano, conocido también como el papa. Dentro de los ritos católicos los *siete sacramentos*, que marcan las siete etapas de desarrollo espiritual, son celebrados del mismo modo en todo lugar. El culto puede celebrarse en idiomas diferentes, pero solamente pan y vino pueden ser usados en cada Misa; nadie puede sustituirlos por alguna otra cosa, sin importar la cultura del lugar donde se encuentren.

Esa unidad en su liturgia, su doctrina y su autoridad es algo distintivo del catolicismo. Otras religiones también mantienen unidad en sus creencias y prácticas, pero el catolicismo es único en el sentido que tiene su unidad personificada en una sola persona, el Papa, quien garantiza que los mismos siete sacramentos se celebren correctamente en todo el mundo, que la misma serie de doctrinas sea enseñada en todo lugar, y que cada miembro, ya sea religioso, laico o clero, acepte la autoridad suprema del obispo de Roma.

Por ejemplo, la Iglesia Ortodoxa del Oriente, posee los mismos siete sacramentos en todo el mundo y una sola serie de leyes que la gobierna, pero el patriarca que gobierna sus iglesias —el patriarca de Constantinopla es el de la Iglesia Ortodoxa Griega y el patriarca de Moscú es el de la Iglesia Ortodoxa Rusa— tienen la misma categoría que la de los otros patriarcas de Alejandría, Jerusalén y Antioquía. Ellos tienen Sínodos, reuniones de obispos, pero ninguno de ellos es la cabeza suprema de los cristianos Ortodoxos en todo el mundo. Al patriarca de Constantinopla se le otorga un tipo de honor y respeto reverencial, debido a que su patriarcado se formó antes que el de Moscú, pero ello no le otorga una mayor autoridad que a los otros patriarcas.

Antes del cisma de 1054 los demás patriarcas consideraban al Papa como el patriarca de Occidente; se le dio el título, en latín, de *Primus inter pares,* que significa el *primero entre iguales.* Sin embargo, desde el cisma, la Iglesia Ortodoxa del Oriente ya no reconoce la autoridad suprema del Papa, siendo gobernada cada iglesia por su propio líder espiritual (el patriarca). Por otro lado el catolicismo tanto en Occidente como en Oriente, se mantiene bajo una misma serie de doctrinas, una sola manera de celebrar la liturgia pública y bajo la única y misma autoridad —el Papa. Aunque los siete sacramentos sean celebrados con pequeñas variaciones, dependiendo de si se trata de la iglesia católica de oriente u occidente, siguen siendo los mismos siete sacramentos.

La Iglesia es Santa (santidad)

La segunda característica de la Iglesia Católica es su santidad. No es que todos sus miembros, incluyendo sus líderes, sean *de facto* santos. Los escándalos que acechan la historia católica comprueba eso dolorosamente. Pero aún así la Iglesia, en su totalidad, es santa, porque es considerada novia de Cristo así como el Cuerpo Místico de Cristo. (Para más sobre el Cuerpo Místico de Cristo, vea el Capítulo 14.) Cada uno de sus miembros son capaces de cometer pecados individualmente, pero por haber sido fundada por Cristo mismo para salvar las almas, la Iglesia en su totalidad, no puede pecar. Su Santidad es expresada en su oración cotidiana.

En todo el mundo, sus sacerdotes, diáconos, religiosas, hermanos, seminaristas y laicos rezan la *Liturgia de las Horas,* conocida también como el *Oficio Divino* o el *Breviario.* En su mayoría está compuesto de los Salmos y muchas otras lecturas tomadas de la Biblia. Este conjunto y manera de rezar data de los primeros tiempos de la iglesia.

La santidad de la Iglesia también se experimenta en la celebración de la Misa diaria. En algún lugar del mundo, a cada hora, se está celebrando alguna Misa. La Iglesia también custodia que los sacramentos se celebren de manera apropiada, válida y reverente en todo lugar y en todo momento. Los sacramentos, por ser considerados vehículos de gracia, santifican a los católicos cada vez que los reciben.

Puede ser que alguien, partiendo de la historia, o de tiempos más modernos, mencione a algún papa, obispo o sacerdote corrupto como argumento en contra de la santidad de la Iglesia. No se puede hablar en contra de la institución del matrimonio por algún mal ejemplo de un esposo o esposa que no hayan sido fieles a sus votos matrimoniales, y así afirmar que el matrimonio es malo y que por lo tanto no pueden existir matrimonios felices, fructíferos y amorosos. De igual modo, habrás escuchado de padres y madres que abandonan a sus hijos; sin embargo la institución de la familia permanece pura y sin mancha aunque existan algunos que no vivan los valores familiares ni el compromiso que deben tener. Por lo tanto, ¿por qué habría de ser diferente en la Iglesia? La Iglesia, en su totalidad, a diferencia de cualquier gobierno que es la creación de unos meros mortales, es una familia —la familia de Dios. Por ser Dios su fundador, el corazón y la estructura de la Iglesia son perfectos, es en el individuo católico donde ocurren las imperfecciones, faltas y culpas. El catolicismo reconoce a la Iglesia como una institución divinamente instituida y que tiene muchos católicos pecadores, desde el Papa en Roma hasta el laico sentado en la última banca. Sin embargo ella es más que la suma de todas sus partes. La iglesia incluye a todos sus miembros vivos y bautizados en la tierra así como a los santos glorificados en el cielo y las almas de los fieles difuntos en el purgatorio.

La Iglesia es Católica (universal)

La tercera característica de la Iglesia es su naturaleza *católica* (universal). No se limita a una sola nación, ni país o cultura. La Iglesia Católica mantiene la unidad en la diversidad. Cada lenguaje hablado sobre la tierra es usado de alguna manera, ya sea para alguna traducción de la Biblia o en la Misa y los sacramentos. Aunque el obispo de Roma es la Cabeza de la Iglesia ello no significa que sea una Iglesia Italiana. Haber tenido un papa polaco y ahora un alemán son pruebas de ello. Las visitas numerosas del papa al mundo entero nos recuerdan que la universalidad de la fe trasciende toda frontera. Otro ejemplo de su universalidad es el hecho de que la Iglesia Católica incorpora tanto al este como al oeste (en las tradiciones Bizantina y Latina).

Pensemos que en este momento hay, en todos los continentes del mundo, al menos un sacerdote celebrando la Misa, enseñando la doctrina católica y que honra a la autoridad del Papa. Abarcando más allá del tiempo y del espacio, el catolicismo busca anunciar el Evangelio por medio de su actividad misionera. Ya sea Matteo Ricci, que llevó la fe católica a la China en el siglo 16, o San Pedro en Roma durante el primer siglo, o un Papa Juan Pablo II que visitó África, Asia, América Central, Norte y Sur y Europa, y ahora, en el siglo 21 el Papa Benedicto XVI Turquía y Europa lo que se quiere mostrar es que la Iglesia pertenece a todas partes del mundo, y eso es lo que significa ser verdaderamente universal.

En la próxima Misa televisada desde el Vaticano, en la Navidad o en la Pascua, observa cuántas culturas y pueblos están representados por los cardenales y los obispos que trabajan en el Vaticano, así como por todos esos peregrinos y visitantes que llegan a Roma cada día.

La Iglesia es Apostólica (continuidad)

La última característica de la Iglesia es su conexión al pasado, particularmente la posibilidad que tiene de rastrear sus orígenes hasta los primeros *apóstoles*— esos 12 hombres escogidos personalmente por Jesús, en adición a los 72 *discípulos,* que también seguían al Maestro pero a cierta distancia. La palabra *apóstol* viene del griego *apostello,* que significa *ser enviado o ser despachado,* y la palabra *discípulo* viene del latín *discipulus* que significa *estudiante.*

Jesús fundó la Iglesia sobre los apóstoles, y la necesidad de mantener esas raíces no es algo meramente nostálgico. Cada diácono, sacerdote y obispo ordenado, puede rastrear su ordenación en la historia hasta llegar finalmente a uno de los 12 apóstoles. Por eso es tan importante que permanezca claro ese eslabón, ese enlace al pasado. Su credibilidad y su autoridad pueden ser rastreadas hasta llegar a esos primeros pescadores que Jesús escogió para guiar su Iglesia. *Apostólica* significa que la Iglesia posee ligazones, raíces y conexiones particulares con esos 12 apóstoles originales que Jesús eligió para fundar su Iglesia: Simón Pedro, su hermano Andrés, Santiago y Juan, Felipe, Tomás, Bartolomé o Natanael, Mateo, Santiago el Menor, Simón el Zelote, Judas Tadeo y, por supuesto, el infame Judas Iscariote, quien traicionó al Señor. (Para más sobre los diáconos, sacerdotes, obispos y la jerarquía vea al Capítulo 2.)

La Membresía Tiene Sus Privilegios

En la Iglesia Católica pertenecer a una parroquia o diócesis no es algo opcional. No pertenecer, digamos, no es benéfico. El catolicismo trata de establecer un balance entre el individuo y la comunidad. El culto público comunitario tiene su lugar y tiempo, como lo es la Misa el domingo; pero también tiene su tiempo y lugar el silencio en la soledad, la meditación privada, la oración mental, retiros en silencio, las horas santas y demás.

Los católicos no tienen la opción de no participar en el culto comunitario o personal. Los católicos creen que los seres humanos necesitan ambas dimensiones. Por eso es que la cruz tiene una simbología tan fuerte para los católicos: el brazo vertical representa su relación personal con el Señor, que cada uno, a solas, cultiva personalmente. El brazo horizontal representa la obligación y deber de pertenecer a la familia de fe de su parroquia y diócesis. Cuando los católicos se registran en alguna parroquia pasan a formar parte de una gran familia que orará con ellos y por ellos. Cuando a algún católico se le pide ser padrino o madrina de bautismo o de confirmación, sólo aquellos que están registrados y que puedan comprobar, ya sea por su párroco, su buena reputación de católicos, podrán hacerlo. Cuando un parroquiano registrado tiene que ingresar al hospital para algún tipo de tratamiento o cirugía, es clasificado como católico; y son a éstos a quienes el capellán católico del hospital visitará. Los católicos no registrados pasan desapercibidos, aunque no sea intencionalmente.

¿Te has fijado que hay artículos en el periódico o en la televisión que hablan de que tal o cual persona "solía ser" católica? Casi nunca se habla de los musulmanes, judíos, presbiterianos, metodistas, episcopalianos, bautistas, o luteranos que han abandonado su religión. Existen —pregúntenle a sus pastores. Sin embargo los medios de comunicación tienen una especial fascinación con los ex-católicos. El misterio y el misticismo aún forman parte del catolicismo aunque la Misa ya no se celebre en latín. El celibato, el sacerdocio masculino, las vestimentas y el incienso, María, los santos, el papa, las monjas y todas esas otras costumbres y objetos distintivos de los católicos, capturan la curiosidad de los no-católicos.

No todos están de acuerdo con las enseñanzas de la Iglesia Católica ni en la manera que reza, ni tampoco todos aprueban sus normas, pero como sucede con las religiones bien establecidas y antiguas, ella está ahí para quedarse. (De igual modo que el marinero se refiere a su nave como "ella", y así como el motociclista habla de su moto como "ella", también los católicos se refieren a su Iglesia como "ella".)

Capítulo 2

¿Quién Es Quién en la Iglesia Católica?

En Este Capítulo

- Conocer la jerarquía de la Iglesia
- Conocer algo de las elecciones papales en el Vaticano
- Descubrir la línea de sucesores del papado
- Comprender los deberes del clero

La cadena de mando: todo ambiente estructurado cuenta con una —desde los gobiernos hasta las grandes corporaciones, pasando por escuelas y programas de deportes. La Iglesia Católica no es la excepción. Este capítulo explica quién es quién en la Iglesia Católica y te da una idea de la autoridad y deberes de sus diferentes miembros.

Conociendo al Papa

Mejor conocido en el mundo y entre su feligresía de más de un billón de católicos como *el papa,* el obispo de Roma, es la cabeza suprema y visible de la Iglesia Católica. La palabra *papa* viene del italiano *il papa,* que quiere decir *padre,* lo que nos lleva a otro de los títulos del papa —*el Santo Padre.* De la misma manera que al sacerdote católico se le llama Padre, en el sentido espiritual, así también el papa es conocido como el *Santo Padre* por los católicos del mundo entero.

Cuenta también con muchos otros títulos: Sucesor de San Pedro, Vicario de Cristo, Patriarca del Occidente, Primado de Italia, Pontífice Supremo, Romano Pontífice, Soberano del Estado del Vaticano y Cabeza del Colegio Episcopal. Los más conocidos son Papa, Santo Padre y Romano Pontífice.

¿Piensas que te sientes presionado en tu trabajo? El papa está a cargo de dos trabajos enormes: es el obispo de Roma (vea la sección "Obispos, arzobispos y cardenales" para saber más sobre los obispos) *y además* es cabeza de toda la Iglesia Católica.

¿Con permiso, señor Cardenal? ¿Para qué es ese pequeño martillo?

Cuando el papa muere se realiza una antigua, pero simple ceremonia, antes que los cardenales sean llamados a Roma para llevar a cabo la elección del nuevo papa. El cardenal Camarlengo entra a la habitación en donde se encuentra el pontífice difunto y delicadamente golpea sobre su frente con un pequeño martillo de plata al tiempo que lo llama usando su nombre de pila. Si no responde después del tercer llamado se le pronuncia muerto.

Por supuesto hoy día el médico personal del papa es el primero en ser llamado junto a su cama para hacer la determinación médica de que el hombre está verdaderamente muerto, antes de que el cardenal Camarlengo sea llamado a cumplir con su ceremonia.

Luego se toma el anillo del papa (conocido como el Anillo del Pescador) y su insignia papal Para ser destruidos de modo que nadie más pueda sellar sobre nuevos documentos hasta un nuevo papa sea elegido.

La manera en que el papa es elegido

El Colegio de Cardenales es quien elige al papa. Ojo, *colegio* aquí no es un tipo de universidad en donde los sacerdotes y obispos aprenden cómo ser cardenales. A diferencia de las famosas universidades católicas, como lo son Notre Dame y la Universidad Católica de Washington, el *Colegio de Cardenales* se refiere a todos los cardenales del mundo, de manera análoga como *Colegio de Obispos,* está referido todos los obispos católicos del mundo.

El papa escoge personalmente a los obispos que serán *cardenales,* y la primera función de estos será elegir al nuevo papa cuando el papa anterior muera o renuncie a su puesto. Como los papas en tiempos modernos tienden a vivir diez años o más en su oficio (con la excepción de Juan Pablo I, quien vivió solo un mes), los cardenales tienen otros trabajos que hacer en vez de sólo esperar que el jefe se retire o muera. (Para conocer más detalles acerca de los cardenales y sus oficios, vea la sección "Obispos, arzobispos y cardenales", más adelante en este capítulo.)

Sólo los cardenales menores de 80 años tienen derecho a votar en la elección del siguiente papa. El límite de sillas electorales se había fijado en 120, pero debido a que el Papa Juan Pablo II nombró tantos cardenales, el número de votantes elegibles quedó en 137. Pero si pensamos en el número de cardenales que se acercan a la edad de retirarse y los que sufren de mala salud, entonces uno puede asumir que al momento de la elección del papa el número verdadero será menor a los 120. Siempre hay algunos cardenales que se retirarán o fallecen durante el año. Esto quiere decir que nuevos cardenales tendrán que ser nombrados en el futuro cercano.

Los votantes pueden elegir a cualquier otro cardenal, obispo, sacerdote, diácono o laico, de cualquier parte del mundo y de cualquier rito litúrgico, sea latino, bizantino y demás. (Mira al margen del Capítulo 1 "¿Qué prefieres?" sobre los ritos litúrgicos.) Aunque sea extremadamente raro, si quedara electo un laico (como lo fue Benedicto IX), primero debería ser ordenado diácono, luego sacerdote y posteriormente obispo antes de poder ser instalado o coronado como papa, dado que el oficio de ser papa conlleva a la vez el trabajo de ser el obispo de Roma. Si fuera un sacerdote al que eligieran, entonces tiene que ser ordenado obispo antes de ser instalado como papa. Por lo general, los cardenales eligen a otro cardenal, pues se conocen muy bien entre ellos, y porque sólo son 137 —a comparación con los 3,500 obispos del mundo y los más de 400,000 sacerdotes del mundo.

¿Existen elecciones primarias para el papado?

A diferencia de los gobiernos democráticos del Occidente, como lo son los Estados Unidos, el Canadá, y la Gran Bretaña, el gobierno de la Iglesia Católica, llamado jerarquía, es más una clase monarquía que una democracia. El catolicismo es *jerárquico* en términos de que una sola persona, el papa, es la cabeza suprema de la Iglesia universal. Los obispos son quienes gobiernan las iglesias locales en lo que se llama *diócesis* y, los párrocos, a su vez, representan al obispo en cada parroquia local. Los católicos, como individuos, no votan por el próximo papa, por su obispo ni siquiera por su párroco. La jerarquía católica funciona más como una cadena de mando militar que como un gobierno de representantes electos. Así que —no— no hay elecciones primarias, no hay campaña electoral, no hay debates, no hay propagandas políticas, no hay voto popular.

Otras religiones e Iglesias cristianas permiten una participación de los laicos en puestos que van desde poca a mucha autoridad, pero el catolicismo ha sido predominantemente monárquico desde que Jesús eligió a San Pedro. (Vea el Capítulo 18 para mayor información acerca de San Pedro, el primer papa.) A los laicos de la Iglesia se les anima participar de otras maneras

Posiblemente hayas escuchado el dicho "quien entra al cónclave como papa sale como cardenal". ¿Qué quiere decir? Cuando un papa se enferma o está muy anciano o muere, comienzan a circular los rumores sobre quién ocupará la Sede de San Pedro. Frecuentemente los noticieros comienzan a señalar a los cardenales considerados los candidatos fuertes; son llamados los *papabile* (*posible papa*) en italiano. Por lo general esos *papabile* son los cardenales a quienes *nunca* los eligen. Así que si un hombre entra al *cónclave* —el evento privado en que los cardenales que se reúnen para la elección del papa— como el favorito, o peor aún, buscando ser elegido, entonces saldrá como cardenal, porque sus hermanos cardenales escogerán a alguien más humilde.

¿Resultados dudosos?

No pueden ser menos de 15 ni más de 20 los días que pasen desde la muerte del papa para llamar a Roma a todos los cardenales para el voto secreto del cónclave. La palabra *cónclave* viene del latín *cum clave,* que quiere decir *con llave,* pues los cardenales son verdaderamente encerrados bajo llave en la Capilla Sixtina hasta que elijan a un nuevo papa.

Una vez que los cardenales hayan iniciado el cónclave, empiezan sus discusiones y deliberaciones. Son casi como un jurado bajo secuestro porque durante la duración del cónclave no están permitidos de tener contacto con el mundo exterior. Bajo pena de *excomunión* (vea el Capítulo 9) ningún cardenal está permitido de compartir lo transcurrido durante esas elecciones —esto reduce al mínimo cualquier influencia externa y política.

La decisión final para elegir al nuevo Papa necesita contar con una mayoría de las dos terceras partes. Al momento de la elección cada cardenal escribe un nombre sobre un pedazo de papel, el mismo que se coloca sobre una *patena* (plato) de oro. La patena se voltea para que el voto caiga dentro de un *cáliz* (copa). Esto tiene un simbolismo profundo, puesto que el cáliz y la patena son usados en la Misa católica para transportar la hostia de pan y el vino que, una vez consagrados, son transformados en el Cuerpo y la Sangre de Cristo durante la Plegaria Eucarística. (Vea el Capítulo 8 para conocer más sobre la Misa y la Plegaria Eucarística.)

Si ningún cardenal recibe el voto de las dos terceras partes o si el elegido rechaza la nominación, entonces las balotas se queman con paja mojada en la chimenea. La paja mojada hace que el humo salga negro, manera por la cual quienes se encuentran afuera saben que aún no se ha llegado a una decisión. Hay una votación en la mañana y otra en la tarde. Las elecciones continúan dos veces al día, cada día, hasta que alguno reciba las dos terceras partes de los votos. Si alguno recibe las dos terceras partes de los votos y acepta la elección entonces las papeletas son quemadas sin paja para que salga humo blanco de la chimenea.

Tradicionalmente, la elección del nuevo papa ha tenido tres formas diferentes:

- **Por aclamación:** Se menciona el nombre y todos unánimes consienten sin necesitar un voto secreto.
- **Por acuerdo:** Si nadie obtiene las dos terceras parte después de varias votaciones, entonces el Colegio de Cardenales puede elegir uno o varios electores para que seleccionen un candidato, y después el grupo entero está obligado a aceptar al seleccionado. Para que este método sea usado y sea válido tiene que resultar una votación unánime.
- **El escrutinio:** Cada cardenal propone un candidato y da razones para su calificación antes de que cada cardenal entregue su voto secreto. Este es el único método válido permitido usado actualmente en el cónclave papal.

Después que el cardenal haya recibido una mayoría de dos terceras partes, le preguntan si acepta la nominación. Si la acepta, entonces le preguntan, "¿Qué nombre eliges?"

El Papa Juan II (533) fue el primero en cambiar su nombre al ser elegido papa, dado que al nacer había recibido el nombre del dios pagano Mercurio. Por eso escogió el nombre cristiano de Juan. Sin embargo desde el Papa Sergio IV (1009) todos los papas siguientes continuaron la tradición de cambiar su nombre al momento de la elección. Así tenemos que el nombre original del Papa Pío XII (1939) fue Eugenio Pacelli; el de Juan XXIII (1958), Angelo Roncalli; el de Pablo VI (1963) Giovanni Montini; Juan Pablo I (1978) Albino Luciani; y el de Juan Pablo II (1978) Karol Wojtyla.

¿Es realmente infalible?

El catolicismo sostiene que el Papa es *infalible,* es decir, incapaz de cometer un error cuando enseña sobre la doctrina de la fe y la moral a la Iglesia Universal en razón de su oficio único como cabeza suprema. Cuando el papa hace valer su autoridad oficial en materia de fe y moral frente a la Iglesia Universal, es el Espíritu Santo quien lo protege del error. La infalibilidad papal no quiere decir que el Papa no pueda cometer *ningún* error. El Papa no es infalible en materias de ciencia, historia, política, filosofía, geografía y demás —sino que es infalible sólo en cuestiones de fe y moral. El argumento tiene que ver con la confianza. Los católicos confían en que el Espíritu Santo los protege de recibir alguna enseñanza o doctrinas erróneas previniendo al Papa de ellos. Ya sea que se trate de algo tan sencillo como hacerles cambiar de opinión o algo tan drástico como quitarles la vida, los católicos creen firmemente que Dios los ama tanto y ama tanto la verdad, que El mismo interviene y previene de que algún Papa imponga alguna falsa enseñanza sobre la Iglesia entera. Esto no quiere decir que el Papa esté, personalmente ni individualmente, libre de todo error. Es posible que el Papa esté en el error de manera personal, pero no es posible que se de la ocasión de que ese error se trate de imponer o enseñar a la Iglesia universal, ya que el Espíritu Santo de alguna manera lo va a impedir.

¿Qué significa entonces la infalibilidad?

Muchas personas conciben incorrectamente lo que es la *infalibilidad.* No es lo mismo que la doctrina católica de la inspiración y la *impecabilidad.*

- **La inspiración:** La inspiración es un don especial que el Espíritu Santo les dio a los *autores sagrados,* aquellos que escribieron las Sagradas Escrituras (la Biblia), para que sólo las cosas que Dios quiso que *fueran* escritas fueran escritas —nada más y nada menos. El Papa no es una persona inspirada, como sí lo fueron Mateo, Marcos, Lucas y Juan al escribir los Evangelios.

- **La impecabilidad:** La impecabilidad es la ausencia y la imposibilidad de cometer pecado. Solamente Jesucristo, por ser el Hijo de Dios, y Su Santísima Madre poseían la impecabilidad —por medio de una gracia especial de Dios. Los papas no son impecables, por lo tanto pueden pecar. Eso se evidencia en el caso del primer papa, San Pedro, al negar por tres veces al Señor en los momentos previos de la Crucifixión (Mateo 26, 69–75).

Todo lo que los autores sagrados escribieron en la Biblia está inspirado, pero no todo lo que cada Papa diga o escriba es infalible. *La infalibilidad* está referida a que si el Papa tratara de enseñar alguna doctrina falsa o errónea sobre la fe o la moral, el Espíritu Santo le impediría (incluso con la muerte) imponer tal error sobre los fieles. Por ejemplo, ningún Papa podría declarar: "De hoy en adelante el número de los mandamientos será nueve en vez de diez". Tampoco podría declarar que "Jesús no fue hombre" o que "Jesús no fue el Hijo de Dios".

La infalibilidad tampoco significa perfección. Las declaraciones infalibles no son declaraciones perfectas, acabadas; por lo que un Papa posterior podría adaptar la enseñanza a un idioma más claro o preciso. Las declaraciones infalibles nunca pueden ser contradichas, rechazadas ni refutadas.

De acuerdo al catolicismo un papa inmoral (encontrarás algunos en la historia de la Iglesia) puede pecar como cualquier otro hombre y tendrá que dar cuentas a Dios por sus obras malas. Sin embargo, como cabeza suprema de la Iglesia, el papa retiene su infalibilidad en materia de fe y moral.

En los 2,000 mil años de Iglesia no ha existido un solo papa que haya, formal y oficialmente, enseñado a la Iglesia Universal algún error en materia de fe o moral. De manera personal, algunos pueden haber sido teólogos o filósofos deficientes o inadecuados, y algunos hasta pudieron tener opiniones erróneas acerca de la ciencia. Eso no tiene nada que ver con la infalibilidad papal, cuyo objetivo principal es preservar la integridad de la fe católica para todos sus miembros en todo tiempo y en todo lugar.

El Papa puede ejercer su infalibilidad papal de dos maneras: Una es llamada el *Magisterio Extraordinario* y la otra recibe el nombre de *Magisterio Ordinario.* La palabra *magisterio* viene de la palabra *magister* (en latín) que significa *maestro,* así que el *Magisterio* es la autoridad de enseñanza en la Iglesia, que reside sólo en el Papa y en el Papa en comunión con los obispos del mundo entero.

El Magisterio Extraordinario

La palabra *extraordinario* significa eso mismo, fuera de lo ordinario. Cuando se convoca a un Concilio Ecuménico (General), que es presidido y aprobado por el papa, y que después promulga decretos definitivos, estos, son considerados infalibles pues son el resultado del Magisterio Extraordinario. La Iglesia ha llevado a cabo 21 concilios a lo largo de su historia. Estos son reuniones de los obispos y cardenales del mundo, en las que a veces se invita a sacerdotes, diáconos y laicos como observadores; pero sólo los obispos y el papa tienen derecho a expresar sus opiniones y a votar. Usualmente los concilios han sido convocados para resolver alguna controversia teológica, como lo fue la divinidad y la humanidad de Cristo, o para responder ante alguna crisis como la Reforma Protestante. Las conclusiones de estos concilios son presentadas en uno o más documentos que explican algún aspecto de la fe, interpretan la Sagrada Escritura o solucionan alguna disputa referida a algún tema sobre fe y moral. Los Concilios nunca contradicen a la Biblia sino que aplican las verdades bíblicas a las inquietudes y problemas contemporáneos que se presentan. Además buscan profundizar sobre algunos aspectos centrales de la fe. Los siguientes son los nombres y los años de los concilios a través de la historia de la Iglesia:

1. I de Nicea (325)
2. I de Constantinopla (381)
3. De Efeso (431)
4. De Calcedonia (451)
5. II de Constantinopla (553)
6. III de Constantinopla (680–681)
7. II de Nicea (787)
8. IV de Constantinopla (869–870)
9. I de Letrán (1123)
10. II de Letrán (1139)
11. III de Letrán (1179)
12. IV de Letrán (1215)
13. I de Lyon (1245)
14. II de Lyon (1274)
15. De Vienne (1311–1312)
16. De Constanza (1414–1418)
17. De Basel-Ferrara-Florencia (1431–1445)
18. V de Letrán (1512–1517)
19. De Trento (1545–1563)
20. Vaticano I (1869–1870)
21. Vaticano II (1962–1965)

Los Concilios Ecuménicos han definido doctrinas como: la Divinidad de Cristo (Nicea); el título de María como Madre de Dios (Éfeso); las dos naturalezas de Cristo, humana y divina, unidas en una sola persona divina (Calcedonia); el término *transubstanciación* (vea el Capítulo 8) para describir cómo el pan y el vino son transformados durante la Misa en el Cuerpo y la Sangre de Cristo (IV de Letrán); los siete sacramentos, la Sagrada Escritura, la Sagrada Tradición (vea el Capítulo 3) y otras respuestas a la Reforma Protestante (Trento); asi como la infalibilidad papal (Vaticano I). Estos decretos conciliares así como los pronunciamientos papales "ex cathedra" conforman el Magisterio Extraordinario.

También son consideradas enseñanzas infalibles, los pronunciamientos tipo *ex cathedra* (del latín que significa *desde la sede*) que haga el papa. Ellos también forman parte del Magisterio Extraordinario. La palabra *catedral* viene del latín *cathedra,* porque es la iglesia donde se encuentra la sede o silla del obispo (su *cátedra*). La sede simboliza autoridad, cuyo significado viene de la antigua Roma, cuando el Cesar y sus gobernadores, sentados en una silla, tomaban decisiones públicas, declaraban alguna ley o juzgaban sobre algún asunto. Cuando el papa enseña *ex cathedra,* no significa que se siente físicamente sobre alguna silla en particular, sino que está ejerciendo su autoridad universal como Maestro Supremo. A diferencia de otros gobiernos, que mantienen separadas la rama ejecutiva de la legislativa y la judicial, en la Iglesia Católica, las tres están unidas en el papa. El es al mismo tiempo juez principal, legislador y la autoridad suprema. De ahí viene la triple corona (también conocida como *tiara o triregnum*) usada antiguamente en la coronación papal —para simbolizar su triple autoridad; y su mayor dignidad y autoridad que la de un rey (una corona) o un emperador (doble corona). (El Papa Pablo VI fue el último papa en usar la tiara. Usarla en nuestros tiempos es una cuestión de preferencia y opción personal, sin embargo su uso en el pasado era considerado una costumbre y tradición.)

El Magisterio Ordinario

La segunda manera por la cual una doctrina infalible es enseñada a los católicos es a través del *Magisterio Ordinario,* que es la manera más común y típica; de ahí que se llame *ordinario.* Esta es la doctrina consistente, constante y universal de los papas, comunicada a través de documentos variados, cartas apostólicas, encíclicas papales, decretos, entre otros. Nunca se trata de nuevas doctrinas sino algo que ya se ha enseñado *ubique, semper et ab omnibus* (en latín que quiere decir *en todo lugar, siempre y por todos*). Esto quiere decir que, cuando el papa refuerza, reitera o declara nuevamente la constante enseñanza de sus predecesores y la de los obispos unidos a él en todo el mundo, se considera Magisterio Ordinario y debe ser respetado como doctrina infalible.

La palabra *papal* se refiere a cualquier cosa que tenga que ver con el papa, y cuando él escribe documentos papales, el título más común con el que los papas se refieren a sí mismos es *Siervo de los Siervos de Dios* (que en latín es *Servus Servorum Dei*). San Gregorio Magno (590–604) fue el primer papa en usar este título. Otras personas también se refieren a él como *Su Santidad o Santo Padre,* entre otros títulos. Mira en la siguiente lista los diferentes tipos de documentos papales:

- Bulas Papales
- Encíclicas Papales
- Breves Papales
- Exhortaciones Apostólicas

- Constituciones Apostólicas
- Cartas Apostólicas
- Motu Proprio

Antes del Segundo Concilio Vaticano (1962–1965), mejor conocido como Vaticano II, la clase de documento papal determinaba cuánta autoridad quería ejercer el papa. (Vea el Capítulo 8 para más sobre Vaticano II.) Por ejemplo, el documento de más bajo nivel era el *Motu Proprio,* cuya frase en latín significa de *su propia iniciativa.* Es algo así como un memorando internacional. Es una carta papal corta que otorga una dispensa o que modifica algo aplicado a todo el mundo pero que tiene que ver solamente con asuntos de materia disciplinaria o temas que no tienen que ver con la doctrina. Un ejemplo del Motu Proprio fue cuando Juan Pablo II dio permiso para celebrar la Misa Tridentina. Por otro lado, las *Bulas Papales* han sido consideradas como de mayor autoridad. Por ejemplo, el dogma de la Inmaculada Concepción declarado por Pío IX en 1854, que explica como a María le fue otorgada una gracia especial directamente de Dios para preservarla del pecado original, conlleva todo el peso de la autoridad papal.

Dogma significa doctrina —que es una enseñanza oficial sobre la fe o la moral que ha sido revelada por Dios. Los católicos entienden que la Asunción de María y la Inmaculada Concepción son enseñanzas infalibles, porque conllevan la solemne, completa y universal autoridad del papa. (Vea el Capítulo 14 para mayor información sobre María, la Inmaculada Concepción y la Asunción.)

De cualquier manera, desde el Vaticano II, el *contenido* y el *contexto* del documento es lo que determina su grado de autoridad y no tanto que pertenezca a una de las clasificaciones anteriores de los documentos papales. Si el papa se decide hacer una enseñanza definitiva sobre algún tema de la fe o la moral, ello es expresión de su autoridad suprema en la Iglesia. Cuando Juan Pablo II promulgó en 1994 la Carta Apostólica *Ordinatio Sacerdotalis,* declaró oficialmente que la Iglesia Católica no tiene poder para ordenar a las mujeres. (Vea el Capítulo 12 para más sobre el papel de la mujer en la Iglesia.) *Ordinatio Sacerdotalis no fue* una declaración tipo ex cátedra, pero sí es parte del Magisterio Ordinario, y así, de acuerdo al Prefecto de la Sagrada Congregación por la Doctrina de la Fe, su enseñanza es infalible.

Las encíclicas papales son cartas dirigidas al mundo sobre temas o preocupaciones contemporáneas. La palabra *encíclica* viene del latín *circular,* porque estos documentos son escritos para que circulen por el mundo. El título de la encíclica se toma usando las dos primeras palabras del documento en latín (todo documento oficial venido del Vaticano es presentado primero en el idioma del latín).

Las encíclicas no son pronunciamientos *ex cátedra*. Las únicas dos veces que se han hecho pronunciamientos de tipo *ex cátedra* en los 2,000 años de Iglesia han sido para la proclamación de los dogmas de la Inmaculada Concepción (1854) y la Asunción (1950). Ellos son ejemplos del Magisterio Extraordinario y del ejercicio de la infalibilidad papal. (Cuando el papa enseña *ex cátedra* —que es muy raramente— está ejerciendo su autoridad universal como el Maestro Supremo sobre algo que tiene que ver con la fe o la moral, y por lo tanto incapaz de cometer error.)

Algunos ejemplos de otras encíclicas notables son:

- **Pío XII** envió muchas cartas, la más notable de 1943, *Mystici Corporis* desarrolla sobre la naturaleza de la Iglesia y *Divino Afflante Spiritu* promoviendo los estudios bíblicos.
- **Pablo VI** escribió la encíclica *Humanae Vitae,* en la que presentó la doctrina de la Iglesia sobre el aborto y la contracepción artificial. No es una declaración tipo *ex cátedra* pero la *Humanae Vitae* forma parte de la doctrina perenne, consistente y universal de los papas y los obispos de todo tiempo. (Para más acerca de la posición de la iglesia en cuanto a la contracepción artificial y otros temas delicados, vaya al Capítulo 12.)
- **Juan Pablo II** escribió un gran número de encíclicas, siendo las más famosas: la *Laborem Exercens* en 1981, sobre el trabajo humano; la *Veritatis Splendor* en 1993, sobre la ley moral natural; la *Evangelium Vitae* en 1995, sobre la inviolable dignidad y santidad de la vida humana así como de lo que la amenaza, como el aborto, la eutanasia y la pena de muerte; y *Fides et Ratio* en 1998 sobre la compatibilidad entre la fe y la razón.
- **León XIII** escribió la *Rerum Novarum* en 1891, referida al capital y al trabajo. En ella se defiende el derecho de poseer propiedad y negocios privados, y el derecho que poseen los trabajadores para formar sindicatos y gremios.
- **Juan XXIII** escribió en 1961 *Mater et Magistra* sobre el Cristianismo y el progreso social, y en 1963 la *Pacem in Terris* sobre el establecimiento de la paz universal y global a partir de la verdad, la justicia, la caridad y la libertad.

Las encíclicas son parte de la enseñanza cotidiana, y consistente del Magisterio Ordinario, que es infalible materia de fe y moral, y que reafirma la doctrina constante, consistente y universal de los papas y los obispos. Se requiere que los fieles católicos del mundo entero se sometan a ella con humildad de mente y voluntad. El llamado disenso de las enseñanzas papales no es parte de la fe católica. Los fieles católicos conforman su voluntad a las enseñanzas del papa y no la cuestionan.

Eso sí que es trabajo asegurado

Los papas son elegidos para toda la vida a no ser que ellos voluntariamente —sin ser presionados o manipulados— quieran retirarse de su oficio. (El Papa Ponciano fue el primer papa en abdicar de su oficio el año 235. El Papa San Pedro Celestino V en 1294 fue el más famoso de los renunciantes quien lo hizo para poder regresar a la vida monástica. El último Papa en renunciar ha sido el Papa Gregorio XII en 1415. Nadie puede deponer a un papa aún cuando desarrolle problemas mentales, se enferme o sea corrupto. Ningún concilio ecuménico tiene la autoridad de removerlo de su oficio. De modo que cuando un papa malo entra al puesto, y en el pasado sí los hubo, el único remedio es pedirle a San José que interceda para que el papa en cuestión tenga una muerte feliz. (San José es el patrón de la muerte feliz, porque probablemente murió de causas naturales en los brazos de María y Jesús.)

Esta es nuestra pequeña contribución: de los 266 papas en la historia sólo 12 fueron unos verdaderos canallas que causaron enormes escándalos. Setenta y ocho de los papas son reconocidos como verdaderos santos (vea el capítulo 15) y de los restantes 176 se sabe que fueron personas bastante buenas. Son buenas estadísticas, sobretodo cuando se comparan con la de los presidentes, los primeros ministros o la de los monarcas del mundo. En la lista del Apéndice B podrá ver todos los papas a través de la historia.

Donde vive el papa

El hogar del papa es *Ciudad del Vaticano,* una nación independiente desde el Tratado de Letrán de 1929, cuando el gobierno de Italia reconoció la soberanía del Vaticano. La Ciudad del Vaticano consiste de solo 0.2 millas cuadradas (108.7 acres), tiene menos de mil habitantes y se encuentra en el centro de Roma.

Después de 300 años de persecuciones Romanas, el Emperador Constantino, nacido Flavio Valerio Constantino, legalizó al Cristianismo en el año 313 a través del Edicto de Milan, poniendo fin a las persecuciones de los cristianos, sancionadas por el estado. En el año 321 él donó la propiedad imperial del Palacio de Letrán al Obispo de Roma y empezó un proceso de entrega de propiedades como pago por las tierras y propiedades que los romanos habían quitado a los primeros cristianos durante la era pagana. (Para mayor información sobre el Emperador Constantino vea el margen "Soñando con Jesús" en el Apéndice.)

Los buenos, los malos y los feos

El catolicismo reconoce a San Pedro como el primer papa, elegido por Jesucristo mismo, de acuerdo al Evangelio de San Mateo (16, 18), cuando Jesús dijo: "Tu eres Pedro y sobre esta piedra edificaré mi Iglesia." Si contabilizamos a San Pedro como el primer papa, entonces Benedicto XVI es el papa 266 o el 265 Sucesor de San Pedro. ¿Y tú que pensabas, cuando eras chico, lo difícil que era memorizar los nombres de los líderes mundiales?

Hay algunos personajes pintorescos entre esos 266 papas. Setenta y ocho de ellos son santos canonizados y diez más han sido beatificados, que significa estar un solo paso de ser declarado santo, por lo que aproximadamente 32 por ciento de los papas han sido muy buenos. Entre los demás solo unos doce son considerados como hombres moralmente malos y corruptos.

Aunque sea verdad que un papa malo es uno entre muchos, debemos recordar que Jesús mismo escogió 12 pecadores imperfectos para ser sus apóstoles. El primer papa, San Pedro, decayó en su fe y negó conocer a Cristo tres veces; y Judas, uno de los primeros obispos, lo traicionó por 30 monedas de plata. Uno se arrepintió, el otro se ahorcó a sí mismo en vez de confiar en la misericordia.

Probablemente el peor de todos los papas fue Alejandro VI (1492–1503) de la familia Borgia. El nombre es infame; los Borgia fueron una familia Italiana, notoria e influyente durante la época del Renacimiento, en que Italia no era un reino unificado sino que estaba conformada por pequeños principados, ducados, y ciudades-estados. El Papa Alejandro VI tuvo varios hijos ilegítimos antes y después haber sido papa, dos de los cuales tienen algo de su reputación: Cesar Borgia y su hermana Lucrecia Borgia. Cesar fue un autócrata despiadado y a Lucrecia se le reconoce como la persona más famosa en hacer uso del veneno. Alejandro VI, perfecto ejemplo del nepotista, el chantaje, la mentira, el libertinaje y lo que te puedas imaginar. Los Borgias eran la mafia de su tiempo. Entre los Borgias podemos encontrar a 11 cardenales, 2 papas, una reina de Inglaterra y a un santo.

El Papa Benedicto IX (1032–1045) es considerado casi el segundo peor papa. Asumió el trono de San Pedro teniendo alrededor de 20 años y por su vida de playboy ocasionó una revuelta por parte del pueblo romano, disgustado con sus actividades.

¿Un papa mujer o papisa? Ni pensarlo. La supuesta papisa Juana solo existió en un mito nacido entre los siglos 13 y 17. El Protestante Francés David Blondel (1590–1655) refutó el mito de una vez por todas con una gran investigación, pero dado que el cuento es tan extraño, algunos siguen creyéndolo a pesar de la falta de evidencia. La leyenda cuenta que una mujer llamada Juana se vistió y se hizo pasar por hombre para poder entrar a la vida clerical y ascender en la jerarquía, cosa que supuestamente pudo lograr con gran facilidad. Cuenta el mito que ella logró engañar a todos porque usaba pelo corto y ropas de hombre, hasta que un día, mientras montaba un caballo, dio a luz a un niño quedando expuesta como impostora —por lo que fue apedreada hasta la muerte a manos de un gentío furioso. Si tú eres capaz de creer eso, te contaremos otra igual.

Alrededor del año 600 se detuvieron las donaciones de los grandes estados, pero 154 años después el Rey Pepino, conocido como el Breve, de los Francos (y padre de Carlomagno) promulgó la Donación del 754: el papa gobernaría el territorio de Italia central (16,000 millas cuadradas). Desde el 754 hasta 1870, la Ciudad del Vaticano formaba parte de los Estados Papales, conocidos también como el *Patrimonium Sancti Petri* (el Patrimonio de San Pedro). Durante la reunificación de Italia en 1870, Giusseppe Garibaldi y el Conde Camilo Benso di Cavour, los dos hombres responsables de la formación del Reino y la moderna nación de Italia, confiscaron las tierras de los Estados Pontificios acabando con el gobierno secular de los papas. No fue tanto que el Papa Pío IX se opusiera a una Italia unificada o que estuviera apegado a gobernar los Estados Papales; fue más bien el temor que la política de Garibaldi, Cavour y el Rey Victor Manuel, quienes eran altamente anti-religiosos y anticlericales, pusiera en peligro la autonomía de la Iglesia Católica en sus escuelas, hospitales y sus iglesias. Se conocen los extremos de nacionalismos en otros países donde los gobiernos hostiles arrebatan propiedades y cierran negocios.

Hoy día, la Ciudad del Vaticano es la nación independiente más pequeña del mundo. Irónicamente, tiene la mayor cantidad de embajadas y embajadores en todo el planeta. El inventor de la radio, Marconi, construyó una radio para el Papa Pío XI; así fue como se inició Radio Vaticano en 1931. Ahora, además de la estación de radio, transmisión de onda-corta, cuenta con una estación de televisión y presencia en el Internet.

Los únicos verdaderos ciudadanos de la Ciudad del Vaticano, además del papa, son los diplomáticos que trabajan en la *Santa Sede* (el papa y las variadas oficinas Vaticanas del gobierno de la Iglesia). Estos diplomáticos, tanto clero como laicos, proceden de otros países de todo el mundo y mantienen su propia nacionalidad y ciudadanía, pero se les da un Pasaporte Vaticano mientras estén empleados para representar al Vaticano. Originalmente enviados a Roma en 1506, unos 107 guardias Suizos para proteger al papa, ahora ellos decoran a la *Piazza* (la plaza de aire libre donde se reune la gente) con sus coloridos uniformes. También hay guardias Suizos vestidos de civiles encargados de la vigilancia, electrónica y con armas sofisticadas, del Santo Padre, especialmente después del atentado de asesinato de 1981.

Trivia papal: ¿por qué viste de blanco?

Dado que la mayoría de los papas fueron primeramente cardenales antes de ser elegidos como obispo de Roma, al ser elegidos ellos conservaban sus vestiduras escarlatas, pero la adornaban con piel de armiño blanco, esto durante la Edad Media. En 1566 el Papa San Pío V, decidió conservar su hábito blanco de Dominico, adaptando la sotana, el traje clerical largo, al color blanco. Desde entonces, el papa se viste de sotana blanca. Los Cardenales se visten de rojo, los obispos se visten de violeta y los sacerdotes visten de negro.

Quien es Siguiente en el Organigrama Eclesiástico

Ya que la Iglesia Católica tiene más de un billón de miembros el papa cuenta con muchos que le ayuden a gobernar esta enorme institución. La cadena de mando va como sigue: el papa está al timón seguido por los cardenales, los arzobispos/obispos, vicarios generales, los monseñores y los sacerdotes. El resto de la Iglesia lo componen los diáconos, monjes, monjas, los hermanos y hermanas religiosos y los laicos. (El último grupo —laicos hombres y mujeres— son el 99.9 de la Iglesia.)

Los Cardenales

Aunque la primera responsabilidad del Colegio de Cardenales es elegir a un papa (vea la sección anterior "La manera en que recibe el papa su puesto" al principio del capítulo), los cardenales también tienen muchas otras responsabilidades. La llamada *Curia Romana* es el grupo entero de administradores (Cardenales Prefectos) que encabezan los distintos departamentos (congregaciones, tribunales y otros), trabajando todos como brazo derecho del papa. El papa gobierna a través de la Curia Romana y son algo así como los miembros del gabinete presidencial o los ministros que asisten al primer ministro. Por ejemplo, el Cardenal Secretario de Estado representa a la Santa Sede ante los gobiernos extranjeros, debido a que la Ciudad del Vaticano es el país independiente más pequeño del mundo. Se pueden encontrar a distintos cardenales encargados de cada congregación, como la Congregación:

- De los Obispos
- De la Educación Católica
- De las Causas de los Santos
- Del Clero
- Del Culto Divino y la Disciplina de los Sacramentos
- De la Evangelización de los Pueblos
- De los Institutos de Vida Consagrada y Sociedades de Vida Apostólica
- De las Iglesias Orientales

También, un cardenal diferente encabeza las distintas comisiones y consejos, así como las tres cortes más altas de la Iglesia Católica: la Penitenciaría Apostólica, la Signatura Apostólica y la Rota Romana, las cuales tienen que ver con la aplicación y la interpretación del Derecho Canónico (vea el Capítulo 9).

Los Cardenales que no trabajan en la Curia tienen a su cargo alguna arquidiócesis, con las funciones de un arzobispo —ordenar, confirmar y realizar la labor cotidiana como pastor principal de la arquidiócesis. A esos cardenales también se les refiere como el *metropolitano,* que significa que ellos supervisan la provincia de dos o más diócesis, que por lo normal se encuentran en su mismo estado o región. El metropolitano no posee la autoridad inmediata sobre sus obispos vecinos o sus diócesis aunque ellos sean parte de la provincia del arzobispo metropolitano.

Sin embargo el metropolitano sí reporta a Roma en caso de que uno de los obispos en su provincia sea descuidado en sus deberes, ocasione algún escándalo o cometa algún crimen. A menudo el *nuncio apostólico* consulta con el cardenal cuando hubiera alguna vacante, dado el caso de muerte o retiro de algún obispo. Por ejemplo, el Cardenal Arzobispo de Philadelphia es el Metropolitano del estado de Pennsylvania, que incorpora a ocho diócesis: las de Philadelphia, Pittsburgh, Erie, Harrisburg, Scranton, Allentown, Greensburg, y Altoona-Johnstown.

Obispos y arzobispos

Además de ser la cabeza de la Iglesia Católica el papa es también el obispo de Roma. El papa no es más obispo que cualquier otro obispo pero su autoridad sí abarca mucho territorio. El papa posee jurisdicción suprema, completa, inmediata y universal del mundo entero, mientras que el obispo local, que puede ser también arzobispo o cardenal, posee jurisdicción sólo en su *diócesis,* que es la manera más común de llamar al área geográfica en la administración católica.

Diócesis y arquidiócesis: las áreas que gobiernan

Cada obispo individual retiene su propia autoridad, recibida a través de su ordenación y consagración. *Episcopal* es la palabra que se usa para referirse a todo lo que tenga que ver con un obispo u obispos, y la ordenación y consagración episcopal es el sacramento a través del cual el sacerdote se hace obispo. Este es el tercer y más completo nivel del Sacramento del Orden Sagrado. (El primer nivel es la ordenación diaconal y el segundo es la ordenación sacerdotal.) Tres obispos imponen las manos al sacerdote que se ordena obispo, y su cabeza es ungida con el óleo crismal.

El obispo local gobierna su diócesis. No es un embajador del papa pero gobierna la diócesis local como sucesor auténtico de los apóstoles, de la misma manera que el papa gobierna la Iglesia Universal por ser el sucesor de San Pedro.

No, la Misa de los Santos Oleos no tiene nada que ver con obras de arte

La Misa Crismal se realiza el Jueves Santo u otro día de la Semana Santa, y si es posible, se les pide a todos los sacerdotes que estén presentes. Durante esta Misa el obispo bendice formalmente al óleo (aceite de oliva) en grandes cantidades para ser distribuido en todas las parroquias y a sus sacerdotes de la diócesis. Son tres los óleos que se bendicen en esta Misa anual:

- *El óleo de los catecúmenos* (oleum catechumenorum) usado para bendecir a los catecúmenos antes del Bautismo y durante su inscripción como catecúmeno (estudiantes de la fe preparándose para ser Bautizados).
- *El óleo de los enfermos* (oleum infirmorum) es el apropiado cuando se administra el Sacramento de la Unción de los Enfermos, antes llamado Extrema Unción.
- *El óleo crismal* (sacrum chrisma), llamado también el sagrado crisma, se utiliza para ungir a los recién bautizados. El obispo también usa el santo crisma al administrar los sacramentos de la confirmación y el orden sagrado. Tal como el óleo de los enfermos y óleo de los catecúmenos, el óleo crismal procede de la oliva, pero a diferencia de los otros dos, al momento de ser bendecido se le añade fragancia de bálsamo que lo hace más oloroso y gustoso al olfato.

Es el papa quien nombra a los obispos, y ellos tendrán que hacer una visita cada cinco años al Santo Padre y presentarle un reporte particular de su diócesis. El obispo ha de invertir la mayor parte de su tiempo conociendo su diócesis, confirmando adultos y jóvenes, y ordenando hombres al *diaconado* — al oficio de diácono— y al sacerdocio, al menos una vez por año. Sólo los obispos pueden administrar el Sacramento del Orden Sagrado, por el cual los hombres son ordenados diáconos, sacerdotes u obispos. Los obispos llevan a cabo múltiples visitas pastorales a las parroquias de su diócesis así como múltiples reuniones con su cuerpo administrativo. (Vea al Capítulo 6 para conocer más sobre el Sacramento de la Confirmación y vea el Capítulo 7 para más sobre el Sacramento del Orden Sagrado.) El obispo es como un párroco cuya parroquia es muy grande. (Vea la sección "El sacerdote de parroquia" para mayores detalles sobre los párrocos.)

En términos generales es posible concebir a la parroquia como si fuera un pueblo o ciudad de la cual el párroco es el alcalde. La diócesis es como un estado o provincia y el obispo es como el gobernador. (El papa es como un primer ministro, que gobierna a la nación completa, excepto que lo que gobierna es la Iglesia Universal en el mundo entero.)

El arzobispo maneja una diócesis muy grande llamada *arquidiócesis.* Por ejemplo a un arzobispo se le da autoridad en cada una de las siguientes arquidiócesis: Newark, San Francisco, Denver, Hartford, Miami, San Louis y Omaha. Algunas veces el arzobispo también es cardenal, como en el caso de Philadelphia, la Ciudad de Nueva York, Washington D.C., Boston, Chicago, Baltimore, Los Angeles y Detroit. Los cardenales le siguen en rango al papa. Cuando no están eligiendo a un nuevo papa (vea la sección "La manera en que el papa recibe su puesto", al comienzo del capítulo) los cardenales trabajan en su arquidiócesis o en el Vaticano.

Los obispos de un país o nación se reúnen por lo menos una vez al año en lo que se conoce como la *conferencia episcopal.* Los obispos de Latinoamérica pertenecen al Consejo Episcopal Latinoamericano (CELAM), los obispos Norteamericanos pertenecen a la United States Conference of Catholic Bishops (USCCB), los obispos de Canadá pertenecen a la Conférence des évêques catholiques du Canada/Canadian Conference of Catholic Bishops (CECC/CCCB), en Australia los obispos pertenecen a la Australian Catholic Bishops Conference (ACa.C.) y los de Inglaterra pertenecen a Catholic Bishops' Conference of England and Wales (Ca.C.EW).

La catedral: donde pasan el tiempo

La catedral es para la diócesis lo que el Vaticano es para la Iglesia universal. La catedral es la iglesia oficial de la diócesis, en donde se encuentra la sede del obispo, y su sede o silla (en latín es *cathedra*) es un símbolo de la autoridad que tiene como sucesor de los apóstoles.

Irónicamente, la Basílica de San Pedro en el Vaticano, donde se celebran tantas de las Misas papales, no es la iglesia catedral del papa. La catedral de la diócesis de Roma es San Juan de Letrán, donde los papas vivían antes de mudarse al Vaticano.

Los obispos celebran la mayor parte de sus Misas en la iglesia catedral. Además, es donde se celebra la Misa Crismal (conocida también como la *Misa de los Oleos*) —a no ser que el obispo decida celebrarla en algún otro lugar de su diócesis. (Vea al margen de este capítulo, "No, la Misa de los Santos Oleos no tiene que ver nada con obras de arte", para más detalles acerca de esta Misa especial.)

Las Catedrales también mantienen un horario de Misas diarias y de fin de semana como cualquier otra parroquia. También tienen bodas, entierros, bautismos y demás. Pero el orgullo de la catedral es cuando se celebran las ordenaciones episcopales, sacerdotales o diaconales, así como la Misa Crismal. (Para más sobre la ordenación y Orden Sagrado, vea al Capítulo 7.)

Nota: Solamente el obispo puede sentarse en su *cátedra,* y si algún otro sacerdote celebra la Misa tiene que usar otra silla.

El vicario general

El vicario general no es igual a los generales del ejército, como lo fueron Montgomery, De Gaulle y MacArthur. Es un sacerdote, que es segundo al mando de la diócesis, nombrado por el obispo para ayudarlo a gobernar la Iglesia local. Algunas veces, un vicario episcopal, también es nombrado para asistir al obispo en ciertas áreas, como son las vocaciones, el tribunal matrimonial, asuntos del clero, ministerios con hispanos o ministerios con otras minorías, entre otras cosas. En diócesis de gran tamaño, como en Nueva York y Londres, los vicarios son obispos auxiliares, ordenados obispos para asistir al obispo de la diócesis del mismo modo que lo hace el vicario general, excepto que éste puede ayudar al obispo en la ordenación de diáconos y sacerdotes.

A estos sacerdotes muchas veces se les da el título honorario de *monseñor.* Este título no porta mayor autoridad, dignidad ni salario. Puedes reconocer a un monseñor por el color de su *sotana,* traje largo que visten los clérigos. *Monseñor* es un título honorario dado por el papa a pedido del obispo local. Este título de honor puede ser otorgado en tres formas diferentes:

- **El Chambelán Papal**: Que se conoce también como *Capellán de Su Santidad,* y es el nivel más bajo del título monseñor. Visten de sotana negra con botones rojos y franja roja.
- **El Prelado Doméstico:** A estos monseñores también los llaman *Prelado de Honor de Su Santidad*, y visten de sotana violeta o negra con botones rojos y franja roja.
- **El Protonotario Apostólico:** Este es el rango más alto del título. Se distingue por vestir una *ferraiolone* violeta, que es una capa de seda sobre la sotana.

El sacerdote de parroquia

El *sacerdote de parroquia* (conocido también como el *párroco*) es el siguiente en la línea de la jerarquía después del vicario general. Los párrocos son nombrados por el obispo y lo representan en la *parroquia* local, compuesta por vecindarios en una pequeña región del condado.

El párroco recibe ayuda del *vicario parroquial* (antes conocido como el *cura* o el *asistente pastoral*). El consejo pastoral y el comité financiero, que en su mayoría los componen los fieles de la parroquia, ofrecen su ayuda y consejo al párroco pero no poseen autoridad administrativa ni ejecutiva.

Lecciones fuertes

En la película *Going my Way* (Paramount, 1944) el Padre O'Malley (personificado por el actor Bing Crosby) cantaba algunas canciones y luego discutía amigablemente con algunas monjas en el colegio. Sin embargo la vida del sacerdote en esa película no representa la vida típica del sacerdote. Se espera que los sacerdotes de hoy obtengan un diploma universitario, hagan una maestría o posiblemente completen su doctorado. Con frecuencia han pasado de 4 a 12 años en el *seminario,* el equivalente de las escuelas Protestantes. La mayoría poseen al menos una maestría en teología, a la par que algún grado académico mayor o equivalente al de doctor en medicina o derecho.

Junto a su educación académica, los seminaristas reciben formación práctica pastoral, por lo que son asignados a trabajos especiales durante la semana o en tiempo de verano, en alguna parroquia, hospital, casa de salud para ancianos, prisión, salón de clases y otros, de modo que su educación pastoral se encuentre unida a su educación teológica y filosófica

Trabajador ocupado

El sacerdote de parroquia celebra la Misa diaria, escucha confesiones todas las semanas, ofrece consejo matrimonial, da las clases prematrimoniales, ofrece dirección espiritual, unge y visita a los enfermos en casas, hospitales y centros de cuidado al anciano, enseña el *Catecismo* (el libro que contiene las doctrinas del catolicismo) a los niños y a los adultos; bautiza, celebra las nupcias matrimoniales; lleva a cabo los funerales y los entierros, está presente en numerosas reuniones de la parroquia y la diócesis; hace cada día sus oraciones en privado, su lectura espiritual y teológica; y encuentra tiempo para relajarse de vez en cuando con su familia y sus amistades. También se espera que por lo menos una vez al año haga un retiro espiritual de cinco días, además de recibir regularmente dirección espiritual y cumplir su oración diaria. Realmente es un trabajador ocupado.

Con más de un billón y medio de católicos en el mundo entero, y con sólo unos 404,626 sacerdotes para servir sus necesidades espirituales, tenemos como promedio a un sacerdote por cada 2,517 católicos.

El centro de la rueda: la iglesia parroquial

La iglesia parroquial es donde el sacerdote lleva a cabo su trabajo y donde la mayoría de los católicos se encuentran los sábados por la tarde o el domingo en la Misa.

La parroquia católica local recibe el nombre de algún título de Jesucristo como *Santísimo Sacramento* o *Sagrado Corazón*; o también de la Virgen María como *Nuestra Señora del Buen Consejo* o *Nuestra Señora de los Siete Dolores;* o es nombrada en honor a uno de los santos como *Santa Ana, Santa Bernadette, San Benito,* o *San José.* La parroquia es el corazón de la diócesis pues es en este lugar donde la mayoría de los católicos son bautizados, se confiesan, van a Misa, reciben la Santa Comunión, se confirman, se casan y son enterrados.

Algunas parroquias en Estados Unidos de America cuentan con un colegio parroquial ligado a ellas y unas cuantas tienen un convento de monjas que se encarga de la escuela. Son pocas pero todavía existen. Los colegios católicos son tierra fértil para las vocaciones y sus estudiantes, con frecuencia, proseguían sus estudios en Escuelas Superior o Universidades Católicas. Estas escuelas parroquiales animaban a los niños y a las niñas a contemplar la posibilidad de convertirse en sacerdotes o monjas. Pero la situación económica, demográfica y la disminución en el número de hermanas y hermanos en las parroquias han ocasionado que muchas de ellas cierren sus colegios. Las escuelas públicas tienen buenos maestros, mejores fondos y son más accesibles. Algo más raro aún es el cementerio católico de la parroquia. Hoy en día los colegios y los cementerios han sido centralizados por la diócesis, pero algunas parroquias viejas de campo tienen sus cementerios en la parte de atrás de la propiedad.

¿Padre, es sacerdote diocesano o religioso?

Los sacerdotes católicos son *diocesanos* (seglar) o son *religiosos* (regular). Los sacerdotes diocesanos pertenecen a la diócesis en la que se encuentran, pero los sacerdotes de orden religiosa, como los Franciscanos o los Dominicos, pertenecen a la orden de ese nombre.

Sacerdotes diocesanos (seglares)

A los sacerdotes diocesanos se les llama *sacerdotes seglares* para poder distinguirlos de los sacerdotes religiosos que pertenecen a una comunidad u orden. Es muy típico que el sacerdote de la parroquia sea un sacerdote diocesano. Esto quiere decir que pertenece a la región geográfica de la diócesis, compuesta de varios condados en el mismo estado. El hace promesa de obediencia al obispo local así como una promesa de celibato.

El sacerdote diocesano tiene un salario mensual modesto pagado por la parroquia. Además, la parroquia o la diócesis le provee comida, alojamiento y seguro médico, pero sólo algunas diócesis le proveen además seguro para su auto. Los sacerdotes diocesanos viven solos en la parroquia o con otro sacerdote, pero tienen, básicamente, sus propios espacios para vivir dentro de la *rectoría* —la casa en donde viven los sacerdotes de parroquia. Hacen su propio trabajo y usualmente solo comparten una cena al día. También tienen sus propios espacios o tiempos de descanso a solas.

Los sacerdotes diocesanos son responsables por comprar y mantener su propio vehículo así como sus pertenencias—su ropa, libros, computadoras, televisor, radio y otras cosas. Tiene que pagar sus impuestos federales, estatales y locales, incluyendo su seguro social. Después de todos los pagos que debe realizar mensualmente, como la cuota del carro, seguros, entre otros, no es mucho lo que le sobra de su salario, pero parroquia o la diócesis cubre sus necesidades. Los honorarios y los regalos que recibe por hacer algún bautismo, una boda y los entierros son diferentes de diócesis en diócesis, pero es *muy importante* saber que el sacerdote nunca cobra por cualquiera de sus servicios. Con frecuencia se le da alguna donación a la parroquia o a él, pero es un sacrilegio, pecado y también falta de respeto que el clérigo pida dinero por haber ejercido su ministerio sagrado.

El derecho canónico (vea el Capítulo 9) garantiza que cada sacerdote tenga su día libre durante cada semana de siete días y también un mes (30 días) de vacaciones por cada año, sin incluir el retiro anual de cinco días. Ese mes de vacaciones es poco cuando se compara con los días libres que tienen los laicos, quienes tienen dos días libres por semana como promedio.

Los sacerdotes religiosos (regular)

A los sacerdotes religiosos se les refiere como *regulares,* porque ellos siguen la *regula,* que en latín significa *regla* o *reglamento,* que viene a ser la estructura de vida de la comunidad religiosa. La Regla es el referente de la manera en que una orden religiosa se forma, entiende su vida, se gobierna y establece sus costumbres. Los sacerdotes religiosos son más conocidos por el nombre de la orden a la que pertenecen como en el caso de los Franciscanos, Dominicos, Jesuitas, Benedictinos y Agustinos. Ellos visten con un *hábito* (vestido religioso) particular que los identifica y toman los votos solemnes de pobreza, castidad y obediencia. Al haber tomado ese voto de pobreza, no son dueños de sus vehículos ni de otro tipo de propiedad personal. Muchos usan vehículos comunitarios que todos en la orden comparten. Solo son dueños de la ropa que visten y quizás de mucho menos. No reciben un salario como los sacerdotes diocesanos pero mensualmente reciben un dinero bastante modesto para que comprar sus productos de higiene personal y bocadillos, así como para disfrutar de vez en cuando de alguna salida a cenar o para disfrutar de alguna obra teatral. Ellos le piden permiso a su superior para obtener esas cosas de mayor costo y cuando desean tomar algún tiempo libre para irse de vacaciones.

Acostumbran a vivir en comunidad de tres o más miembros (y hasta 10, 20 ó más), en la misma casa y a compartir todo. La comunidad entera comparte el televisor, la radio, la computadora y otras cosas Esto fomenta espacios de recreo en comunidad dado que tienen que vivir juntos, orar juntos y trabajar juntos. Son diferentes a los sacerdotes diocesanos (seglares), quienes reciben un pequeño salario, y pagan impuestos, porque los religiosos no son dueños de nada. En el caso que recibiera alguna herencia, esta pasaría a la comunidad o a la orden, a diferencia del sacerdote diocesano, quien se puede quedar con la casa de su familia en caso de haber hijo único, pero en ese caso él debe encargarse de pagar los impuestos y el mantenimiento.

Los diáconos

Los siguientes en la jerarquía, después de los sacerdotes, son los diáconos. Los *diáconos permanentes* son hombres ordenados en la Iglesia para desempeñar tareas específicas y que normalmente no tienen la intención ni deseo de ser sacerdotes. Ellos pueden ser solteros o casados. Si son hombres casados, tienen que haber sido casados antes de ser ordenados al diaconado. En el caso de que muera su esposa *antes* que él, podrían ser ordenados sacerdotes si el obispo lo permite y da su aprobación.

Los *diáconos transitorios* son *seminaristas,* estudiantes que están siendo formados para el sacerdocio, y han llegado a la última etapa de su formación. Después de ser diáconos por un año, serán ordenados sacerdote por el obispo.

El diácono puede bautizar, y con permiso de su párroco, puede casar, llevar a cabo el servicio fúnebre y el entierro fuera de la Misa, distribuir la Santa Comunión, predicar la *homilía,* que es el sermón presentado después de la lectura del Evangelio en la Misa, y están obligados a realizar todos los días los rezos del Oficio Divino (el Breviario). *El Oficio Divino, el Breviario,* o lo que se llama *La Liturgia de las Horas,* todos quieren decir lo mismo. Está compuesto por los 150 Salmos, lecturas del Antiguo y Nuevo Testamento, que cada diácono, sacerdote y obispo está obligado a rezar todos los días y en distintos momentos del día. De esta manera, además de las lecturas bíblicas de la Misa diaria, el clérigo tiene contacto, todos los días, con otras lecturas de las Sagradas Escrituras.

Los diáconos permanentes, especialmente los que son casados, tienen otros trabajos en el mundo para poder mantener a sus familias, y a la vez ayudan al párroco local a visitar a los enfermos, enseñar la doctrina de la fe, aconsejar a parejas y a individuos, forman parte de los varios comités y consejos de la parroquia, y ofrecen sus consejos al párroco.

Los diáconos, los sacerdotes y los obispos de la Iglesia Católica son considerados *clérigos,* es decir miembros del clero.

Los monjes y las monjas, los hermanos y las hermanas

Técnicamente hablando, son monjes y monjas sólo aquellos que viven en los *monasterios* (que viene del griego *monazein* que significa *vivir en soledad*), ya que estos son edificios que han sido construidos para limitar el acceso del mundo exterior y dar mucho más tiempo, a aquellos que lo habitan, para poder trabajar y orar. Los monasterios son lugares donde viven solo mujeres, que son monjas, y hombres, que son monjes. Son pocos los monasterios que poseen hospedaje para los visitantes, ya que los monjes o las monjas viven una espiritualidad de carácter monástico, que consiste en estar juntos en la capilla durante la oración así como en las comidas; trabajar juntos en alguna parte del monasterio, cocinar, ayudar en la limpieza entre otras actividades.

Las hermanas religiosas viven de forma diferente. Ellas viven en *conventos,* que viene de la palabra en latín *conventus* y que quiere decir *asamblea.* Los conventos poseen un ambiente más abierto externa e internamente al mundo seglar. Es típico que sus habitantes vivan y oren juntos en el convento pero que trabajen fuera del convento en alguna escuela, hospital y otros lugares.

El *convento de los frailes* (que viene de la palabra latina *frater* y significa *hermano*), es la versión masculina de los conventos de las *hermanas religiosas,* el lugar en donde los llamados *hermanos* viven juntos, trabajan y oran. Ellos también trabajan fuera del convento. Santo Domingo y San Francisco de Asís fueron quienes fundaron los primeros grupos de frailes en la Iglesia. Hasta ese momento, el hombre con vocación religiosa estaba limitado a escoger entre la vida del sacerdote diocesano en parroquia o la vida del monje en un monasterio. Los frailes ofrecieron punto intermedio entre la vida en una ciudad o la vida de un monasterio, y además no estaban enclaustrados o semi encerrados como lo eran los conventos de monjas. El nivel de claustro depende mucho de la orden religiosa o comunidad y lo que pretendió establecer el fundador.

En el mundo actual encontrarás distintos tipos de órdenes religiosas, comunidades y congregaciones. Cada comunidad y orden funda su espiritualidad sobre la inspiración recibida por el fundador, como lo fue Santo Domingo, el fundador de los Dominicos. San Francisco fundó a los Franciscanos, Santa Clara a las Clarisas Pobres, Santa Lucía Filippini a las Hermanas Religiosas Filippinas, y la Madre Teresa fundó a las Misioneras de la Caridad. Algunas comunidades se especializan en la educación y el trabajo en los hospitales. Algunas llevan a cabo varios apostolados activos y otras se dedican a la vida de la oración contemplativa dentro del claustro.

Por ejemplo: las Hermanas de San José, las Hermanas de la Misericordia, las Hermanas Religiosas Filippini, las Hermanas Dominicas, las Hijas de la Caridad y las Hermanas de San Cirilo y Metodio, con frecuencia trabajan en las escuelas, los hospitales y los asilos de ancianos. Pero las monjas Carmelitas, monjas Dominicas, monjas Clarisas Pobres y otras monjas, permanecen en el monasterio orando, ayunando y trabajando para la santificación de las almas. Posiblemente hayas visto alguna vez a la Madre Angélica y las demás monjas, Clarisas Pobres, y notado que ellas están en una capilla aparte. Están separadas (*enclaustradas*) del público en general Algunas monjas de la orden, las llamadas externas, viven fuera del claustro, para que puedan ir de compras y buscar la comida y cubrir sus otras necesidades. Las monjas de claustro rara vez salen del monasterio, a menos que se enfermen y necesiten cuidado médico especializado, o que haya alguna muerte en su familia. Las monjas enclaustradas viven y permanecen en el monasterio mientras que las hermanas religiosas trabajan fuera del *convento,* que es la casa en donde viven.

La diferencia es la siguiente: las hermanas de los colegios católicos no son monjas sino hermanas religiosas; no viven en el claustro del monasterio sino en el convento y enseñan en la escuela parroquial.

Podrás distinguir la orden a la que pertenezca el monje, la monja, la hermana o el fraile según el *hábito* (vestido religioso) que vistan. Los Franciscanos visten típicamente de color marrón, los Dominicos visten de blanco, los Benedictinos visten de negro y las Misioneras de la Caridad visten un sari blanco con rayas azules. Algunas comunidades de las religiosas ya no llevan un velo sobre la cabeza pero adornan su ropa con algún tipo de insignia en forma de broche pequeño que las identifica. El estilo, el tamaño y el color del velo de las mujeres también distingue a su comunidad.

Los hermanos y las hermanas religiosas no forman parte del clero y tampoco son miembros de los fieles laicos. Son llamados *religiosos consagrados* en virtud de los votos sagrados que han tomado: pobreza, castidad y obediencia. Los hermanos religiosos viven en comunidad con otros hermanos y las mujeres religiosas también viven en comunidad con otras hermanas —no sólo comparten la misma vivienda, sino que muchas de ellas viven juntas, desde 3 hasta 30 de ellas. Cenan juntas y tratan de trabajar juntas; hacen sus oraciones juntas y se divierten juntas. Al haber tomado el voto de la pobreza no les pertenece el vehículo que usan (no pagan seguros, ni préstamos, ni tampoco compran la gasolina) y tampoco tienen cuentas de ahorro ni chequeras independientes de la comunidad. La orden religiosa a la que pertenecen les provee todo y ellas deben comunicarse con sus superiores cuando tengan alguna necesidad fuera de lo común. Aquí es cuando se siente el voto de obediencia.

Parte II

Entendiendo Todas Esas Creencias

"¿Cuando dejaron de responder 'amén' para hacer 'la ola?' ¡Esto parece un estadio!"

En esta parte . . .

Encontrarás lo que enseñan y creen los católicos y la forma que se expresa su culto a Dios. Descubrirás que el catolicismo es una religión bíblica. Sabrás el cómo y el porqué la Biblia católica es diferente de la Biblia protestante. Lee sobre quién Jesús es para los católicos. ¿Es Dios? ¿Es hombre? ¿Es humano? ¿Es divino?

Esta parte también cubre la manera en que el catolicismo usa a la persona en su totalidad —cuerpo y alma— en el culto católico. Verás la manera en que los sacramentos hablan de ambas realidades. Observa la conexión entre lo que se cree y como esa creencia afecta la manera como los católicos dan culto a Dios.

Los ritos católicos son misteriosos, pero en esta parte, podrás mirar, tras bastidores, lo que está sucediendo. Encontrarás ceremonias antiguas y oraciones tradicionales que retroceden 2 mil años en el tiempo. Entenderás porqué son siete los sacramentos, nada más y nada menos, así como lo más sagrado del catolicismo: la Misa.

Capítulo 3

Tienes que Tener Fe

En Este Capítulo

- La verdadera definición de que lo que es la fe
- Descubrir lo que Dios ha dado
- El encuentro con la verdad final de todo

Quizás crees que tener fe es como creer en fantasías o cuentos de hadas, o es lo mismo que aceptar la existencia de los OVNIs, fantasmas, el abominable hombre de las nieves, el monstruo del lago Loch Ness, el chupacabras, o "Pie Grande"; sin embargo la fe es una cosa totalmente distinta. En este capítulo te explicaremos lo que es la fe verdadera y que significa para los católicos "tener fe".

¿Cómo Sabes si Tienes Fe?

La respuesta es clara y sencilla; tienes *fe* si confías en la palabra de otro. Es cuando aceptas la palabra de otro en fe, creyendo en lo que esa persona te ha contado aunque tú no lo hayas visto de primera mano o quizás no lo entiendas completamente -aun cuando incluso sea difícil de creer. En otras palabras, la fe significa aceptar, creer, *confiar* —sin pruebas concretas e irrefutables— en algo que por ti mismo no podrías conocer o entender.

Hasta el momento, la fe no suena muy diferente a eso de creer en Papá Noel (Santa Claus) o el conejo de Pascua; pero tener fe es un poco más complicado. Tener fe significa vivir con algunas preguntas que no tienen respuesta —a veces difíciles. Por ejemplo: ¿por qué existe el mal en el mundo? ¿Por qué existen las guerras? ¿Por qué existe el terrorismo, las enfermedades y el crimen? La fe no responde a estas preguntas. (Algunas personas piensan que bastaría la respuesta de: "Porque es la voluntad de Dios", pero eso no es suficiente.) Sin embargo la fe es la que nos da la valentía de sobrellevar y sobrevivir en la vida sin tener todas las respuestas. En vez de darnos respuestas a enigmas dolorosos y complicados, la fe nos provee los medios para perseverar.

El Catecismo de la Iglesia Católica, que es el libro que define las enseñanzas oficiales de la Iglesia Católica, define la fe esta manera:

- La fe es ante todo una *adhesión personal del hombre a Dios;* es al mismo tiempo e inseparablemente *el asentimiento libre a toda la verdad que Dios ha revelado* (párrafo 150).
- La fe es un acto personal: la respuesta libre del hombre a la iniciativa de Dios que se revela. Pero la fe no es un acto aislado. Nadie puede creer solo, como nadie puede vivir solo (párrafo 166)

Para el católico la fe no es cosa que uno se encuentra. La fe es un don de Dios. El la ofrece gratuitamente a todos y cada uno, pero también tiene que ser aceptada libremente. Nadie puede ser obligado a tener o aceptar la fe. Y al momento en que se le presenta, cada individuo responde a ella de forma diferente —con diferente intensidad, en diferentes momentos y de diversos modos. Algunos la rechazan, otros la ignoran y para algunos les resulta indiferente. Otros estiman su fe profundamente. Como dice el adagio: para aquellos que tienen fe no se necesita explicar; y para aquellos que no tienen fe, no hay explicación que valga.

El Tener Fe en las Revelaciones

La fe católica tiene que ver con más que una simple creencia en la existencia de Dios. Es creer *en* Dios y *en todo lo demás* que Dios ha revelado. Desde el punto de vista objetivo podemos ver que la fe es la suma total de todas las verdades reveladas por Dios, conocidas mejor como *el depósito de la fe* —las doctrinas de la Iglesia. Desde el punto de vista subjetivo verás que la fe es la expresión de tu respuesta personal (el *asentir*) a esas verdades reveladas.

Sí, ya te escucho: "¿Pero qué significa cuando hablas de verdades reveladas? Y en cuanto a eso, ¿cuáles *son* las verdades reveladas por Dios?" Al decir *verdades reveladas* nos estamos refiriendo a una sola *revelación,* a la que Dios le ha quitado el velo que impedía al hombre conocer las verdades sobrenaturales necesarias para su salvación. (La palabra *revelación* viene del latín *revelare,* que significa *quitar el velo.*) Algunas de éstas son verdades que el hombre jamás hubiera podido conocer a través de la ciencia o la filosofía; el intelecto humano sería incapaz de conocerlas sin la intervención divina, por eso Dios nos las ha revelado a nosotros, que solo somos simples mortales. La Santísima Trinidad es ejemplo de una verdad revelada, existe un solo Dios pero Tres Personas (pero no son tres dioses). Es algo que el intelecto humano jamás podría descubrir por sí solo. Dios mismo nos lo dijo. Existen otras revelaciones, que sí se pueden conocer por medio de la razón humana, como son la existencia de Dios, o que los actos de robar, mentir y matar son cosas inmorales y son pecados, pero aún así Dios mismo quiso revelar estas verdades, porque existen personas que no las entienden al mismo tiempo ni de la misma manera. Lo esencial de estas revelaciones es que cualquier persona podría, se presume, conocerlas haciendo uso de su razón, de modo que nadie puede decir después que desconocía la maldad que conlleva cometer un asesinato. Debido a la existencia del pecado original (Capítulo 6) algunas de las aplicaciones y distinciones de estas verdades básicas requieren de un razonamiento y pensamiento mayor. Entonces para poner las cosas en iguales condiciones Dios reveló algunas verdades importantes, de modo que aún los que son menos inteligentes o menos agudos no sean sorprendidos.

En lo que se refiere a cuáles son las verdades reveladas por Dios la respuesta más concisa es *su palabra. La Palabra de Dios* es la revelación de Dios a su pueblo. ¿Qué cosa es la Palabra de Dios? Los católicos creen que la Palabra de Dios llega de dos maneras:

- **Por la palabra hablada:** También llamada la *palabra no-escrita* o la *Sagrada Tradición.*
- **Por la palabra escrita:** Conocida también como las *Sagradas Escrituras* o la *Biblia.*

Ambas, la palabra hablada y la escrita, vienen de la misma fuente y comunican el mismo mensaje —la verdad.

Los católicos creen que la palabra de Dios refleja sus pensamientos, y por ser Dios todo verdad y todo bondad, su palabra nos comunica la verdad y la bondad. Los católicos tienen un respeto y una devoción muy profunda hacia la Palabra de Dios.

Tener fe en la palabra escrita: La Biblia

El catolicismo es una religión bíblica. Así como todas las religiones cristianas, aprecia la Biblia por ser la Palabra de Dios, que es inspirada, es infalible, es inerrable (sin error) y ha sido revelada.

Dicho eso, debemos aclarar que existen un par de diferencias claves entre la manera que el católico y el protestante consideran la Biblia:

- La creencia en una o dos fuentes de revelación
- La manera de interpretar el texto bíblico.

Las formas de la revelación

El cristianismo protestante considera la Biblia, la *palabra escrita,* como la única fuente de la revelación divina, pero el catolicismo y el cristianismo Ortodoxo oriental consideran *la palabra escrita* y *la palabra no-escrita* (que también se llama *la palabra hablada* o *la Sagrada Tradición*) como provenientes de una misma fuente —o sea, Dios mismo. Otra manera de entenderlo es pensar que algunos cristianos consideran que la revelación nos llega por un solo canal — sola scriptura, que en latín significa *solo la Escritura* —y otros cristianos ven dos canales por donde nos llega la revelación: la Sagrada Escritura *y* la Sagrada Tradición; la palabra escrita y la palabra de Dios hablada que no es escrita. (Revisa la sección del capítulo titulado "Tener fe en la palabra hablada: la Sagrada Tradición", pues es una explicación de lo que es la palabra no-escrita.)

No es que queramos decir que los católicos creen sólo en la tradición y que los protestantes creen en la Biblia, pues de ese modo nunca encontrarían la unidad. Los cristianos de todas las denominaciones estiman la Biblia por ser la palabra inspirada y revelada. Pero los católicos no limitan la Palabra de Dios a la Biblia. ¿Es la Palabra de Dios solo lo que está escrita en la Biblia; o es la palabra escrita y aquella que no esté escrita? El debate continúa y ambas religiones buscan establecer un respeto mutuo para promover un diálogo futuro.

La interpretación del texto

Desde la época de la Reforma Protestante las opiniones de cómo interpretar los textos sagrados han variado considerablemente. Algunos cristianos se adhieren a una interpretación literal, de cada palabra y frase de la Escritura; otros cristianos mantienen una interpretación fiel, que algunas veces puede ser literal y otras no. El catolicismo, al igual que todo otro cristianismo, reconoce a Dios como al autor de la Sagrada Escritura, por lo que la Biblia realmente es Palabra de Dios; pero como mencionamos anteriormente, el catolicismo considera la Biblia como la palabra escrita de Dios y a la Sagrada Tradición como la palabra de Dios no-escrita, es decir la palabra de Dios hablada. El catolicismo explica que la Sagrada Tradición ayuda en la interpretación del texto bíblico. Los católicos consideran la Biblia como la palabra de Dios inspirada y revelada, pero también la ven como una colección de literatura sagrada. Más allá de considerar la Biblia como un solo libro gigantesco, el catolicismo trata la Biblia como una colección de libros pequeños bajo una misma cubierta: es la Palabra de Dios escrita por hombres pero inspirada por Dios.

La Biblia nos cuenta la historia de la salvación, pero es mucho más que un simple libro de historia. Contiene los Salmos de David —que son canciones que el rey compuso en honor a Dios, pero la Biblia es más que un simple cancionero. Incluye poesía, prosa, historia, teología, simbolismo, metáforas, analogía, ironía, así como hipérbole y otras formas literarias. Debido a que no tiene un solo estilo literario, como lo encontrarías en un libro de ciencias, uno tiene que darse cuenta y apreciar esas variedades de formas literarias usadas en la Biblia para poder conocer la intención del autor. Por ejemplo, cuando Jesús dice en el Evangelio (Marcos 9, 43) "Y si tu mano te es ocasión de pecado, córtatela," la Iglesia Católica ha interpretado esto como una *expresión figurativa* y no como algo que debamos hacer *literalmente.* Sabemos que en algunas culturas del mundo son cortadas las manos de los que roban. Al mismo tiempo la Iglesia Católica interpreta literalmente el pasaje de Juan 6, 55 —"Porque mi cuerpo es verdadera comida y mi sangre verdadera bebida." Dado es que es posible que algunas personas no estén de acuerdo en lo que debe ser interpretado literalmente y en lo que no, el catolicismo recurre a una autoridad final que interprete el texto bíblico desde una perspectiva católica. Esa autoridad final es el *Magisterium* (del latín *magíster* que quiere decir *maestro*) que es la autoridad del papa y los obispos unidos a él para enseñar a los fieles. (Para más sobre el Magisterium vea el Capítulo 2.)

Los católicos creen que Cristo fundó la Iglesia, una institución necesaria para salvaguardar y proteger la revelación interpretando auténticamente los textos bíblicos. No es que las Sagradas Escrituras y la Sagrada Tradición compitan la una con la otra ni que se trate de preferir una sobre la otra. Ambas deben ser vistas como complementarias. Cuando y donde la Biblia permanece en silencio sobre algún tema o cuando su significado parece ambiguo o se disputa, es que entra la Sagrada Tradición para aclarar el asunto. La Iglesia, que fue fundada por Cristo ("Yo edificaré mi Iglesia" — Mateo 16, 18), no es superior a la Escritura, pero sí es su administradora y guardiana, al mismo tiempo que intérprete de la Palabra inspirada y revelada de Dios. La Iglesia asume el papel de auténtica intérprete no por su propia autoridad, sino por la autoridad recibida de Cristo: "Quien a ustedes escucha, a mí me escucha" (Lucas 10, 16). "En verdad les aseguro que lo que ustedes aten en la tierra quedará atado en el cielo" (Mateo 18, 18). Es la Iglesia la que interpreta auténticamente y con autoridad con respecto a los asuntos que no aparezcan explícitamente en la Escritura Sagrada, pero sólo en razón de que Cristo mismo se la ha confiado.

La historia tras la Biblia

Lo que sigue es una muy breve explicación de la manera en que se creó la Biblia y cómo evolucionaron sus diversas versiones —las católicas y las protestantes. Si quieres obtener más información sobre la Biblia, revisa *The Bible For Dummies* por Jeffrey Geoghegan y Michael Homan (Wiley).

Para entender mejor la historia de la Biblia tenemos que remontarnos al pasado, alrededor del año 1800 a.C. en que se inició la tradición oral en el pueblo hebreo ya que Abraham y sus tribus eran nómadas y no tenían un lenguaje propio escrito. Madres y padres transmitían verbalmente (*oral*) a sus descendientes (la palabra latina *traditio* quiere decir dar a otro y es la raíz del español *tradición*) las historias del Antiguo Testamento referidas a Adán y Eva, Caín y Abel, la Torre de Babel, el Arca de Noé, entre otros. En ese entonces no existían la Biblia y la gente tampoco tenía pergaminos escritos. Todo era transmitido a través de la palabra hablada, lo que llamamos la *tradición oral.*

Trivia de la Biblia

¿Quieres conocer algunos datos interesantes de la Biblia? Aquí van:

La palabra *biblia* no aparece en la Biblia. Haz una búsqueda de la palabra en tu computadora y verás que nunca, desde el Génesis hasta el Apocalipsis, se menciona la palabra *Biblia.* Sin embargo la palabra *Escritura* aparece 53 veces en la Biblia de la versión protestante King James, y la frase *Palabra de Dios* aparece 55 veces.

Si la palabra misma no está en la Biblia, ¿porqué llamarla Biblia? La palabra viene del griego *biblia,* que significa una colección de libros. Su origen se remonta aún más lejos hasta llegar a la palabra *biblos,* que significa *papiro.* En los tiempos antiguos para escribir, no existía el papel que viene de los árboles— sólo la piedra y el papiro. Imagínate eso— libros hechos de piedra.

Fue la Iglesia Católica la que le dio el nombre de *Biblia* a la Biblia —la colección de los libros inspirados que se conocen como el Antiguo y el Nuevo Testamento. La iglesia también decidió cuáles libros se incluirían en la Biblia y cuáles se quedarían fuera. En ningún lugar entre el Génesis y el Apocalipsis podrás encontrar una lista de los documentos que se incluyeron y los que no. Los publicistas y los editores modernos de la Biblia son los que han añadido la página del contenido o índice, aunque tampoco el índice fue revelado en el texto sagrado. ¿Por qué la Biblia contiene cuatro Evangelios? ¿Quién decidió que Mateo debía venir antes de Marcos? ¿Por qué razón no aparecen en la Biblia el Evangelio de Tomás ni el Evangelio de San Pedro? ¿Quién dijo que el Nuevo Testamento sólo tiene 27 libros? ¿Qué sucedió con el Apocalipsis de Moisés y el Apocalipsis de Adán? La Biblia no dice cuáles libros le son propios, por eso la Iglesia tuvo que usar su autoridad y tomar esa decisión.

Moisés apareció en el año 1250 a.C. cuando el pueblo hebreo fue liberado de la esclavitud de Egipto y pudieron entrar en la Tierra Prometida. La era de Moisés abrió algo de camino para la palabra escrita, dado que Moisés había sido criado en la corte del faraón por lo que sabía leer y escribir. Pero la mayor parte de la revelación se encontraba solamente en la tradición oral, transmitida de generación en generación, ya que la mayoría de hebreos eran esclavos y no sabían leer ni escribir. Según una *tradición piadosa,* se le atribuye a Moisés la redacción de los primeros cinco libros de la Biblia Hebrea —lo que los cristianos llaman el Antiguo Testamento— y que son el Génesis, el Éxodo, el Levítico, los Números y el Deuteronomio. No hay pruebas concluyentes de que Moisés haya sido quien los escribió. *Tradición piadosa* quiere decir creencia sin prueba documentada, pero la Sagrada Tradición, por otra parte, es considerada revelada, precisa y verdadera, porque la creencia en ella viene de Dios.

Muchísimos escritos importantes no fueron guardados sino hasta el 950 a.C., durante el reinado del Rey Salomón. A la muerte del Rey Salomón, su reino quedó dividido entre los reinos del norte (Israel) y el del sur (Judea).

Los asirios conquistaron a Israel en 721 a.C. iniciándose la primera *diáspora,* la dispersión de muchos judíos, para que no pudieran ser localizados en un solo lugar tal como lo hicieron en su reino del norte. Cuando los babilonios conquistaron el Reino del Sur en el 587 a.C., ellos también causaron la dispersión de los judíos para impedir que busquen restaurar el reino judío. Fue durante este tiempo del cautiverio y exilio babilónico que los judíos de la *diáspora* estaban dispersados por todo el mundo conocido de ese tiempo. Algunos retuvieron su idioma, pero muchos lo perdieron y adoptaron el idioma común —el griego. (Si podías leer y escribir durante este tiempo de la historia, entonces quería decir que leías y escribías en griego.)

A consecuencia de esto, en el año 250 a.C., hubo un gran esfuerzo por traducir todas las Escrituras de los judíos al idioma griego. El hecho es que había más judíos viviendo fuera de Palestina que dentro de ella. Ya en el siglo tercero a.C., casi dos quintas partes de la población que se encontraban en Egipto, especialmente en Alejandría, era judía y no sabían leer ni escribir en hebreo. Estos judíos de habla griega eran conocidos como *Judíos Helenistas.*

De acuerdo a una tradición piadosa, unos 70 eruditos se unieron para llevar a cabo la obra monumental de la traducción de la biblia, de ahí que esta versión de la Biblia sea llamada *Septuaginta* (del número 70 en griego). Sin embargo no había planes para compilar una colección estrictamente hebrea de los libros del Antiguo Testamento. Era obvio que se necesitaba una traducción en griego de las Escrituras Hebreas porque la mayoría de los judíos en el mundo ya no hablaban el hebreo. La comunidad de los judíos que sí hablaban el hebreo, que se encontraban en la Tierra Santa, no eran muchos, no tenían mucha influencia y tampoco estaban interesados en compilar una versión hebrea. La Versión Septuaginta de la Biblia (algunas veces abreviada por los números romanos LXX por 70) contiene 46 libros y se convirtió en la versión estándar de las Escrituras Judías, al menos para los judíos helenistas, e incluso, los judíos en Palestina aceptaron esta colección de libros.

Siete de los 46 libros nunca se pensaron o fueron escritos originalmente en el idioma hebreo, sin embargo fueron reconocidos como textos inspirados. Estos siete libros —los libros de Baruc, Macabeos I y II, Tobías, Judit, Eclesiástico (que también se conoce por Sirácide) y Sabiduría— fueron también conocidos y usados por los judíos de la Tierra Santa, incluyendo a Jesús y sus discípulos. Los primeros cristianos también aceptaron estos siete libros como verdaderos libros inspirados, porque nadie los había rechazado durante el tiempo de Cristo. Como estos libros fueron una adición posterior a los escritos hebreos más antiguos se les llamó *libros Deuterocanónicos* (que significa *segundo canon*); los 39 libros hebreos se conocieron como los *libros canónicos.*

Las autoridades en Jerusalén no tuvieron ninguna objeción explícita sobre estos siete libros sino hasta el año 100 d.C., poco después que los cristianos se separaron formalmente del judaísmo para formar su propia religión. El Templo de Jerusalén fue destruido en 70 d.C., y en el año 100 d.C., los líderes judíos del Concilio de Jamnia quisieron purificar el judaísmo de toda influencia extranjera y de los gentiles eliminando todo aquello que no fuera puramente hebreo. Dado que esos siete libros Deuterocanónicos nunca fueron escritos en hebreo, fueron desechados.

Sin embargo, para ese entonces, el cristianismo ya estaba totalmente independizado del judaísmo y no dudaba de la autenticidad de los siete libros, los que siempre se consideraron iguales a los otros 39. Esto fue así hasta la aparición de Martín Lutero, quien inició la Reforma protestante en 1517 y decidió adoptar el canon Hebreo (39 libros) antes que el canon griego (46 libros) de la Septuaginta (LXX) que la Iglesia había usado por 1,500 años.

Así que al listar el Antiguo Testamento, existe una discrepancia entre la Biblia católica y la protestante. La Biblia católica lista 46 libros y la Biblia protestante lista 39. Sin embargo en la actualidad muchas empresas editoriales han añadido los siete libros en las Biblias Protestantes, como la versión de King James, aunque son colocados al final, después de los textos canónicos, son identificados como parte de los *Apócrifos,* de la palabra griega *apokryphos* que quiere decir *escondido.*

De este modo lo que la Iglesia Católica considera Deuterocanónico, los teólogos protestantes lo llaman Apócrifo. Y a lo que la Iglesia Católica llama Apócrifo, los protestantes llaman *Pseudepigrapha* (que significa *escritos falsos*), que son los supuestos *libros perdidos* de la Biblia. Estos libros perdidos nunca fueron considerados por la Iglesia como inspirados por lo que nunca fueron incluidos como parte de ninguna Biblia, sea católica o protestante. Libros como el de La Asunción de Moisés, El Apocalipsis de Abrahám, la Ascensión de Isaías, el Evangelio de Tomás, el Evangelio de San Pedro, los Hechos de San Juan y otros, nunca se consideraron inspirados por lo que nunca formaron parte de la Biblia.

Resulta muy interesante que los católicos y los protestantes nunca hayan disputado seriamente la lista de los libros del Nuevo Testamento, de modo que tanto la Biblia católica como la protestante usan los mismos nombres y el mismo número (27) de libros en el Nuevo Testamento. (Para mayor información sobre el Nuevo Testamento, vea el Capítulo 4.)

Tener fe en la palabra hablada: La Sagrada Tradición

La Palabra de Dios es más que unas letras impresas sobre una página o sonidos al oído. Su palabra es *creadora.* Cuando Dios pronuncia la palabra ella actúa. Por ejemplo el libro del Génesis de la Biblia, nos dice que Dios creó todo por su palabra: "Dios dijo, 'que se haga la luz', y hubo luz."

Los católicos creen que la Palabra de Dios se encuentra no sólo en la Biblia sino también en la palabra no escrita o palabra hablada —la *Sagrada Tradición*. En esta sección te presentaremos lo que es la Sagrada Tradición y te introduciremos a la parte más importante de la tradición, el Credo, así como a las demás fuentes de la tradición, incluyendo las cartas escritas por los papas.

Antes que fuese escrita, la palabra primeramente fue hablada. Primero dijo Dios, "Que se haga la luz", y posteriormente, el autor sagrado escribió estas palabras sobre el papel. Jesús primero habló la palabra cuando predicó el Sermón de la montaña. Jesús no le dictó a Mateo lo que tenía que escribir. Mateo lo escribió tiempo después, muchos años más tarde de que Jesús muriera, resucitara y ascendiera a los cielos. Ninguno de los Evangelios fue escrito durante la vida de Jesús sobre la tierra. El murió en el año 33 d.C. y el manuscrito más temprano que se tiene del Evangelio es la versión aramea de Mateo, al que fuentes antiguas hacen alusión, que se calcula entre los años 40 y 50 d.C. Los otros tres Evangelios —Marcos, Lucas y Juan— fueron escritos entre el 53 y el año 100 d.C. Mateo y Juan, quienes escribieron el primero y el último Evangelio, fueron 2 de los 12 apóstoles originales, es decir que ellos mismos oyeron a Jesús hablar y describen lo que vieron hacer a Jesús, con sus propios ojos. Marcos y Lucas no fueron apóstoles sino discípulos, y la mayoría de su información sobre lo que dijo e hizo Jesús, ya que no fueron testigos directos, les fue transmitida (no te olvides que la palabra *tradición* significa *dar a otro*) por otros testigos. El Evangelio no escrito o la palabra hablada fue transmitido por los Apóstoles mucho antes que los *evangelistas* hubieran escrito una sola carta o palabra. El evangelista Lucas recibió gran parte de los datos acerca de Jesús a través de la madre de Jesús, la Virgen María. Marcos recibió mucha de su información a través de Pedro, a quien Jesús lo dejó como encargado de su Iglesia.

Si transcurrió tiempo entre lo que Jesús dijo e hizo hasta el momento en que el evangelista lo escribió o lo puso sobre papel (realmente fue pergamino), ¿qué sucedió durante ese intervalo de tiempo? Antes de existir la palabra escrita existía la palabra hablada. Tal como en el Antiguo Testamento sucedieron y se dijeron muchas cosas, bastante antes de que fuesen escritas, lo mismo sucedió con el Nuevo Testamento. Jesús predicó, realizó sus milagros, murió en la cruz, resucitó de entre los muertos y ascendió a los cielos mucho antes que alguien lo escribiera. Nadie tomó notas cuando predicaba. No se intercambiaron cartas Jesús y los apóstoles. La Sagrada Tradición antecede y precede a la Sagrada Escritura, aunque ambas proceden de la misma fuente —Dios.

El Nuevo Testamento guarda silencio sobre el hecho de si Jesús se casó o tuvo hijos. La Biblia no habla acerca de su status matrimonial, pero los cristianos creen que no tuvo esposa y tampoco hijos. La Sagrada Tradición nos dice que nunca se casó, tal como también nos dice que los Evangelios son cuatro. Sin poseer una lista escrita, ¿cómo y quién decide que el Antiguo Testamento contiene 39 ó 46 libros y que el Nuevo Testamento tiene 27?

Teniendo sólo la palabra escrita no tendríamos respuesta. Si existiera otro camino, digamos la palabra no-escrita, entonces podríamos usarla. El catolicismo distingue cuidadosamente entre lo que es una simple tradición humana y lo que es la Sagrada Tradición, inspirada por Dios:

- **Las costumbres humanas** son leyes hechas por el hombre y como tal se pueden cambiar. Un ejemplo de una tradición humana es que los católicos no comen carne los viernes de Cuaresma. El celibato de los sacerdotes de la Iglesia Latina es otra tradición humana, que cualquier papa pudiera dispensar, modificar o continuar.
- **La Sagrada Tradición** es considerada parte de la Palabra de Dios no-escrita, así se ha creído por muchos siglos, desde el tiempo de la Iglesia Apostólica, la cual se refiere a ese período de tiempo en la historia de la Iglesia que va desde el primer hasta el segundo siglo d.C. Es llamada *apostólica* porque en ese tiempo vivieron los apóstoles. Un ejemplo de la Sagrada Tradición es el *dogma* de la Asunción de María. Un *dogma* es una verdad revelada y definida solemnemente por la Iglesia —una doctrina formal que los fieles están obligados a creer. Aunque no aparece explícitamente en la Sagrada Escritura, la Asunción de María significa que María fue asunta (elevada) en cuerpo y alma, por su Hijo divino. Aunque esto no fuese definido solemnemente sino hasta el 1950 por el Papa Pío XII, ha sido creído (y nunca dudado) por los cristianos católicos desde el tiempo de los apóstoles. Otros ejemplos de la Sagrada Tradición pueden encontrarse en las doctrinas definidas por los 21 Concilios Generales o Ecuménicos de la Iglesia, desde Nicea (325 d.C.) hasta el Concilio Vaticano II (1962–1965). (Vea el Capítulo 2 para saber más sobre los concilios.)

El Credo

La parte más importante e influyente de la Sagrada Tradición es el Credo. La palabra procede del latín *credo* que significa *yo creo.* Un credo es una declaración o una profesión de lo que los miembros de una iglesia o religión particular creen como esencial y necesario. Los dos credos más antiguos e importantes son el *Credo de los Apóstoles* y el *Credo de Nicea,* que se proclama en la Misa dominical y las fiestas de guardar en las Misas en todo el mundo. (Así como los domingos, las fiestas de guardar son días específicos del calendario en que es obligatorio que los católicos asistan a la Misa. Vea el Capítulo 8 para más sobre los días de precepto.) El *Credo de Nicea* es el fruto del Concilio de Nicea, llevado a cabo en el año 325 d.C. en el que se condenó la herejía del arrianismo (vea el Capítulo 4) y se afirmó la doctrina de la divinidad de Cristo. Sin embargo el credo más antiguo es el Credo de los Apóstoles. Aunque es dudoso que los mismos 12 apóstoles lo hubieran escrito, el origen de este credo data del primer siglo d.C.

El Credo de Nicea es un desarrollo más sofisticado, teniendo como base al *Credo de los Apóstoles,* que es una declaración de la fe Cristiana y que es atribuida a los 12 apóstoles, reflejando la alianza y lealtad hacia las verdades enunciadas. El *Catecismo de la Iglesia Católica* explica que el Credo es uno de los cuatro pilares de la fe, junto a los Diez Mandamientos, los siete sacramentos y el Padrenuestro. El texto del Credo de los Apóstoles y el Credo de Nicea que aquí te presentamos, resume brevemente todo lo que el catolicismo considera verdad revelada:

- **El Credo de los Apóstoles:** Creo en Dios, Padre todopoderoso, Creador del cielo y de la tierra. Creo en Jesucristo, su único Hijo, nuestro Señor, que fue concebido por obra y gracia del Espíritu Santo, nació de Santa María Virgen, padeció bajo el poder de Poncio Pilato, fue crucificado, muerto y sepultado, descendió a los infiernos, al tercer día resucitó de entre los muertos, subió a los cielos y está sentado a la derecha de Dios, Padre todopoderoso. Desde allí ha de venir a juzgar a los vivos y a los muertos. Creo en el Espíritu Santo, la santa Iglesia católica, la comunión de los santos, el perdón de los pecados, la resurrección de la carne y la vida eterna. Amén.
- **El Credo de Nicea:** Creo en un solo Dios, Padre todopoderoso, Creador del cielo y de la tierra, de todo lo visible y lo invisible. Creo en un solo Señor, Jesucristo, Hijo único de Dios, nacido del Padre antes de todos los siglos: Dios de Dios, Luz de Luz, Dios verdadero de Dios verdadero, engendrado, no creado, de la misma naturaleza del Padre, por quien todo fue hecho; que por nosotros, los hombres, y por nuestra salvación bajó del cielo, y por obra del Espíritu Santo se encarnó de María, la Virgen, y se hizo hombre; y por nuestra causa fue crucificado en tiempos de Poncio Pilato, padeció y fue sepultado, y resucitó al tercer día, según las Escrituras y subió al cielo, y está sentado a la derecha del Padre; y de nuevo vendrá con gloria para juzgar a vivos y muertos, y su reino no tendrá fin. Creo en el Espíritu Santo, Señor y dador de vida, que procede del Padre y del Hijo, que con el Padre y el Hijo recibe una misma adoración y gloria, y que habló por los profetas. Creo en la Iglesia, que es una, santa, católica y apostólica. Confieso que hay un solo bautismo para el perdón de los pecados. Espero la resurrección de los muertos y la vida del mundo futuro. Amén.

Las siguientes secciones explican el Credo de los Apóstoles en detalle para que puedas entender mejor esta parte de la Sagrada Tradición y el sistema de creencias católicas. (Para una fácil comprensión se ha dividido en 12 artículos.)

- **Artículo 1: Creo en Dios, Padre todopoderoso, Creador del cielo y de la tierra.** Se entiende por creación el hacer algo de la nada. El mundo creado incluye todo lo que es materia inanimada, además de la vida vegetal, animal, humana y angelical.
- **Artículo 2: Creo en Jesucristo, su único Hijo, nuestro Señor.** Esto da fe que Jesús es el Hijo de Dios y realmente divino. La palabra *Señor* implica su divinidad, porque la palabra griega *Kyrios* y también la palabra hebrea *Adonai* significan *Señor* y son atribuidas solamente a Dios. Así que el uso de la palabra *Señor* con el nombre de *Jesús* tiene la intención de profesar su divinidad. El nombre *Jesús* viene de la palabra hebrea *Jeshúa,* y quiere decir *Dios salva.* Así que los católicos creen que Jesús es el Salvador.

Si eres católico tienes que hacerlo público

Es decir, cuando hagas la profesión de fe.

Durante el bautismo de un niño se le pregunta a los padres y padrinos, "¿Renuncias a Satanás? ¿Y a todas sus obras? ¿Y a todas sus seducciones?" (Si la persona a la que se bautiza tiene edad para razonar, 7 años o más, entonces responde por sí mismo.) Si la respuesta es "sí, renuncio", entonces el sacerdote continúa con las otras preguntas que tienen que ver con el Credo, "¿Crees en Dios, Padre todopoderoso, Creador del cielo y de la tierra?" Y así por el estilo.

Se espera que los cristianos, después de ser bautizados, —y una vez que alcanzaron la edad para razonar— hagan una profesión publica de fe al recitar o cantar el Credo de Nicea en Misa con toda la congregación.

El apellido de Jesús no fue Cristo. Y aunque en ese tiempo hubieran existido los buzones para correo, ninguno hubiera listado los nombres Jesús, María y José Cristo. *Cristo* es un título que significa *ungido* y que viene de la palabra griega *cristos.* La palabra hebrea *messiah* también significa *ungido.*

- **Artículo 3: Que fue concebido por obra y gracia del Espíritu Santo.** Esto afirma la naturaleza humana de Cristo, que quiere decir que tuvo una madre real y verdaderamente humana, y también afirma su naturaleza divina; y significa que no tuvo padre humano, pero que fue, por el poder del Espíritu Santo, concebido en el vientre de la Virgen María. Por lo tanto, la mayoría de los cristianos reconocen que es Dios y es hombre —verdaderamente Dios y verdaderamente humano.

  La unión de estas dos naturalezas en la única persona divina de Cristo se llama la *Encarnación,* de la palabra latina *caro* que significa *carne.* La palabra latina *incarnatio* o *Encarnación* en español se traduce como *se encarnó.*

- **Artículo 4: Padeció bajo el poder de Poncio Pilato, fue crucificado, muerto y sepultado.** La naturaleza humana de Cristo podía sentir dolor y de hecho murió en verdad, tal como sucedió el Viernes Santo. El propósito de mencionar el nombre de Poncio Pilato no es para difamarlo por siempre en el tiempo, sino para que podamos ubicar el evento de la Crucifixión dentro de la historia humana. Así que se hace referencia a una verdadera figura histórica, el gobernador romano de Judea, nombrado por el Cesar, y así poder ubicar la vida y muerte de Jesús en un contexto cronológico e histórico. También les recuerda a los fieles que nadie puede acusar a los judíos por darle muerte a Jesús, como varios lo han hecho erróneamente a través de los siglos. Ciertos líderes judíos sí conspiraron en contra de Jesús, pero fueron los romanos quienes le aplicaron la pena de muerte y sus soldados los que ejecutaron la orden. Es así que, tanto judíos como gentiles comparten el derramamiento de sangre inocente. Es incorrecto, injusto y erróneo un antisemitismo basado en la Crucifixión de Jesús.

- **Artículo 5: Descendió a los infiernos, al tercer día resucitó de entre los muertos** Aquí *infiernos,* a los que Jesús descendió no se refiere al infierno de los condenados, en donde creen los cristianos que habita el diablo y sus demonios. *Infierno* era también una palabra usada por los judíos y los antiguos cristianos para describir el lugar de los muertos, tanto de los buenos como de los malos. Antes que les llegara la salvación y la redención, las almas de Adán y Eva, Abraham, Isaac, Jacob, David, Salomón, Ester, Rut y demás, todos ellos, tuvieron que esperar en el lugar de los muertos, hasta que el Redentor pudiese abrirles de nuevo las puertas del cielo. No fue que se les dio la libertad bajo palabra, ni a causa de su buen comportamiento.

  Este pasaje afirma que él *resucitó* al tercer día, o sea que Jesús regresó a la vida después de estar entre los muertos y lo hizo por su propio poder divino. No murió clínicamente por sólo unos minutos; estaba *muerto,* muerto; después resucitó de la muerte. Era más que solo un cadáver resucitado, más bien Jesús tenía un *cuerpo* glorificado y resucitado.

- **Artículo 6: Subió a los cielos, y está sentado a la derecha de Dios, Padre todopoderoso.** La Ascensión hace recordar a los fieles que luego de que las naturalezas divina y humana fueran unidas en la Encarnación, nunca más podrán separarse. En otras palabras, después de su muerte salvadora y su Resurrección, Jesús no desechó su cuerpo como si ya no lo necesitara. El catolicismo enseña que su cuerpo humano existirá por siempre. Los fieles esperan poder ir, algún día al cielo, donde Jesús ascendió en cuerpo y alma.

- **Artículo 7: Desde allí ha de venir a juzgar a los vivos y muertos.** Este artículo afirma la Segunda Venida de Cristo al final del mundo como su juez. El *día del juicio,* el *día de dar cuentas,* el *día de la condena* —son todas metáforas para describir lo que ocurrirá al final del tiempo y que se conoce como *juicio general.* Los católicos creen que después de la muerte de cada persona, se lleva a cabo, inmediatamente, un juicio privado, luego del cual la persona va al cielo, al infierno o al *purgatorio* —que es un lugar intermedio en preparación para el cielo. (Para saber más sobre el purgatorio, vea el Capítulo 15.) Al final de los tiempos, cuando ocurra el juicio general, todos los juicios privados serán dados a conocer, para que se sepa quién habita en el cielo o en el infierno y la razón de ello. El juicio privado es el que más les interesa a los católicos porque es cuando se juzga inmediatamente a la persona, por su fe o por su falta de ella, y la manera en que practicaron su fe —la manera en que se comportaron y vivieron como fieles. El juicio general es cuando Dios divulga los juicios personales de todos. *No es* una apelación del juicio anterior ni tampoco es una segunda oportunidad.

- **Artículo 8: Creo en el Espíritu Santo.** Esta parte recuerda al creyente que Dios existe en tres personas —la Santísima Trinidad— Dios Padre, Dios Hijo y Dios Espíritu Santo. Lo que llaman *la Fuerza* en la película *La Guerra de las Galaxias* no es lo mismo que el Espíritu Santo, quien es una persona distinta pero igual a las otras dos —Dios Padre y Dios Hijo.

El celo de Satanás

Una de las creencias católicas es que los ángeles fueron creados antes que la humanidad y que su voluntad angelical, diferente a la humana, es incapaz de poder cambiar una vez que opta por algo. Los ángeles bien saben que poseen un solo acto de voluntad irrevocable. Así que cuando el ángel llamado Lucifer y sus colegas conspiraron para ir en contra de la voluntad de Dios, pecaron y debido a su esencia y naturaleza, nunca pudieron buscar el perdón ni la redención. Por el contrario, los humanos son capaces de arrepentirse y buscar el perdón porque pueden cambiar de opinión. Por eso la perspectiva católica nos explica que Satanás odia a los seres humanos, ya que ellos tienen una segunda oportunidad que él nunca tendrá. El hecho de que la segunda persona de la Santísima Trinidad se hiciera hombre al tomar una naturaleza humana, lo ha enfurecido más, porque Dios nunca se hizo ángel pero sí se hizo hombre en la persona de Jesucristo.

- **Artículo 9: (Yo creo en) la santa Iglesia católica, la comunión de los santos.** Los católicos creen que la Iglesia es más que una simple institución y no un mal necesario. Tiene una dimensión y aspecto esencial de la vida espiritual. Cristo, en Mateo 16, explícitamente usa la palabra *iglesia* (*ekklesia* en griego) cuando dice "Edificaré mí Iglesia".

  El papel de la Iglesia es continuar la triple misión de Cristo, manifestada cuando caminó sobre la tierra —*enseñar, santificar* y *gobernar*— quien era simultáneamente *profeta, sacerdote* y *rey.* La Iglesia continúa la misión *profética* de *enseñar* por medio del *Magisterium* (vea el Capítulo 2), la autoridad educadora de la Iglesia. Ella continúa la misión *sacerdotal* de *santificar* por la celebración de los siete sacramentos. Y la Iglesia continúa la misión *real,* pastoreando a través de la *jerarquía.* La frase *la comunión de los santos* quiere decir que la Iglesia no incluye solamente a las personas vivas y bautizadas en la tierra, sino también a los santos del cielo y las almas del purgatorio. (Vea los Capítulos 6 y 7 para tener una idea general de los siete sacramentos; Vea el Capítulo 2 para saber más sobre la jerarquía de la Iglesia; para más sobre la comunión de los santos vea el Capítulo 15.)

- **Artículo 10: (Yo creo en) el perdón de los pecados.** Cristo vino a salvar al mundo del pecado. Es cosa esencial del cristianismo creer en el perdón de los pecados. El catolicismo cree que los pecados son perdonados en el bautismo y en el sacramento de la penitencia o reconciliación, el cual se conoce como la *confesión.* (Para saber más sobre el sacramento de la penitencia, vea el Capítulo 7.) La Madre Teresa de Calcuta decía, "No es que Dios nos pide que triunfemos, sino nos pide que seamos fieles". En otras palabras, el catolicismo reconoce que todos somos pecadores y todo hombre y mujer necesita de la misericordia y el perdón de Dios. La religión y la Iglesia no son para las personas perfectas, quienes nunca pecan (las personas perfectas no existen), pero sí son para los pecadores que buscan la ayuda que les provee la religión y la Iglesia.

- **Artículo 11: (Yo creo en) la resurrección de la carne.** Desde la perspectiva católica un ser humano es la unión de cuerpo y alma, por eso la muerte sólo es la separación momentánea del cuerpo y el alma hasta el fin del mundo y todos los muertos sean resucitados. Los justos irán, cuerpo y alma al cielo; y los condenados irán, cuerpo y alma al infierno.

  La creencia en la Resurrección no deja espacio para eso de la reencarnación o las supuestas experiencias de una previa vida. Los católicos creen que tú eres único, cuerpo y alma, y ninguna parte de ti puede ser duplicada aún si la clonación humana fuese perfeccionada algún día. Esta es la razón por la que los cristianos creen que la muerte no es el capítulo final de nuestra vida. Para el creyente la muerte es sólo una puerta por donde pasa el alma. El cuerpo y alma se unirán eventualmente porque el cuerpo participa en el bien llevado a cabo por el alma o el mal que cometió. Así que tanto el cuerpo como el alma tienen que ser recompensados o condenados por toda la eternidad.

  El día de la muerte no es el día más triste en la vida de los cristianos ni de su familia, porque creen firmemente que al haber sido creados a imagen y semejanza de Dios, significa que su destino final se encuentra en la vida siguiente. San Agustín (354–430 d.C.) decía que los seres humanos fuimos creados no para esta vida sino para la próxima.

  San Agustín nació pagano pero su madre, Santa Mónica, se hizo cristiana y se la pasó orando más de 20 años para que su hijo también aceptara la fe y fuera bautizado. Antes de convertirse Agustín se dio la vida de un hombre del mundo. La historia de su conversión ha inspirado a muchos. Luego pasó a ser obispo y finalmente fue nombrado santo a pesar de su pasado turbulento. (Vea el Capítulo 6 para saber más sobre San Agustín.)

- **Artículo 12: (Yo creo en) la vida eterna.** Así como Cristo murió, así también moriremos. Así como resucitó, también resucitarán todos los seres humanos.

  La muerte es el único camino para cruzar de esta vida a la próxima. Al mismo momento de la muerte ocurre el juicio privado; Cristo juzga el alma. Si la persona era particularmente santa y virtuosa mientras estaba en la tierra, entonces irá directamente al cielo. Si el individuo era malo y malvado y muere en estado de pecado mortal, esa alma es condenada al infierno por toda la eternidad.

¿Pero, qué sucede con esa persona que vivió una vida no tan mala que mereciera el infierno, pero tampoco tan santa que fuera directamente al cielo? Los católicos creen que el *purgatorio* es el lugar intermedio entre el cielo y la tierra. Es el lugar de la *purgación;* de ahí viene el nombre *purgatorio.* (Para saber más sobre el purgatorio, vea el Capítulo 15.)

Buscando la Verdad

En el siglo 13, Santo Tomás de Aquino (vea el Capítulo 18), un filósofo, explicó como la mente humana busca diferentes clases de verdad. Él dijo que:

- *La verdad científica* (que también se conoce como *verdad empírica*) se obtiene por la observación y la experimentación. Así, por ejemplo, sabes que el fuego es caliente al quemarte el dedo con un fósforo encendido.
- *La verdad filosófica* se obtiene usando la razón humana. Por ejemplo, tú ya sabes que dos más dos son cuatro. Así que si hay dos sillas en una habitación y alguien te dice, "Buscaré dos más", con el uso de tu razón sabes que serán cuatro sillas. No tienes que contar las sillas una vez que éstas lleguen.
- *La verdad teológica,* que se conoce sólo por la fe, es el nivel final y más alto de la verdad. No la puede obtener por medio de la observación y no puedes aplicar tu destreza de razón; tiene que ser creída mediante la fe — tomada como palabra de Dios, porque fue El quien la reveló.

El Concilio Vaticano I (1869–1870) enseñó que al usar la razón humana, algunas verdades, como es la existencia de Dios, son alcanzables por medio de tu propio esfuerzo, pero a pesar de ello aún necesitas de la intervención de la revelación sobrenatural para conocer todo lo que necesitas saber para tu salvación.

Santo Tomás de Aquino también redactó cinco pruebas para la existencia de Dios en su obra monumental llamada la *Summa theologica.* Ya que el Concilio Vaticano I enseñó que la razón humana sí puede conocer algunas cosas de la religión, a solas sin depender de la revelación divina, sería bueno ver el ejemplo que nos ofreció Santo Tomás. Aquino llegó a la conclusión de que los hombres podemos comprobar la existencia de Dios a partir del movimiento, la causalidad, la contingencia, los grados de perfección y el orden. De acuerdo, quizás no logres convertir de esta manera a un ateo en sacerdote misionero, pero estas pruebas son bastante imponentes.

A través del movimiento

Antes de que fueras concebido en el seno materno, fuiste solo un ser *potencial.* No te hiciste real, o actual, hasta que el hecho del acto creara una vida nueva.

De la misma manera, en un momento dado, todo lo que es ahora era en un tiempo simple potencia, porque todo tiene un comienzo. En otras palabras, para poder llegar hasta este momento aquí y ahora, tuviste que tener un comienzo actual —un principio. Así que en un momento dado, todo ser humano —y todas las cosas— nunca fueron.

Alguna fuerza tuvo que ser quien inició al movimiento y hacer pasar de existencia potencial a existencia actual. Y esa fuerza nunca pudo haber sido ella misma potencial; siempre fue, es, y siempre será. De lo contrario, esa fuerza entonces tendría que haber sido iniciada por alguna otra fuerza, la cual a su turno hubiese sido iniciada por otra fuerza, y así por el estilo. Eso quiere decir que nunca hubiera existido un verdadero comienzo de las cosas. Por eso, lo decimos otra vez, el aquí y el ahora tienen que tener un comienzo actual.

Antes del gran estallido, al que llaman el "Big Bang", cuando el universo era solo potencial, cabe preguntar, ¿qué fuerza fue la que lo puso todo en movimiento para que fuese actual y real? Santo Tomás dijo que es la fuerza de Dios, el Primer Impulso, que impulsó al universo potencial para que fuese el universo actual.

A través de la causalidad

Mi mama y mi papá fueron la causa de que yo naciera, así como lo fueron los tuyos. Nuestros abuelos fueron la causa de que nuestros padres nacieran.

Por eso decimos que las causas de las cosas fueron antes los efectos de una causa previa. Por lo tanto, si fueras al principio de todas las cosas, algo o alguien tuvo que ser la causa de todas las causas.

De la misma manera que la fuerza que comenzó el movimiento a partir de la existencia potencial de las cosas para que pasaran a la existencia actual, esa fuerza nunca podría haber sido una potencia en sí misma, y por eso la causa de las causas nunca pudo ser efecto sino siempre fue causa —o también, como lo dicen los filósofos, es causa no-causada. Santo Tomás dijo que la causa no causada es Dios. El es la causa de todo por haber sido El quien en primer lugar ocasionó la Creación.

A través de la contingencia

Si no hubieras nacido, el universo no explotaría, ni se detendría súbitamente. Perdónanos si te hemos quitado los sueños de grandeza.

Ninguno de nosotros es completamente necesario. Todo lo que existe en el universo es algo básicamente contingente —que depende— de otra cosa para existir. Piénsalo de esta manera: si apagas el encendedor de la luz, la corriente de la electricidad se interrumpe. Sin la electricidad ya no tienes luz. Si Dios ya no te sostuviera con su Ser, el resultado sería igual que apagar la bombilla.

Tiene que haber un ser que es necesario para mantener en su existencia a los seres contingentes (los innecesarios). De lo contrario nada existiría. Santo Tomás dijo que el ser necesario es Dios.

A través de los grados de perfección

La existencia y el ser tienen niveles diferentes:

Miremos los objetos inanimados, como son las piedras. Ellas representan un nivel básico de existencia. Sólo están ahí.

El siguiente nivel es el de las plantas, o sea, la vida vegetativa —es simple pero pueden reproducirse.

Un poco más arriba está la vida animal. Puede reproducirse y crece tal como la vida vegetal, pero también posee conocimiento a través de los *sentidos.* Los animales pueden recibir información al detectar las cosas por medio de sus ojos, oídos, nariz, boca y demás.

A la vida animal le sigue la vida humana, que puede hacer todo lo que los animales hacen, así como pensar racionalmente. Además la vida humana posee una voluntad libre.

Siguiendo en esta jerarquía de los seres llegamos a la vida angelical —que son espíritus puros sin cuerpo. Los ángeles son superiores a los hombres y mujeres en los que sus mentes reciben el conocimiento acerca de todo lo que necesiten saber y ya lo saben completamente y todo de una sola vez, ya que sus mentes son mucho más poderosas que las de los meros mortales, y también porque no sufren la distracción de poseer un cuerpo. Sin cuerpos, nunca se enferman, nunca sufren dolor, nunca necesitan comer ni dormir ni protegerse contra los elementos. Son inmortales y ya que son espíritus puros poseen poder sobre el mundo material.

El nivel final y último de la existencia es la de un Ser Supremo y Puro que no tiene ni principio ni fin. Santo Tomás dijo que ese Ser Supremo es Dios. Al igual que los ángeles Dios no tiene cuerpo mortal sino que es espíritu puro, pero es diferente a los ángeles, porque El no tiene principio y los ángeles fueron creados. A diferencia de los ángeles, que poseen conocimiento y poder limitado, Dios tiene poder infinito, que quiere decir que es *omnipotente;* tiene conocimiento infinito, y por eso se dice que es *omnisciente;* y está en todas partes —es *omnipresente.*

A través del orden

¿No te has preguntado por qué es que la tierra está a la distancia correcta del sol y posee el balance correcto de gases para mantener una atmósfera que sostenga la vida? Ese balance es delicado, como lo es el ecosistema en que las plantas producen oxígeno y los animales producen el bióxido de carbono que mantiene funcionando su máquina interior.

Los planetas tienen rotación y órbitas fijas, en vez de chocar los unos con los otros. Las leyes fundamentales de la física, la química y la biología tienen que ser seguidas, de lo contrario no existiría la vida. Estos hechos nos señalan la existencia de una inteligencia mayor —un ser que formó estas leyes de la física, porque no se formaron solas ellas mismas.

La naturaleza tiende a caminar entre el orden y el caos. ¿Quién fue que le dio orden a las cosas en el principio? Se nos indica la existencia de una inteligencia superior cuando se estudian los datos intricados, ordenados y consistentes del ADN humano. Más allá de ser una mera casualidad, la vida sobre la tierra no es un error, se ve que ella está siguiendo un plan. Santo Tomás dijo que Dios es el Gran Gobernador u Ordenador.

Estas cinco pruebas no pueden convencer al ateo ni al agnóstico, pero quizás les motiven a pensar en nuevas ideas La nota final aquí es que la existencia de Dios es algo razonable y que la fe no contradice ni se opone a la razón. Más bien, la fe complementa la razón.

Capítulo 4

Creer en Jesús

En Este Capítulo

- Conocer la naturaleza humana y la naturaleza divina de Jesús
- Examinar el Evangelio desde la perspectiva católica
- Una mirada a algunos rumores desagradables

Todo católico aprende el Credo de los Apóstoles desde su niñez. La segunda línea, "Creo en Jesucristo, su único Hijo, Señor nuestro", es en lo que nos basamos para poder conocer quién es Jesús, qué hizo y por qué lo hizo.

El Credo de Nicea (325 d.C.), que es más elaborado y desarrollado, se recita o se proclama en las Misas de domingo en las parroquias. Pero el Credo de los Apóstoles puede usarse en las Misas para los niños, porque es corto y más fácil de entender. El Credo de Nicea, el cual es una profesión de fe *muy* teológica, toma la frase corta acerca de Jesús del Credo de los Apóstoles y la expande en un artículo detallado de la doctrina católica. (Puedes comparar el Credo de los Apóstoles con el Credo de Nicea por ti mismo; los dos aparecen en el Capítulo 3.)

Admitimos que ese artículo no dice mucho, son muchos los volúmenes escritos sobre lo que la Iglesia Católica cree de la persona llamada Jesús. Este capítulo no es voluminoso pero sí te cuenta todo lo que necesitas saber para conocer la perspectiva católica sobre Jesús.

Conocer a Jesús, el Dios-Hombre

Los católicos, así como todos los cristianos, comparten la creencia clave que afirma que Jesús de Nazaret es Señor y Salvador. La palabra *Señor* se usa porque los cristianos creen que Jesús es *divino* —el Hijo de Dios. El término *Salvador* se usa, porque los cristianos creen que Jesús salvó a la humanidad al morir por nuestros pecados.

El Antiguo Testamento generalmente usa la palabra *Señor* (*Adonai* en hebreo) en conexión con la palabra *Dios* (*Elohim* en hebreo). Un ejemplo de esto es la frase "Escucha, Israel, el Señor nuestro Dios es uno" que aparece en Deuteronomio 6, 4. Pero el Nuevo Testamento asevera por medio de la Epístola de San Pablo a los Filipenses (2, 11) "que Jesucristo es Señor".

Los católicos también creen que Jesús era humano y también divino. Por eso "verdadero Dios" y "se hizo hombre" son frases claves del Credo de Nicea— que recalcan la doctrina fundamental de Jesús como Dios y hombre:

- Como Dios, Jesús poseía una naturaleza completamente divina; por eso podía hacer milagros, como transformar el agua en vino, sanar a los enfermos y a los incapacitados y resucitar a los muertos. El acto más grande de su de divinidad fue resucitar él mismo de entre los muertos.
- Como hombre Jesús tuvo una madre, María, quien lo dió a luz y lo amamantó. Vivió y creció como todo hombre. Énseñó, predicó, sufrió y murió. Así que Jesús también tuvo una naturaleza completamente humana.

Jesús, el Dios-hombre, que tiene una naturaleza divina completa y una naturaleza humana completa en una sola persona divina, es el corazón y centro de la fe católica.

Algunas personas piensan que el catolicismo cree que Jesús es un híbrido — mitad humano y mitad divino. Eso no es verdad. El catolicismo no lo ve como que Jesús tiene una doble personalidad o que sea la versión espiritual de Frankenstein, una parte humano y la otra divina. Se reconoce que es completamente humano y completamente divino —verdadero hombre y verdadero Dios. Se trata de una sola persona divina que tiene dos naturalezas, humana y divina. Esta es la piedra angular del misterio cristiano. No es posible explicarlo por completo pero es algo que debe ser creído por la fe. (Vea el Capítulo 3 para saber más sobre la fe.)

La naturaleza humana de Jesús

Jesús tuvo un cuerpo físico con todas sus partes comunes: dos ojos, dos oídos, dos piernas, un corazón, un cerebro, un estómago y así por el estilo. Porque tuvo un cuerpo físico es que también tuvo cinco sentidos. Por lo tanto tenía la capacidad de sentir dolor físico y también placer. También tuvo un intelecto humano (mente) y voluntad (corazón) y sintió las emociones humanas como la alegría o la tristeza. El Evangelio de Juan nos cuenta que Jesús lloró por la muerte de su amigo Lázaro.

Jesús no nació con la habilidad de hablar. Tuvo que aprender cómo caminar y hablar —cómo ser, actuar y pensar como una persona humana.

Jesús *no* compartió del pecado con los seres humanos. Ser humano no significa que tenemos la capacidad de pecar. Y tampoco significa que has pecado en algún punto de tu existencia. Ser humano significa tener una voluntad que es libre y un intelecto que es racional unido a un cuerpo físico. Los humanos podemos escoger entre hacer el bien o hacer el mal.

Los católicos creen que la persona humana no determina lo que es malo o bueno, porque la cosa misma determina su moralidad. El que algo sea malo o bueno es independiente de la opinión personal. El matar es algo malo en sí mismo. Una persona puede creer que una acción es buena, pero si es mala intrínsecamente, entonces se engañan a sí mismos y terminarán arrepentidos. Jesús en su humanidad siempre optó por hacer el bien, pero eso no lo hizo ser menos humano. Él siguió siendo humano aunque nunca se emborrachó, no echó maldiciones ni dijo chistes sucios.

La Iglesia Católica recuerda grafícamente a sus fieles la naturaleza humana de Jesús al ubicar el crucifijo en un lugar visible en cada una de sus iglesias. El *crucifijo* es una cruz con la figura de Jesús crucificado sobre ella. Existe para recordar a cada católico que Jesús no pretendió ser humano. Los clavos en sus manos y pies, la corona de espinas en su cabeza y la herida en su costado por donde el soldado le atravesó el corazón con la lanza, hacen recordar vívidamente a los fieles, que los sufrimientos de Jesús, que se conocen como su *Pasión,* fueron absolutamente reales. En verdad sintió dolor y murió. Era realmente humano. Si hubiese sido solamente un dios haciéndose pasar por humano, su dolor y muerte hubiesen sido mentiras. El crucifijo es un recordatorio a los católicos de manera bastante gráfica que esas heridas y esa muerte horrenda fueron verdaderas, al igual que el dolor y el sufrimiento que le acompañaron. (En caso de que te preguntes sobre el significado de las letras INRI que se ven en los crucifijos, ellas son la abreviatura de las palabras escritas por Poncio Pilato en latín: *Jesus Nazarenus Rex Iudaeorum,* o sea, Jesús de Nazaret, Rey de los judíos.)

Es importante no olvidar que el catolicismo no depende exclusivamente de la Biblia para obtener los datos de quién fue Jesús. La *Sagrada Tradición* (vea el Capítulo 3) completa las partes que la Biblia no menciona o permanece ambigua en ciertos puntos, como lo es el hecho de si Jesús se casó o tuvo hermanos.

¿Tuvo Jesús esposa y niños?

El ultimo verso del Evangelio según Juan (21, 25) dice, "Hay además otras muchas cosas que hizo Jesús. Si se escribieran una por una, pienso que ni todo el mundo bastaría para contener los libros que se escribieran."

Hasta Jesús mismo descansaba

Jesús no sufría de adicción al trabajo. El buscaba el descanso y la recreación cuando visitaba a su amigos Marta, María y Lázaro (Juan 12, 2), y él estuvo presente con su madre en la fiesta de la boda de Caná (Juan 2, 1–1). Jesús tomó una siesta en la barca mientras que los apóstoles permanecieron despiertos (Lucas 8, 22–23) y buscó un lugar a solas para orar (Mateo 14, 23). Así, también, Dios Padre descansó después de haber creado al mundo entero (Génesis 2, 1–3).

La Biblia mantiene en silencio ciertas áreas. ¿Se casó Jesús? ¿Tuvo esposa e hijos? La Biblia no contesta ni sí, ni no. Presumirías que no fue casado porque nunca se menciona una esposa. (La Biblia sí menciona la *suegra* de Pedro, que fue sanada, pero la Biblia nunca clasifica los demás discípulos ni apóstoles como hombres casados o solteros.)

No existe denominación cristiana ni religión que haya creído que Jesús fue casado, aunque la Biblia nunca dice categóricamente que permaneció soltero. ¿Sabes por qué? Por la Tradición. El cristianismo mantiene que siempre Jesús fue célibe y nunca se casó aunque la Biblia lo implica al no mencionar nunca una esposa o hijos.

Cuando la Biblia permanece callada o ambigua es que la Sagrada Tradición llena los vacíos. Por eso para los católicos un registro escrito que se encuentra en la Biblia es que fue hombre, su nombre fue Jesús y su madre fue María; y la verdad revelada de la Sagrada Tradición es que nunca se casó.

¿Tuvo Jesús hermanos o hermanas?

Algunos cristianos creen que María tuvo otros hijos luego de haber tenido a Jesús, pero la Iglesia Católica enseña oficialmente que María permaneció siempre virgen —antes, durante y después del nacimiento de Jesús. Ella tuvo tan solo un hijo y ese hijo fue Jesús.

Entre las otras creencias que tienen algunos cristianos está la de que José tuvo otros hijos de un matrimonio previo y que después de enviudar se casó con la madre de Jesús, por lo que estos niños fueron los hermanastros de Jesús. Esos que creen que Jesús tuvo hermanos citan a Marcos 6, 3 y Mateo 13, 55: "¿No es este el hijo del carpintero? ¿No se llama su madre María, y sus hermanos Santiago, José, Simón y Judas? Y sus hermanas, ¿no están todas entre nosotros?" Y Mateo 12, 47 dice, "Alguien le dijo: ¡oye! Ahí fuera están tu madre y tus hermanos que desean hablarte."

Por lo tanto, ¿quienes fueron estos hermanos y hermanas que menciona el Evangelio si no eran en realidad los hermanos de Jesús? La Iglesia Católica nos recuerda que los cuatro Evangelios originales fueron escritos en el idioma griego, y no en el idioma que fue escrita la versión protestante de la Biblia King James. La palabra griega que se usa en cada una de estas tres ocasiones es *adelphoi* (el plural de *adelphos*), que se puede traducir como *hermanos*. Pero esa misma palabra griega también puede ser *primos* o *parientes,* como los son un tío o un sobrino.

Tenemos ejemplo de esto en el Antiguo Testamento. Génesis 11, 27 dice que Abram y Harán eran hermanos, hijos de Terah. Lot que era hijo de Harán y por lo tanto sobrino de Abram, a quien luego Dios cambió su nombre y llamó Abraham. Es una ironía que Génesis 14, 14 y 14, 16, de acuerdo a la traducción protestante King James de Inglaterra, llame a Lot *hermano* de Abrahám. La palabra griega usada en el Antiguo Testamento de la versión Septuaginta es otra vez *adelphos*. Obviamente, no existía ni en el hebreo antiguo ni en el griego palabra alguna que se usara para describir la relación de sobrino a tío. Así que da un uso alternativo a la palabra *hermano* (*adelphos* en griego) en esos pasajes porque Lot era en verdad sobrino de Abraham.

La Iglesia Católica deduce que si la Biblia usa la palabra *hermano* para así describir un sobrino, como en este ejemplo, ¿por qué no hacerlo en otra parte? ¿Por qué no pueden ser los adelphoi (hermanos) de Jesús parte de sus parientes —primos o algún otro familiar. ¿Por qué debe ser que su uso se limite de esa manera en el Evangelio cuando se usa de manera tan amplia en el Antiguo Testamento?

La Iglesia también usa otra manera de pensar. Si estos parientes eran los *hermanos* de Jesús, entonces, ¿dónde estaban durante la Crucifixión y muerte de su hermano? Se encontraba María y algunas mujeres, pero el único hombre que menciona el Evangelio durante el evento fue el apóstol Juan, y él de ninguna manera era familia de Jesús, ni por sangre ni casamiento. No menciona a otro hombre, ni pariente, ni amistad. Y antes de que Jesús muriera en la cruz, dijo a Juan, "He ahí a tu madre" (Juan 19, 27). ¿Por qué encomendó el cuidado de su madre a Juan si había otros supuestos hermanos adultos que cuidaran de ella? La razón por la que Jesús dijo lo que dijo fue porque María estaba sola y no tenía otros hijos que la cuidaran, por ello fue que la encomendó a Juan.

Y la Iglesia pregunta esto: si Jesús tuvo hermanos de su misma sangre, o medios hermanos o hermanastros, ¿por qué no asumieron ellos el papel de líderes después de su muerte? ¿Para qué permitir a Pedro y a los demás apóstoles manejar la Iglesia como quisieran, y tomar decisiones, si existían miembros de su familia inmediata? Entonces, si es que los únicos parientes vivos eran primos lejanos, luego ello tiene todo el sentido del mundo.

¡Cuidado, no seas extremista!

La Iglesia Católica busca evitar dos extremos:

Uno de esos extremos es pensar que Jesús fue tan solo el mejor ser humano que haya vivido. El catolicismo enseña que Jesús no fue un hijo adoptado, porque siempre existió, es y siempre será Hijo. Yo soy un hijo de Dios adoptado por el bautismo. Los católicos son creados humanos y después son adoptados como hijos e hijas de Dios mediante el Bautismo en una sola familia de Dios. Pero en cuanto a Jesús, siempre fue divino y e Hijo desde toda la eternidad. Su naturaleza humana, como la tuya, tuvo comienzo en el tiempo, desde el momento que fue concebido durante la *Anunciación,* cuando el ángel Gabriel anunció a María que daría a luz un hijo (Lucas 1, 26-38). Su naturaleza divina, por otro lado, no tiene ni principio ni fin.

El otro extremo es querer ver a Jesús como un simple héroe. Algunos eruditos intentan presentar a Jesús como si fuera el héroe de la humanidad. Los héroes son los primeros en actuar para que otros les sigan. Albert Einstein no tuvo que haber sido el primero en descubrir la teoría de la relatividad, ni tampoco tendría que haber sido Colón el primero en descubrir el Nuevo Mundo. Alguna otra persona lo pudo haber hecho o reportado esos descubrimientos.

El catolicismo enseña que Jesús no fue un héroe. Lo que hizo Jesús (salvar a la humanidad) jamás podrá ser duplicado, repetido ni reemplazado por otra cosa. Lo que El hizo nadie más lo hubiera podido hacer. Sólo el Hombre-Dios pudo salvar a la humanidad, porque el era *humano* y *divino.*

Desde el punto de vista de la Iglesia Católica, el enfatizar demasiado la humanidad de Jesús hasta llegar a excluir su divinidad, es algo tan malo como lo es ignorar o menospreciar su humanidad para exaltar a su divinidad.

El debate continuará por los siglos venideros. Pero el punto final yace en la decisión autorizada de la Iglesia. El catolicismo no ubica a la Iglesia por encima de la Escritura pero sí como la única y auténtica protectora e intérprete de la palabra escrita y la no-escrita, o sea la palabra hablada, llamada la *Sagrada Tradición.*

La naturaleza divina de Jesús

Los católicos creen que Jesús hizo milagros como caminar sobre las aguas, expulsar demonios, resucitar él mismo de la muerte y resucitar a los muertos, como a Lázaro en el Capítulo 11 del Evangelio según San Juan; salvar a la humanidad, siendo el Redentor, Salvador y Mesías. Fundó la Iglesia Católica e instituyó, explícitamente o implícitamente, los siete sacramentos. (Los *siete sacramentos* son los ritos católicos que marcan siete niveles de desarrollo espiritual. Vea los Capítulos 6 y 7 para conocer más sobre los sacramentos.)

Jesús es la segunda persona de la Santísima Trinidad —Dios Hijo. Y Dios Hijo (Jesús) es tan Dios como Dios Padre y Dios Espíritu Santo.

Ideas profundas acerca del Padre y del Hijo

Para la Iglesia Católica la relación que existe entre Dios Padre y Dios Hijo (Jesús) no es igual a la relación entre padre e hijos humanos.

Los padres humanos no son padres sino hasta que nazcan sus hijos e hijas. Digámoslo de otra manera, si tú fueras el único hijo en tu familia, ¿podría tu papá haberse llamado padre antes de que existieras? No. Ningún hombre es padre hasta que nazca su hijo o hija.

Si tenemos esas ideas en mente, podríamos pensar que Dios Padre no existió antes que naciera su Hijo (Jesús). Pero la Iglesia enseña dice que Dios Padre siempre ha sido Padre. Y si el Padre siempre ha sido Padre entonces también el Hijo (Jesús) siempre lo ha sido.

Jesús es el Hijo eterno del Padre. El Padre no existió jamás sin el Hijo, ni por un instante, segundo, o microsegundo, porque El Padre siempre ha sido Padre y el Hijo siempre ha sido Hijo. A diferencia de nuestra experiencia humana, Dios Padre no existe *antes* que el Hijo; ambos existen a la misma vez. Ambas palabras dependen la una de la otra y las dos Personas de Dios Padre y Dios Hijo siempre han existido simultáneamente juntos.

La Iglesia enseña que Dios no existe en el tiempo ni ocupa espacio, como ya muchos saben, así que nadie debe preocuparse de que el Padre no existió antes que el Hijo. No es como la famosa paradoja del huevo y la gallina preguntando cual vino primero.

Aunque los cristianos, los judíos y los musulmanes creen en un solo Dios; los cristianos también creen en un *Dios Trinitario,* un solo Dios en tres personas — Dios Padre, Dios Hijo y Dios Espíritu Santo— conocido también como la Santísima Trinidad. El misterio de la Santísima Trinidad nos habla de que hay tres personas divinas pero un solo Dios. Los católicos no reconocen a la Santísima Trinidad en forma de tres dioses sino de tres distintas personas, pero no separadas, en un solo Dios.

El Hijo obediente de Dios

El catolicismo reconoce a Jesús como el Hijo eterno del Padre y enseña que la relación que existe entre el Padre y el Hijo es de amor profundo. No es un amor estoico ni victoriano, pero sí es un amor que conlleva dolor y es real.

La creencia que la relación entre el Padre y el Hijo es tan cercana, intensa y perfecta, fue lo que llevó a Santo Tomás de Aquino a concluir que la tercera persona de la Santísima Trinidad —el Espíritu Santo— es el fruto vivo y personificado de ese amor mutuo.

Los católicos creen que Jesús respetaba la voluntad del Padre y su obediencia era señal que le tenía amor y le tenía respeto. El haber dicho, “Hágase su voluntad”, para el católico, es mucho más que una simple frase del *Padrenuestro.* Es el lema de Jesucristo, el Hijo de Dios.

Y la fe católica sostiene que la voluntad de Dios Padre hacia Jesús era

- Revelar que Dios es una comunidad de tres personas (*Padre, Hijo* y *Espíritu Santo*) unidas en un mismo amor divino
- Demostrar el amor de Dios por la humanidad entera
- Ser el Redentor y Salvador de la humanidad

Busquemos la Verdad en los Evangelios

El Nuevo Testamento contiene cuatro Evangelios que nos cuentan la vida y las obras de Jesús. Cada uno de los cuatro evangelistas, Mateo, Marcos, Lucas y Juan, escribió uno de los cuatro Evangelios.

Los cuatro Evangelios no son cuatro Evangelios *separados* o independientes, sino más bien cuatro *versiones* de un solo Evangelio. Por eso es que se les llama *El Evangelio según Mateo* o *El Evangelio según Marcos,* y no se les llama *El Evangelio de Mateo* o *El Evangelio de Marcos.* Dicho esto, la Iglesia Católica enfatiza que es de suma importancia considerar que los cuatro Evangelios forman una sola unidad. Ninguno de los cuatro presenta la historia completa por sí solo, al igual que caras de un diamante, deben estar unidos para mostrar una hermosa realidad. Los fieles necesitan cada una de las cuatro versiones para poder apreciar el impacto total y la profundidad de Jesús. El catolicismo atesora cada perspectiva diferente pero enfatiza que los cuatro juntos, en unión a los demás escritos inspirados del Nuevo y Antiguo Testamentos, nos ofrecen una mejor visión de Jesús.

Creencias católicas sobre el evangelio

Aunque fueron cuatro diferentes hombres los que escribieron los cuatro evangelios, fue el Espíritu Santo quien inspiró a cada uno de ellos. La *Inspiración* es un don especial del Espíritu Santo para con los *autores sagrados* (los que escribieron la Biblia) de modo que sólo las palabras que Dios quiso escritas *fueran* las que ellos escribieran.

Ambos, el Espíritu Santo y el autor inspirado por el Espíritu Santo, tuvieron la misma intención de usar o no usar las mismas palabras, y presentar o no presentar las mismas ideas e imágenes, teniendo en cuenta la audiencia particular para quien se escribía. Este concepto aparece claro en el Evangelio de Mateo. El escribió para esos posibles conversos del Judaísmo. El mismo era judío y quiso asegurar a su audiencia judía que Jesús era el Mesías esperado, prometido, en el Antiguo Testamento. Por eso les ofreció comparaciones sutiles entre Jesús y Moisés, quien fue el liberador en el

Antiguo Testamento. De igual manera en que Moisés llevó al Pueblo Elegido de la esclavitud de Egipto hacia la libertad de la Tierra Prometida, Jesús liberaría a la humanidad de la esclavitud del pecado hacia la Tierra Prometida del Paraíso.

A pesar de que cada uno de los escritos del Evangelio tuvo su propia audiencia, cada uno de los cuatro Evangelios mantiene su relevancia hasta el día de hoy, porque fue el Espíritu Santo quien inspiró a cada uno de los cuatro autores. Para la Iglesia, los textos inspirados tienen muchos significados; trascienden el tiempo y el espacio; y son diferentes de otros documentos históricos, en que no están confinados a un solo grupo, a un solo lugar o a una sola era. Esta creencia es la razón por la que la Iglesia Católica se esmera en tratar de incorporar cada uno de los cuatro Evangelios en las Misas del domingo usando un ciclo de tres años. (Vea al Capítulo 8 para mayor información sobre las Escrituras en la Misa.)

La Figura 4-1 muestra como son representados Mateo, Marcos, Lucas y Juan en el arte de acuerdo a lo que dice el libro de la Revelación (Apocalipsis) 4, 7. Según San Ambrosio, un hombre con alas de ave simboliza a Mateo, porque él inicia su Evangelio contándonos los orígenes de la raza humana y el nacimiento de Cristo. Marcos comienza su relato con el poder real de Cristo, el reino de Dios, y por lo tanto, aparece simbolizado en forma de León con alas de ave, que era una imagen muy respetada por los romanos. Lucas empieza contándonos de Zacarías, el sacerdote, padre de San Juan el Bautista, y su símbolo es el buey con alas de ave, porque los sacerdotes del templo frecuentaban sacrificar a los bueyes en el altar. Juan aparece en forma de águila, porque vuela hacia el cielo en su introducción del Evangelio empezando con la pre-existencia de Cristo que era la Palabra (que en griego es *logos*).

Figura 4-1: Los autores de los cuatro Evangelios con frecuencia son representados de esta forma descripción tomada de Revelación (Apocalipsis) 4, 7.

St. Matthew

Mateo, el Hombre

Marcos, el León

St. Luke

Lucas, el Buey

Juan, el Águila

La manera en que se originaron los Evangelios

¿Estaban Mateo, Marcos, Lucas y Juan al lado de Jesús tomando nota de todo lo que predicaba o de los milagros que obraba? No. De hecho, sólo dos de los cuatro, Mateo y Juan fueron apóstoles y testigos presenciales, por lo tanto no debes pensar que Mateo, Marcos, Lucas y Juan fueron reporteros preparando la noticia del día.

Antes que los Evangelios fueran escritos, las palabras y obras de Jesús se divulgaron de boca en boca. Osea que los Evangelios fueron predicados antes de ser escritos. La palabra hablada precede a la escrita. Aún después de haber sido escritos, debido a que el papiro sobre el cual se escribió era frágil, caro, y poco común, la mayoría de la gente no leía la Palabra, sino que la escuchaba al ser proclamada durante la Misa en la Iglesia. La Iglesia describe el desarrollo de los Evangelio en tres niveles: en primer lugar los dichos y las enseñanzas de Jesús mismo; segundo, la tradición oral por la que los apóstoles predicaron al pueblo sobre lo que vieron y escucharon; y en tercer lugar los escritos de los autores sagrados para asegurar que el mensaje no fuera cambiado.

El Nuevo Testamento fue escrito entre el 35 y 100 d.C. En el 188 d.C., San Irineo fue la primera persona en mencionar el *Tetramorph* —los cuatro Evangelios. Pero no fue hasta el Concilio de Cártago en el 397 d.C, cuando la Iglesia tomó la decisión final y oficial de listar los 27 libros del Nuevo Testamento, incluyendo los cuatro Evangelios. San Jerónimo fue el primero en combinar el Antiguo y el Nuevo Testamento en un solo volumen y fue el primero en traducirlos al latín del hebreo, el arameo y el griego, que eran las lenguas comunes en su tiempo. Le llevó desde el 382 hasta el 405 d.C. poder completar esta tarea monumental, pero fue el pionero en coordinar la primera Biblia completa y entera para los cristianos.

Comparemos los Evangelios

La Iglesia Católica cree que la Biblia entera es la Palabra de Dios inspirada e infalible; por lo tanto los Evangelios son particularmente cruciales pues relatan con exactitud lo que Jesús dijo e hizo mientras estuvo sobre la tierra. Como vimos en el Capítulo 3, la Iglesia Católica cree que la Biblia es literatura sagrada, pero ya que es literatura, algunas partes de ella deben ser interpretadas al pie de la letra y otras partes deben ser interpretadas figurativamente; los Evangelios están entre los libros que fundamentalmente se interpretan de manera literal, en lo que se refiere a lo que dijo e hizo Jesús.

Mateo y Lucas

Mateo comienza su Evangelio con una genealogía de Jesús, comenzando por Abraham y trazando la historia hasta llegar a José, esposo de María, "de quien nació Jesús, quien es llamado el Mesías".

Mateo escribía para todo aquel posible converso del judaísmo. Una audiencia judía probablemente estaría interesada en conocer este árbol genealógico, dado que con frecuencia a los miembros del pueblo hebreo se les llama Hijos de Abraham. Por eso Mateo empezó con Abraham y lo conectó a Jesús al inicio de su Evangelio.

Lucas ofrece una genealogía parecida a la de Mateo, pero no es sino hasta el Capítulo 3 de su Evangelio, en que empieza con Jesús y retrocede hasta Adán, unas 20 generaciones antes de Abraham. Lucas era un médico Gentil, y los gentiles formaban su audiencia, no los judíos. Ni Mateo ni Lucas emplearon la ficción editorial, pero cada uno, inspirado por el Espíritu Santo, seleccionó cuidadosamente lo que diría a su audiencia respectiva. A diferencia de los judíos, los gentiles no estaban interesados en encontrar una conexión con Abraham. Lo que ellos querían era alguna conexión entre Jesús y el primer hombre, Adán, porque a los gentiles les interesaba mucho la filosofía griega. Platón, Sócrates y Aristóteles, sólo por mencionar algunos pensadores famosos que vivieron antes de Cristo y habían reflexionado acerca de los orígenes de la humanidad, estableciendo así una conexión entre Jesús y Adán. Por ejemplo veamos las epístolas de San Pablo. Las Epístolas son cartas, por si no lo sabías, que también forman otra parte del Nuevo Testamento. Las *Epístolas* de San Pablo se aprovecharon de la conexión establecida entre Cristo y Adán cuando explicaron que Cristo era el Nuevo Adán, porque es en el primer Adán que todos murieron y en el nuevo (y último) Adán, que es Cristo, que todos renacen a una vida nueva. (1 Corintios 15, 22–45.) A la audiencia gentil, influenciada por la filosofía griega, le interesaba mucho más ver la conexión de Jesucristo con el primer ser humano, mientras que los judíos preferían ver la conexión que hubo entre Abraham y Jesús.

En el Sermón de la Montaña Mateo menciona que antes de dar su sermón, Jesús "subió al monte" (Mateo 5, 1), mientras que Lucas dice que Jesús dio el Sermón en el Valle y se detuvo sobre "un paraje llano" (Lucas 6, 17). Ambos hombres citan las enseñanzas de estos sermones llamados las *bienaventuranzas*. Mira la siguiente versión de Mateo 5:

> Viendo la muchedumbre, subió al monte, se sentó, y sus discípulos se le acercaron. Y, tomando la palabra, les enseñaba diciendo:
>
> "Bienaventurados los pobres de espíritu, porque de ellos es el Reino de los Cielos.

> "Bienaventurados los que lloran, porque ellos recibirán consolación.
> "Bienaventurados los mansos porque ellos recibirán en herencia la tierra.
>
> "Bienaventurados los que tienen hambre y sed de justicia, porque ellos serán saciados.
>
> "Bienaventurados los misericordiosos, porque ellos alcanzarán misericordia.
>
> "Bienaventurados los limpios de corazón, porque ellos verán a Dios.
> "Bienaventurados los que trabajan por la paz, porque ellos serán llamados hijos de Dios.
>
> "Bienaventurados los perseguidos por causa de la justicia, porque de ellos es el Reino de los Cielos.
>
> "Bienaventurados seréis cuando os injurien y os persigan y digan con mentira toda clase de mal contra vosotros por mi causa. Alegráos y regocijáos, porque vuestra recompensa será grande en los cielos, pues de la misma manera persiguieron a los profetas anteriores a vosotros."

Ahora compara el Sermón del Monte del Evangelio de Mateo con el de Lucas 6, 17–23:

> Bajó con ellos y se detuvo en un paraje llano; había un gran número de discípulos suyos y gran muchedumbre del pueblo, de toda Judea, de Jerusalén y de la región costera de Tiro y Sidón, que habían venido para oírle y ser sanados de sus enfermedades. Y los que eran atormentados por espíritus inmundos quedaban curados. Toda la gente procuraba tocarle, porque salía de él una fuerza que sanaba a todos. Y él, alzando los ojos hacia sus discípulos, decía:
>
> "Bienaventurados los pobres, porque vuestro es el Reino de Dios.
>
> "Bienaventurados los que tenéis hambre ahora, porque seréis saciados.
>
> "Bienaventurados los que lloráis ahora, porque reiréis.
>
> "Bienaventurados seréis cuando os odien, cuando os expulsen, o injurien y proscriban vuestro nombre como malo por causa del Hijo del hombre. Alegraos ese día y saltad de gozo, que vuestra recompensa será grande en el cielo. Pues sus padres de ese modo trataban a los profetas."

¿Por qué entonces hay una diferencia en la locación en las dos versiones—monte y planicie?

Cualquier predicador bueno conoce que cuando tienes un buen sermón, puedes usarlo más de una vez, especialmente si lo predicas en algún lugar nuevo y a una audiencia nueva. No está en contra de la razón presumir que Jesús haya predicado las bienaventuranzas más de una vez, porque era un predicador que se movía con frecuencia de un lugar a otro y, a excepción de los apóstoles, nadie en el gentío hubiera escuchado el mensaje anteriormente.

Mateo menciona cuando el sermón fue sobre el monte, porque a su audiencia judía le interesaría mucho ese detalle. ¿Por qué? Moisés recibió la Ley, los Diez Mandamientos, sobre el Monte Sinab; de la misma manera Jesús les daba la ley de bendición, lo que se llama *bienaventuranza,* desde un monte. Mateo también se asegura de citar a Jesús que dice, "No penséis que he venido a abolir la Ley y los profetas. No he venido a abolir, sino a cumplir," (Mateo 5, 17) que le hubiese gustado mucho escuchar al judío. Moisés dio al pueblo hebreo Diez Mandamientos, venidos de Dios, y ahora Jesús venía a dar cumplimiento a esa Ley.

Lucas por otra parte menciona la ocasión en la que el sermón fue en una planicie. ¿Por qué mencionar tan extraño detalle de una planicie? Lucas escribía para una audiencia gentil. A diferencia de la audiencia de Mateo, que estaba acostumbrada a seguir la Ley que fue dada a Moisés por Dios sobre el Monte Sinaí, los gentiles estaban acostumbrados a dar y escuchar debates filosóficos de acuerdo a la tradición griega. Los filósofos como Platón, Sócrates y Aristóteles debatían el uno con el otro sobre tierra plana, hombro con hombro, cara a cara —en lugar de hacerlo desde un podio elevado— y así dar un sentido de justicia e igualdad durante la discusión. A una audiencia gentil le interesaría más un discurso dado por Jesús al estilo al que estaban acostumbrados, razón por la cual Lucas lo relata de esta manera.

Son detectables pequeñas diferencias en algunas de las frases que emplea Lucas versus las que usa Mateo, y también en las veces que añade que Jesús dijo "ay de ustedes" para contraponer a las veces que dijo "bienaventurados son", que no se encuentra en la obra de Mateo. Señalamos otra vez, que un predicador adapta un sermón antiguo añadiendo, quitando o modificando su presentación original, según las necesidades que tenga su nueva audiencia. La Iglesia Católica mantiene que la discrepancia resulta de un cambio que Jesús hizo, porque no estaría bajo la autoridad del autor sagrado modificar los detalles de lo que haya dicho o hecho Jesús.

Marcos

Es el más corto de los cuatro Evangelios debido a que su audiencia era en su mayoría romana. Cuando eres parte de una política estatal o imperial no era importante hacer conexiones con el pasado hebreo, ni tampoco eran pertinentes los largos diálogos filosóficos. Deseaban ver acción. Por esta razón el Evangelio según Marcos tiene menos sermones y más movimiento. Es una narrativa rápida, directa y contínua, a la manera de una persona excitada que te cuenta los datos de un evento "a velocidad de luz". Los romanos hubieran puesto mucho más atención al Evangelio según Marcos y no tanto al de Mateo, Lucas y Juan.

En la Crucifixión, Marcos describe detalladamente al centurión romano, el comandante militar de unos cien soldados, que proclama, "Verdaderamente este hombre era hijo de Dios". (Marcos 15, 39) El interés de la audiencia romana ciertamente hubiera despertado ante tal comentario, porque era un acto de fe hecho por uno de los suyos.

Al igual que Lucas, Marcos no era uno de los 12 apóstoles. Mateo y Juan eran apóstoles, pero Lucas y Marcos fueron unos de los 72 discípulos. Los apóstoles fueron testigos que presenciaron todo lo que Jesús dijo e hizo. Los discípulos con frecuencia tuvieron que recurrir a información de segunda mano, que otras fuentes les contaban. Lucas muy probablemente recibió mucha de su información por boca de María, la madre de Jesús, y sin duda Marcos usó como fuente a su amigo Pedro, el jefe de los apóstoles.

Juan

Juan fue el último en escribir un Evangelio, y el suyo es el más teológico de los cuatro. Los otros son tan similares en su contenido, estilo y secuencia que se les suele llamar los *Evangelios sinópticos,* que viene del griego *sunoptikos,* y que quiere decir *resumen* o *visión general.*

Juan, que escribió su Evangelio mucho más tarde que los otros, escribía para una audiencia cristiana. El asumió que los que iban a leer su obra ya conocían mucho de los hechos básicos y él lo que hacía era proveerles información avanzada para complementar el curso básico de Jesús que se les ofrece en Mateo, Marcos y Lucas. En otras palabras, el Evangelio según Juan es como tomar una clase de cálculo universitario y los Evangelios sinópticos es como el álgebra avanzada de la escuela secundaria.

Juan establece el tono de su Evangelio al abrir con un concepto filosófico de preexistencia: antes que fuera Jesús hombre al ser concebido y nacido de la Virgen María, existió desde toda la eternidad en su divinidad, porque es la segunda persona de la Santísima Trinidad. Lee la primera frase del Evangelio según Juan: "En el principio existía la Palabra y la Palabra estaba junto a Dios, y la Palabra era Dios."

Esto es un concepto muy filosófico y teológico. Juan quiso que su audiencia viera a Jesús como la Palabra de Dios: él así lo dijo, "Y la Palabra se hizo carne, y puso su morada entre nosotros" (Juan 1, 14). Estaba diciendo que Jesús es la Palabra encarnada —la Palabra hecha carne.

El primer libro de la Biblia, el Génesis, empieza con la misma frase que Juan usa al comienzo de su Evangelio: "En el principio". De acuerdo al Génesis 1, 3: "Dijo Dios, 'Haya luz', y hubo luz". En otras palabras Dios creó a través de su Palabra. Juan elaboró sobre esto en su Evangelio, al decir que Jesús es la Palabra que *existía junto* a Dios. La Palabra de Dios no es una cosa sino una persona. La Palabra era creativa y poderosa. De la misma manera en que Dios habló la palabra y fue creada la luz, Jesús hablaba la palabra y los ciegos recuperaban la vista, los lisiados caminaban y los muertos resucitaban a la vida.

Manejar las Herejías y Algunas Otras "Palabras Domingueras"

Los cristianos fueron perseguidos violentamente hasta la muerte durante los primeros 300 años después de la muerte de Jesús —desde el tiempo del Emperador Nerón hasta el gran incendio de Roma, del cual Nerón acusó a los cristianos. Esa así que durante los primeros 300 años, el Cristianismo existía clandestinamente. Fue por medio de la palabra hablada que los cristianos conocían los detalles de Jesús de Nazaret y sus predicaciones, sus sufrimientos, su muerte, Resurrección y Ascensión.

En el año 313 d.C., cuando el emperador Constantino legalizó el Cristianismo bajo su Edicto de Milán, los cristianos pudieron hablar abiertamente de su afiliación religiosa. Pero una vez que el cristianismo fue legal, en poco tiempo predominó e incluso se convirtió en la religión del estado.

Al dejar las catacumbas y al entrar a la vida pública, los cristianos empezaron a dedicarse a buscar respuestas para las diversas preguntas teológicas que la Biblia no contestaba con exactitud. Por ejemplo, la Escritura enseña que Jesús era Dios y hombre, humano y divino. Pero, *¿cómo* es posible que sea ambos? ¿De qué manera estaban ligadas la naturaleza humana y divina de Jesús? Así que en los siguientes 300 años después de la muerte de Jesús, desde el siglo cuarto hasta el séptimo, se abrió una caja de Pandora de debates teológicos.

La *herejía,* según la Iglesia Católica, es la negación de alguna verdad revelada o su distorsión con el propósito de engañar a otras personas para que crean un error teológico. Después que el cristianismo fue legalizado, abundaron las *herejías cristológicas,* que tenían que ver con la naturaleza de Cristo. Con frecuencia los debates terminaban en argumentos violentos y las autoridades civiles, como el emperador romano, tenían que intervenir urgiéndoles y hasta ordenándoles, a los líderes religiosos —al papa, a los patriarcas, y obispos— a acabar con el desorden y solucionar sus asuntos de una vez por todas.

Esta sección explica algunas de las herejías, o rumores falsos, que acecharon a la Iglesia desde los primeros años del cristianismo.

El gnosticismo y el docetismo

El gnosticismo viene de la palabra griega gnosis, que quiere decir *conocimiento.* Los gnósticos, durante el primer siglo a.C. hasta el quinto d.C., creían en la existencia de un conocimiento secreto, mientras que los judeocristianos eran muy libres y abiertos en dar a conocer la verdad divina revelada por Dios. Los gnósticos creían que el mundo material era malo y que la única manera de alcanzar la salvación era descubriendo los "secretos" del universo. Sus creencias se enfrentaban a las religiones hebrea y cristiana, que creían que Dios creó al mundo (Génesis) bueno, no malo. El propósito no era el mantener en secreto la revelación; sino que debía ser compartida abiertamente con todos.

El *docetismo* viene da la palabra griega *dokesis,* y significa *apariencia.* Los docetas, que surgieron del gnosticismo, en el primer y segundo siglo d.C., decían que Jesucristo tenía apariencia de humano. Ellos pensaban que el mundo material, incluyendo al cuerpo humano, era tan malo y corrupto, que Dios, quien es toda bondad, no pudo haber asumido un cuerpo o naturaleza humana. Tuvo que haber pretendido hacerlo.

Como el gnosticismo, mantenía la existencia de una batalla entre el mundo espiritual y material, los docetas negaron que Jesús fuera un verdadero hombre. No tenían problemas con su divinidad, sólo en el creer que era verdaderamente humano. Pero si esa parte de Jesús fue sólo una ilusión, entonces su inmenso sufrimiento y su horrible muerte en la cruz no significan absolutamente nada. Si su naturaleza fue una apariencia, entonces su Pasión fue también una ilusión.

El corazón del cristianismo y del cristianismo católico es, que Jesús murió por los pecados de la humanidad. Sólo una verdadera naturaleza humana tiene capacidad de sentir dolor y morir. El docetismo y el gnosticismo fueron muy violentos contra un *auténtico Cristianismo,* o mejor dicho, *Cristianismo ortodoxo.* (La palabra *ortodoxa* con letra *o* minúscula significa creyente correcto o recto. Sin embargo, si ves una letra *O* mayúscula, entonces *Ortodoxa* se refiere a la Iglesias Ortodoxas orientales, como son las Iglesias Ortodoxas Griega, Rusa y de Serbia.)

Toma nota, aún hoy día, los rasgos de un nuevo-gnosticismo forman parte de algunas ideologías y teorías modernas de la religión. La espiritualidad tipo Nueva Era y eso de la dianética, que viene de la Iglesia de la Cienciología, propone poseer secretos revelados y poder abrir los poderes secretos de la naturaleza humana. Sin embargo el docetismo parece haber muerto del todo.

El arrianismo

El *arrianismo* fue la herejía más peligrosa y difundida de la joven Iglesia. (Cuidado, no estamos hablando aquí del arianismo de los de cabeza afeitada, con las esvásticas y los prejuicios antisemitas.) El *arrianismo* viene del nombre del clérigo Arrio del siglo cuarto (250–336 d.C.), que negó la divinidad de Jesús. Mientras que el docetismo negaba su humanidad, el arrianismo negaba que Jesús tuviera una naturaleza divina igual a la de Dios Padre.

Arrio propuso que Jesús fue creado y no era de la misma sustancia que Dios —se consideraba que era superior a cualquier hombre o ángel, porque poseía alguna sustancia o esencia similar, pero nunca igual a Dios. Decía que su identidad de hijo fue sólo por adopción. En el arrianismo, Jesús *se hizo* el Hijo, mientras que el cristianismo ortodoxo mantiene que El fue, es y siempre será el Hijo, sin principio ni fin.

El arrianismo se popularizó, porque atraía al pueblo con su simple conocimiento de que había un solo Dios, y que si Jesús también fue Dios entonces pareciera que existieran dos dioses en vez de uno.

El emperador Constantino, que vivía en el Imperio de Oriente, temía que las discordias religiosas fuesen a poner en peligro la seguridad del reino. El observaba cuán animados y agresivos se hacían los debates y ordenó que se convocara un concilio de todos los obispos, los patriarcas y el papa. Para garantizarles seguridad, fue escogida la ciudad imperial de Nicea como lugar de la reunión. Fue en Nicea que los obispos del mundo decidieron componer un credo que todo creyente pudiera aprender y profesarlo como lo esencial de la fe cristiana. Ese mismo Credo es hoy recitado cada domingo y día santo en cada Misa católica en todo el mundo. Se le conoce como el Credo de Nicea debido a sus orígenes en el Concilio de Nicea el año 325 d.C.

El punto final que acabó con la controversia del arrianismo fue la frase del Credo de Nicea, "de la misma naturaleza del Padre". Una mejor traducción del griego y el latín al español sería que Jesús es *consustancial* o *de la misma sustancia* que el Padre. Esta línea del Credo desafió la proposición del arrianismo, que decía que Jesús, en cuanto a lo que tenía que ver con su divinidad, era similar pero no igual en sustancia al Padre.

El nestorianismo

Otra herejía fue la del *nestorianismo,* llamada así por su fundador, Nestorio. Esta doctrina decía que Cristo tenía dos *hypostasis* (personas) —una divina y una humana. Nestorio condenaba el uso de la palabra *Theotokos,* que en griego significa *madre de Dios.* Si Jesús tuvo dos personas, lo mejor que se podría decir de María fue que ella dio a luz la persona humana de Jesús, y no a la divina.

Se convocó otro Concilio Ecuménico, y esta vez fue en la ciudad de Éfeso en 431 d.C., en donde sus participantes pusieron en claro la doctrina que dice que Jesús era una sola persona, no dos, pero había dos naturalezas presentes — una naturaleza humana y una divina. Ya que Cristo es una sola persona, es por eso que entonces María goza ciertamente del título Madre de Dios, porque ella dio a luz a una sola persona.

Nadie conoce la hora

Cuando le preguntaron a Jesús acerca de la hora y la fecha del fin del mundo, su aparente ignorancia en Marcos 13, 32 al decir, "Mas de aquél día y hora, nadie sabe nada, ni los ángeles en el cielo, ni el Hijo, sino sólo el Padre", es prueba de que su humanidad no estaba enterada de todo lo que el intelecto divino de Cristo sabía. La mente divina de Jesús era infinita, porque poseía la mente de Dios; la mente humana de Jesús era, como lo es la mente humana, limitada. Esta sólo pudo conocer algo y sólo eso de lo que Dios Padre quiso que su mente conociera.

En otras palabras, Jesús no llegó el día de Navidad en partes como un rompecabezas que María y José tuvieran que armar. Nació completo e intacto, una persona, dos naturalezas. La Iglesia dice que María es la que dio a luz a Jesús, la Iglesia misma puede usar el título Madre de Dios, admitiendo al mismo tiempo que no fue ella quien dio a Jesús su divinidad. (Este concepto es similar a lo que tú crees de tu madre, al decir que ella fue quien te dio un cuerpo humano, pero fue Dios quien creó tu alma inmortal.)

El monofisismo

La última herejía significativa que tiene que ver con Jesús fue conocida como el *monofisismo*. Esta se centraba en la idea de que la naturaleza humana de Jesús fue absorbida por su naturaleza divina. Digamos, por ejemplo, que una gota de aceite representa la humanidad de Jesús y el océano representa la divinidad de Jesús. Si pones una gota de aceite en la aguas inmensas del océano, esa gota de aceite, que representa su humanidad, sería sobrepasada y absorbida por las enormes aguas del océano —su divinidad.

El Concilio Ecuménico de Calcedonia condenó al monofisismo el año 451 d.C. Se formuló una sencilla enseñanza que declaró que una sola persona divina con dos naturalezas distintas, enteras y verdaderas, una humana y una divina, existieron en Jesús. Estas dos naturalezas estaban unidas *hipostáticamente* (del griego *hipóstasis,* que significa *persona*) a una persona divina. Así que la *Unión Hipostática,* el nombre de la doctrina, explicó lo siguiente de Jesús:

- Jesús, en su naturaleza humana, tenía cerebro humano igual al tuyo, y tenía que aprender igual que tú. Por lo tanto, Jesús niño en el pesebre de Belén no habló a los pastorcillos esa Vigilia de Navidad. Tuvo que aprender cómo hablar, caminar y demás cosas. De igual modo, su voluntad humana, como la tuya, era libre para que pudiese escoger cumplir la voluntad de Dios.

En otras palabras, Jesús en su humanidad conocía lo que aprendió. Y tuvo que escoger libremente conformar su voluntad a la voluntad divina. (El *pecado* es cuando tu voluntad se opone a la voluntad de Dios.) Lo que no aprendió por conocimiento humano le fue infundido a su intelecto humano por su intelecto divino. Jesús sabía que el fuego es caliente del mismo modo que tú lo aprendiste. Conocía también lo que sólo Dios puede conocer, porque es una persona divina con una naturaleza humana y una divina. La mente humana de Cristo tenía límites pero la divina era infinita. Su divinidad le reveló algunas verdades divinas a su intelecto humano para que supiera quién era, quién era su Padre y la razón por la que vino al mundo.

- La naturaleza divina de Jesús tenía el mismo intelecto y la misma voluntad que la de Dios Padre y Dios Espíritu Santo. Como Dios, El conocía y deseaba las mismas cosas que las otras dos personas de la Trinidad conocían y deseaban.

  En otras palabras, Jesús en su divinidad conocía todo, y lo que El deseaba que sucediera, sucedía.

- Al ser Dios y hombre, Jesús cerró la brecha que separaba la humanidad y la divinidad. Pudo salvar a la humanidad al hacerse uno de nosotros, y como nunca perdió su divinidad, su muerte tuvo mérito y valor eterno e infinito. Si hubiese sido sólo un hombre, su muerte no tendría efecto sobrenatural alguno. Su muerte, porque estuvo unida a la persona divina, en realidad expió el pecado y causó que se llevara cabo la redención.

Ciertamente es mucha información, pero el punto final de la teología católica es que los fieles crean completa y solemnemente que Jesús fue una sola persona divina con una naturaleza humana completa y una naturaleza divina completa. Cada naturaleza tuvo su propio intelecto y voluntad. Así que la naturaleza divina de Jesús tuvo intelecto y voluntad y la naturaleza humana de Jesús tuvo intelecto y voluntad humana.

Algunos de los estudiosos modernos han propuesto que Jesús no sabía que era dios, aunque sólo fuera en su intelecto humano donde habitara esta ignorancia. La Iglesia Católica nos señala a Lucas 2, 42–50, quien nos cuenta que cuando los padres de Jesús lo encontraron a los 12 años, predicando en el Templo, el joven Jesús les contestó que estaba en la casa de su Padre e iba a hacer su trabajo. Hasta el joven Jesús sabía que era divino. Para la Iglesia, cuando Jesús dijo, "El Padre y yo somos uno" (Juan 10, 30) y "antes que Abraham fuera, Yo soy" (Juan 8, 58), desvanece cualquier crisis de identidad que pueda haber existido en Jesús. Él sabía que era divino porque había solo una persona en Jesús en todo momento y esa persona era la segunda persona de la Santísima Trinidad.

Capítulo 5

Dar Culto a Dios al Estilo Católico

En Este Capítulo

- Dar culto a Dios en cuerpo y alma
- Entender gestos, objetos y símbolos católicos
- Usar los cinco sentidos
- Un vistazo a los siete sacramentos

Uno de los aspectos mejor conocidos y a la vez más misteriosos del catolicismo es la manera en que celebra su culto, lleno de ritos y rituales antiguos. La devoción católica se basa en el principio de que la humanidad existe entre los dos mundos de la materia y del espíritu. En otras palabras, los seres humanos pertenecen a ambos: el mundo material, en donde actúa el cuerpo por medio de sus cinco sentidos y el mundo espiritual en el cual actúa nuestra alma a través de la gracia divina.

Por eso la manera que los católicos muestran su devoción o culto —eso de arrodillarse, quemar incienso y usar en sus ceremonias símbolos externos y tangibles—expresa la relación dinámica que existe entre el mundo material y espiritual. Este capítulo te muestra lo que es dar culto a Dios al estilo católico.

Disponer el Alma y el Cuerpo

Los cristianos creen que el ser humano está compuesto de cuerpo y alma, ambos fueron creados por Dios y son, por lo tanto, buenos. Además, como Jesús el Hijo de Dios tuvo un cuerpo humano y un alma humana *unidos* a su naturaleza divina, la conexión entre los dos es necesaria.

La devoción católica aprovecha la relación dinámica entre cuerpo y alma — entre el mundo material y el mundo espiritual. Por eso la persona humana entera está envuelta en los ritos y rituales católicos:

- **Ritos:** Son esas palabras, acciones y gestos necesarios dentro de una ceremonia religiosa. Por ejemplo, el rito del bautismo o el rito del matrimonio cristiano está formado por palabras y acciones precisas para cada uno de estos sacramentos.

- **Rituales:** Son las formas establecidas de los ritos —el orden detallado de las palabras y las acciones para que se puedan celebrar correctamente los ritos. Por ejemplo, el *Ritual Romano* es el libro que usan los sacerdotes y diáconos cuando celebran los ritos. Les indica los materiales que necesitan, les detalla la secuencia de los eventos y pone por escrito cuáles son las palabras y los gestos necesarios. Antiguamente el *Ritual Romano* consistía de un solo volumen pero hoy en día lo han dividido en varios de acuerdo a cada sacramento —un ritual de bodas, uno para entierros, otro para bautismos y así por el estilo.

Durante la Misa católica las palabras son habladas, escuchadas o leídas. Los cuerpos se sientan, se ponen de pie o se arrodillan. Los símbolos tangibles — el agua para el bautismo, por ejemplo, o los óleos que se usan para ungir— existen fuera del cuerpo y los perciben uno o más de los cinco sentidos. Estos símbolos externos hacen recordar a los fieles esa acción interna de la gracia divina invisible entrando al alma humana.

Entender Algunos Símbolos y Gestos

El arrodillarse, el orar usando cuentas, las cruces que muestran a Jesús crucificado y el rociar agua bendita sobre esto y aquello son prácticas claramente católicas. Aquí te explicamos el significado tras los gestos que tienen que ver con cuerpo y alma —esa dinámica entre el mundo material y espiritual.

La señal de la cruz

El gesto católico más común es el de la señal de la cruz. Los católicos latinos (occidentales) hacen la *señal de la cruz* usando su mano derecha para tocar la frente, después en medio del pecho, luego el hombro izquierdo y finalmente el hombro derecho. Al hacer esto, dicen, “En el nombre del Padre y del Hijo y del Espíritu Santo. Amén.” Este gesto completo forma una cruz — que es la intersección de una línea vertical desde la frente hasta el pecho y una horizontal del el hombro izquierdo hacia el derecho.

Los católicos bizantinos hacen una señal de la cruz parecida pero van primero al hombro derecho y después al izquierdo. Los católicos bizantinos fueron en un tiempo cristianos Ortodoxos del Oriente que se separaron de Roma en el 1054 y regresaron a la comunión completa en el siglo 17 al aceptar la autoridad del obispo de Roma como papa y cabeza de la Iglesia. Las Iglesias bizantinas incluidas son la Ruteniana, Ucraniana, Católica Griega, Melquita, Rumana y la Italo-Albaniana. En adición a estas comunidades bizantinas, los católicos de Oriente también incluyen las Iglesias católicas Maronita y Cóptica o Caldea, que también están unidas a Roma.

La señal de la cruz reafirma simbólicamente para el católico sus dos doctrinas Cristianas esenciales: la Santísima Trinidad —Padre, Hijo y Espíritu Santo— y la salvación de la humanidad por medio de la cruz de Cristo.

La genuflexión

Otra clara señal del católico es la *genuflexión,* tocar el suelo con la rodilla derecha mientras se dobla la rodilla izquierda. Simultáneamente se hace la señal de la cruz. Los católicos sólo hacen la genuflexión delante de la Santa Eucaristía. La Santa Eucaristía *es* verdaderamente el cuerpo y la sangre de Jesús, por eso los católicos muestran el gesto supremo de respeto al hacer la genuflexión o arrodillarse delante de El.

El crucifijo

El *crucifijo* es un símbolo específicamente católico, que es una cruz con la imagen del Cristo crucificado puesta sobre ella. Las Iglesias protestantes mayormente tienen cruces sin el *corpus* (*cuerpo,* en latín) de Jesús presente sobre ella. El símbolo gráfico del crucifijo se extendió en la Iglesia Occidental para recordar a los católicos que Jesús fue verdadero hombre y verdadero Dios y que su sufrimiento y muerte fueron reales y dolorosos. El crucifijo hace recordar a los católicos el alto precio pagado por los pecados de la humanidad e inspira a los fieles a arrepentirse de sus pecados y a dar gracias por la salvación obtenida por la muerte de Jesús en la cruz.

El agua bendita

El agua bendita es un *sacramental* —un objeto o acto religioso creado por la Iglesia Católica, diferente de aquellos instituidos por el mismo Jesús. (Para conocer sobre los sacramentales vea el Capítulo 16.) Los sacramentales, aunque ayudan y ofrecen beneficios, son completamente opcionales, inferiores y subordinados a los siete sacramentos, los cuales son necesarios para poder vivir una vida santa por la gracia de Dios. Los sacramentos dan al que los recibe una gracia especial para poder cumplir con el propósito de ese sacramento. Los sacramentales ofrecen una gracia diferente y subordinada que depende del comportamiento del que lo recibe. Digámoslo de esta manera, los sacramentos comunican gracia sin depender del estado espiritual del que los recibe. Por ejemplo, aunque el novio se encuentre en estado de pecado mortal el día de su boda, su matrimonio es válido. Por otro lado, el novio que tiene pecado mortal en su alma no consigue la gracia derivada de la bendición que les da el sacerdote después que intercambiar sus votos matrimoniales. (Más adelante en los capítulos 6 y 7, proveemos más detalles acerca de los sacramentos.)

Los sacramentos son como la comida del alma y los sacramentales como las vitaminas suplementarias. El agua bendita, que es agua bendecida por el sacerdote, obispo, o diácono, es el sacramental de mayor uso. El agua bendita se usa como un recuerdo simbólico del bautismo.

El agua bendita se esparce sobre los fieles durante la Misa si así lo decide el sacerdote en lugar del rito penitencial que se llevaría a cabo en ese momento. (Más en el Capítulo 8 para ver lo que conlleva la Misa.) Los católicos también usan cantidades pequeñas de agua para llenar pequeñas fuentes que tienen en sus hogares para bendecirse cuando salen de casa, porque los católicos entienden que el hogar es la *Iglesia doméstica.* El hogar es donde vive la familia y es en medio de la familia que la Iglesia crece y tiene vida. Los sacerdotes, diáconos y obispos vienen de una familia y la familia asiste a la Iglesia y la apoya.

En cualquier momento que el sacerdote o diácono bendice algún artículo religioso, como el rosario, alguna imagen, o alguna medalla de los santos, derrama agua bendita sobre ese artículo al decir la oración de bendición. El agua bendita le recordará que ese objeto está reservado para uso espiritual — por ejemplo para aumentar la vida de oración— y no debe ser de uso profano (no-religioso). Del mismo modo, una copa bendita, llamada *cáliz,* que es usada en la Misa para contener el vino que consagrará el sacerdote, ya no puede ser usada con otro propósito. Por ejemplo, no se puede usar para beber otro vino o algún jugo de uva en la mesa de casa. (Vea a la sección "Oiga Padre José —¿me bendice este objeto?", para saber más sobre las bendiciones, en el Capítulo 1.)

En caso que te lo preguntes, el agua bendita se bendice al celebrarse los bautismos en la iglesia, especialmente durante la Vigilia Pascual, o sea la noche del Sábado Santo, la tarde antes del domingo de Pascua. También se puede bendecir en cualquier época del año cuando se haya acabado o evaporado.

Sentir a Dios

Los cinco sentidos —la visión, el tacto, el olfato, la audición y el gusto— se usan en el culto Católico. Los católicos creen que la acción interna de la gracia divina al entrar al alma no puede ser vista, sentida, olida, oída ni saboreada. Pero ya que los símbolos externos *pueden* ser percibidos por los sentidos, los católicos se valen de ellos para que el cuerpo humano los perciba, mientras que el alma recibe la *gracia* divina.

Por medio de la visión

La mayor cantidad de información que recibimos es a través del sentido de la visión. Desde las palabras que leemos hasta las imágenes que vemos, la visión resulta ser la habilidad más importante para el conocimiento humano.

Presentar a Dios

El catolicismo nos enseña que Dios Padre no tiene cuerpo humano. El es espíritu puro y eso quiere decir que es totalmente invisible.

Dado que el sentido humano de la visión es tan importante, algunas personas han sentido la necesidad de representar a Dios visible de alguna manera —y crear así un símbolo visible del Dios invisible. Un problema que ha existido con esto ha sido que el Primer Mandamiento prohíbe hacer *imágenes* que sean objeto de culto o adoración —los ídolos.

Los paganos, como lo fueron los de Babilonia, los egipcios, los persas, los griegos y los romanos, tuvieron muchos dioses y diosas, a los que representaban usando piedra o metal para rendirles culto. Por otro lado el pueblo hebreo fue uno de las pocos que tenía una religión monoteísta —por *mono* entendemos *uno* y por *teos* entendemos *dios.* Mientras que sus contemporáneos tenían muchos ídolos a quienes dar culto, los hebreos tenían prohibidos hacer alguna imagen o ídolo de su Dios.

Nadie, desde Abraham hasta Moisés, conocía el nombre de *Dios.* El era *El Sin Nombre.* Esta deidad invisible sin imagen y sin nombre, era diferente de los dioses paganos, porque de acuerdo al modo antiguo de pensar, sabiendo el nombre del dios o el espíritu maligno o demonio podrías controlarlo. Invocar el nombre o el tener alguna imagen del dios le daba al creyente algún poder sobre ese ser. Pero el Dios que es uno y verdadero no tenía nombre y no podía ser representado por medio de una imagen.

Luego que el paganismo muriera en la cultura del Occidental y después que el Imperio Romano aceptara el cristianismo, el peligro de distorsionar la naturaleza del único y verdadero Dios se evaporó. Después que Dios Hijo tomara en sí la naturaleza humana en la persona de Jesús, con cuerpo humano real y verdadero, desaparecieron los temores de representar a Dios Padre o a Dios Espíritu Santo de manera simbólica.

Dios Padre, Jesús y el Espíritu Santo son representados frecuentemente de forma visible de las siguientes maneras:

- **Dios Padre** es representado muchas veces como un hombre anciano de barba larga, una imagen que vino de los primeros europeos. En el arte cristiano moderno y contemporáneo también se le representa a Dios Padre con cara asiática o africana. El razonamiento moderno es: si Dios es espíritu, ¿por qué representarlo sólo como un hombre blanco?
- **Jesús** tenía cara, pero sin tener fotos suyas para copiarlo, los artistas han tenido que usar su propia creatividad para representar al Salvador.
- **Dios Espíritu Santo** casi siempre es representado como paloma blanca, pues así lo menciona la Biblia al descender sobre Jesús cuando fue bautizado por Juan el Bautista.

En la actualidad se podrá ver a Dios representado en murales, en lienzos y en los vitrales. La *Creación de Adán* por Miguel Angel se mantiene como una obra maestra hasta el día de hoy.

Usar los colores y los símbolos para comunicar ideas

Si alguna vez entraras a la Catedral de San Patricio en la Ciudad Nueva York o a la Catedral de Notre Dame en Paris, quedarías asombrado por los magníficos vitrales que tienen. Los vitrales (las ventanas de cristal multicolores) se usaron originalmente para enseñar la historia de la salvación a quienes no sabían leer. Sin leer, ellos podían mirar las imágenes representadas en los vitrales y aprender la historia de la salvación. Los relatos de la Biblia, la historia de la Iglesia y los símbolos se los siete sacramentos, se encuentran representados en los vitrales.

Dependiendo de la ocasión los sacerdotes y diáconos usan *vestiduras* litúrgicas de diferentes colores en la celebración de la Misa —verde, blanco, rojo, violeta, negro u oro, según la ocasión. Las vestimentas muchas veces tienen símbolos sobre ellas, como son la cruz, la primera y última letra del alfabeto griego, el *alfa* y el *omega,* que representan a Jesús, por ser el principio y el fin de todas las cosas; y podrás ver la letra *M* por María, la madre de Jesús.

Los altares y pisos de mármol aparecen también con símbolos grabados como son las dos llaves de San Pedro. El simbolismo se toma del Evangelio según Mateo que describe cuando Jesús le confió a Pedro las llaves de su reino. También se puede ver el águila, símbolo de Juan Evangelista (más en el Capítulo 4), y el pelícano, ave que hiere su propio corazón para darle de comer su cuerpo y sangre a sus pichones, representando a Cristo, que alimenta al católico con su cuerpo y sangre en la Santa Comunión.

Adicionalmente la arquitectura católica y el arte usan símbolos visuales para realzar la fe. Por ejemplo las catedrales góticas se elevan hacia el cielo para hacerles recordar a los fieles de su destino en la próxima vida —y que no se acomoden tanto en esta vida mundana. Para poder apreciar verdaderamente la belleza del culto católico, puedes visitar el Santuario del Santísimo Sacramento en Hanceville, Alabama. (Vea el Capítulo 19.) El mármol, el oro, los vitrales, la luz, el altar, el sagrario y especialmente la custodia de siete pies de altura cubierta de oro y piedras preciosas; todos atraen la vista e inspiran al alma humana a desear la gloria del cielo. Estas cosas, que atraen a los cinco sentidos, también ayudan al alma a trascender del mundo material hacia el mundo espiritual.

Por medio del tacto

Tal como nadie ha visto a Dios porque es invisible, así tampoco nadie lo ha tocado. Sin embargo todos sabemos lo importante que es el sentido del tacto para el ser humano desde el momento en que nace. Le ofrece un sentido de seguridad el ser sujetado por los padres al poder sentir manos tiernas y amorosas.

Al igual que el sentido de la visión, el sentido del tacto se usa en el culto católico. Al ser bautizada la persona siente el agua derramada sobre su cabeza. Al ser ungido siente el óleo de la unción de los enfermos colocado sobre su frente y en las palmas de sus manos. Durante el sacramento del matrimonio la novia y el novio unen sus manos antes de pronunciar sus votos. En la confirmación, los que serán confirmados, sienten el óleo del crisma puesto sobre sus frentes. Y cuando alguien es ordenado sacerdote, siente las manos del obispo impuestas sobre su cabeza. (Un repaso de los sacramentos —el bautismo, la unción de los enfermos, el matrimonio, la confirmación y el orden sagrado— es provisto más adelante en este capítulo y los Capítulos 6 y 7 dan muchos detalles.)

Los católicos rezan el Rosario (más en el Capítulo 13) y pueden percibir las cuentas que pasan por sus dedos al recitar los Avemarías y meditar los misterios de Jesús y María. El Miércoles de Ceniza los católicos sienten las cenizas de los ramos de palmas quemadas (del pasado Domingo de Ramos) impuestas sobre sus frentes. En la fiesta de San Blás (más en el Capítulo 16), el 3 de febrero, pueden sentirse dos velas benditas rozándoles la garganta al momento en que el sacerdote les bendice las gargantas. Además, las fuentes de agua bendita a la entrada y salida de cada iglesia católica, existen para que los fieles puedan tocar el agua con sus dedos de la mano derecha y así bendecirse a sí mismos.

Por medio del olfato

El sentido del olfato forma parte integral de los cinco sentidos en los seres humanos; el culto Católico usa lo que puede de esta función del cuerpo.

El quemar incienso

La manera más evidente de usar el olfato durante la devoción católica tiene que ver con el incienso, que está hecho de resinas aromáticas de ciertos árboles, que se secan para formar polvo o cristales. Cuando se pone sobre las brasas calientes el incienso produce un humo visible, que tiene un olor reconocible, que llena la iglesia. El humo representa las oraciones que se elevan hacia el cielo y el aroma dulce hace recordar al pueblo la dulzura de la misericordia divina de Dios.

El incienso ha sido usado en el culto desde los tiempos paganos. En el Antiguo Testamento el Salmo 141 habla de las oraciones subiendo al cielo "como el incienso que se quema". Dios mandó a Moisés quemar incienso delante del altar del Arca de la Alianza que contenía los Diez Mandamientos.

En un nivel más práctico se quemaba incienso en las iglesias de la Edad Media debido a que no había una buena circulación de aire y los feligreses no tenían desodorante. En esos domingos de verano el olor se hacía muy fuerte a no ser que usaran mucho incienso entre toda la congregación. Sí, antes de la era del desodorante el incienso era lo mejor. Por supuesto, este uso práctico del incienso no le restó su significado simbólico.

El incienso aún permanece como parte integral de la liturgia católica. Las Iglesias Ortodoxas orientales usan el incienso todos los días y cada semana durante el culto litúrgico. Los católicos latinos (occidentales) pueden usarlo en días especiales de solemnidad, quizás una vez por semana en la Misa dominical y casi siempre en los funerales.

Durantes los funerales se quema el incienso delante del ataúd y frente al altar, ya que el cuerpo fue templo del Espíritu Santo cuando aún vivía en su alma. El cuerpo será resucitado por Jesús y reunido con su alma durante la Resurrección de los muertos.

Por medio de la unción con el óleo

Otro olor conocido por los católicos es el del *óleo de crisma* o llamado el *óleo crismal,* que es aceite de oliva bendecido por el obispo diocesano local. Este aceite se usa para consagrar a los obispos, ungir las manos de los sacerdotes, confirmar a los católicos, bautizar a los católicos, bendecir campanas y consagrar altares e iglesias. Produce un olor característico que el sentido del olfato detecta fácilmente. Este fuerte pero agradable olor proviene del *bálsamo,* un perfume aromático que se le añade al óleo o crisma.

El obispo local bendice los tres óleos durante la Semana Santa, la semana antes de la Pascua, en una Misa llamada la *Misa Crismal,* o *la Misa de los Oleos.* Durante esta Misa especial el obispo bendice el óleo crismal, el óleo de los enfermos y el óleo de los catecúmenos. Los tres son aceite de oliva que se bendice en grandes recipientes. Luego cada uno se divide entre todos los sacerdotes y diáconos de la diócesis. El óleo crismal es el único de los tres al que se le añade el bálsamo.

Por medio del sonido

La manera más obvia en que el creyente conoce algo acerca de a Dios es a través de la escucha de su palabra. El catolicismo es una religión bíblica. Las palabras de la Biblia son leídas en voz alta en cada Misa católica, ya sea en domingo o en la Misa diaria. Las lecturas son tomadas solamente de la Biblia. Los católicos creen que no existe poesía ni prosa que pueda remplazar la Palabra inspirada de Dios. Las lecturas son tomadas del Antiguo y Nuevo Testamento. Durante el fin de semana, en cada parroquia, después de la lectura del Antiguo Testamento y antes de las epístolas del Nuevo Testamento, se lee o se canta uno de los salmos. Después de la epístola se lee un pasaje de uno de los cuatro Evangelios. Muchos de los himnos católicos se basan en pasajes de la escrituras.

La primera manera de usar el sentido del oído es escuchando las palabras de la Escritura, sin embargo las oraciones del sacerdote y de la congregación también son consideradas importantes, por lo que se le pide a la congregación escuchar atentamente y responder en el momento apropiado. Se escucha la *homilía,* que es un sermón presentado inmediatamente después de la lectura del Evangelio. Lo da el sacerdote, diácono o el obispo. Esta explicación pastoral así como la aplicación del Evangelio, es fundamental en la Liturgia de la Palabra, la primera parte de la Misa católica.

La Iglesia Católica también utiliza la música, especialmente música de órgano, coros y el *canto gregoriano,* canto en latín nombrado en honor al Papa San Gregorio Magno, 590–604 d.C. El razonamiento tras esto es que los bellos sonidos del órgano y los tonos delicados de la voz humana también nos hacen recordar a Dios.

Por medio del gusto

El catolicismo también emplea el sentido del gusto en su devoción. La Sagrada Eucaristía es el aspecto más importante, sagrado y elevado del culto católico, porque es reconocida como el cuerpo, sangre, alma y divinidad real, verdadera y substancial de Cristo —bajo las *apariencias* de pan y vino. Esas apariencias atraen y son percibidas a través del sentido del gusto.

Al momento de la Comunión el creyente recibe la Sagrada Eucaristía, la misma que aún sabe a pan sin levadura y vino de uva. (La Iglesia Latina usa pan sin levadura, mientras que la Iglesia de Oriente usa pan con levadura.) El sentido del gusto no reconoce el cambio de la sustancia, de ahí que se use el término *transubstanciación* (más en el Capítulo 8) del pan y el vino en cuerpo y sangre de Cristo. Esto hace posible participar en la Comunión, porque si la Sagrada Eucaristía supiera a carne y sangre no habría estómago que la resista.

El misterio y dogma central de la fe católica es que las sustancias del pan y del vino verdaderamente son transformadas en las sustancias del cuerpo y la sangre, el alma y la divinidad de Cristo, por el sacerdote cuando dice las palabras de consagración en la Misa. Aun así, las apariencias de pan y vino permanecen para que los fieles puedan comer su cuerpo y beber su sangre. Algunas veces estas apariencias, en la teología católica, son llamadas *accidentes,* pero no tiene nada que ver con descuidos o choques de autos. El término filosófico *accidente* se usa en la teología católica para distinguir las apariencias externas de la esencia invisible pero a la vez implícita, por ser esencia invisible.

Los Siete Sacramentos

Los ritos del culto católico más sagrados y antiguos son los siete sacramentos. La palabra *sacramento* viene del latín *sacramentum,* que quiere decir *juramento* u *obligación,* porque los primeros cristianos veían en estas siete ceremonias especiales la capacidad de unir al creyente con Dios y su Iglesia.

El *Catecismo de la Iglesia Católica* define los siete sacramentos como "signos eficaces de la gracia, instituidos por Cristo y confiados a la Iglesia, a través de los cuales nos es dispensada vida divina" (1131). Las palabras claves en esa definición son *signos y gracia.* La gracia es invisible —un don sobrenatural de Dios que hace a su pueblo santo, que capacita y habilita al ser humano a hacer el bien. Sin embargo, al ser invisible la gracia, es difícil de reconocerla y recordarla. Aquí es donde entran los siete sacramentos. Son ceremonias religiosas que usan signos visibles para simbolizar la gracia invisible de Dios.

¿Por qué tienen los católicos siete sacramentos? ¿Por qué no son más ni menos? La respuesta sencilla es que Jesús fue quien instituyó los siete sacramentos. Pero fue en el siglo 13 que el filósofo Santo Tomás de Aquino (más en los Capítulos 3 y 18) señaló que en el mundo de la naturaleza existen siete etapas del desarrollo humano, por lo que tiene sentido que Dios haya creado los sacramentos para corresponder a cada uno de esos eventos. No es que Dios *tuvo* que hacer siete sacramentos, dijo Aquino, pero tener siete es muy *razonable:*

- Nacemos: el bautismo
- Somos nutridos: la Sagrada Eucaristía
- Crecemos: la confirmación
- Necesitamos sanar: la penitencia
- Nos mejoramos: la unción de los enfermos
- Somos familia: el matrimonio
- Necesitamos líderes: el orden sagrado

Los sacramentos de la iniciación —el bautismo, la Sagrada Eucaristía y la confirmación— se desarrollan en el Capítulo 6. Los sacramentos de la misericordia —la penitencia y la unción de los enfermos— y los sacramentos de comunidad —el matrimonio y orden sagrado— son desarrollados en el Capítulo 7.

Capítulo 6

Los Sacramentos de Iniciación

En Este Capítulo

- Bautizar en el nombre del Padre y del Hijo y del Espíritu Santo
- Conocer el triple significado de la Sagrada Eucaristía
- Confirmar las promesas hechas en el bautismo

Tres de los siete sacramentos —el bautismo, la confirmación y la Sagrada Eucaristía— son clasificados como los *sacramentos de iniciación.* Por medio del bautismo, las personas pasan a formar parte (se les inicia) de la Iglesia Católica. Por la confirmación son considerados personalmente responsables por su fe. Por medio de la Eucaristía, que también se le llama la *Santa Comunión,* ellos expresan su unidad con la Iglesia —todas sus doctrinas, sus leyes y sus costumbres.

La Iglesia Bizantina (Oriental) administra los tres sacramentos de la iniciación al mismo tiempo —durante la infancia. Esta ha sido la práctica de la Iglesia a lo largo de su historia. La Iglesia Latina (Occidental) separa los tres sacramentos en celebraciones completamente diferentes y a edades distintas. Normalmente los infantes son bautizados;, los *niños* que han alcanzado el uso de la razón (7 años) reciben la Sagrada Eucaristía, y los *adolescentes* o los *adultos jóvenes* son confirmados entre los 7 y 18 años de edad, aunque la mayoría son confirmados alrededor de los 14 años de edad. Este capítulo explica los sacramentos de iniciación y ofrece un vistazo a las ceremonias de bautismo, confirmación y primera Comunión. (El capítulo 7 explica los otros sacramentos.)

Métete —que el Agua Está Buena

El *bautismo* es el primero de los siete sacramentos. Es el único sacramento que todas las denominaciones cristianas tienen en común, aunque cada religión bautice durante edades diferentes y algunos de una sola manera: por inmersión. Algunas denominaciones cristianas solamente bautizan sumergiendo completamente o hundiendo la persona de pies a cabeza en el agua, pero la mayoría permiten la inmersión o la infusión, que es rociar agua sobre la cabeza del nuevo cristiano. Así como el sacramento de la confirmación y el sacramento del orden sagrado, sólo se bautiza una vez.

Estos tres sacramentos confieren un sello indeleble sobre el alma, el cual no se puede repetir ni tampoco se puede borrar. Por lo tanto a nadie se le puede quitar su bautismo o bautizaro nuevamente.

A los ojos de la Iglesia Católica, cualquier bautismo que use agua y la invocación de la Santísima Trinidad, y tenga la intención de hacer lo que hace la Iglesia —es decir, "Yo te bautizo en el nombre del Padre y del Hijo y del Espíritu Santo"— es un sacramento válido. De ahí que el catolicismo reconoce como válidos los bautizos de las siguientes iglesias: episcopales, anglicanas, luteranas, metodistas, presbiterianas, bautistas, Iglesia Unida de Cristo, asamblea de Dios, Iglesia del Nazareno, Iglesia de la Hermandad, amish, Iglesia de Dios, discípulos de Cristo, adventistas y evangélicas. Si uno de los seguidores de esas iglesias quisiera ser católico no tendría que ser bautizado de nuevo.

Dicho eso, el catolicismo no reconoce la validez del sacramento del bautismo de las siguientes comunidades de fe: ciencia cristiana, cuáqueros, Ejército de Salvación, testigos de Jehová, unitarios y los mormones (Iglesia de Jesucristo de los Santos de los Últimos Días). La razón no tiene que ver con los miembros de la religión o que se dude de su amor a Dios o a su prójimo. La razón tiene que ver con la manera en que el catolicismo considera lo que es o no es un sacramento válido.

Hacerse familia de Cristo

Tu primer nacimiento, cuando naciste del vientre materno, te hizo miembro de la familia establecida por tus padres y la de sus familias respectivas. De ese modo tienes familia inmediata, que son tus padres y hermanos, y tienes una familia extendida, que son tus abuelos, tías, tíos, primos, suegros y demás.

Al igual que el nacimiento natural establece una estrecha relación por sangre y matrimonio, el bautismo —por ser nacimiento sobrenatural— establece lazos con la familia espiritual. Al ser bautizado, *nacer de nuevo* por el agua y el Espíritu, los nuevos cristianos se hacen hijos de Dios por adopción. En otras palabras son adoptados en la familia de Dios; no nacen a esa familia porque son humanos y Dios es divino. Jesucristo, Dios y hombre, divino y a la vez hombre, se hace su hermano. María, la madre de Jesús, se hace su madre espiritual porque los hermanos en familia tienen una relación con sus padres. Si Jesús es su hermano por adopción, entonces María su madre, se hace su madre por adopción.

Por medio del bautismo católico la familia inmediata del cristiano es Dios Padre, Jesús, Hijo de Dios y hermano mayor, y María, la madre de Jesús y madre de todos. Y todos los que fueron, son y serán bautizados forman parte de su familia extendida espiritual. Los católicos creen que el bautismo hace de todos hermanos y hermanas en Cristo aunque sean católicos, protestantes u Ortodoxos.

El bautismo también conecta al nuevo católico con su Iglesia. El título *Padre* se le da al sacerdote, porque es quien generalmente bautiza. O sea, la Santa *Madre* Iglesia, la Iglesia Católica, da a luz al nuevo cristiano por medio del vientre espiritual de la pila bautismal. El agua de la pila bautismal ha sido comparada con el agua que rodeó al bebé en el vientre —por eso se le llama *vientre espiritual.* La persona renace a través de las aguas bautismales con la ayuda del sacerdote. Es sólo una analogía, pero ya tiene unos 2,000 años.

Desde que el *diaconado permanente* fue restaurado por el Concilio Vaticano II (1962–1965) los diáconos pueden bautizar, al igual que los sacerdotes y los obispos. El *diaconado permanente* se refiere a esos diáconos que por lo normal ya están casados y no serán sacerdotes. Los *diáconos transitorios,* por el contrario, son seminaristas solteros que tienen la intención de ser sacerdotes un año después de ser ordenados diáconos. (Vea el Capítulo 2 para más sobre los diáconos.)

Al momento del bautismo el nuevo católico también se une a la parroquia local y a su diócesis. La *parroquia* es la comunidad de fe en el vecindario, compuesta de las familias católicas en el área; la *diócesis* es la comunidad de fe de muchas comunidades parroquiales de una región geográfica del estado. Por eso, por ejemplo, si fueras bautizado en Notre Dame de París en Francia, serías miembro de la Iglesia Católica Romana del lugar, miembro de la Arquidiócesis de París y miembro de la Parroquia Catedral de Notre Dame, todo al mismo tiempo.

Ser limpiado del pecado original

Más que establecer conexiones y establecer relaciones, el bautismo borra del alma del *pecado original,* el pecado de los primeros padres de toda la humanidad: Adán y Eva. El libro del Génesis (1, 26–27) nos dice que Dios creó al hombre a imagen y semejanza suya, hombre y mujer. El primer hombre se llamó Adán y la primera mujer, la esposa de Adán, se llamó Eva. Eran los prototipos del hombre y la mujer, y su pecado afectó a todo hombre y mujer que le siguieron. La Biblia dice que su pecado fue la desobediencia.

La ciencia moderna de hoy día usa el nombre de Eva para designar a la primera mujer humana —la primera *homo sapiens.* Queremos mencionar que los empedernidos científicos ateos de la Universidad de Oxford en Inglaterra han identificado a siete grupos de ancestros matriarcales de donde parece que descendió toda la población Europea. Cada europeo, de acuerdo a ese estudio, puede rastrear su historia a uno de estos siete grupos de ancestros maternos, a los que también les llaman las *sietes hijas de Eva.* Esto corrobora el descubrimiento de Allan Wilson y Vicente Sarich, bioquímicos de la Universidad de California en Berkley, quienes han demostrado que cada hombre y mujer del mundo, pasado, presente y futuro, pueden rastrear su genética hacia una sola mujer humana.

La biología ha demostrado que uno hereda las características físicas de sus padres naturales —el color de los ojos y el pelo, las facciones faciales, figura del cuerpo y demás. Los rasgos distintivos, buenos y malos, y algunas enfermedades son transmitidos de generación en generación. De la misma manera, al nacer, el pecado original ha sido transmitido de generación en generación.

El pecado original no significa que el bebé, aún en el vientre de su madre, haya cometido pecado antes de nacer. Por ejemplo si el pequeño patea mucho a su madre no es que sea un niño malo. Quizás mamá comió demasiado picante en su comida y las especias le están afectando al niño. Para la Iglesia Católica el pecado original no es un pecado personal de los niños por nacer, sino un pecado transmitido de generación en generación al nacer. Todo hombre y mujer nacieron con la mancha del pecado original y sólo el bautismo puede borrarlo.

El catolicismo entiende que el pecado original es diferente de lo que se llama *pecado actual,* que es lo que una persona con uso de su razón comete cuando conscientemente, a propósito y con voluntad propia, desobedece a Dios. El pecado original es la inclinación natural al pecado.

Por ejemplo, nadie nace con las enfermedades de polio, sarampión, o varicela, pero las personas tampoco nacen inmunes a esas enfermedades. El niño necesita ser vacunado para que el cuerpo humano pueda producir sus propios anticuerpos y luchar contra esas enfermedades al momento de ser expuesto a ellas. De la misma manera se puede entender el pecado original, como alguien que nace sin inmunidad o la habilidad interna de combatir al pecado. A nivel espiritual, los seres humanos que nacen sin la resistencia al pecado, necesitan una vacuna espiritual.

El bautismo es para el pecado original lo que la vacuna de polio es al virus del polio. El bautismo restaura lo que debía ser —una resistencia espiritual o inmunidad frente al pecado y la tentación. El pecado original de los primeros padres, Adán y Eva, dejó herida a la naturaleza humana y todos heredaron de ellos esa naturaleza caída. El bautismo borra el pecado original.

¿Te basta la explicación? No lo suficiente. Vamos a extendernos un poco más con esta analogía. Las vacunas previenen sólo algunas enfermedades al ayudar al cuerpo a resistirlas. Pero ser vacunado de niño no garantiza que nunca te enfermarás de otras enfermedades, como por ejemplo el cáncer. Tener sentido común y buenos hábitos de salud te puede ayudar a evitar otras enfermedades. De la misma manera que las vacunas son el primer paso para alcanzar una vida físicamente sana, el bautismo es el primer paso para una vida espiritual sana. El cultivar una vida espiritual buena y sana significa evitar aquello que es nocivo para tu alma, como lo es el pecado y el mal; y hacer lo que es bueno para tu alma —la oración y los actos de la misericordia que son motivados por la gracia divina.

Debemos añadir que además de borrar el pecado original el bautismo imparte o infunde *gracia santificante,* que es un don especial dado gratuitamente por Dios al creyente. La gracia santificante hace al nuevo cristiano hijo de Dios y le otorga al nuevo cristiano, de manera personal, los méritos de Jesucristo, su pasión y muerte ofrecidos por los pecados, al haber sido bautizado en su nombre. El catolicismo cree que la gracia santificante le permite al ser humano entrar al cielo. Lo justifica ante los ojos de Dios al unirlo con el Salvador y Redentor Jesucristo. Sin la gracia santificante uno no puede comparecer frente a la santidad completa de Dios, quien es la santidad personificada. Normalmente uno recibe esta gracia especial solamente por medio de los sacramentos, pero Dios provee por algún medio el potencial y la posibilidad de que todo hombre y mujer alcancen la salvación.

Bautizar con agua

La forma más común del bautismo es por el agua. Los Evangelios dicen que uno tiene que nacer por el agua y el Espíritu Santo (Juan 1, 33). Los primeros cristianos y sus sucesores han bautizado usando el agua por casi dos milenios, aunque con unas pequeñas diferencias:

- **La inmersión:** Algunas denominaciones cristianas sumergen en el agua a la persona e invocan tres veces a la Santísima Trinidad, que también se llama la *fórmula Trinitaria:* "Yo te bautizo en el nombre del Padre y del Hijo y del Espíritu Santo."
- **La aspersión:** Otros cristianos riegan agua sobre la frente del que se bautiza y después invocan la fórmula Trinitaria.
- **La infusión:** Los católicos (mayormente los latinos) bautizan echando agua sobre la cabeza del que se bautiza mientras que se dice la fórmula Trinitaria.

Todos estos tres métodos usan el agua e invocan a la Santísima Trinidad. Sólo se puede usar agua —ninguna otra sustancia. Los más comunes son por inmersión o la infusión.

Muchos preguntan ¿por qué los católicos bautizan a los infantes mientras que otros cristianos esperan hasta que el individuo sea lo suficiente mayor para que decida por sí mismo si quiere ser bautizado. Buena pregunta. Veámoslo de esta manera:

- El nacer te dejó entrar y pertenecer a la familia a la que naciste. Tu mamá y papá escogieron el nombre por el cual te llamarían y se te dio el apellido de la familia. No pudiste escoger ni tu primer nombre ni tu apellido; aún así entraste a una familia con un nombre. De la misma manera, el bautismo es la entrada y la membresía del creyente a la familia de la fe. Los creyentes se hacen hijos de Dios y miembros de la Iglesia por el bautismo.

- De igual manera que el haber nacido te hizo miembro de tu familia también te hizo miembro de una comunidad civil. El certificado de nacimiento establece que eres ciudadano de un país específico desde que naciste. Por ejemplo, si naciste en alguno de los países de Norteamérica o Sudamérica, Estados Unidos, México o Canadá, eres ciudadano de ese país por el simple hecho de haber nacido en esas tierras. No escogiste tu nacionalidad y aún así naciste en una nación que te acepta como uno de sus miembros. De igual modo el bautismo te hace miembro de la familia de Dios y la familia de fe llamada la Iglesia.

Es lo mismo cuando los Estados Unidos dan la ciudadanía a los niños que nacen en sus tierras. Se les otorgan todos los derechos y privilegios ciudadanos a los infantes recién nacidos aunque por ser tan pequeños no puedan saberlo ni darse cuenta de ello. Parecido a esto es, que los infantes bautizados no saben ni se dan cuenta que son cristianos católicos ni mucho menos que son americanos, pero tienen una identidad y comparten los derechos y privilegios que sólo pueden gozar los miembros. Y de la misma manera que los ciudadanos de los Estados Unidos pueden rechazar su ciudadanía al cumplir sus 18 años, los cristianos católicos pueden renunciar a su religión cuando se hacen adultos. Cuando son mayores pueden escoger conscientemente continuar o rechazar su religión. Ninguna madre o padre esperarían a que su hijo fuera mayor de edad para ponerle nombre, esperando que él escoja el nombre que quiera y tampoco permitirían a su hijo escoger o renunciar a su ciudadanía hasta que tuviera la edad para votar y así pudiera decidir a qué nación pertenecer. Del mismo modo los padres católicos bautizan a sus hijos por el que reciben fe, un nombre y una nacionalidad —sin su consentimiento; sin embargo es por su bien.

En tiempos pasados la mortalidad de los infantes era tan alta que muchos de los bebés no sobrevivían ni siquiera hasta llegar a la niñez, y el bautismo a los infantes aseguraba que sus almas no perecerían. Hoy con la medicina moderna y su desarrollo no es tanto el temor de que mueran, sino el gran potencial y las maravillosas posibilidades que motivan a los padres a bautizar a sus niños. Les ofrece una identidad y un nuevo comenzar espiritual. En el Nuevo Testamento vemos que afirma que *familias enteras* eran bautizadas, lo que quiere decir, padres e hijos. Por lo tanto los bautismos de los infantes han existido desde el mismo inicio.

Derramar la sangre por Cristo

Desde el año 60 d.C. hasta el tercer siglo, los romanos persiguieron violentamente a la joven Iglesia Cristiana. El cristianismo recién fue legal en el año 313 d.C. gracias al Edicto de Milán promulgado por el emperador Constantino. Durante los primeros 300 años de la persecución romana muchos de los que creían en Cristo aún no habían sido bautizados. Estos fieles sin bautizar eran llamados *catecúmenos,* llamados a sí a quienes se estaban preparando para el bautismo a través del estudio y la oración. Hay que entender que las personas que venían de una vida pagana decadente necesitaban un tiempo para aclarar sus mentes antes de ser bautizados. Algunos se demoraban semanas, meses y hasta uno o dos años antes de ser bautizados. Después de su bautismo, renunciaban a su vida pagana y dejaban la idolatría y la inmoralidad de sus contemporáneos.

Esos catecúmenos y estudiantes del cristianismo, que eran conocidos como los pre-bautizados, eran tratados como si fueran cristianos completamente bautizados. Los gladiadores romanos y los animales del circo romano no distinguían entre los cristianos bautizados y aquellos preparándose para el bautismo. Ambos fueron perseguidos violentamente.

La noción de ser bautizado por el derramamiento de su propia sangre por amor a Cristo y/o por su Iglesia se desarrolló durante las persecuciones romanas. La Iglesia Católica siempre ha reverenciado a estos *mártires* — personas que mueren por defender su fe—,martirizados antes de ser bautizados, sosteniendo que la misericordia de Dios no los penalizaría o ignoraría su sacrificio sólo por haber muerto antes de su bautismo por agua.

Herodes mató a muchos infantes (Mateo 2, 16) en un esfuerzo fallido de darle muerte al Cristo recién nacido. A esos infantes que se les conoce como los *santos inocentes,* son mártires, porque derramaron su sangre para que Cristo pudiera vivir. De este modo el bautismo de sangre es tan válido como el Bautismo por agua. La siguiente cita del *Catecismo de la Iglesia Católica* muestra lo que la Iglesia dice acerca del bautismo por la sangre:

> Desde siempre, la Iglesia posee la firme convicción de que quienes padecen la muerte por razón de la fe, sin haber recibido el bautismo, son bautizados por su muerte con Cristo y por Cristo. Este *bautismo de sangre* como el *deseo del bautismo,* produce los frutos del bautismo sin ser sacramento. (1258)

Poseer la voluntad pero no los medios

Parte de la teología católica es la *voluntad salvífica universal de Dios,* que sólo es la manera elegante de decir básicamente que a Dios le gustaría que todos, hombre y mujer, estuvieran con El en el cielo. Pero los hombres y mujeres tienen una voluntad libre, por eso se les *ofrece* el don de la gracia, la misma que tienen que aceptarla libremente para cooperar con ella.

San Agustín (354–430 d.C.) enseñaba que Dios ofrece a todos gracia *suficiente* para ser salvados, pero que sólo es *eficaz* (exitosa) para aquellos que la aceptan y cooperan con ella libremente. En otras palabras Dios da a cada persona la oportunidad y posibilidad de ir al cielo. Entrar al cielo depende de cada individuo. (Para más sobre San Agustín, vea el Capítulo 15.)

La verdad entera y nada más que la verdad

El difunto Arzobispo Fulton J. Sheen dijo que pocas personas rechazan a Cristo u odian a la Iglesia Católica, más bien rechazan y odian los conceptos falsos y las ideas erróneas que tienen de Cristo, el cristianismo y el catolicismo. (Vea el Capítulo 17 para más información sobre el Arzobispo Sheen.)

La Iglesia Católica no se ve a si misma como que ella está bien y las demás religiones están mal, pero sí cree firmemente que el mismo Jesucristo fundó la Iglesia Católica y, por lo tanto, la Iglesia posee todas las verdades y las gracias necesarias para la salvación, mientras que otras denominaciones poseen solamente algo de la verdad (parcial) y gracia. Considéralo de esta manera: el catolicismo se entiende como una persona que conoce todo acerca de las matemáticas comparada con una persona que sólo conoce álgebra, geometría o trigonometría. La Iglesia cree que toda religión contiene algo de la verdad pero ella sabe más. Ella no dice que posee un conocimiento perfecto ni total en las materias de la ciencia, la filosofía ni otras disciplinas, pero en el área de la fe y la teología, la Iglesia cree que a ella fue dada la verdad completa y la misión de enseñar esa verdad a todas las naciones.

Es posible que la historia, la geografía, la economía, la política, el idioma, la cultura y otras circunstancias puedan crear barreras para que todos conozcan y crean lo mismo y de la misma manera. La Iglesia Católica sostiene que a nadie se le niega el cielo simplemente por vivir en un mal tiempo y/o lugar equivocado. En otras palabras, muchas personas hubieran sido bautizadas por agua de haber tenido la oportunidad. Las personas que nunca han escuchado de Cristo ni de la Iglesia Católica quizás tengan un deseo implícito de aceptar lo que Dios quiere revelarles, enseñarles y mandarles sin saber exactamente lo que eso conlleva a pesar de no haber cometido faltas.

A las personas que no tienen conocimiento de Cristo ni de sus enseñanzas a veces son llamados *cristianos anónimos*. Ellos no rechazan a Cristo ni a su Iglesia Católica conscientemente, ni a propósito, ni voluntariamente, y de esa manera no se les puede culpar por no saber la verdad entera. Por lo tanto, la Iglesia cree en el bautismo de deseo, que otorga la salvación a esos no-cristianos, quienes, sin falta alguna por su parte, aún no han podido aceptar a Cristo, pero sí llevan vidas buenas y morales como si ya fueran cristianos. Sólo aquellos que conscientemente, a propósito y voluntariamente rechazan a Cristo, es que se les considera responsables.

Si existen personas que en el interior de su corazón están sinceramente dispuestos a aceptar la voluntad de Dios pero, que sin culpa propia, no conocen acerca de Jesucristo —o nunca se les ha mostrado ni de palabra ni obra— entonces la Iglesia presume que ellos poseen el deseo implícito de ser bautizados. Si alguien les hubiera dicho algo o les hubiera dado buen ejemplo, ellos hubieran aceptado el cristianismo libremente y con voluntad propia y así hubieran pedido ser bautizados por el agua.

El *Catecismo de la Iglesia Católica* dice lo siguiente sobre el bautismo de deseo:

> Cristo murió por todos (. . .) debemos creer que el Espíritu Santo ofrece a todos la posibilidad. . . . Todo hombre que ignorando el Evangelio de Cristo y su Iglesia, busca la verdad y hace la voluntad de Dios (. . .) puede ser salvado. Puede suponerse que semejantes personas *habrían deseado explícitamente el bautismo* si hubiesen conocido su necesidad. (1260)

Reconocer el papel de los padrinos

Cada persona a ser bautizada, niño o adulto, debe tener un patrocinador. Los patrocinadores del bautismo se llaman *padrinos.* El requisito mínimo es tener un patrocinador, pero cuando se trata de infantes los que se bautizan, lo usual es proveerles dos, uno hombre y otro mujer.

El derecho canónico permite sólo padrinos y que cada uno sea de distinto género —una madrina y un padrino. Estos patrocinadores, ya sea de adultos o de niños que van a ser bautizados:

- No pueden ser los padres del que va a ser bautizado
- Tienen que haber cumplido ya los 16 años
- Tienen que ser católicos practicantes, que van a la Misa cada semana
- Tienen que haber recibido la Confirmación

Si no se puede conseguir dos católicos que practican su fe para que sean padrino y madrina, entonces un patrocinador debe ser católico y el otro un testigo cristiano, siempre y cuando sea un cristiano protestante bautizado y de buena fe en su propia religión.

Antes de los avances de la medicina del siglo 20, cuando moría la gente a una edad joven a causa de alguna enfermedad como la tuberculosis o la peste, los padrinos eran los que cuidaban de los niños en caso de que ambos padres fallecieran. Los bebés tenían dos padrinos en caso de que uno de ellos no pudiera cumplir su papel de criar al niño. Si los padres murieran prematuramente, entonces al menos uno de los padrinos pudiera criarlo. Esta es la razón por la que los padrinos vienen de ambas familias. En la actualidad el ser padrino no tiene derecho alguno ni autoridad eclesiástica para la custodia de los niños. La custodia es un asunto legal que los padres tienen que decidir con sus abogados. El ser padrino, mas allá de darles regalos cada Navidad y cumpleaños, significa darles un ejemplo activo de una vida cristiana buena, ser modelo y apoyo al practicar su religión con regularidad y fidelidad.

¿Qué ocurre en un bautismo?

Los bautismos en la Iglesia Católica se realizan por lo general los domingos, durante la Misa de la parroquia o después de la Misa. Esto depende de cada parroquia, el párroco y los padres del niño. De paso les decimos que los adultos que nunca han sido bautizados deben hacerlo junto a otros adultos el Sábado Santo, durante la ceremonia que se conoce como la Vigilia Pascual, llevada a cabo la noche antes del Domingo de Pascua. Sin embargo, los niños son bautizados una vez por mes en domingo, pero esto depende de cada diócesis y parroquia.

A la persona que será bautizada se le pide vestir de blanco para simbolizar su pureza de fe y la limpieza del bautismo. Algunas parroquias le imponen una vestidura al niño, especialmente si el niño ya está vestido de blanco. Cuando son bautizados los adultos, generalmente vestirán un traje blanco largo llamado *alba,* del latín que significa *blanco.*

La vestidura blanca simboliza los lienzos blancos que usó Jesús cuando fue puesto en la tumba después de su muerte el Viernes Santo. Cuando las mujeres y los discípulos regresaron el día de Pascua encontraron la tumba vacía con la excepción de los lienzos blancos. Por eso representa la promesa de la Resurrección hecha en el bautismo. La promesa es que algún día el cuerpo bautizado morirá, así como el de Cristo, pero Cristo lo resucitará de entre los muertos.

El sacerdote o el diácono es el ministro usual para el bautismo, pero cualquier persona puede bautizar en caso de emergencia, como cuando el enfermo está en el hospital o su vida está en peligro.

1. **Durante el bautismo del infante, el sacerdote o el diácono le pregunta a los padres, "¿Qué nombre quieren darle a su hijo?"**

   Hace esta pregunta no porque se le haya olvidado o porque no puede leer su nombre en la tarjeta que tiene delante suyo, sino porque esta persona se convertirá en hijo de Dios por su nombre y Jesús se hace hermano mayor por nombre tan pronto sea bautizado. Los padres responden en voz alta y se espera escuchar un nombre cristiano, como el de los santos o de los héroes de la Biblia.

2. **El sacerdote o diácono le pregunta, "¿Qué piden a la Iglesia de Dios para su niño?" Los padres responden, "El bautismo."**

   Si es un adulto el que será bautizado, responde lo mismo.

3. **El sacerdote o el diácono, a continuación, le pregunta a los padres y a los padrinos sobre su disposición y si aceptan la responsabilidad de criar al niño en la práctica de la fe cristiana.**

4. **Como un gesto simbólico, el sacerdote o el diácono hace la señal de la cruz con su pulgar sobre la frente del niño o el adulto para mostrar que la cruz de Cristo le ha salvado. Los padres y padrinos hacen lo mismo.**

5. **Se lee un pasaje de la Biblia, usualmente del Nuevo Testamento referido al bautismo.**

6. **Después de otras oraciones se realiza la primera unción: la vestidura del bebé se le abre un poco, en la parte del pecho, para que el sacerdote o el diácono pueda ungirlo con el óleo de los catecúmenos.**

   El obispo local bendice este aceite de oliva una vez al año durante la Semana Santa y después se distribuye a las parroquias. Simboliza que la persona, nacida al mundo, es ahora separada del mundo por la unción. Pronto será bautizada y ya no pertenecerá al mundo sino a Dios y el cielo.

7. **El sacerdote o el diácono bendice el agua para el bautismo.**

   Esa oración recuerda el rol importante que ha tenido el agua en la historia de la salvación tal como se registra en la Biblia. Representa una nueva vida, la limpieza del pecado, la liberación de la esclavitud y un nuevo comienzo.

8. **Se hacen las promesas bautismales.**

   Dado que el niño no puede hablar por sí mismo, su mamá y papá, así como los padrinos, responden por él. (Si los bautizados son adultos, entonces estos responden por sí mismos) Después, quizá al llegar a los 14 años, podrá responder por sí mismo esas mismas preguntas hechas por su obispo. Las preguntas son sencillas —no se necesita ayuda de otros amigos ni de la audiencia. El sacerdote o el diácono pregunta: "¿Renuncias a Satanás? ¿Y todas sus obras? ¿Y todas sus seducciones?" De marchar todo bien ellos responderán, "Sí, renuncio". Si no, entonces tendrás que ver si, entre los asistentes, hay quien da culto al diablo.

9. **Después de renunciar al mal se les inquiere sobre el Credo de los Apóstoles en forma de preguntas:**

   "¿Crees en Dios, Padre todopoderoso, Creador del cielo y la tierra?" Otra vez se espera que la respuesta sea "Sí, creo". Después se les pregunta mencionando las otras dos personas de la Trinidad: "¿Crees en Jesucristo. . .?" y "¿Crees en el Espíritu Santo. . .?" y así por el estilo.

10. **Finalmente llega el bautismo en sí mismo.**

    La familia inmediata se reúne alrededor de la pila bautismal (vea la Figura 6-1) y al niño se le sostiene sobre la fuente mientras que el sacerdote o el diácono derrama agua tres veces sobre la cabeza del niño mientras dice: "Yo te bautizo (se dicen el primer nombre y el nombre del medio en voz alta) en el nombre del Padre y del Hijo y del Espíritu Santo. Amén." Es usual que los bebes lloren pues el agua tiende a estar algo fría.

11. **El sacerdote o el diácono le unge le coronilla de la cabeza al nuevo cristiano con el óleo crismal.**

    Así como con el óleo de los catecúmenos, el obispo local es quien bendice el óleo crismal durante la Semana Santa, pero a este aceite de oliva se le añade el bálsamo, lo que le otorga un olor agradable. La unción simboliza que el nuevo cristiano bautizado es precisamente eso —un Cristiano. La palabra Cristo significa ungido y un cristiano es alguien ungido en

Jesucristo. Esta unción también significa que la persona ahora comparte en la triple misión de Jesucristo —el santificar, proclamar y dar al mundo ejemplo de liderazgo cristiano.

12. **Se enciende una vela bautismal del cirio pascual ya encendido, el mismo que está presente durante toda la ceremonia.**

    Simboliza que el nuevo cristiano es luz al mundo. Se reza el Padrenuestro y se imparte la bendición sobre la madre, el padre, la familia y todos los presentes.

Para el adulto que se bautiza, sus padres no están involucrados, pero es necesario tener un patrocinador (padrino). Durante el bautismo el adulto responde a las preguntas, recibe las unciones y es quien sujeta la vela.

Si eres invitado a un bautismo

- No tienes que ser católico ni cristiano para poder asistir. Tu presencia se considera un signo de amor, respaldo y amistad hacia los padres y para el que se bautiza.
- Si eres cristiano quizás quieras unirte en la renovación de tus promesas bautismales cuando se les pregunte.
- Si eres el padrino, es una tradición, no escrita ni oficial, que le des al sacerdote una donación modesta. Algunas parroquias y diócesis permiten que el celebrante del bautismo conserve la donación; otras requieren que se lo entreguen a la parroquia; y aún otros la dividen entre los sacerdotes y diáconos de la parroquia. Esto no es una propina, ni siquiera un honorario y tampoco es algo obligado ni esperado. Sin embargo en los Estados Unidos se ha hecho costumbre una ofrenda de unos $20 a $100 por parte del padrino.

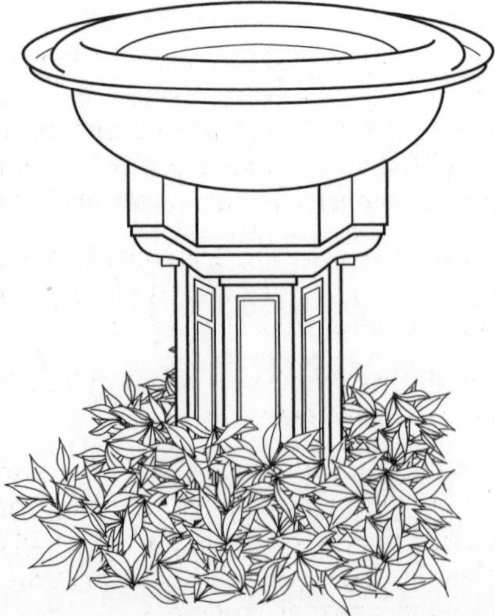

Figura 6-1: La pila bautismal.

La Santa Eucaristía

La Santa Eucaristía se refiere al cuerpo y la sangre de Cristo presentes en la hostia consagrada sobre el altar. La palabra Eucaristía señala uno de los tres aspectos del cuerpo y sangre de Cristo —es *sacrificio* durante la Consagración de la Misa, es Santa *Comunión* y es *Santísimo Sacramento.* Estos tres aspectos forman el centro de las creencias católicas sobre la Santa Eucaristía.

En el Capítulo 8 detallamos las partes de la Misa y de la Santa Eucaristía como sacrificio, pero esta sección sólo se centra en el alimento sagrado de la Comunión y el Santísimo Sacramento.

De entre los siete sacramentos la Santa Eucaristía es el más importante y central en el catolicismo, por el hecho de la creencia inamovible de que el pan y el vino, una vez consagrados son efectiva, real, verdadera y sustancialmente el cuerpo, la sangre, el alma y la divinidad de Cristo. Para los católicos la presencia real de Cristo en la Santa Eucaristía no es un asunto simbólico, ni alegórico, ni metafórico o meramente espiritual. Es real. Por eso también se le llama la *Presencia Real* —porque Cristo *está realmente presente.* (Para más sobre el pan y el vino consagrados y la Presencia Real, vea el Capítulo 8.)

A continuación algunos datos básicos sobre la Santa Eucaristía:

- La palabra *Eucaristía* viene del Griego *eucharistein* que significa "acción de gracias". Los católicos agradecen y dan gracias a Dios por proveerles el pan bajado del cielo, la Santa Eucaristía, para alimentar y nutrir al alma.
- La palabra *Comunión* viene del latín: *co* que significa "con" y *unio* que significa "unión". *Communio* quiere decir "unión con". Los católicos creen que la Comunión permite al creyente unirse a Cristo al recibir su cuerpo y su sangre.
- Solo se pueden usar pan de trigo y vino de uvas. Al momento que el sacerdote o el obispo dicen las palabras de consagración —que son las palabras de Cristo durante la Ultima Cena, "Esto es mi cuerpo" y "Esta es mi sangre" (Mateo 26, 26-29), los católicos creen que el pan y el vino se convierten en el cuerpo y la sangre, el alma y la divinidad de Cristo.
- En la Iglesia Latina (Occidental) se usa el pan sin levadura, que está hecho de harina de trigo y agua —sin otros ingredientes— muy parecido al pan sin levadura usado por Cristo en la Última Cena.
- En la Iglesia Bizantina (Oriental) se usa el pan con levadura, sin otro ingrediente, como símbolo de la Resurrección.
- A un nivel orgánico o natural lo que comemos viene a ser parte de nuestro cuerpo. Claro si se engorda mucho luego hay que ponerse a dieta. A un nivel sobrenatural cuando los católicos comen el cuerpo y la sangre de Cristo, ellos deben hacerse más como Cristo en su obediencia al Padre, en su humildad y en su amor al prójimo.

- Así como en el bautismo, la Santa Eucaristía también es considerada como un *sacramento de iniciación,* por lo que a los nuevos miembros se les anima recibir la Santa Eucaristía de manera regular y con frecuencia.

Para los católicos, el acto físico de comer la hostia consagrada o el beber el vino consagrado del *cáliz,* una copa bendecida (vea Figura 6-2), es secundario a la realidad invisible de que el alma humana está siendo alimentada por el mismo cuerpo, sangre, alma y divinidad de Cristo. El cuerpo consume meramente esas *apariencias* de pan y vino mientras que el alma recibe a Cristo personal y totalmente.

Figura 6-2: Ejemplo de un cáliz de donde toman los católicos el vino consagrado.

Recibir la Santa Comunión

En el transcurso de la Misa, una vez que el pan y el vino han sido consagrados al terminar la plegaria Eucarística y el Padrenuestro (vea el Capítulo 8 para más sobre la Misa), el sacerdote y el diácono, y a veces con la ayuda de ministros extraordinarios de la Eucaristía, distribuyen la Santa Comunión a los fieles. Como realmente se trata del cuerpo, la sangre, el alma y la divinidad de Cristo, recibir la Santa Comunión, la visita íntima de Dios con sus almas fieles, es un momento sagrado.

Cuando el creyente recibe la Santa Comunión se une íntimamente con su Señor y Salvador, Jesucristo. Pero la comunión no se limita sólo al que *comulga* (el acto de recibir la Santa Comunión) y Jesucristo. Al recibir la Santa Comunión el católico expresa verdaderamente su unión con todo otro católico en el mundo y en todo el tiempo, que ha profesado las mismas doctrinas, obedecido las mismas leyes y seguido a los mismos líderes. Esta es la razón por la que los católicos (y también los cristianos Ortodoxos de Oriente) poseen la ley estricta de que sólo los que están *en comunión* con la Iglesia pueden recibir la Santa Comunión. En otras palabras, solamente aquellos unidos a las mismas creencias —los siete sacramentos, la autoridad del papa y las enseñanzas del *Catecismo de la Iglesia Católica*— pueden acercarse a recibir la Santa Comunión.

De acuerdo a la tradición protestante, la Comunión es un instrumento para crear unidad entre varias de las denominaciones y muchas tienen la Comunión abierta, que significa que cualquier cristiano puede participar de esa Comunión en sus servicios. La Iglesia Católica y los cristianos Ortodoxos de Oriente, por otro lado, ven la Comunión no como un instrumento, sino como el fruto último de la unidad. Por eso solamente aquellos que están en comunión con la Iglesia pueden recibir la Santa Eucaristía. No tiene nada que ver con quién sea digno de ella.

Veámoslo de la siguiente manera: si un ciudadano canadiense se muda a los Estados Unidos, vive en Erie, Pennsylvania, trabaja y tiene ahí a su familia, eso lo podrá hacer indefinidamente. Los ciudadanos de otras naciones pueden pasar toda su vida en los Estados Unidos, pero no pueden ser candidatos para un oficio público ni tampoco para votar en las elecciones americanas a menos que se hagan ciudadanos de los Estados Unidos.

¿Acaso ser o no ser ciudadano califica como una persona buena o mala? Claro que no. Pero si los ciudadanos de otro país quieren votar, tienen que renunciar a su propia ciudadanía y hacerse ciudadanos de los Estados Unidos. De lo contrario podrán vivir, trabajar, comer y morir en los Estados Unidos, sin embargo hasta que se cambien de nacionalidad permanecen como ciudadanos del país en que nacieron.

De manera análoga los no-católicos pueden asistir a cuantas Misas católicas quieran; pueden casarse con un católico y criar a sus hijos en la fe católica, pero no pueden recibir la Santa Comunión en la Iglesia Católica hasta que se hagan católicos. Hacerse católico es la manera en que una persona se une y experimenta la unión con la Iglesia Católica entera. Por consiguiente, sólo. quienes estén en unión con la Iglesia pueden recibir la Santa Comunión.

Parecido a esto, los católicos que no siguen las leyes de la Iglesia sobre el divorcio y el nuevo matrimonio, o que rechazan obstinadamente la enseñanza de la Iglesia, tal como considerar el aborto como algo inherentemente malo, no pueden comulgar, porque no están en comunión. No es que se juzgue su estado moral ni condición espiritual, porque eso solo le corresponde a Dios. Pero el recibir la Santa Comunión es un acto público y por eso es un acto de la Iglesia que requiere que quienes lo reciban estén unidos con todo lo que la Iglesia enseña, ordena y con todas las maneras en que reza la Iglesia.

La Santa Eucaristía es comida para el alma, por eso se da y se come durante la Santa Comunión en la Misa. Sin embargo, la forma y la manera en que se distribuye tienen una pequeña diferencia, dependiendo del rito de la Misa, el mismo que puede ser de rito latino (occidental) o de rito bizantino (oriental).

- **Rito latino (occidental):** La Santa Comunión se encuentra bajo la forma de hostias de pan sin levadura, hecho de harina y agua, como el pan sin levadura que usó Jesús durante la Última Cena. La hostia es circular y plana del tamaño de una peseta o medio-dólar. Los católicos latinos la pueden recibir sobre la lengua o en la mano, si así lo permite el obispo local y la conferencia nacional de los obispos.
- **Rito bizantino (oriental):** Los católicos reciben el pan con levadura consagrado (la levadura o fermento simboliza la Resurrección) que se coloca dentro del cáliz (copa) de vino consagrado. Con una cuchara el sacerdote saca cuidadosamente un cubito del pan consagrado, empapado del vino consagrado, para colocarlo en la boca del comunicante sin que le toque los labios ni la lengua.

La Primera Comunión

La primera Comunión de los niños y niñas (usualmente de segundo grado) es un evento muy importante para las familias católicas. Así como su bautismo, el día de la primera Comunión está repleto de familia, amistades y festejos luego del acontecimiento sagrado en la iglesia.

Por lo normal las niñas visten trajes blancos con velo, como pequeñas novias, y los niños se visten con su mejor ropa de domingo o de traje y corbata comprados especialmente para ese día. Algunas parroquias prefieren que los niños hagan su primera Comunión en grupo durante una Misa de domingo (o en sábado), aunque otras parroquias permiten a cada niño escoger su propio fin de semana.

Por lo general los niños aún están muy jóvenes para poder captar todos los refinamientos teológicos de la *transubstanciación,* el acto de transformar la sustancia del pan y del vino en las sustancias del cuerpo y sangre de Cristo, pero basta que crean que ya no es pan ni vino lo que reciben, sino que es realmente el cuerpo y sangre de Jesucristo, lo que los hace suficientemente mayores para recibir la Santa Comunión. (Para conocer más sobre la transubstanciación, vea el Capítulo 8.)

La Santa Eucaristía, al igual que la penitencia y la unción de los enfermos puede ser recibida más de una vez. El bautismo, la confirmación y el orden sagrado no se pueden repetir.

La primera penitencia (vea el Capítulo 7), que es el acto de ir a la confesión por primera vez, *tiene que ocurrir antes* de la primera Comunión.

Alcanzar la Edad de Madurez: La Confirmación

Poco tiempo después que los niños nacen y se les da de comer empiezan a crecer. El crecimiento es tan importante en la vida como lo es la nutrición. El cuerpo y la mente tienen que crecer para poder vivir. Los católicos creen que el alma también necesita crecer en la vida de la gracia. Del mismo modo que el cuerpo tiene que crecer a través de la niñez, la adolescencia y después como adulto, el alma humana necesita crecer hasta alcanzar la madurez. Los católicos creen que la confirmación es el equivalente espiritual del proceso de crecimiento natural. Esta edificada sobre lo que se inició en el bautismo y lo que se dió de alimento en la Santa Eucaristía. Esto completa el proceso de la iniciación en la comunidad cristiana y hace que el alma madure para su misión futura. La Iglesia Bizantina otorga la confirmación (los crisma) en el bautismo y también les da la Santa Comunión, resumiendo en un solo evento la iniciación del nuevo cristiano.

Con frecuencia la confirmación es el chantaje para hacer que los niños católicos que están en las escuelas públicas asistan al programa de educación religiosa del CDC (confraternidad de la doctrina cristiana). Una vez que cumplan con ocho años de CDC, son elegibles para la confirmación. Pero la confirmación es más que un simple premio por finalizar los años de sus clases en CDC. Este sacramento de iniciación significa que ya son adultos en la fe católica. La confirmación es el equivalente sobrenatural del proceso de desarrollo natural. Junto con la Santa Eucaristía, construye sobre lo que comenzó el bautismo y que se nutre de la Santa Eucaristía. La Confirmación completa el proceso de la iniciación en la comunidad cristiana y madura el alma para el trabajo futuro. En el bautismo los padrinos prometen renunciar a Satanás y creer en Dios y en la Iglesia. En la confirmación, delante del obispo, el adulto renueva esas mismas promesas, pero esta vez de propia voz.

¿Esto significa que los jóvenes que están confirmados van a la Misa los domingos y a las clases del CDC más fielmente y sin menor coacción? Lamentablemente no es así. Es un hecho triste que después de haber sido confirmados, no regresan para el programa de educación al nivel de la escuela secundaria. La naturaleza humana es tal que necesita de la dirección de los padres, la autoridad y la fuerza para hacer que los hijos cumplan con sus obligaciones de domingo. La confirmación no cambia a la persona, pero construye sobre lo que ya existe y es. Los buenos hábitos empiezan temprano, por eso es que la *catequesis* regular (el proceso de aprender la fe), la oración, el estudio y el asistir a la Misa todos los domingos, deben seguir desde el bautismo hasta la primera Comunión y la confirmación. Si se establece una buena base ésta continúa floreciendo.

La Confirmación no podría ocurrir en el momento más apropiado

Los jóvenes católicos son confirmados, usualmente entre los 7 y 18 años de edad, en que muchos de estos hombres y mujeres están experimentando los cambios de la pubertad. Este es un tiempo muy importante para ellos ya que sufren las tentaciones de entregarse a los deseos del cuerpo debido a esos cambios hormonales que experimentan y por las presiones externas de sus amigos. Los efectos del pecado original también han dejado a la raza humana entera vulnerable y afligida con la concupiscencia, la tendencia hacia el pecado.

En la cultura está presente el pecado de muchas maneras: en las drogas, la pornografía y el sexo ilícito, generando a los jóvenes mayores presiones para que prueben las drogas y pierdan su virginidad. Aunque sea difícil evitar la tentación a las drogas, abstenerse de la pornografía, la masturbación y los actos sexuales, con la gracia sobrenatural de la confirmación se les hace más suave la lucha. Por supuesto que no es infalible ya que siempre existe el libre albedrío.

¿Qué es lo que sucede durante la confirmación? La primera vez que el católico recibió al Espíritu Santo fue el día de su bautismo, porque la Santísima Trinidad —Padre, Hijo y Espíritu Santo— fueron invocados en la ceremonia. Durante la confirmación Dios Espíritu Santo desciende sobre la persona, acompañado por Dios Padre y Dios Hijo, tal como lo hicieron el día de Pentecostés. La fiesta de *Pentecostés* conmemora la venida del Espíritu Santo del cielo a la tierra, sobre los 12 apóstoles y la Virgen María, 50 días después de la Pascua y 10 días después de la Ascensión de Jesús (Hechos 2, 1–4).

Se le llama *confirmación* a este sacramento, porque la fe recibida en el bautismo es ahora confirmada y fortalecida. Algunas veces, a los que reciben la confirmación se les llama los *soldados de Cristo.* Esto no es una designación militar, sino más bien un deber espiritual de luchar en la guerra entre el bien y el mal, la luz y tinieblas —la guerra entre la raza humana y todos los poderes del infierno.

La confirmación significa que uno acepta la responsabilidad acerca de su fe y su destino. La niñez es el tiempo de hacer lo que a uno se le diga, uno reacciona positivamente al premio y negativamente al castigo. La adultez, aún en su primera etapa, significa que con tus propias fuerzas, tienes que hacer el bien, no para ser reconocido o premiado sino porque es lo correcto. Hacer lo correcto puede hacer que nos sintamos muy bien. Lo central es el Espíritu Santo, quien confirmó a los apóstoles en Pentecostés (Hechos 2, 1–4) y les dio valor para practicar su fe. Los católicos creen que el mismo Espíritu Santo confirma al católico durante el sacramento de la confirmación y les otorga los mismos frutos y dones.

De acuerdo a la tradición los doce frutos del Espíritu Santo son: la caridad, el gozo espiritual, la paz, la paciencia, la benignidad, la bondad, la longanimidad, la humildad, la fidelidad, la modestia, la continencia y la castidad. Estas son cualidades humanas que pueden ser activadas por el Espíritu Santo. Los siete dones del Espíritu Santo son la sabiduría, la inteligencia, el consejo, la fortaleza, la ciencia, la piedad y el santo temor de Dios. Estos dones son gracias sobrenaturales que son dadas al alma.

Esto es lo que ocurre durante el sacramento de la confirmación:

- La ceremonia puede ocurrir en una Misa o fuera de la Misa y el obispo usa vestimentas color rojo para simbolizar las lenguas rojas de fuego que se posaron sobre las cabezas de los apóstoles en Pentecostés.
- Cada individuo que será confirmado pasa al frente con su patrocinador. Se aplican los mismos requisitos canónicos para el patrocinador de la confirmación que para los padrinos en el bautismo. En el caso del bautismo los padres escogieron a sus padrinos; ahora, en la confirmación él mismo escoge a su patrocinador. El patrocinador puede ser su padrino o madrina previo, si aún practican su fe, o se puede escoger a otra persona (que no sean sus padres) mayor de 16 años, ya confirmada y que no tenga impedimento en la Iglesia Católica. Solo se escoge un patrocinador para la confirmación. (La mayoría de personas tienen dos patrocinadores, un padrino de cada género, en el caso del bautismo.)
- Cada católico elige su propio nombre de confirmación. En el bautismo, el nombre elegido fue sin el consentimiento del niño porque estaba muy pequeño para tomar esa decisión. Ahora, en la confirmación se puede añadir otro nombre —además de su primero y segundo nombre—o puede usarse el nombre original del bautismo. Pero, tiene que ser un nombre cristiano, tal como uno de los santos canonizados de la Iglesia o uno de los héroes de la Biblia. Un nombre como el de Caín, Judas, o Herodes, u otro nombre mundano no sería apropiado.
- El católico que va a recibir la confirmación se pone de pie o se arrodilla delante del obispo y el patrocinador coloca su mano sobre el hombro del que será confirmado. Se dice el nombre de confirmación y el obispo le impone el óleo crismal sobre la frente, lo nombra, y después dice, "Recibe por esta señal el don del Espíritu Santo". La persona responde "Amén". Luego dice el obispo: "La paz sea contigo" y la persona responde: "Y con tu espíritu".

Por lo normal es el obispo quien confirma a los católicos de su diócesis. Sin embargo se les puede delegar a los sacerdotes la confirmación de los conversos adultos de otras religiones cuando se les recibe en completa comunión con la Iglesia Católica Romana durante la Vigilia Pascual y hayan pasado por el programa del Rito de Iniciación Cristiana para Adultos (RICA) en su parroquia. Los no-católicos que están interesados en la fe católica y quieren convertirse al catolicismo asisten a las clases de RICA.

Muchos católicos latinos (occidentales) son bautizados cuando niños, reciben su primera Comunión y son confirmados en su adolescencia, pero los sacramentos de iniciación son para cualquier edad. Los conversos adultos que nunca han sido bautizados al hacerse católicos son bautizados, confirmados y reciben su primera Comunión en la misma Misa de su bautismo, o si fueron bautizados en alguna Iglesia Protestante, hacen una Profesión de Fe, son confirmados y reciben la Santa Eucaristía en la Vigilia Pascual —la noche antes de la Pascua.

Capítulo 7

Los Sacramentos de la Comunidad y la Misericordia

En Este Capítulo

- Hacer votos matrimoniales que permanezcan
- Cuidar de la comunidad de la Iglesia a través del orden sagrado
- Decirlo todo en el confesionario
- Fortalecer el espíritu a través de la unción de los enfermos

Los siete sacramentos son los ritos más sagrados y antiguos del culto católico. Tres de estos siete sacramentos —el bautismo, la confirmación y la Santa Eucaristía— son clasificados como los sacramentos de iniciación. Todos tienen que ver con el ser iniciado en la Iglesia Católica, hacerse personalmente responsable por la fe y expresar la unidad en la Iglesia. (Vea el Capítulo 6 para más sobre los sacramentos de la iniciación.)

Este capítulo te hablamos de los otros cuatro sacramentos. Dos de ellos —el matrimonio y el orden sagrado— son sacramentos de la comunidad. Tienen que ver con la unidad y el servicio. Los otros dos —la penitencia y la unción de los enfermos— son sacramentos de la misericordia. Tienen que ver con el sanar y el fortalecer.

Los Sacramentos de la Comunidad

Al igual que tres de los sacramentos tienen que ver con la iniciación (vea el Capítulo 6), dos sacramentos existen para el desarrollo social. El sacramento del matrimonio cuida de la familia y el sacramento del orden sagrado cuida de la sociedad de la Iglesia.

El matrimonio —al estilo católico

La Iglesia Católica distingue entre un matrimonio legal o civil y el sacramento del matrimonio. El matrimonio es regulado por el gobierno civil que tiene ciertas reglas que deben seguirse para que un matrimonio sea válido. Pero el estar legalmente casados a los ojos del gobierno no quiere decir que dos personas hayan participado del sacramento del matrimonio. El sacramento del matrimonio significa el hacerse esposo y esposa por un pacto sagrado establecido con Dios y el uno con el otro. Un matrimonio civil es una unión reconocida sólo por el estado, que puede que sea o no sea a la misma vez el sacramento. En esta sección te explicamos los requisitos para que el matrimonio sea un sacramento válido ante los ojos de la Iglesia.

El matrimonio católico tiene que ver con dos personas bautizadas, se necesita uno o los dos sean católicos. Su unión no es simplemente la ocasión para hacer una buena fiesta; el matrimonio católico es una *vocación,* un llamado de Dios, del latín *vocare* que quiere decir *llamado.* De la misma manera que los sacerdotes, los diáconos, las hermanas y los hermanos religiosos, las monjas y los monjes tienen un llamado de Dios, así las personas casadas lo tienen cuando son solteros.

Ser un buen esposo —después un buen padre o madre— es un llamado tan sagrado de Dios como lo es el llamado a entrar a un convento y ser una clarisa pobre, dominica o monja carmelita. Las personas casadas tienen que ser tan santos como lo son el clero y los hermanos religiosos y hermanas.

Por el hecho de que el matrimonio es una vocación *y* un sacramento, es que otorga una gracia especial a quienes lo reciben para fortalecerles y darles la capacidad de asumir y cumplir con todos los deberes y responsabilidades del matrimonio cristiano. Existen tres elementos necesarios para que la unión sea un sacramento válido: los participantes tienen que entrar al sacramento del matrimonio con la intención que su unión será:

- **Permanente:** Hasta la muerte
- **Fiel:** No puede haber adulterio
- **Fecunda:** Abiertos a la posibilidad de concebir niños si Dios lo quiere

El sacramento del matrimonio les da al novio y a la novia las gracias necesarias para que sus promesas den fruto. Casarse por la Iglesia no es una cosa tan complicada como les parece a tantos. Al menos uno de los dos tiene que ser católico, el otro puede ser de cualquier otra religión. Si el no-católico fue bautizado en una iglesia no-católica debe presentar documentación verificando su bautismo. Si el no-católico es una persona sin bautismo, sin iglesia, o es de una religión que no es cristiana, necesita conseguir una dispensa especial del obispo. El sacerdote o el diácono la pueden conseguir.

Comida, flores, y fe

Usualmente las novias contratan primero al servicio de comidas y dejan al sacerdote para el final en los preparativos del día de la boda, cuando debería ser al revés. Por supuesto que se necesita reservar estos servicios, a veces hasta con 18 meses de anticipación, fotógrafos, floristas y las demás personas que están en los negocios de bodas porque se necesita mucho tiempo para empezar a hacer los arreglos. Sin embargo sepamos que la comida, las fotos y las flores no son requisitos indispensables para el sacramento del matrimonio; por eso tiene sentido ponerse en contacto, en primer lugar, con la Iglesia Católica y el sacerdote o el diácono —antes de hacer otros planes de bodas. La mayoría de diócesis exigen a los católicos que se reúnan con el sacerdote o el diácono hasta un año por anticipado de la boda. Por eso, si te preparas para casarte, asegúrate de darle a tu fe al menos la misma consideración que le otorgas a tu decisión de servir pollo o carne de res en la fiesta.

Al igual que los sacramentos del bautismo, la confirmación y el orden sagrado, el sacramento del matrimonio sólo puede ocurrir una sola vez entre las mismas dos personas, a no ser que uno de los esposos muera. Debido al compromiso de por vida que requiere el sacramento del matrimonio, los católicos sólo pueden casarse con alguien que haya enviudado o que nunca se haya casado. Si uno de ellos estuvo casado antes y aún vive su previo cónyuge, tiene que demostrar que ese matrimonio fue inválido; para que la previa unión sea declarada nula debe haber un proceso de nulidad. (Vea el Capítulo 9 para saber más sobre la anulación.) Si eso sucede (la declaración de nulidad), entonces las dos partes estarán libres para casarse con otra persona —y la Iglesia espera que esta vez lo hagan *válidamente.* Te preguntarás ¿cómo puede demostrarse que el sacramento del matrimonio nunca ocurrió? Si uno o ambos de los contrayentes no tuvieron la *intención* de entrar en un matrimonio para toda la vida, fiel, y/o abiertos a la vida, esa deficiencia es lo que hace que el matrimonio resulte ser inválido.

No olvides que la anulación de la Iglesia *no es* una forma de divorcio y por eso no tiene efecto alguno sobre la legitimidad de los niños, ya que eso es materia de asuntos legales. Las anulaciones *no hacen* ilegítimos a los niños que nazcan de la unión. Las *anulaciones* declaran que un matrimonio nunca fue un sacramento válido aún cuando ambas partes hayan entrado a él con buena fe e intenciones. (Para mayor detalles sobre las anulaciones, vea el Capítulo 9.)

Para que el sacramento del matrimonio sea válido requiere la presencia de un sacerdote o de un diácono, un novio y una novia (no son permitidos los matrimonios del mismo sexo) y dos testigos de cualquier religión. Todo lo demás —los ujieres, las acompañantes de la novia, los amigos del novio, los padres, los abuelos, el que toma las fotos, el que filma, el servicio de comidas, el que carga el anillo, la niña con las flores, el que provee la música y el que canta— son la crema de azúcar sobre el pastel. (Por favor lea el margen "Comida, flores y fe" para nuestra opinión sobre las prioridades en los preparativos para una boda.)

La novia y el novio son los verdaderos ministros del sacramento, porque su *sí* es lo que los hace esposos. El sacerdote o el diácono es solamente el testigo oficial de la Iglesia —necesario, pero sólo un testigo.

Durante la ceremonia solamente pueden leerse textos de la Biblia y usarse los votos matrimoniales aprobados. Escritos seculares y de otro tipo de fe pueden leerse durante la fiesta antes que digan bendigan la cena o cuando se ofrezca algún saludo a los novios pero no dentro de la ceremonia.

En la mayoría de las diócesis, a los católicos que quieren casarse se les pide que se reúnan con un sacerdote o diácono al menos de 9 a 12 meses antes de la boda. Esto se llama la *pre-Caná* nombrado así por el pueblo de Caná de Galilea, donde estuvieron presentes Jesús y su madre María, en la fiesta de una boda, Jesús transformó el agua en vino. Durante la pre-Caná, el sacerdote o el diácono le ofrece a la pareja consejo financiero y emocional, y también clases sobre la naturaleza espiritual del matrimonio y la planificación natural familiar (PNF), que por cierto no es el antiguo método del ritmo. Dado que la Iglesia Católica prohíbe la contracepción artificial, la planificación familiar debe ser realizada usando métodos moralmente permitidos, como lo es la PNF (Planificación Natural de la Familia). El Capítulo 12 te explica la PNF en mayor detalle.

¿Por qué tomarse tanto tiempo en la preparación? ¿Por qué no dejar que las bodas sean más espontáneas? Porque el sacramento del matrimonio es una vocación y es para toda la vida. La Iglesia Católica busca evitar actos impulsivos, las bodas por obligación o cualquier cosa que genere prisa o imprudencia.

Existen tres tipos de ceremonias de bodas católicas. La primera es la boda con Misa; la segunda es la boda sin Misa; y la tercera es la *convalidación,* en la que la pareja, que fue casada de manera inválida (quizás por mano del Juez o algún ministro protestante), busca que la Iglesia reconozca el matrimonio, o como los abogados del tribunal diocesano lo llaman, sea *convalidado.*

Gozar del servicio completo

La *Misa de Nupcias,* el sacramento del matrimonio celebrado en la Misa ocurre normalmente los sábados y raramente en domingo, a menos que se cuente con un permiso especial obtenido del obispo, aunque también puede ser realizado en un día de semana. Se recomienda la Misa de Nupcias cuando *ambos* novios son católicos, porque así se reciben dos sacramentos en una sola ceremonia: el sacramento del matrimonio y el sacramento de la Sagrada Eucaristía. Participar de ambos sacramentos es la mejor manera de comenzar el matrimonio.

Al igual que en la Misa parroquial de domingo, la Misa Nupcial tiene cuatro lecturas de las Escrituras: una del Antiguo Testamento que la lee algún amigo o familiar, un Salmo cantado, una de las Epístolas del Nuevo Testamento, leída por algún amigo o familiar, y una proveniente de los Evangelios, proclamada por el sacerdote o el diácono. A continuación el sacerdote o el diácono predican el sermón y luego oficia como testigo de sus votos.

Antes de realizar los votos formales el sacerdote o diácono interroga a la pareja con tres preguntas importantes:

1. ¿Han venido a contraer matrimonio sin ser coaccionados, libre y voluntariamente?
2. ¿Están decididos en amarse y respetarse mutuamente durante toda la vida?
3. ¿Están dispuestos a recibir de Dios, responsable y amorosamente, los hijos y a educarlos según la ley de Cristo y de su Iglesia?

Se espera que la pareja responda *¡sí!* a las tres preguntas y así pueda continuar el sacerdote o diácono con los votos de matrimonio.

Estos votos pueden ser dichos por el sacerdote o diácono para ser repetidos por la novia y el novio o pueden hacerse en forma de pregunta a la que la novia y el novio responden sencillamente, "Sí, quiero." Estas son las dos versiones aceptadas:

> Yo, Felipe, te quiero a ti, Cecilia, como esposa y me entrego a ti, y prometo serte fiel en lo próspero y en lo adverso, en la salud y en la enfermedad, y amarte y respetarte todos los días de mi vida.

O también

> Felipe, ¿quieres recibir a Cecilia, como esposa, y prometes serle fiel en las alegrías y en las penas, en la salud y en la enfermedad, y, así, amarla y respetarla todos los días de tu vida?

Después de pronunciados estos votos, los anillos son bendecidos. Al poner el novio el anillo en el dedo de la mano izquierda de la novia dice, "Recibe este anillo en señal de mi amor y fidelidad a ti. En el nombre del Padre y del Hijo y del Espíritu Santo. Amén." La novia hace lo mismo con el otro anillo y, usando las mismas palabras se lo pone en el dedo al novio.

El momento en que ya son esposo y esposa es al intercambiar sus votos, no los anillos. Los anillos son solamente símbolos.

Hay costumbres que se han integrado en la liturgia del matrimonio incluyendo otros símbolos que formalmente no forman parte del rito del sacramento del matrimonio. Estos incluyen la entrega de arras. Las arras representan el intercambio de la responsabilidad financiera que los esposos se comprometen a vigilar para el bien de la familia. Es una tentación muy grande que sufren los nuevos esposos de buscar los bienes materiales del mundo para que les traigan felicidad. Esto no es lo que simbolizan las arras. Ellas reflejan la responsabilidad del buen manejo de los bienes materiales que lleguen al hogar que también, por ser cristianos casados, incluye el poder ayudar a los pobres que necesitan del amor de la familia cristiana. Ellos se dicen:

> Recibe también estas arras: son prenda del cuidado que tendré de que no falte lo necesario en nuestro hogar.

O también

> Recibe estas arras como prenda de la bendición de Dios y signo de los bienes que vamos a compartir.

Después se les reviste con un rosario gigantesco, alrededor de sus cuellos y hombros, que les recuerda la intercesión de la Madre de Dios, María, quien estuvo casada con José, y que por voluntad de su Hijo ahora es madre de la humanidad. Se pide por este símbolo que esta santa vele sobre la unión matrimonial y que les inspire a ser muy santos, que protejan la unidad familiar contra las adversidades y que se sepan sacrificar en amor tal como lo hizo María al entregar a su Hijo Jesús y veló en silencio, y así obtengan inspiración de la sagrada familia de Jesús, María y José. Entonces el sacerdote o diácono dice lo siguiente:

> Que al unirlos con este vínculo, el rosario de la bienaventurada siempre Virgen María, sea una inspiración para los dos. Recuerden que la santidad necesaria para preservar esta nueva familia, como familia de Dios, sólo se obtiene por medio del mutuo sacrificio y amor. Que la sagrada familia de Jesús, María y José sea su ejemplo durante su vida.

Después del intercambio de anillos, las arras y la imposición del Rosario, se dice la oración de los fieles, como se hace en la Misa de domingo, seguida por el himno del ofertorio y la preparación de los dones sobre el altar. Algún miembro de la familia o algún amigo pueden llevar el pan y el vino al altar. La Misa continúa como siempre. (Vea el Capítulo 8 para obtener detalles de la Misa.). Después del *Padrenuestro,* se arrodillan los nuevos esposos, mientras que el sacerdote invoca sobre ellos la bendición nupcial. Al levantarse dan la señal de la paz (el beso o abrazo) a sus respectivos padres y vuelven a su lugar, para así continuar con la Comunión.

Lo que se puede y no se puede durante la boda Católica

¿Quieres algunos consejos sobre lo que puedes hacer —y lo que no puedes hacer— en la boda católica?

Llegar temprano, vestido como lo harías para una ceremonia religiosa. Trata de mostrar buen gusto y modestia. Limita toda actividad de comida, bebidas y festivas para la recepción. Mantén a la pareja en tus oraciones y considera que tradicionalmente el lado de la novia es el de la izquierda de la iglesia (mirando desde la entrada hacia el altar del santuario) y el del novio es el lado derecho. (Esto no tiene nada que ver con el código de derecho canónico.) Las bodas y los entierros son las pocas ocasiones en que no se realiza una colecta en la Misa, pero sí dales algún regalo a los novios.

No llegues tarde, especialmente después que el padre de la novia ya haya caminado a su lugar. Es una falta de respeto a la novia y al novio y muestra una falta de respeto a la Iglesia y a Dios porque la boda se lleva a cabo en casa de Dios. No uses ropa de deporte, de trabajo, escotes, faldas muy cortas o cosas provocativas como si fueras a algún bar de solteros.

No mastiques goma de mascar. Es una atrocidad y falta de respeto el mascar, comer o beber cualquier bebida dentro de la iglesia. No fumes ni consumas alcohol antes de llegar o dentro de la propiedad de la iglesia. No te sientas raro o avergonzado de que sea tu primera vez en una iglesia católica.

No sientas que tienes que llevar a cabo todos los gestos católicos: si no te sientes cómodo arrodillándote entonces siéntate.

Muchas veces, después de la Comunión y la oración final, el esposo y la esposa se acercan ante una imagen de María. Allí le presentan algunas flores, mientras se canta el *Ave María,* en latín —que es un himno católico tradicional. (Vea el Capítulo 12 para mayores detalles acerca del *Ave María.*) Esta costumbre creció de la práctica piadosa de los nuevos casados pidiendo la oración e intercesión de María, quien durante la fiesta en la boda de Cana animó a su hijo Jesús a transformar el agua en vino. Así también los nuevos esposos le piden a María, la madre de Jesús, para que Jesús rece por ellos.

Finalmente se hace el gran anuncio: el sacerdote o el diácono les presenta "al señor y a la señora Hernández". Se dan un besito y salen de la iglesia por el pasillo principal.

La boda sin la Misa

La ceremonia católica de matrimonio sin la Misa suele realizarse cuando la novia o el novio no es católica/o. Sin la Misa no se distribuye la Comunión. Si se llevara a cabo la Comunión, el que no es católico no podría recibirla, ya que tiene que ser católico para poder recibir la Comunión. (Vea el Capítulo 6 para saber más sobre la Comunión.) En el caso de que haya un católico y un no-católico, para evitar un momento de vergüenza, algún mal entendido o malos sentimientos, la Iglesia sugiere normalmente que la ceremonia del matrimonio se haga fuera de la Misa.

La ceremonia es la misma que en la Misa Nupcial (vea la sección previa "Gozar del servicio completo") Se leen las mismas selecciones del Antiguo y Nuevo Testamentos, con los mismos salmos y Evangelios. El sacerdote o diácono predica el sermón después de proclamar el Evangelio y a continuación se pronuncian los votos matrimoniales seguido por el intercambio de anillos. Se dicen algunas oraciones para el nuevo esposo y esposa, seguidas por el *Padrenuestro,* luego de lo cual se le da la bendición nupcial a la pareja. A continuación se da la señal de paz (un beso o abrazo), viene la oración final y el anuncio del nuevo matrimonio. La diferencia entre las dos ceremonias es que en la Misa Nupcial, después de los votos y el intercambio de anillos, prosigue la Misa.

Hacerla católica

Se necesita una *ceremonia de convalidación* cuando la pareja católica se ha casado por lo civil o en alguna ceremonia no-católica, lo cual tiene por resultado que ese matrimonio sea inválido ante los ojos de la Iglesia. No importa si sólo uno de ellos es católico, es un sacramento inválido, porque el católico siempre está obligado a seguir las leyes de la Iglesia. Si dos cristianos bautizados pero no católicos se casan, en una ceremonia civil o por alguna denominación religiosa, la Iglesia Católica sí reconoce esa unión como válida, siempre y cuando sea el primer matrimonio para ambos.

Después de seis meses o más, si la pareja decide que su matrimonio civil sea reconocido (algunos a veces erróneamente lo llaman *bendecido*) por la Iglesia Católica, entonces lo que se necesita es una *convalidación.* Esta es una ceremonia sencilla y privada que envuelve la pareja, dos testigos y al sacerdote o diácono. Se pronuncian los votos y se pueden intercambiar los anillos. Si no se pueden quitar los anillos entonces se bendicen donde están. No es una renovación de votos pero sino la declaración de los votos por la primera vez ante los ojos de la Iglesia. La convalidación convierte un simple matrimonio civil en un sacramento de matrimonio.

Las convalidaciones son la manera de arreglar muchas veces decisiones de casamiento que se hicieron apuradamente. Si una pareja se casa demasiado rápido y luego se da cuenta que sí se van a quedar juntos, la pareja puede buscar que su matrimonio sea reconocido por Dios y la Iglesia a través de la convalidación. Esto no es una opción sino un remedio ante una situación desafortunada, ya que la Iglesia prefiere que las parejas se casen válidamente la primera vez. Penosamente, algunas parejas se casan por lo civil o en una modesta ceremonia no-católicas, para evitar una boda católica enorme, elaborada y costosa. La Iglesia *nunca* requiere ni sugiere *enormes* bodas con múltiples acompañantes, limosinas y recepciones lujosas. Las novias podrían tener todo ello, pero si la pareja quiere una ceremonia modesta, simple, digna y reverente con poca familia y amistades y sin todo el alto precio y cosas costosas de miles de dólares es posible tenerla en la Iglesia Católica. La Misa Nupcial o el rito de matrimonio fuera de la Misa es apropiado en cualquier situación: elaborada o modesta, costosa o económica. La decisión recae sobre la novia y el novio. Lo que más le importa a la Iglesia es la dimensión espiritual del matrimonio, una vocación para toda la vida. La sociedad de hoy pone demasiada atención sobre la ceremonia y muy poca sobre el matrimonio en si mismo.

Si un católico es casado por un juez, algún capitán de barco, algún alcalde o un ministro protestante, sin haber obtenido previamente la dispensa del obispo católico, entonces dicho matrimonio resulta inválido y el católico ya no tiene permiso para recibir la Sagrada Comunión hasta que la unión sea regularizada por la Iglesia en la convalidación. Esta situación sucede mucho con los católicos no practicantes, por no entender que el ministro no-católico puede casarlos en una ceremonia no-católica y con la bendición de la Iglesia Católica, siempre y cuando la pareja se reúna con el sacerdote o diácono y cumpla con los requisitos de los preparativos de la pre-Caná. La dispensa del obispo local es posible y la novia o el novio católico puede casarse válidamente ante los ojos de la Iglesia, por el ministro no-católico y en una iglesia no-católica de la pareja del que no es católico. Antes que hacer esto el sacerdote o el diácono tiene que llenarles los formularios necesarios y la pareja debe hacer los mismos preparativos que las parejas católicas.

Un gesto de aprecio

Si te piden ser el caballero de honor en una boda católica es posible que eso conlleve ciertas responsabilidades. Tradicionalmente, este hombre es quien le da un honorario al sacerdote o diácono de parte de la novia y el novio. No quiere decir que tendrás que pagar por todo. Muchas veces, el novio y/o la novia y/o los padres del novio y/o la novia darán un sobre que contiene alguna contribución que se le entrega al caballero de honor, quien a su vez se lo entrega al sacerdote o diácono. (Es una ofrenda de buena voluntad y es de $100 a $250.) En estos días, muchas de las parejas resuelven esto el día del ensayo, al mismo tiempo que lo hacen con el encargado de la música.

Y ya que estamos en el tema, si asisten algunos de los servidores del altar o acólitos, ya es costumbre que el novio o el caballero de honor le den de $10 a $20 a cada uno.

El asunto del celibato

El celibato ha sido la norma en la Iglesia Latina (del Occidente) desde el siglo 4 y mandatario desde el siglo 11. El clero casado, sin embargo, ha existido siempre en la Iglesia Bizantina (del Oriente). La Iglesia Latina ha permitido que algún clero casado de otras denominaciones cristianas sea ordenado al sacerdocio católico en caso de convertirse al catolicismo, pero generalmente los sacerdotes católicos de la Iglesia Latina (del Occidente) son célibes.

Un hombre puede ser ordenado cuando está soltero o casado, si es católico del Oriente, pero después de su ordenación, un clérigo soltero no puede casarse y el clérigo casado no puede volver a casarse en caso de que fallezca su esposa, a no ser que tenga niños pequeños y reciba una dispensa de Roma. El matrimonio tiene que preceder la ordenación de acuerdo a la tradición Oriental, o nunca podrá recibirse. Esta es la tradición antigua de las dos Iglesias católica y Ortodoxa. Por eso aunque el celibato sea opcional en la Iglesia Latina, no afectaría a los que no están casados al tiempo de su ordenación.

Algunos ministros anglicanos, episcopales, y ciertos luteranos ya casados que quieren convertirse y hacerse sacerdotes católicos han recibido el permiso de acceder al ministerio sagrado, porque sus matrimonios ocurrieron antes de su ordenación como clérigo católico. Pero el celibato por tanto tiempo ha formado parte de la Iglesia Católica del Occidente que ni los escándalos pueden borrar su papel e importancia.

Ocasionalmente algún católico se opone a los consejos y las leyes de la Iglesia y se casa con alguna persona divorciada que no ha obtenido una anulación. Este matrimonio se lleva a cabo en una ceremonia civil o por algún ministro no-católico, pero es considerado inválido ante los ojos de la Iglesia Católica. Si la anulación se le concede después con el tiempo, y la pareja quiere que su propia unión sea reconocida y sancionada como sacramento válido, entonces el único y apropiado remedio es la convalidación.

Ya que no se garantizan las anulaciones, los católicos no deben *presumir* que podrán llevar a cabo una convalidación después de casarse inválidamente en una ceremonia civil.

El orden sagrado

Los ministros consagrados, esos que sirven las necesidades espirituales de los demás en la Iglesia Católica, son ordenados por un obispo y a través de un sacramento especial llamado el *orden sagrado,* por el que forman parte de la jerarquía, sea como diácono, sacerdote u obispo.

Este sacramento puede recibirse solamente una vez, como el bautismo y la confirmación, pero un hombre puede ser ordenado a un nivel más alto, hasta el tercer grado. Primero tiene que ser ordenado diácono antes de ser sacerdote, y tiene que ser sacerdote antes de ser ordenado obispo. Así cada sacerdote y cada obispo ha tenido la experiencia del sacramento de orden sagrado más de una vez, pero nunca puede ser ordenado de nuevo como diácono, sacerdote u obispo, porque eso es de por vida.

Solo los hombres bautizados pueden recibir el sacramento del orden sagrado. (Para una mayor explicación del porque sólo los hombres pueden ser sacerdotes, vea el Capítulo 12.)

Jesucristo instituyó el sacramento de orden sagrado durante la Última Cena al mismo tiempo que instituyó el sacramento de la Eucaristía. Para poder transformar el pan y vino en el cuerpo y la sangre, el alma y la divinidad de Cristo, se necesitan sacerdotes, a quienes se le ha dado este poder en virtud de su ordenación. (Vea el Capítulo 6 para una explicación de la Sagrada Eucaristía.)

Los obispos reciben el orden sagrado en nivel más alto por lo que se dice en la Iglesia que los obispos tienen la "plenitud del sacerdocio", ya que sólo ellos tienen la autoridad de dar los siete sacramentos —el bautismo, la penitencia, la Sagrada Eucaristía, el matrimonio, la unción de los enfermos, el orden sagrado y la confirmación. Los sacerdotes sólo tienen el poder y la autoridad (conocido también como sus *facultades*) para celebrar cinco sacramentos —el bautismo, la penitencia, la Sagrada Eucaristía (la Misa), el matrimonio y la unción de los enfermos. Los diáconos sólo pueden celebrar dos sacramentos—el bautismo y el matrimonio, siempre y cuando sea una boda sin la Misa Nupcial. En casos de necesidad extrema, algunos sacramentos pueden ser realizados por un laico, como lo es el bautismo si la vida de algún individuo está en peligro o el matrimonio en países de misiones donde el clero no está presente con regularidad. Lo normal es que los diáconos, los sacerdotes y los obispos celebren los sacramentos, ya que una de sus funciones principales es la de administrar los ritos sagrados de la Iglesia al pueblo de Dios.

Los diáconos, los sacerdotes y los obispos reciben suficiente entrenamiento pastoral y teológico. Los candidatos al clero católico entran al *seminario,* el equivalente católico de la escuela de la divinidad de los protestantes. Requisito para poder entrar al seminario, es tener un bachillerato universitario. Posteriormente la mayoría de los *seminaristas,* estudiantes del seminario, realizan estudios para alcanzar el grado de la maestría —Maestría de Divinidad (MDiv) o Maestría de Artes (MA)— en teología. Los estudios luego de la universidad pueden ser de cuatro a ocho años, dependiendo del candidato y de la diócesis para la que estudia. Algunas veces, algunos estudiantes van más lejos y completan el doctorado en filosofía (PhD), teología (STD o ThD) o ley canónica (JCD).

El tener grados académicos similares a los médicos, abogados y los ministros protestantes le provee al clero católico unos buenos cimientos, pero este desarrollo académico tiene que ser complementado con una vida seria de oración. Los seminaristas tienen que recibir una *formación pastoral,* que es el saber cómo escuchar al pueblo, aconsejarles, trabajar con ellos, especialmente los enfermos y los necesitados, para que puedan funcionar como buenos pastores y teólogos.

El sacramento del orden sagrado no convierte al hombre en un aristócrata de la Iglesia, pero sí le confiere la dignidad del sacramento, lo que conlleva la obligación de obedecer al papa y estar al servicio del pueblo de Dios. En épocas antiguas de la historia, algunos hombres oportunistas y ambiciosos accedieron en los rangos clericales usando su oficio, de diácono, sacerdote u obispo, para abusar y satisfacer sus propias necesidades. No obstante, el propósito original del orden sagrado no ha sido para crear una clase superior, sino para proveer liderazgo espiritual. Los ministros deben ver su papel como pastores que aman y conocen a sus ovejas en lugar de ver a las personas como siervos o personas inferiores a ellos.

Un líder puede retirarse del ministerio activo o ser eliminado del mismo por algún mal comportamiento, pero a ningún diácono, sacerdote u obispo se le podrá retirar su orden sagrado. Un clérigo *expulsado del ministerio* o *reducido al estado laical,* no puede vestir con ropa clerical y no puede realizar lícitamente su ministerio de ordenado. Ser *expulsado* no es un acto voluntario y es impuesto como castigo por cometer algún crimen o ser causa de escándalo. Reducirse al estado laical es una solicitud del clérigo, que no ha cometido nada inmoral, que quiere dejar sus obligaciones del celibato y ya no quiere celebrar su ministerio sagrado. Ambos tienen el mismo efecto: el sacerdote expulsado o reducido al estado laical no puede vestir el cuello romano, ser llamado padre, ni celebrar los sacramentos públicamente. Toda petición para volver al estado laical tienen que ser enviada a Roma y solamente el Vaticano puede aprobarla. Un sacerdote expulsado o hecho laico no recibe salario, hogar, ni seguro. Puede casarse, pero no puede celebrar ninguno de los sacramentos públicamente. La única excepción para que funcione como sacerdote u obispo es que algún católico se encuentre en peligro de muerte y que no haya otro sacerdote disponible. Entonces el sacerdote u obispo expulsado o hecho laico puede ungirlo y escuchar su última confesión. De lo contrario le está prohibido practicar su ministerio de ordenado ante el público.

El Capítulo 2 provee la información detallada acerca de la jerarquía de la Iglesia Católica y los deberes específicos del diácono, sacerdote y obispo.

Los Sacramentos de la Misericordia

En adición a los sacramentos de la iniciación (el bautismo, la Sagrada Eucaristía, y la confirmación) y los sacramentos de la comunidad (el matrimonio y el orden sagrado), los dos sacramentos de la misericordia son la penitencia y la unción de los enfermos.

La penitencia

Los católicos creen que la Santa Madre Iglesia los hace nacer en el sacramento del bautismo, los nutre en la Sagrada Eucaristía, les ayuda a crecer en la confirmación y los sana en el *sacramento de la penitencia.*

La medicina y la terapia pueden sanar un cuerpo herido, pero los católicos creen que solamente la gracia de Dios puede sanar al alma herida. Es por eso que Jesús instituyó el sacramento de la penitencia para sanar las heridas espirituales, lo que se llama el *pecado.*

Muchas veces, la gente piensa que el pecado significa solamente el romper con la ley de Dios. Claro, el robar, el mentir y el matar rompen con algunos de los Diez Mandamientos y son pecados. Pero los católicos que creen la advertencia de Dios en forma de prohibición eran necesarias pues esas acciones pecaminosas producen heridas de orden espiritual.

Los católicos piensan que el pecado es como un virus en el alma. Cuando alguna persona miente, hace trampa, roba, o mata, es como ser infectada con millones de bacterias mortales. Mientras que la infección no se trate, peor se pone. Hiere y hasta puede matar la vida de la gracia que nos habilita para alcanzar el cielo.

Tal como hay tumores que son benignos o malignos, los católicos creen que los pecados pueden ser veniales o mortales. En otras palabras, algunos pecados se consideran menos graves que otros, infligiendo al alma una pequeña herida; mientras que otros son tan intrínsecamente malos que se consideran mortales. Se llaman *pecados mortales,* porque pueden matar la gracia. (Para más sobre el pecado mortal vea el Capítulo 11.)

El *sacramento de la penitencia* (también llamado el *sacramento de la reconciliación* o la *confesión*) es para sanar espiritualmente. Según los Evangelios, después de la Resurrección Jesús se apareció a los apóstoles, sopló sobre ellos y les dijo, "Reciban el Espíritu Santo. A quienes les perdonen los pecados les quedan perdonados. A quienes se los retengan, quedan retenidos" (Juan 20, 22–23).

Jesús entregó a los apóstoles el poder de perdonar los pecados para que lo usaran. Desde el primer momento estuvo en la voluntad de Cristo que existiera el sacramento de la Penitencia.

En los primeros años de la Iglesia los pecados se confesaban abiertamente, en público, ante el obispo y la comunidad entera. Como los cristianos vivían en comunidades muy pequeñas era muy fácil que los demás ya supieran lo que el otro hacía. Pero al cambiar la situación del cristianismo, de religión perseguida a religión del estado, más y más personas pasaron a formar parte de ella, admitir las faltas delante de un enorme gentío pasó a ser vergonzoso y delicado.

A principios del cristianismo existió la *Orden de los Penitentes,* compuesta por pecadores públicos quienes hacían actos penitenciales frente al público. Por ejemplo estaban aquellos que negaron su fe cristiana en la corte para evitar la pena de muerte en la arena del coliseo durante las persecuciones romanas, quienes hacían algún acto público de penitencia. También, alguna persona que fuera encontrada culpable de robar o matar, en cuyo caso servía su sentencia en la prisión por el crimen cometido, pero en cuanto fuera liberada tenía que reconciliarse con la Iglesia por sus pecados. Cuanto más privado y menos públicos eran los pecados, como todo aquello que no eran crímenes contra la ley civil o un hecho ampliamente conocido, se hizo más necesaria la confesión privada. Solo un sacerdote (u obispo) tiene el poder y la autoridad de absolver los pecados en el nombre de Jesucristo, sin importar que el pecado fuese público o privado.

Los monjes irlandeses de los siglos sexto y séptimo iniciaron la costumbre de la confesión privada, que posteriormente se hizo normativa en el resto de la Iglesia. La forma de realizar este sacramento ha cambiado con el pasar del tiempo, pero lo esencial siempre ha permanecido: la confesión, la contrición, la penitencia y la absolución.

Al igual que el sacramento de la Sagrada Eucaristía, el sacramento de la penitencia puede ser recibido muchas veces en la vida. Sin embargo, la primera vez que un joven católico confiesa sus pecados es antes de su primera Comunión, que en la Iglesia Occidental es alrededor de la edad de la razón —los 7 años.

Tienes que confesarte

Los católicos tienen que confesar sus pecados mortales al sacerdote.

El recibir la Sagrada Eucaristía antes de ir a la confesión sin recibir la absolución por los pecados mortales empeora las cosas. Quien recibe la Eucaristía con pecado mortal en el alma comete un *sacrilegio,* que significa usar algo santo para un propósito indigno. Es una falta de respeto al sacramento y agrega otro pecado mortal.

Si estás buscando el perdón de Dios, puedes hacer un acto de contrición perfecta si estás en peligro de muerte y no hay un sacerdote disponible. Un *acto de contrición perfecto* significa que el pecador está dolido por sus pecados contra el amor a Dios y le remuerde haberlo ofendido, más que el temor de no alcanzar el cielo en la vida venidera. El pecador tiene que tener la intención absoluta de ir a confesarse al sacerdote u obispo lo más pronto posible en caso de sobrevivir. En situaciones donde no existe peligro mortal la Iglesia cree que los pecados mortales no se pueden perdonar y el alma sin la absolución del sacerdote se condena a sí misma al infierno. Lo que sigue es un *Acto de Contrición,* la oración que el penitente pronuncia en el confesionario como expresión de remordimiento y su deseo de evitar ocasiones de pecado:

Ofrecer su vida en defensa del Sigilo

El patrón de los confesores es San Juan Nepomuceno (1340–1393), conocido como el mártir del confesionario: lo mataron por no divulgar los pecados de una mujer. Alrededor del año 1393 el rey Wenceslaus IV, aparentemente sumamente celoso, demandó que San Juan revelara lo que la reina le había dicho en el confesionario. San Juan, honrando el sigilo de la confesión, no dijo ni una palabra sobre ello. Fue torturado, pero aún así San Juan no divulgó los pecados de la reina. El rey ordenó que San Juan fuera ahogado en el río.

> O Dios mío, con todo mi corazón me pesa haberte ofendido. Aborrezco todos mis pecados, por el miedo de perder el cielo y merecer el infierno, pero más me pesa, porque eres infinitamente bueno y digno de ser amado. Firmemente resuelvo con la ayuda de tu gracia, no pecar más, y apartarme de las ocasiones de pecado. Amén.

Decirle los pecados al sacerdote no es cosa tan atemorizante como algunos piensan. Mucha gente le cuenta información sensible, delicada y confidencial a sus médicos y abogados; entonces, ¿por qué no a su párroco? El sacerdote está obligado a mantener el secreto y la confidencialidad del nivel más alto conocido en la humanidad. Ni el mismo Papa puede obligar a un sacerdote a decir quién entró a la confesión o lo que confesó. El sacerdote tiene que estar dispuesto a padecer encarcelamiento, tortura y la muerte antes de violar el *Sigilo de la Confesión* o el secreto del sacramento. (Vea "Ofrecer su vida en defensa del Sigilo" al margen de este capítulo.)

A lo largo de 2,000 años, han existido muchos sacerdotes malos, inmorales, sin ética y sin escrúpulos, muchos de los cuales se retiraron o fueron echados del sacerdocio. Pero ninguno ha revelado los secretos que conocían a través de las confesiones escuchadas. El hecho es que a lo largo de la historia ni aún los malos o los mediocres lo han hecho nunca —aún cuando dejaron de estar en el ministerio activo o en la religión católica— lo que para los católicos es una gran señal del poder del Espíritu Santo protegiendo la dignidad y la santidad del sacramento de la penitencia.

Veamos, ¿*nunca* ha habido un sacerdote que se fuera de chisme con lo que escuchó en el confesionario? No. Nunca. Lo irónico es que algunas personas dicen que jamás podrían confesarles sus pecados a un ser humano, sacerdote o no, pero estos mismos no tienen el menor temor de decir en la televisión nacional, frente a millones de personas, sus secretos familiares más oscuros e íntimos. Difícil de entender. Uno de los mejores ejemplos del papel del sacerdote y el sigilo del confesionario en la cinematografía está en la película del famoso Alfred Hitchcock, *I Confess* (Yo *Confieso* 1953; Warner Bros.) con los actores Montgomery Clift y Anne Baxter.

Es tan estricto y sagrado lo confidencial del sacramento que aún los enemigos de la Iglesia quedan impresionados por lo mucho que ha durado. El secreto absoluto nos asegura que es posible confesar cualquier cosa sin temor de venganza, reacción o respuesta. El saber que el sacerdote nunca puede contar lo que escucha le da a los penitentes las fuerzas y la valentía de confesar todo.

Si el sacerdote violara el sello del secreto del sacramento de la penitencia, quedaría automáticamente excomulgado, de lo que solo el Papa podrá darle la absolución por tal crimen. (Para mas sobre la excomunión, vea el Capítulo 9.)

La confesión se lleva a cabo en una de estas tres formas:

- **La confesión privada:** La confesión privada es la manera más común de la confesión. El *penitente* (la persona que dice sus pecados) entra en alguna iglesia católica e ingresa al *confesionario,* conocido también como el *cuarto de la reconciliación* o *cuarto de la penitencia*. Un ejemplo se les presenta en al Figura 7-1.

Figura 7-1: Un confesionario en la Basílica de San Pedro en Roma.

© Michael S. Yamashita/CORBIS

Aunque algunos confesionarios más antiguos no permiten la opción de que el penitente pueda ver al sacerdote y confesarse cara a cara, los nuevos cuartos de penitencia ofrecen al penitente la posibilidad de elegir ir tras un velo, como en los confesionarios antiguos, guardando el anonimato, o confesarse cara a cara, revelando su identidad (al menos de rostro) al sacerdote.

La persona debe confesar todo los pecados mortales que recuerde desde su última confesión. Los pecados veniales pueden y deben ser confesados, pero los mortales tienen que ser primero. Si la persona no tiene pecado mortal y simplemente quiere incluir sus pecados veniales con los mortales que quiere confesar, está bien. Decir todos sus pecados al sacerdote, como se le dice al médico las dolencias y los dolores más pequeños al igual que las heridas mayores es algo que ayuda. La mejor de todo es que cualquier pecado que se haya olvidado también queda perdonado. El sacerdote da alguna penitencia, que el penitente debe cumplir y después le otorga la absolución.

Esta manera de confesarse sucede casi todos los sábados por la tarde o noche en cada parroquia del mundo entero. Algún sacerdote se sienta cada semana en el confesionario esperando a sus parroquianos para que se confiesen. San Juan Vianney (1786–1859), el santo patrón de los sacerdotes de parroquia, escuchaba confesiones durante casi 20 horas una tras otra, pero la mayoría de los sacerdotes escuchan de 30 a 90 minutos cada semana.

Los católicos no tienen que esperar el día sábado para confesarse. Pueden pedirle al sacerdote que los confiese en el momento en que sea conveniente. Sólo que es más fácil y práctico para la gente aprovechar al "hombre en la caja" cuando sea posible.

- **El servicio de penitencia:** El servicio de penitencia en la parroquia es la segunda manera de la confesión. Usualmente durante el Adviento (antes de la Navidad) y la Cuaresma (antes de la Pascua) las parroquias traen varios sacerdotes de visita como *confesores* —sacerdotes que escuchan confesiones. La congregación entera canta un himno, escucha la palabra de las Escrituras, escucha un sermón breve para luego, juntos, hacer el *Acto de Contrición.* Luego cada individuo va con el sacerdote que quiera, confiesa verbalmente *al menos* sus pecados mortales en privado, recibe una penitencia y recibe la absolución.

  Esta forma de ir a la confesión ayuda mucho porque en los tiempos de Navidad y Pascua la fe está en la mente de muchas personas —las líneas de las confesiones los sábados se hacen más largas que las filas en los supermercados.

- **La confesión y la absolución general:** La confesión y la absolución general es la tercera manera y la menos común. En tiempos de guerra, desastres naturales, cuando la vida está en peligro, si hay un gran número de pecadores que no pueden alcanzar confesarse por la situación y hay tan sólo un sacerdote para cientos de penitentes y la gente no puede regresar la próxima semana, el sacerdote puede pedir al obispo un permiso especial y dar una absolución general sin la confesión individual.

Sala de Emergencia Espiritual

Cuando vas a ver al doctor le dices lo que anda mal antes de que te pueda diagnosticar el problema y prescribir algún remedio. La confesión es como el examen de salud espiritual. El penitente, la persona que dice sus pecados, tiene que decirle al confesor, el sacerdote que escucha la confesión, sus pecados (síntomas), para recibir el consejo y la prescripción apropiada por parte del confesor. El confesor no es un acusador ni el abogado espiritual, pero si es médico espiritual. Si juzga que la penitencia sea apropiada, pero sólo Dios juzga si la persona está verdaderamente arrepentida de sus pecados. Alguien puede fingir y mentir al que los confiesa y así parecer que está arrepentido (tener contrición) por sus pecados, pero solo le mienten al sacerdote — no pueden hacerlo con Dios. El sacramento no funciona sin verdadera contrición.

Es muy peligroso no decirle todo al confesor, tal como lo es no contarle todo a tu médico. El pecado es una enfermedad del alma y la confesión es como la sala de emergencias; el médico espiritual (tu confesor) necesita conocer tus problemas para darte algún tratamiento (absolución). La penitencia que te impone es tu prescripción.

No es cuestión suficientemente seria el que haya un gran gentío y un solo sacerdote para que se use la absolución general. No es como un lavado de auto espiritual. La absolución general sin la confesión individual es válida solamente si el obispo del lugar da permiso *y que sea* por una razón seria, como lo fue el incidente de la planta de energía nuclear Three Mile Island en 1979. El proviso dice que una vez recibida la absolución general el penitente debe hacer todo lo posible por ir a la confesión privada cuanto antes —a la primera oportunidad que tenga— y confesar al menos sus pecados mortales, incluyendo esos que tuvieron al momento que recibieron absolución general.

Muchas veces son los soldados y marineros en el frente de batalla quienes reciben la absolución general por parte del capellán católico. Si sobreviven, tienen que ir a hacer una confesión privada tan pronto como puedan.

¿Estás verdaderamente arrepentido?

El primer paso del sacramento es confesar todos los pecados mortales. Estar verdaderamente arrepentido es algo que no se puede expresar, pero debemos decirlo de todas maneras: El dolor por los pecados (la contrición) debe ser genuino. El sacerdote siempre te va a dar el beneficio de la duda pero nadie puede mentir a Dios. Si un hombre confiesa el pecado del adulterio sin estar arrepentido de ello —sólo arrepentido de que su esposa lo haya descubierto— entonces ninguno de sus pecados queda absuelto (perdonado), sean veniales o mortales, porque hizo una mala confesión. La confesión verbal tiene que expresar la contrición interna por el pecado cometido.

Es absolutamente necesario que el católico confiese todo pecado mortal que conozca o que se la haya olvidado. Se le recomienda que confiese también cualquier pecado venial que haya cometido desde su última confesión.

La *contrición perfecta* consiste en estar arrepentido de tus pecados por el hecho de que ofende la bondad de Dios. La *contrición imperfecta* es estar arrepentido por temor al castigo del infierno. La Iglesia cree que cualquiera de las dos es suficiente, pero el estar perfectamente contrito es mejor. Aún así, cuando estás en un momento de debilidad, la idea del fuego y el azufre puede ayudarte a mantener en el camino recto y estrecho.

Después de haber confesado tus pecados el sacerdote te pide que hagas el *Acto de Contrición.* Tienes que velar que sean buenas tus intenciones cuando lo digas. Al igual que uno tiene la responsabilidad de recibir la Sagrada Eucaristía sin estar en pecado mortal y caer sobre la conciencia individual, la validez de la confesión del penitente cae sobre su propia conciencia. El sacerdote no puede saber si estás en estado de pecado mortal, aunque digas todos tus pecados, si de veras estás arrepentido, o si realmente te propones evitar cometer el mismo pecado, pero tú sí lo sabes. Así que sólo tú y Dios conocen el estado exacto de tu alma.

Hacer penitencia

Después que confieses tus pecados el sacerdote te dará una penitencia por hacer. En tiempos antiguos la penitencia consistía en hacer algún peregrinaje a Tierra Santa y visitar los santuarios donde Jesús vivió, predicó, sufrió y murió. Después, cuando el viaje se hizo demasiado peligroso, costoso e impráctico, fueron creadas las pequeñas penitencias.

En estos días, alguna penitencia puede ser el hacer algo bueno por tu enemigo cada día de la semana y cada semana del mes. Puede ser el visitar algún centro de ancianos u hospital un día a la semana por un mes. Puede ser que tengas que donar tu tiempo para dar de comer a los pobres o repartirles ropa. Puede conllevar cualquiera de las obras corporales o espirituales de la misericordia (vea el capítulo 11). Es posible que la penitencia sea decir algunos rezos como el *Padrenuestro* o el *Ave María* (vea el capítulo 13) cinco o diez veces.

Cualquiera que sea la penitencia, siempre es un símbolo, porque los católicos creen que el sacrificio de Cristo en la cruz fue la expiación de nuestros pecados. Tu penitencia es para beneficio tuyo —para hacerte recordar que Dios viene primero y tú vienes último.

Absolver al pecador

Antes de cumplir la penitencia, pero después de saber cuál es y estés de acuerdo en hacerla (si de veras no puedes cumplir con la penitencia que te fuera impuesta tienes la obligación de decirle al sacerdote para que te asigne otra), entonces el sacerdote te da la absolución sacramental:

Dios Padre misericordioso, que reconcilió consigo al mundo por la muerte y la resurrección de su Hijo y derramó el Espíritu Santo para la remisión de los pecados te conceda por el ministerio de la Iglesia, el perdón y la paz, y yo te absuelvo de tus pecados en el nombre del Padre, y del Hijo, y del Espíritu Santo. Amén.

Si la persona no muestra arrepentimiento ni un firme propósito de enmendarse, entonces el sacerdote no le puede dar absolución. Por ejemplo si una persona confiesa que lleva una relación adúltera pero no quiere terminar la relación y volver con su esposa, entonces el sacerdote no puede darle la absolución, porque el hombre no sólo falla en sentir remordimiento, sino que tiene la intención de seguir cometiendo el mismo pecado —no tiene propósito firme de cambiar su vida. Aunque la persona engañase al sacerdote fingiendo estar arrepentida sin estarlo, la absolución no sería válida pues a Dios no se le puede engañar.

Solamente el sacerdote u obispo (que incluye los cardenales y los papas) pueden dar la absolución. Los diáconos no tienen el poder de celebrar este sacramento.

La unción de los enfermos

Este sacramento fue llamado la *extrema unción* (unción final) pero no porque fuera el último sacramento que se recibe antes de salir de esta vida, sino porque era la última unción que se recibe en esta vida. El bautismo y la confirmación fueron las dos primeras unciones sobre la persona. Antes se le llamaba comúnmente los *últimos ritos,* porque antes que existieran los antibióticos y la penicilina, muchas más personas morían de la enfermedad y las heridas.

La medicina moderna ha dado a la gente una esperanza tremenda en la recuperación y cura de las enfermedades en la que los procedimientos quirúrgicos son bastante exitosos, a diferencia de los antiguos procedimientos como las transfusiones a sangre fría, los instrumentos estériles y la anestesia. En esa época, cuando las enfermedades y las heridas resultaban mortales, los católicos llamaban al sacerdote para ser ungidos, basados en la Epístola de Santiago: "Si hay alguien enfermo entre ustedes llamen por el sacerdote y que oren sobre ellos, ungiéndoles con aceite" (Santiago 4, 14).

Cuando al enfermo o al lisiado no se le daban esperanzas de vida, la extrema unción era el signo de que nada más podía hacerse, así que el enfermo y el lisiado se preparaban espiritualmente para la muerte. Es por eso que aún hoy, muchos de los ancianos se llenan de temor cuando llega el capellán del hospital católico con su estola violeta y los óleos en mano. Presumen lo peor y sólo ven al sacramento como el comienzo del final.

Ciertamente la unción de los enfermos ofrece las oraciones para el posible mejoramiento del enfermo, pero la intención más importante es para darle fuerzas al alma de la persona enferma. Muchas veces, cuando alguien se enferma se desanima, se deprime, se enfurece, se incomoda y tiene temor. La Iglesia cree que el sacramento le da la gracia especial para calmarle el espíritu. Si es voluntad de Dios que se mejore físicamente, así será. Si no, entonces la persona necesita esa gracia, la fuerza y el apoyo para poder sobrellevar la enfermedad con dignidad. El sacramento de la unción de los enfermos también da la remisión (le perdona) de los pecados si la persona está arrepentida por lo que hizo pero no pudo confesarse en el sacramento de la penitencia. En ciertas ocasiones no hay tiempo para que la persona pueda confesarse o la persona está inconciente o no está lúcida para poder hacerlo, así que la unción compensa el perdón de los pecados que la persona confesaría si pudiera hacerlo. Es por este aspecto de absolver pecados que los diáconos no pueden ungir, pero sí los sacerdotes y los obispos.

La unción de los enfermos tiene que ver con usar el óleo de los enfermos (*oleum infirmorum*) —aceite de oliva bendecido por el obispo durante la Semana Santa. El ungir con el óleo no es cosa de magia ni un gesto de buena suerte, sino que es un signo sincero de asistencia sobrenatural que coincide con la medicina física y el tratamiento que ya se le ofrece. Los que sufren nos recuerdan las palabras de San Pablo: "Ahora me alegro de padecer por ustedes, pues así voy completando en mi existencia terrena, y a favor del cuerpo de Cristo, que es su Iglesia, lo que aún falta al total de sus sufrimientos" (Colosenses 1, 24) y "porque si es cierto que abundan en nosotros los padecimientos de Cristo, no es menos cierto que Cristo nos llena de consuelo" (2 Corintios 1, 5). Los católicos cristianos creen firmemente en el *sufrimiento redentor,* cuando la persona voluntariamente une todas sus dolencias, padecimientos y tribulaciones con Cristo en la cruz.

La idea católica de sufrimiento redentor, es decir, unir nuestro propio sufrimiento al de Jesús crucificado, da un sentido y propósito al sufrimiento inevitable de la persona. Este concepto está expresado explícitamente e implícitamente en el sacramento de la unción de los enfermos. La mayor parte del tiempo, son los inocentes quienes sufren mientras parece que los pecadores culpables se escapan del dolor y la miseria. Por eso en vez de ver el sufrimiento como castigo se les pide a los católicos entender sus padecimientos como (en las palabras de la Madre Teresa de Calcuta) haber sido besados y abrazados personalmente por el Señor crucificado. Él nos sostiene tan cerca y tan fuertemente que podemos sentir los clavos y las espinas en nuestro propio cuerpo (por supuesto es una analogía).

Dado que en la actualidad muchos de los enfermos o lisiados se recuperan, o al menos entran en estado de mejoría, los católicos pueden recibir el sacramento de la Unción repetidas veces —cuantas veces se necesite. Los ancianos que sufren de múltiples males y los que tienen alguna enfermedad mortal y seria, dolorosa y sufrimiento crónico, o con una enfermedad recurrente, pueden y deben ser ungidos frecuentemente.

Algunos católicos ven la unción de los enfermos como el cambio de aceite espiritual y creen que cada tres meses (o cada 3,000 millas) es un buen tiempo de ungir a los que están en cama, las personas en los asilos de ancianos y otros de condiciones crónicas y patológicas. Lo que sigue es un comentario por uno de nosotros, Padre Trigilio:

> Cuando mi hermano Miguel vivía y sufría de distrofia muscular, y al tiempo en que mi papá padecía leucemia, yo solía darles la unción cada vez que los visitaba, eso era cada tres meses aproximadamente.

Algunas parroquias tienen una Misa de Unción de los enfermos una o dos veces al año para sus parroquianos. La única diferencia es que aquellas personas con enfermedades, males, dolencias y dolores menores; y aquellos que sufren de condiciones no-físicas que no les amenaza la vida, quieren ser ungidos, pero el sacramento es para aquellos que peligran por su vida o que están en condición seria y crítica de acuerdo a la medicina. En los casos menos graves es pertinente realizar una oración por su salud. No se debe abusar en el uso del sacramento, trivializándolo, por causa de cada mal estomacal o dolor del dedo.

Muchos de los católicos mayores tienen el "equipo de la visita al enfermo", que es un crucifijo grande, el cual tiene adentro dos velas, una botella con agua bendita y un pequeño paño blanco, para estar preparados en caso de que venga el sacerdote a *visitar al enfermo* y ungirlo. El paño con el crucifijo se coloca cerca del enfermo, se encienden las velas a los lados. Si el paciente usa oxígeno es mejor *no encender las velas.* Algún miembro de la familia saluda al sacerdote y lo lleva junto al enfermo en un ambiente con algo de *silencio.* En otras palabras que la televisión no esté encendida. El sacerdote unge al enfermo y si está en condición de recibir la Eucaristía el sacerdote se la imparte. Cuando un moribundo recibe la Santa Comunión eso es llamado *viaticum, viático* en español, que viene del latín *algo para la jornada.* La persona y la habitación son bendecidos con agua bendita.

La Iglesia Católica sugiere que el moribundo tenga cerca un crucifijo con que poder meditar, un rosario, una Biblia, agua bendita y velas, si es seguro usarlas. Estos objetos hacen sagrada la escena porque la persona que sufre va a pasar por su propio Calvario y estará caminando con el Señor para acercarse al lugar donde crucificaron a Jesús.

El sacerdote pone su pulgar en el aceite, que muchas veces tiene una bola de algodón que está mojada con el óleo bendito para que no se derrame. Luego unge la frente del enfermo y dice: "Por esta santa unción y por su bondadosa misericordia te ayude el Señor con la gracia del Espíritu Santo. Amén." De ser posible le unge las palmas de las manos y dice: "Para que, libre de tus pecados, te conceda la salvación y te conforte en tu enfermedad. Amén." Si es una emergencia, como lo es algún paciente en una sala de emergencia, el sacerdote puede ungir cualquier parte del cuerpo donde no le estorbe a los doctores y enfermeras, en caso que estos estén tratando las manos y la cabeza de la persona herida.

Los sacerdotes y los obispos no son ungidos en las palmas de sus manos al recibir el sacramento de la unción de los enfermos, ya que sus manos fueron ungidas en el día de su ordenación. A los sacerdotes y a los obispos se les unge el dorso de las manos.

Capítulo 8

La Celebración de la Misa Católica

En Este Capítulo

- Actualizar el sacrificio de Cristo
- Descubrir las diferentes partes de la Misa
- Saber cuándo estar de pie, sentado o arrodillado
- Seguir el calendario de la Iglesia

La *Misa,* o mejor dicho el Santo Sacrificio de la Misa, es el más importante, central y sagrado, en el culto católico. La razón es porque la Sagrada Eucaristía es "la fuente y cumbre de la vida cristiana" (*Lumen Gentium;* 1964). Los católicos creen que durante la Misa el sacerdote transforma el pan y el vino en el Cuerpo y la Sangre de Cristo, llamado Santa Eucaristía, que describe el acto litúrgico de dar culto y es al mismo tiempo meta y fruto.

Los católicos profesan que la Sagrada Eucaristía sólo puede ocurrir a través de la Misa, y le profesan a la Eucaristía el mismo respeto y adoración que se le debe a Dios. Por lo tanto tiene sentido que la Misa sea el centro del catolicismo. No es lo único que hace, ni lo único que creen, pero está en el centro de sus creencias sostener que Jesucristo está real, verdadera y substancialmente presente en la Sagrada Eucaristía. Es la razón por la que a la Misa también es llamada la *Liturgia Eucaristía.* La palabra *Eucaristía* viene del griego *eucharistein,* que significa *acción de gracias;* y la palabra *liturgia* viene del griego *leitourgia* que significa *culto público.* Diferentes términos describen esta parte esencial y vital del culto y la fe católica:

- El Partir el Pan
- La Liturgia Divina
- La Liturgia Eucarística
- La Sagrada Eucaristía
- La Santa Misa

- El Santo Sacrificio de la Misa
- La Cena del Señor

La frase *el Santo Sacrificio de la Misa* puede dar a entender que los católicos intentan añadir algo al único sacrificio de Cristo en la cruz del Viernes Santo original, pero el Sacrificio de la Misa no está separado del sacrificio de Cristo ofrecido en el Calvario en el año 33 d.C. Es la actualización del mismo pero de manera incruenta.

Por ser Dios, el sacrificio de Jesús en la cruz no está limitado por el espacio y el tiempo, como sí sucede con lo humano. Su divinidad hizo eterno su sacrificio. No es que su sacrificio realizado hace 2,000 años no sea suficiente para el presente. Más bien, fue tan perfecto y poderoso que nunca puede acabarse o ser repetido. Es eterno, porque los pecados aún siguen siendo perdonados aunque hayan pasado dos milenios desde su muerte.

La Iglesia mantiene que sin toda la sangre y horror de la Crucifixión, el Sacrificio de la Misa actualiza (*no* representa) lo mismo:

- **La ofrenda:** Jesús es *víctima* en la Misa
- **La persona que hace la ofrenda:** Jesús es *sacerdote* en la Misa
- **Los efectos:** La remisión de los pecados

Jesús se ofrece a sí mismo a través del sacerdote, quien hace la ofrenda en representación del pueblo a Dios Padre. Como víctima, también es él quien será sacrificado. La Misa es la principal ceremonia de culto celebrada en todo el mundo, exactamente la misma manera, cada día de la semana. La Misa incorpora todo lo que creen los católicos, todo lo que hacen y la manera en que lo hacen. La Misa resume todas las doctrinas de la Iglesia, expresa la manera que deben vivir los católicos y les da los medios para hacerlo. Entender la Misa es poder entender el catolicismo. En este capítulo te ayudamos eso.

¿Qué es la Misa Exactamente?

La *Misa* es el rito sagrado —el servicio de culto formal y oficial del catolicismo. Incorpora la Biblia (Sagrada Escritura), la oración, el sacrificio, los himnos, símbolos, gestos, comida sagrada para el alma y las indicaciones de cómo vivir la vida católica —todo esto en una sola ceremonia.

La palabra *misa* viene de la expresión latina *Ite, missam est,* las palabras con que finalizaba la antigua Misa en latín, y cuyo significado es *váyanse, el envío se ha dado.* Lo explicaremos con un poco más de detalle.

Honrar públicamente al Shabat

La Misa al ser el acto supremo de culto es la manera en que el católico puede cumplir con el Tercer Mandamiento, el de conservar santo el día del Shabat. En el séptimo día de la creación (Génesis 2, 3) Dios estableció el *Shabat* como día de descanso y día del Señor. (Vea el Capítulo 10 para más sobre los Diez Mandamientos.) Aunque el Shabat judío es el sábado, la Última Cena ocurrió el Jueves Santo y Jesús murió el Viernes Santo, el enfoque principal del cristianismo está en que Cristo resucitó de entre los muertos el primer domingo de Pascua. Por lo tanto el domingo es el Shabat cristiano. Este es el día en que los cristianos católicos van a la iglesia para participar en la Misa.

Se puede orar en cualquier parte y en cualquier momento; y leer la Biblia a solas o con otros, cuando gustes y donde gustes; pero tienes que ir a la iglesia para asistir a Misa. Los católicos no pueden juntarse en cualquier lugar, como una casa o algún otro lugar que les convenga, para tener una Misa. Solamente el sacerdote ordenado puede celebrar la Misa. Esto ocurre gracias al ejercicio de autoridad de un sacerdote, obispo o el papa. Participar en la Misa es importante porque conecta al creyente católico con otros creyentes de a la iglesia universal y local. Faltar a la Misa en domingo o en algún día de obligación es un pecado mortal, a no ser que el mal tiempo, la enfermedad o alguna verdadera emergencia te lo impida. (Para más sobre el pecado mortal, vea el Capítulo 7.)

La Iglesia profesa que durante la Misa convergen tres niveles de la Iglesia y se unen mutuamente, esto es lo que significa la palabra *comunión.* El *Credo de los Apóstoles* (vea el Capítulo 3 y 13) usa la frase *comunión de los santos,* referida a los tres niveles de la Iglesia: los santos en el cielo, los creyentes de la tierra y las almas del purgatorio. Cada uno de estos tres niveles de la Iglesia rinde culto y adoración a Dios. Todos, en el cielo, en la tierra y en el purgatorio, convergen en la Misa para que todos los siervos de Dios estén unidos por la oración. Esta dimensión social es central para el catolicismo. Definitivamente no es una religión de individualismo sino comunitaria. (Vea el Capítulo 15 para más información sobre la comunión de los santos.)

Desde la Crucifixión de Jesús aquel Viernes Santo, la cruz ha sido el símbolo del cristianismo. La cruz por si misma es una intersección de una línea vertical con una línea horizontal, que también simboliza la relación personal que tiene el creyente con Dios (vertical) y la relación social que tiene el creyente con su prójimo (horizontal). La Misa se centra en la cruz por lo que ambas relaciones son enfatizadas—con el Señor y con los demás.

Participación completa

El catolicismo pide algo más allá de una mera presencia física de los que participan en la Misa. Se requiere del creyente una participación completa, consciente, y activa; manifestada en el canto, la oración, respondiendo a las oraciones, usando posturas como el sentarse o arrodillarse, entre otras cosas. El sacerdote es quien preside las oraciones durante la Misa, pero las oraciones del pueblo se unen a las suyas. Las del sacerdote y las del pueblo pueden ser distintas y a veces las mismas. Si el sacerdote está de pie y el pueblo de rodillas, como sucede durante la Plegaria Eucarística; ambos, el sacerdote y la congregación, están participando según sus propios gestos y respuestas. La participación completa, activa y consciente no se limita al lugar o la acción. Ambos todavía están participando completamente aunque la congregación esté de rodillas en sus bancas, y el sacerdote esté cerca del altar.

Además de la participación por medio de responsorios verbales y gestos físicos, también ocurre la participación interior, que cuenta mucho más que cualquier otra cosa. Durante la Misa cada persona debe estar en comunicación con Dios. La meta de todos presentes debe ser estar dispuestos a cooperar y abrir su voluntad para aceptar las gracias divinas y sobrenaturales comunicadas en la Misa. Aunque la música y los cánticos estén algo fuera de tono y la predicación sea algo aburrida, la meta final sigue siendo la misma —el beneficio espiritual del alma.

Uniendo el pasado, el presente y el futuro

La Iglesia Católica profesa que la Misa no es un mera representación de la Última Cena, el momento que Jesús tomó pan y vino y dijo las palabras, "Esto es mí cuerpo" y "Esto es mí sangre" (Mateo 26, 26–29). Mucho más que repetir una antigua ceremonia la Misa combina, al mismo tiempo, el pasado, el presente y el futuro:

- **El pasado:** Las palabras exactas y los elementos que Jesús usó en la Última Cena del Jueves Santo son usados con fidelidad y precisión.
- **El presente:** La Misa ofrece gracia, alimento e instrucción para todos los presentes.
- **El futuro:** Presagia el banquete celestial. Jesús habló muchas veces de un banquete celestial o de una fiesta de bodas donde los invitados estarían muy bien alimentados, que dura por la eternidad y sobrevive más allá del fin del mundo.

La Misa es clave porque transporta a los participantes al pasado hasta llegar a la Última Cena de Cristo con los apóstoles, a la Pasión y la muerte de Cristo en la cruz, su resurrección y a la tumba vacía aquel primer domingo de Pascua. Las mismas palabras que Jesús pronunció en la Última Cena son usadas para consagrar las mismas cosas usadas por el Señor en ese entonces —el pan y el vino, durante el sacramento de la Eucaristía. El mismo sacrificio es ofrecido— o sea, el Hijo se sacrifica al Padre por toda la humanidad. El mismo Cristo *resucitado* entra al alma de cada persona en el momento de la Comunión, cuando la congregación come y bebe su cuerpo y sangre *vivos* (resucitado, no muerto).

Santo Tomás de Aquino (vea los Capítulos 9 y 18), que fue un teólogo dominico del siglo 13, dijo que la Sagrada Eucaristía, particularmente en la Misa, hace recordar a los fieles lo que Jesús hizo por la humanidad en el *pasado,* lo hace *presente* en su *Presencia Real,* el pan y vino consagrados, y nos promete a los fieles el *futuro* en la gloria del cielo, dándonos comida para la vida eterna. Por lo tanto los católicos entienden que la Misa es la cima y el culmen de todo el culto cristiano. Para los católicos la Misa incorpora la Palabra de Dios inspirada en las Escrituras y hace presente la palabra hecha carne en la Sagrada Eucaristía. (Para mayores detalles vea la sección "Decir la Plegaria Eucarística", más adelante en este capítulo.)

Si sigues leyendo verás que la Misa también nos indica, por medio de las lecturas y las oraciones dichas en la celebración, cómo vivir la vida Cristiana:

- Estar dispuestos a sacrificarnos por los demás tal como lo hizo Jesús
- Ser obedientes a la voluntad de Dios
- Escuchar su palabra
- Poner en práctica su palabra

Las Dos Partes de la Misa

La primera parte de la Misa en la Iglesia de Occidente (Latina) es la *Liturgia de la Palabra* y su enfoque principal son las lecturas bíblicas como parte integral del culto diario y semanal. La segunda parte es la *Liturgia de la Eucaristía* y su enfoque principal es la parte más santa y sagrada de la Misa — la Sagrada Eucaristía.

Los católicos de Oriente llaman a su Misa la *Liturgia Divina,* pero esencialmente es lo mismo. La Liturgia Divina del Oriente se divide en cuatro partes:

1. La Preparación de los Dones
2. El Oficio de Antífonas
3. El Servicio de la Palabra
4. El Servicio de la Eucaristía

Los católicos orientales también usan la doble división de: Liturgia *de los Catecúmenos* y *la Liturgia de los Fieles,* que coincide con la *Liturgia de la Palabra* y la *Liturgia de la Eucaristía.* Las diferencias responden al hecho de que en Occidente la Misa sigue la tradición de la liturgia romana, mientras que en el Oriente se usa la tradición litúrgica de Constantinopla. Vamos a estudiar de cerca la liturgia del Occidente, porque es la más común, manteniendo en mente que en la Iglesia Católica, ambas son completas e iguales.

La Liturgia de la Palabra

A la señal de inicio de la Misa, la congregación, dirigida por el que toca la música y el coro, se pone de pie y canta el himno de entrada, mientras que el sacerdote, diácono, lector, acólitos y, si se necesitan, los *ministros extraordinarios* (laicos que ayudan al sacerdote en la distribución de la Santa Comunión), entran en procesión por el pasillo central, desde atrás hacia delante, hasta quedar frente al altar. La canción es la que establece el ambiente y la perspectiva apropiados para el culto sagrado. Si el sagrario (vea el Capítulo 16) está al centro del santuario, el sacerdote y cualquier otra persona que camine frente a él hará una genuflexión como señal de reconocimiento que Cristo está verdaderamente presente en la Sagrada Eucaristía. Luego el sacerdote y el diácono se inclinan y hacen una reverencia frente al altar para besarlo a continuación. La creencia es que se hace la genuflexión frente a la Sagrada Eucaristía porque *es* Cristo, pero el altar solo *representa* a Cristo. Finalizado esto el sacerdote, el diácono y los servidores se ubican de pie junto a sus respectivas sillas ubicadas en el santuario. La señal de la cruz da comienzo oficialmente a la Misa.

Los católicos empiezan y terminan cada oración y sacramento con la señal de la cruz. Es uno de los sellos distintivos del catolicismo.

Admitir la condición de pecador

El sacerdote da un saludo breve y se inicia el *Rito Penitencial.* Esto no es una confesión general ni tampoco absolución general. No toma el lugar del sacramento de la penitencia y no equivale a ir a la confesión. (Vea el Capítulo 7 para los detalles acerca del sacramento de la penitencia.) El Rito Penitencial es un reconocimiento público de que todos somos pecadores y que hemos pecado hasta cierto grado durante la semana, sea de manera pequeña o grande. Por lo normal el rito se inicia cuando todos recitan el *Confíteor,* que en latín quiere decir *yo confieso:*

> Yo confieso ante Dios todopoderoso, y ante vosotros, hermanos, que he pecado mucho de pensamiento, palabra, obra y omisión. Por mi culpa, por mi culpa, por mi gran culpa. Por eso ruego a Santa María, siempre Virgen, a los ángeles, a los santos, y a vosotros hermanos que intercedáis por mí ante Dios, nuestro Señor.

Al Confíteor le sigue el *kyrie,* que en griego significa *Señor, tal* como *Kyrie eleison,* o *Señor ten piedad;* y también *Christe eleison* o *Cristo ten piedad.* El rito expresa la culpa y vergüenza pública por todo pecado cometido contra Dios, porque al pecar uno ofende y hiere a la comunidad de fe.

San Pablo apóstol describió a la Iglesia como el cuerpo de Cristo (1 Corintios 12, 12–13, 27) en el que los creyentes son las partes individuales de ese cuerpo. Los católicos creen que al igual que el cuerpo es uno y tiene muchas partes, y todas esas partes del cuerpo aunque muchas, forman un solo cuerpo, así lo es con Cristo. Porque un solo Espíritu los bautizó a todos en un solo cuerpo —judío o griego, esclavo u hombre libre— y a todos se les dio de beber del mismo Espíritu.

Si una o más partes resultan dañadas o enfermas, todo el cuerpo sufre dolor. Si una persona peca afecta a todos los presentes porque todos están interconectados. Esa es la razón por la que uno necesita pedir disculpas a Dios y al vecino. En la parábola del hijo pródigo (Lucas 15, 11–32) el hijo descarriado vuelve a casa y pide disculpas a su padre, pero es el padre quien también espera al hijo pacientemente a que regrese a casa donde debe estar. En el Rito Penitencial la congregación es como el hijo descarriado. La Iglesia es el hogar. Y Dios es el padre paciente. De la misma manera el Rito Penitencial simboliza que hasta cierto punto todos somos pecadores y que lo admitimos ante Dios y el mundo. Esto expresa nuestro dolor por los pecados cometidos y los *pecados de omisión* (lo que debiste hacer pero escogiste no hacer), y nos pide que oremos el uno por el otro.

La oración del Gloria y la oración Colecta

Si la Misa es en domingo o día de obligación, entonces después del Rito Penitencial viene el *Gloria.* Este himno antiguo nos recuerda el cantar de los ángeles en la Navidad en Belén cuando cantaron al nacer Cristo, "Gloria a Dios en el cielo, y en la tierra paz a los hombres de buena voluntad. . . ." (Lucas 2, 13–14) (Vea la sección "Vestir de acuerdo al evento," más adelante en el capítulo, para saber más sobre los días de obligación.)

Gloria a Dios en el cielo, y en la tierra paz a los hombres que ama el Señor. Por tu inmensa gloria te alabamos, te bendecimos, te adoramos, te glorificamos, te damos gracias. Señor Dios, Rey celestial, Dios Padre todopoderoso. Señor Hijo único, Jesucristo, Señor Dios, Cordero de Dios, Hijo del Padre: tú que quitas el pecado del mundo, ten piedad de nosotros; tú que quitas el pecado del mundo, atiende nuestra súplica; tú que estás sentado a la derecha del Padre, ten piedad de nosotros; porque sólo tú eres Santo, sólo tú Señor, sólo tú Altísimo, Jesucristo, con el Espíritu Santo en la gloria de Dios Padre. Amén.

El catolicismo, tradicionalmente, tiene cuatro clases de oración:

- **La adoración:** Alabar a Dios
- **La contrición:** Pedir perdón a Dios
- **La petición:** Pedir de Dios algún favor
- **La acción de gracias:** Mostrar a Dios nuestra gratitud

La Iglesia considera que la Misa es la más alta y suprema forma de oración, pues en ella aparecen las cuatro modalidades o clases. El Gloria corresponde a la oración de adoración, a diferencia del Confíteor y el Rito Penitencial que son la parte de contrición. Más adelante en la Misa, después de la homilía (sermón) y el Credo de Nicea, sigue la Oración de los Fieles que es una oración de petición. La parte de acción de gracias viene después de la Santa Comunión cuando se expresa gratitud por todas las gracias recibidas en la Misa.

Después del Gloria, la oración colecta se dirige a las tres personas de la Santísima Trinidad (Padre, Hijo y Espíritu Santo) y lo normal es que establece el tono que seguirán las demás oraciones y las lecturas de la Biblia en la Misa. En cierto sentido, le da un tema a la Misa. Cada domingo, día santo y día de fiesta (en honor a algún santo) tiene sus oraciones y lecturas especiales, las mismas que dependen del tiempo del año o la prioridad que tiene la fiesta. (Vea la sección "Las épocas espirituales del año," más adelante en el capítulo.)

Durante cada elemento de la Liturgia de la Palabra que hasta este momento hemos descrito, el sacerdote, el diácono y la congregación permanecen de pie.

Leer las Escrituras

Cualquier *lector* calificado, algún laico que ha sido entrenado para la obra de leer en la Misa, puede leer las lecturas del Antiguo y Nuevo Testamento. Los lectores se preparan cada día o semana para la leer la Sagrada Escritura en la Misa. Los fieles se sientan durante las lecturas mientras que el lector permanece delante y de pie, cerca del altar, leyendo en voz alta. Los domingos se lee una selección del Antiguo Testamento, un salmo, el cual muchas veces está musicalizado y se canta, y después se lee un fragmento de alguna de las epístolas del Nuevo Testamento o de los Hechos de los Apóstoles. Los Hechos de los Apóstoles es el libro que le sigue inmediatamente a los Evangelios y está antes de las epístolas. Las epístolas son las cartas de los santos Pedro, Pablo, Santiago, Judas y Juan.

Por lo general se canta algún arreglo musical de la palabra *aleluya* antes de la lectura del Evangelio —un pasaje de los Evangelios según San Mateo, Marcos, Lucas o Juan, del Nuevo Testamento. La palabra *aleluya* es la versión latina de la palabra griega *allelouia,* que es una expresión de alabanza y alegría, la misma que viene de la palabra en hebreo *hallelujah* que quiere decir *alabado sea el Señor.* Esto es el momento más importante de las lecturas Bíblicas, expresado porque la congregación se pone de pie. (O se ponen de pie cuando lo hace el sacerdote o el diácono.) Este cambio, que pasa del estar sentado a ponerse de pie, señala la preeminencia que tiene el Evangelio en relación a los otros libros de la Biblia. La Biblia entera es inspirada, pero los Evangelios son especiales, porque contienen las mismas palabras y las obras de Cristo. Por eso, los católicos se ponen de pie cuando se leen los Evangelios, pero permanecen sentados cuando se leen otras partes de la Biblia en la Misa.

Solamente el diácono, el sacerdote o el obispo pueden leer el Evangelio en la Misa. Algunas veces el Evangelio es incensado, *se le echa incienso* quemado en el incensario (llamado también el turífero o censor) sobre las páginas del Evangelio antes de ser proclamado. El incienso simboliza las oraciones que suben al cielo y el reconocimiento de la presencia de la divinidad. Los Evangelios son incensados porque Cristo está presente en cualquier momento que sean leídas sus palabras de la Biblia.

Tan fácil como el A, B, C

La congregación no tiene que traer la Biblia a la Misa para poder seguirla, porque el sacerdote, el diácono y el lector leen en voz alta, del Leccionario —un libro que reúne en él todas las necesidades específicas de la Misa católica. El Leccionario solamente contiene lecturas bíblicas, aunque ordenadas en un orden diferente al de la Biblia. La Biblia empieza con el Génesis y termina con la Revelación (Apocalipsis). El Leccionario empieza con las escrituras para el primer domingo del año y termina con las del último domingo. El Leccionario da una lista de las lecturas para el primer domingo del Ciclo A — una lectura del Antiguo Testamento, un salmo, una epístola del Nuevo Testamento y un Evangelio— les sigue las lecturas del primer domingo del Año Litúrgico B y el Año C. Las lecturas del segundo domingo del Año A, B y C, entonces le siguen a las lecturas del primer domingo, y así por el estilo.

El Leccionario no es nada más que selecciones de la Biblia puestas de tal manera que, para aquella persona que lea las Sagradas Escrituras, sólo tenga moverse entre una o dos páginas, lado por lado, en lugar realizar búsquedas de principio a fin en la Biblia, cada vez que necesite un pasaje bíblico. El Leccionario organiza de manera muy conveniente las escrituras de la Biblia de un domingo a otro domingo y de un día de la semana a otro día de semana.

Un problema con el Leccionario es que, aunque muchos católicos conocen sus lecturas de la Escritura por la Misa, cuando se les pide que busquen las mismas lecturas en la Biblia, a veces no lo pueden hacer, ya que la Biblia está organizada de una manera y el Leccionario de otra.

La Biblia tiene un papel importante en la oración diaria del católico. Las palabras de la Misa no son un montón de palabras sin sentido; ellas han sido seleccionadas cuidadosamente de la Biblia. El Gloria, el salmo, las lecturas del Antiguo y Nuevo Testamento y otras, son todas tomadas de la Sagrada Escritura, Las mismas que también se leen al realizar cada uno de los siete sacramentos.

La Iglesia escoge los textos sagrados para ser leídos durante una Misa específica; no lo determina ni el sacerdote ni el diácono. Las lecturas dominicales siguen un ciclo de tres años (A, B, y C); los Evangelios de Mateo, Marcos y Lucas toman precedencia, con el evangelio de Juan esparcido entre ellos. Si vas a la Misa cada domingo por tres años consecutivos, habrás escuchado y sido expuesto a los cuatro Evangelios y la mayoría de los escritos y epístolas del Nuevo Testamento. Las lecturas de la Misa entre semana (de lunes a sábado) son algo diferentes. Durante la semana el ciclo de las lecturas en la Misa diaria son de dos años (I y II), ya que solamente se leen dos lecturas durante la semana —mientras que en el fin de semana se leen tres. (Vea la Tabla 8-1 en este capítulo para saber más sobre el ciclo de las lecturas en la Misa.) Los años pares (2004, 2006, y siguientes) pertenecen al Año II de las lecturas diarias.

Dado que en la Misa de cualquier día de la semana se usan las mismas lecturas en todo el mundo la Iglesia Católica usa un libro llamado *Leccionario.* Este libro, que aparece cubierto en rojo, sólo contiene las lecturas de la Sagrada Escritura. Si hay una lectura que no pertenece a la Biblia, entonces no está en el Leccionario. La diferencia entre el Leccionario y la Biblia solamente es el orden y la secuencia de las lecturas. Normalmente las lecturas del Leccionario son resúmenes (fragmentos) sin que sean capítulos completos. (Vea el margen "Tan fácil como el A, B, C", de este capítulo, para saber más sobre el Leccionario.)

Existe la opción de usar el *Evangeliario,* que es justamente eso, un libro que contiene los Evangelios (Mateo, Marcos, Lucas y Juan). El Leccionario para las lecturas del Antiguo Testamento, el salmo y la epístola del Nuevo Testamento. El sacerdote o el diácono leerá del Evangeliario en vez del Leccionario. Esto se hace para dar mayor solemnidad a esa parte sumamente especial de la Biblia, que son los Evangelios, porque ellos contienen las palabras y las obras de Jesús. El Evangeliario es llevado en procesión al comienzo de la Misa y el sacerdote o el diácono pueden incensarlo antes de ser leído.

Como dijimos en el Capítulo 3, el catolicismo es una religión basada en la Palabra de Dios, escrita y no escrita, dando mayor énfasis a la Palabra que se *proclama* (leída en voz alta) sobre la que es *leída* por las personas en las bancas. Para poder ayudar a las personas que no escuchan muy bien y para aquellos que quieren leer al mismo tiempo —muchas de las parroquias católicas tienen una versión del *misal* para el pueblo (libros que contienen todas las oraciones y lecturas de las Escrituras usados en Misa) o versiones reducidas de acuerdo al tiempo litúrgico para que la congregación pueda seguir las oraciones y las lecturas de la Escrituras, incluyendo las del sacerdote.

El misal romano es el libro oficial usado por el sacerdote en la Misa Contiene las oraciones que tiene que decir así como lo que tiene hacer y la manera en que tiene que hacerlo. En algunos países también se le conoce como el *Sacramentario* para distinguirlo del Leccionario, libro que contiene las lecturas de las Escrituras.

Ya sea que vayas o no a Misa se puede buscar las lecturas correspondientes a cualquier día del año en el Internet. Por ejemplo la Conferencia Episcopal de los Obispos Católicos de los Estados Unidos ofrece las lecturas diarias en su página web. Aunque las lecturas son tomadas muchas veces de distintas partes de la Biblia, comparten un tema común de acuerdo a la necesidad del día. Varios sitos de Internet te permiten ver y escuchar la Misa a través de la computadora.

Escuchar la homilía

Luego de haber estado de pie para el Evangelio, la congregación se sienta y escucha la homilía, que no es lo mismo que un sermón.

- **El sermón:** Cualquier explicación y reflexión sobre la Palabra de Dios.
- **La homilía:** Un sermón que se predica en la Misa después de la lectura del Evangelio y sólo por el clero —los diáconos, los sacerdotes o los obispos. Según la ley canónica, el obispo local puede permitir a los laicos y hermanos o hermanas religiosas predicar un sermón en ciertas ocasiones, pero nunca están permitidos predicar por si mismos la homilía.

El sacerdote o el diácono relaciona las lecturas de la Escrituras con la vida diaria del pueblo, las enseñanzas de la Iglesia o la celebración particular que se está llevando a cabo, como pueden ser una boda o algún entierro.

Recitar el Credo

En los domingos y los días santos, la homilía es seguida por el *Credo* (la Profesión de Fe), que es por lo normal el Credo de Nicea del año 325 d.C. El Credo de los Apóstoles, símbolo antiguo del bautismo, *puede* usarse durante la Cuaresma y el tiempo Pascual y ocasionalmente en las Misas de los niños. La congregación entera se pone de pie para cantar o recitar el Credo. Al decir las palabras *por el poder del Espíritu Santo* (. . .) *se hizo hombre,* todos inclinan sus cabezas profundamente para mostrar respeto a la Encarnación, que viene del latín *caro* para decir carne. La *Encarnación* se refiere al hecho que Jesús tomó carne humana —al ser concebido en el vientre de su madre. Durante las Solemnidades de la Anunciación (25 de marzo) y de la Navidad (25 de diciembre), en vez de inclinar la cabeza todos se arrodillan.

El Credo resume todo lo que el *Magisterium* (la autoridad que como maestra tiene la Iglesia; vea el Capítulo 2) nos ha enseñado durante los últimos 2,000 años. Vea el capítulo 3 para mayor información sobre el Credo.

El Credo es un juramento cristiano que dice lo que creen los católicos, como revelado por Dios mismo a través de la Sagrada Escritura y la Sagrada Tradición.

La Oración Universal

Después del Credo se dice la Oración Universal (La Oración de los Fieles). El lector o el diácono las lee y el pueblo responde diciendo "Te rogamos óyenos." Las preces son por el papa, la Iglesia, las autoridades civiles, necesidades actuales y demás. Por ejemplo: Podrás escuchar al lector: "Por el Papa Benedicto XVI y todo líder religioso, para que prediquen la Palabra de Dios con fidelidad y valentía. Oremos al Señor."

La Liturgia de la Eucaristía

La segunda parte de la Misa se centra en la ofrenda: la colecta, el ofertorio del pan y vino para ser consagrados, el sacrificio mismo, la consagración por el sacerdote y la Santa Comunión que recibirán los fieles.

Reunir las ofrendas

Al iniciarse la Liturgia de la Eucaristía, todos permanecen sentados para la colecta de las ofrendas. Algunas veces se pasa el canasto de un lado a otro de la banca, persona por persona. Tradicionalmente, quienes pasan el canasto son los ujieres: Empezando por la parte frontal de la iglesia se mueven, una banca a la vez, hasta llegar al final. Los ujieres extienden los canastos con unos manguillos delante de cada persona. Estas dos formas son aceptables.

Si hay una Procesión de Ofrendas (esto sucede normalmente los fines de semana en las parroquias y en días de precepto o de obligación) al momento de hacer la colecta, algunos parroquianos se ubican a la entrada del templo, donde están unas vinagreras, una con agua común y otra con el vino de uva, y alguna vasija con las hostias (pan sin levadura hecho de harina de trigo y agua) para consagrar. Usualmente de de dos a cuatro personas llevan el pan y el vino (llamados *dones*) junto con la colecta, en una procesión de ofrendas, hasta llegar al altar. Los músicos, el coro y la congregación cantan un himno de ofertorio.

La preparación de los dones sobre el altar

El sacerdote, el diácono y los acólitos reciben la procesión a los pies del altar donde acogen los dones. El diácono prepara los dones sobre el altar, en lo que se llama propiamente, *la preparación de los dones.* El diácono o el sacerdote vierte el vino en el *cáliz* (una copa de plata o de oro que contiene el vino que luego será el cuerpo y la sangre de Cristo) y le añade algunas gotas del agua para simbolizar la unión de la divinidad y la humanidad de Cristo. El sacerdote levanta las hostias de pan sobre el altar y dice: "Bendito seas, Señor, Dios del universo, por este pan, fruto de la tierra y del trabajo del hombre, que recibimos de tu generosidad y ahora te presentamos: él será para nosotros pan de vida". El pueblo responde: "Bendito seas por siempre, Señor".

Entonces el sacerdote levanta el cáliz con el vino sobre el altar y dice: "Bendito seas, Señor, Dios del universo, por este vino, fruto de la vida y del trabajo del hombre, que recibimos de tu generosidad y ahora te presentamos: él será para nosotros bebida de salvación". Otra vez el pueblo responde: "Bendito seas por siempre, Señor".

El lavado de las manos

El sacerdote puede incensar los dones y después se lavará las manos con agua a un lado del altar. El lavado de las manos es una reliquia ceremonial de la tradición judía presente en el tiempo de Jesús. En ese tiempo, el sumo sacerdote se lavaba las manos antes de sacrificar al cordero macho sin mancha, en el Templo de Jerusalén, en el día de La Pascua. Por eso también, al celebrar la Misa hoy día, el sacerdote se prepara a ofrecer a Dios Padre el Cordero de Dios (Jesucristo), por eso ceremonialmente se lava las manos para ofrecer este sacrificio sin mancha.

Algunas personas piensan que el sacerdote se lava las manos recordando el acto de *Poncio Pilato* (el gobernador romano de Judea que condenó a Cristo a la muerte en la cruz) antes de la Crucifixión y muerte de Jesús aquel Viernes Santo. La Iglesia ve el gesto de Poncio Pilato como gesto simbólico en donde él no quiso ser asociado con el derramar la sangre de un hombre inocente (Jesús). El lavado de manos del sacerdote no está conectado a Pilato. Es una purificación ritual, por estar conectada al sacrificio simbólico del sumo sacerdote en el Templo de Jerusalén. El sacerdote católico actualiza sobre el altar el verdadero sacrificio de Jesús.

Ofrecer oraciones por el pueblo

Después, el pueblo se pone de pie, y el sacerdote dice otras oraciones, dirigidas a Dios de parte del pueblo. Las oraciones se dicen sobre las ofrendas y el pueblo junto a coro, por lo normal, cantan las palabras del *Sanctus* (en latín que quiere decir *santo*): "Santo, santo, santo es el Señor, Dios del universo. Llenos están el cielo y la tierra de tu gloria. Hosanna en el cielo. Bendito el que viene en nombre del Señor. Hosanna en el cielo." Estas palabras son tomadas de Isaías 6, 3, Revelación 4, 8 y también Marcos 11, 9–10.

Rezar la Plegaria Eucarística

Después del *Sanctus* la congregación se arrodilla por primera vez. Esta es la parte más sagrada de la Misa.

La *Plegaria Eucarística,* que sólo puede ser dicha por el sacerdote, recuerda lo sucedido durante la Última Cena. La secuencia de los eventos es contada desde el momento en que Jesús tomó el pan. Aquí el sacerdote deja de usar la tercera persona para hablar en primera persona singular. Habla como si fuera el mismo Cristo quien está de pie en su lugar con la hostia en la mano. El sacerdote actúa en persona de Cristo (*in persona Christi*), como *otro Cristo* (*alter Christus*). El sacerdote no dice "Este es el cuerpo de Cristo" o "Esta es la sangre de Jesús." Usa el pronombre, *mi,* porque en ese momento de la consagración, el sacerdote *es* Jesús.

Durante la consagración el sacerdote usa las mismas y exactas palabras que Jesús usó durante la Última Cena (Mateo 26, 26–29): "Esto es mi cuerpo, que será entregado por vosotros." Eleva la hostia sobre el altar para que la puedan ver todos. El sacerdote hace la genuflexión, toma en la mano el cáliz de vino, y una vez más pasa de hablar de tercera persona a primera persona singular, habla como Cristo: "Éste es el cáliz de mi sangre, sangre de la alianza nueva y eterna, que será derramada por vosotros y por todos los hombres para el perdón de los pecados. Haced esto en conmemoración mía." Eleva el cáliz y hace la genuflexión.

Tocar de las campanas durante la consagración señala el momento más solemne de la Misa, el cual es símbolo de un reverente regocijo. En la Edad Media, antes de tener sistemas de audio con micrófonos, el pueblo que se sentaba en la parte de atrás de las enormes catedrales góticas apenas podía escuchar algo de lo que decía el sacerdote, por eso necesitaban alguna señal de que estaba ocurriendo la consagración. Esa señal era el repicar de las campanas. Aún repican con frecuencia las campanas cuando el sacerdote eleva la hostia y el cáliz.

El catolicismo profesa que durante la *consagración* ocurre un milagro —el sacerdote *consagra* el pan y el vino: al igual que Jesús hizo en la Última Cena, el sacerdote toma el pan en forma de hostia y dice, "Esto es mi cuerpo". Después eleva la hostia para que pueda ver la congregación, repican las campanas, y hace la genuflexión. Entonces toma el cáliz (copa) de vino en mano, diciendo, "Éste es el cáliz de mi sangre", eleva el cáliz, y hace la genuflexión. Ahora es el cuerpo y la sangre de Cristo; parece, se siente y sabe a pan y vino, pero no lo son. Este transformarse del pan y vino al verdadero Cuerpo y Sangre de Cristo se llama la *transubstanciación.*

La Biblia nos dice que Dios *creó* con su palabra: "Y dijo Dios, 'Que exista la luz' y la luz existió". (Génesis 1, 3) Del mismo modo, con las palabras pronunciadas de Cristo sobre el pan y el vino para la Santa Comunión, el sacerdote los transforma en el cuerpo y la sangre, alma y divinidad de Cristo, por la autoridad que le ha sido conferida mediante el sacramento del orden sagrado. Solamente un sacerdote ordenado tiene la autoridad de decir la Misa y consagrar el pan y el vino.

Los católicos se arrodillan frente a la hostia consagrada —la Eucaristía— porque ya no es un pedazo de pan —verdaderamente es Cristo. Si la Sagrada Eucaristía fuera un símbolo —como lo son pan y vino— entonces arrodillarse frente a ello y adorarlo se consideraría un acto de idolatría, pero la Iglesia Católica ha permanecido afirmando constantemente por 2,000 años que la Sagrada Eucaristía no es un símbolo. La Sagrada Eucaristía es el cuerpo y la sangre de Cristo. Por lo tanto la Sagrada Eucaristía es el mismo Cristo presente en la hostia consagrada, sea que esté sobre el altar o en el *sagrario,* que es un receptáculo hecho de metal colocado sobre el altar o mesa. (Para ver un ejemplo de un sagrario, vaya al Capítulo 16.)

Los sacerdotes de las Iglesias Orientales, como es la Bizantina, no se arrodillan porque permanecer de pie es su postura normal de reverencia. En los Estados Unidos los católicos permanecen arrodillados durante la Plegaria Eucarística, pero en Europa, México, Sudamérica y en otras partes están obligados a arrodillarse sólo durante la consagración.

Aún cuando los no-católicos admiten que ellos no pueden creer en la Eucaristía, admiten que si creyeran lo mismo que creen los católicos, ellos tendrían que demostrar la misma reverencia, culto y amor que muestran los católicos por la Eucaristía.

El pan y el vino consagrados, llamados la *Eucaristía,* también tienen otros nombres:

- Sagrada Eucaristía
- Comunión y Santa Comunión

- El Sacramento y Santísimo Sacramento
- El Sacrificio y el Santo Sacrificio
- Verdadera Presencia y Presencia Real

La transformación milagrosa de lo que era pan y vino en el cuerpo y sangre de Cristo ocurre durante la Consagración en todas y cada una de las Misas mediante lo que se llama la *transubstanciación*. Se refiere al cambio de substancias, en este caso, de las substancias de pan y vino a las sustancias del cuerpo y sangre de Jesús. El catolicismo basa su creencia en la transubstanciación mediante dos puntos:

- Cada uno de los escritores de los Evangelios, Mateo, Marcos y Lucas usan la misma frase para describir la *Última Cena* del Jueves Santo, el día antes que fuera crucificado Jesús. Jesús tomó el pan, lo bendijo, lo partió, y se lo dio a sus discípulos diciendo, "Esto es mi cuerpo" (*touto estin to soma mou* en griego; *hoc est corpus meum* en latín). El verbo *ser* aquí se usa de tal manera que existe una igualdad entre *esto* (que señala al pan) y *mi cuerpo*. Por eso el pan se hace cuerpo de Cristo. Estas palabras se tienen que aceptar literalmente porque los tres Evangelios (Mateo 26, 26, Marcos 14, 22 y Lucas 22, 19) y también San Pablo (1 Corintios 11, 24) repiten la misma frase meticulosamente.
- Esas mismas palabras de la Última Cena, pronunciadas por Cristo sobre el pan y el vino, son consistentes con el Nuevo Testamento: Jesús les ordenó explícita y gráficamente "Coman mi carne y beban mi sangre" más de una vez. También les dijo, "Mi carne es verdadera comida y mi sangre verdadera bebida". Algunos de la multitud dijeron, "¿Cómo puede éste darnos a comer su carne?" (Juan 6, 52), y él les respondió, "Yo les aseguro que si no comen la carne del Hijo del hombre y no beben su sangre, no tendrán vida en ustedes" (Juan 6, 53). "Desde aquel momento, muchos de sus discípulos se retiraron y ya no andaban con él" (Juan 6, 66). La Iglesia razona que si Jesús hubiera querido que lo entendieran como símbolo, ¿por qué dejar que tantos de sus seguidores se retiraran con tan grave mal entendido?

Lo fundamental de esto es que los católicos creen que la Eucaristía es siempre y a la misma vez, objeto de adoración y culto, por ser la Presencia Real; es el mismo Santo Sacrificio de Dios Hijo a Dios Padre para la remisión de los pecados; es comida sagrada para nutrir el alma. En cierto sentido, la Sagrada Eucaristía es todo lo siguiente en una sola realidad: la Última Cena, su muerte en la cruz el Viernes Santo y su Resurrección el Domingo de Pascua.

- **El Jueves Santo:** Jesús nos dio el sacramento de la Sagrada Eucaristía durante la Última Cena.
- **El Viernes Santo:** El sacrificó su vida para salvar a la humanidad de sus pecados.
- **El Domingo de Pascua:** Cristo reunido en su cuerpo y sangre, resucitó de la muerte y estableció la promesa de la vida eterna.

Todos estos eventos están ejemplificados en la Sagrada Eucaristía.

Nota: Tal como Cristo hizo en la Última Cena el sacerdote consagra el pan y el vino separado el uno del otro. No combina ambos en una sola acción tomando el pan y el vino juntos y diciendo: "Esto es mi cuerpo *y* mi sangre". El separa el pan y el vino, el cuerpo y la sangre.

¿Por qué razón? Cuando se separa la sangre y el cuerpo de alguien, ¿qué ocurre? Ocurre la muerte. Se desangra hasta morir. La consagración separada del pan y el vino representa la separación de su cuerpo y de su sangre, que fue lo sucedido en la cruz aquel primer Viernes Santo. Él murió.

Pero los católicos no reciben carne y sangre muerta en la Santa Comunión ya que Cristo resucitó de entre los muertos. Los fieles reciben su cuerpo y sangre vivos en la Santa Comunión ya que después del Viernes Santo vino el Domingo de Pascua. Después de la muerte vino la Resurrección. Entonces, volviendo a la Misa, inmediatamente después de la conmemoración de su muerte (la separación de cuerpo y de sangre) por las consagraciones separadas, se dice o se canta la Aclamación de Memoria de la Misa: "Cristo ha muerto, Cristo ha resucitado, Cristo vendrá de nuevo". Por eso en la Misa, el cuerpo y la sangre se reúnen como en la Resurrección. Después de la consagración, ambos —el cuerpo y la sangre de Cristo— están en la hostia, y el cuerpo y la sangre de Cristo, ambos están presente en cada gota del vino consagrado. Al estar resucitado el cuerpo y la sangre de Cristo están reunidos. Los católicos latinos (Occidentales) usualmente solo han recibido la hostia en vez de recibir también del cáliz. Esta costumbre afirma la creencia que en cada especie se encuentra el cuerpo y la sangre de Cristo. Los fieles tienen permiso y se les anima a recibir la Santa Comunión bajo ambas formas de vez en cuando, según lo decida el obispo y párroco, aunque no es necesario que lo hagan.

El resto de la Plegaria Eucarística continúa y el sacerdote termina con diciendo "Por Cristo, con él y en él, en la unidad del Espíritu Santo, todo honor y toda gloria, por los siglos de los siglos". El pueblo canta o dice, "Amén", luego todos de pie rezan el *Padrenuestro, posteriormente* el sacerdote o diácono *pueden* decir "Daos fraternamente la paz". Los parroquianos se intercambian un gesto de paz, un saludo de manos, un abrazo para mostrar la solidaridad de familia, antes de compartir la más íntima señal de unidad —la Santa Comunión. La Iglesia nunca ha reconocido oficialmente la práctica de sujetar las manos como señal de unidad durante el *Padrenuestro,* porque su origen viene de una tradición no-católica. Para el católico, el sujetar las manos para *simbolizar* la unidad, es algo innecesario, porque la unidad es *real* durante la Santa Comunión. La palabra *comunión* viene del Latín *cum* + *unio* que significa *unido con.* La señal de la unidad es el acto de recibir la Comunión, porque significa que la persona está *en unión* con todo lo que enseña, hace y reza la Iglesia Católica.

El *Agnus Dei* (Cordero de Dios) se dice o se canta: "Cordero de Dios, que quitas el pecado del mundo: Ten piedad de nosotros. Cordero de Dios, que quitas el pecado del mundo: Ten piedad de nosotros. Cordero de

Dios, que quitas el pecado del mundo: Danos la paz," y seguidamente el pueblo se pone de rodillas. Estas palabras son tomadas de San Juan el bautista (Juan 1, 29).

El recibir la Santa Comunión

El sacerdote consume primero la hostia consagrada y después bebe el vino consagrado del cáliz. Si está presente el diácono, el sacerdote le da la hostia consagrada y después le da a beber del cáliz.

Algunas veces, los católicos se refieren al cáliz como si sólo contuviera *vino*. Esto es incorrecto, es una falta de respeto y es un sacrilegio, porque ya no es vino sino la preciosa sangre de Cristo. Después de que el sacerdote pronuncia las palabras de la consagración, el sacerdote transforma el pan y el vino en el cuerpo y la sangre, alma y divinidad de Cristo. El pan y el vino ya no están presentes sobre el altar —solamente permanecen las apariencias (llamado también los *accidentes*) de pan y vino— las substancias han sido transformadas por medio de la transubstanciación en el cuerpo y la sangre de Jesús. (Para más sobre la transubstanciación, vea la sección "Orar la Plegaria Eucarística" revisada en este capítulo).

Los católicos de la congregación que estén preparados adecuadamente para poder recibir la Santa Comunión se acercan al sacerdote, el diácono o ministro extraordinario del cual recibe la hostia consagrada. Algunas veces se les puede ofrecer la opción de tomar un poco de la Preciosa Sangre (el vino consagrado) mediante el cáliz. Antes de poderlo recibir se requiere que el que va a comulgar haga una señal de reverencia ante la Presencia Real, ya sea agachar la cabeza, hacer la señal de la cruz, hacer la genuflexión o arrodillarse entre otros gestos. El obispo local y la conferencia nacional de los obispos de cada nación son los que promueven las normas que rigen el tipo de postura preferidas o sugeridas. En los Estados Unidos, por ejemplo, la norma es mantenerse de pie pero con una inclinación de la cabeza; sin embargo, no es permitido negarle la Comunión a la persona que quiera arrodillarse. Si la iglesia o capilla tiene alrededor del altar una barandilla o baranda de Comunión, una estructura que asemeja a un barandal pequeño, donde la gente pueda arrodillarse para recibir la Santa Comunión, y el fiel se arrodilla, entonces no es necesaria otra señal de reverencia puesto que estar de rodillas es una señal de reverencia.

Al ser presentada la hostia consagrada a la persona, el sacerdote, diácono o ministro extraordinario dice: "El Cuerpo de Cristo", a lo que la persona responde: "Amén". Esto significa, "Sí, yo creo que es Jesús". Si también se les ofrece la Sangre Preciosa, la persona puede escoger ir a recibirla, quien porta el cáliz dice: "La Sangre de Cristo", y otra vez la persona responde: "Amén." En ese momento toma de las manos del ministro la copa (llamado un *cáliz*) del ministro y bebe un poco del vino consagrado para luego devolvérsela. Los católicos no están permitidos darse la Comunión a sí mismos, o sea, ir al altar y tomar el cáliz por ellos mismos. La Santa Comunión tiene que ser recibida por manos de un ministro autorizado (sacerdote, diácono o ministro extraordinario).

Después de recibir la Santa Comunión los fieles regresan a su lugar en las bancas y oran en silencio unos minutos antes de sentarse.

Cristo completo y entero está presente en una sola hostia consagrada o en una sola parte de la hostia o en una sola gota del vino consagrado. Las personas no están obligadas a consumir ambas especies de la Comunión. Si se les da sólo las hostias consagradas, no sufren alguna pérdida o se les defrauda. Algunas veces a los católicos se les da la oportunidad de recibir ambos, la hostia *y* el cáliz, pero quien los recibe no debe pensar que está obligado a recibir ambos para que la Comunión sea completa.

Los católicos pueden participar en la Santa Comunión, siempre y cuando estén *dispuestos apropiadamente,* es decir:

- No están conscientes de algún pecado mortal que aún no hayan confesado o del que hayan sido absueltos. (Vea el Capítulo 7 para una explicación del sacramento de la penitencia.)
- No van en contra de la enseñanza de la Iglesia públicamente, como la posición de la Iglesia sobre el aborto.
- Estén en ayunas (no comer ni beber algo que no sea agua) una hora antes de recibir la Santa Comunión. El ayuno de una hora es antes de la Comunión, no antes de la Misa.

La Iglesia pide que las siguientes personas *no* reciban la Comunión:

- Los que no son católicos
- Católicos en un matrimonio inválido. (Vea el Capítulo 7.)
- Los católicos que no hayan ayunado una hora antes de la Comunión (a no ser que estén tomando medicamentos, estén enfermos, sean ancianos o estén en el hospital)
- Los católicos que no hayan hecho su primera confesión (vea el Capítulo 7) y la primera Comunión (vea el Capítulo 6).

Tienes que estar en comunión para poder recibir la Comunión. Estar *en comunión* significa estar unido a *todo* lo que enseña, reza y hace la Iglesia. Por ejemplo, los que no son católicos, obviamente no están en unión plena o completa; de lo contrario serían católicos.

A diferencia del aeropuerto, nadie corrobora tu identidad para ver si eres o no católico antes de recibir la Comunión. Algunas veces, durante las bodas y funerales el sacerdote anuncia antes de la Comunión que sólo los católicos, quienes están en completa unión con la Iglesia, y los que están en estado de gracia (sin pecado mortal en su alma) pueden acercarse a recibirla. Y aunque esto no se diga, está implícito y aparece escrito en muchos de los himnarios y misales católicos. Normalmente no habrá preguntas, a no ser que alguien muestre alguna confusión obvia en cuanto al procedimiento durante la distribución de la Comunión. Si se presenta alguien que no sabe qué hacer

("¿Qué hago ahora con la hostia?"), como los católicos practicantes saben que hay que abrir la boca y extender la lengua o abrir la mano y permitir que se le ponga la hostia en ella, entonces el sacerdote, diácono o ministro podrá hacerle la pregunta, "¿Eres católico?" Esto no es con intención de ser entrometido u ofender. Si algún católico está divorciado y se casa de nuevo fuera de la Iglesia, o no está en el estado de gracia, porque no ha ido a confesarse para ser absuelto de un pecado mortal, entonces no debe tomar la Santa Comunión. Si fueras a recibir la Eucaristía mientras que estás en estado de pecado mortal vas a multiplicar en tu alma, cuatro veces, los efectos negativos del pecado mortal por cometer un *sacrilegio* —usar algo sagrado para un propósito indigno de ello.

El catolicismo insiste una unión previa de la persona con la Iglesia antes que la persona pueda disfrutar los bienes de esa unión —la Santa Comunión. Por eso los católicos ven a la Comunión como el resultado de la unidad. Los católicos pueden comulgar, pero tienen que también obedecer al papa, asistir a Misa cada fin de semana, aceptar todas las enseñanzas de la Iglesia y demás.

Poner en práctica la Palabra de Dios

Después que el Imperio Romano aceptara el cristianismo, y en especial por el tiempo del Santo Emperio Romano de Carlomagno (siglo nueve a.C.), el idioma oficial de la Iglesia Occidental era el latín. (La Iglesia Bizantina/ Oriental usaba el griego.)

Cuando en la actualidad se celebra la Misa en latín, las últimas palabras del sacerdote o diácono son: "Ite missa est". Es una pena que esto lo hayan traducido incorrectamente como, "La Misa ha terminado. Podéis ir en paz." La traducción literal es "Vayan, se envía [a la congregación]." *Missa,* que la traducen en nombre de *misa,* es en verdad un verbo. *Missa est* viene del verbo *mitto/mittere,* que significa *enviar.* No significa que la *Misa ha terminado,* sino que alguien o algo *es enviado.*

Por lo tanto, cuando la Misa llega a su conclusión el sacerdote o diácono no dice literalmente, "La Misa se terminó". Sino más bien lo que *sí* está diciendo es, "Ahora que han escuchado la palabra de la Escritura y han compartido la palabra hecha carne por haber recibido la Santa Comunión, son enviados al mundo para compartir la Palabra de Dios y ponerla a la práctica". La conclusión de la Misa es un comienzo, no es un final. No es algo que uno hace, termina y vuelve a empezar, sino que es algo que tiene que hacerse una y otra vez sin jamás terminar. Nunca termina el tener que obedecer la voluntad de Dios y poner la fe en práctica hasta que te encuentres seis pies bajo tierra.

El Concilio Vaticano II y el Latín

El Segundo Concilio Vaticano (1962–65) mejor conocido como Vaticano II, fue convocado por el Papa Juan XXIII y clausurado por el Papa Pablo VI. Los dieciséis Documentos del Vaticano II fueron las respuestas de la Iglesia Católica para reiterar las enseñanzas tradicionales de la Iglesia y poder proclamarlas en medio de los asuntos contemporáneos. La Sagrada Liturgia, el ecumenismo, la Iglesia, el mundo, el laicado, el sacerdocio, el diaconado, la revelación, la comunicación social y otros temas fueron discutidos. El poder presentar y explicar una religión que tiene 2,000 años a un mundo moderno en palabras modernas fue la primera meta del concilio. Parte de su renovación fueron los sacramentos, especialmente la Santa Misa. Desde el Concilio de Trento, llevado a cabo hacía 400 años (1545–63), el latín fue norma universal para la Iglesia Occidental. No fueron proclamados ni definidos nuevos dogmas, sino que los que ya existían se presentaron nuevamente, con un especial énfasis de un vocabulario y contextos modernos. No cambió el *contenido* de la Fe, sino que se adaptó un nuevo *contexto* para explicarla mejor y comunicarla de una nueva manera, adaptada a los nuevos tiempos. Concilios previos buscaban definir doctrinas teológicas y resolver conflictos, pero el Concilio Vaticano II fue de carácter pastoral, buscando promover una mayor espiritualidad al tiempo que seguía defendiendo las enseñanzas y costumbres tradicionales del catolicismo.

El Vaticano II, dio permiso para introducir el lenguaje *vernáculo* (la lengua nativa) en el culto público de la Iglesia, aunque preservaba el rico idioma y la tradición de usar el latín. Esa es la razón por la cual la Misa se dice en el idioma nativo del lugar. Antes del Vaticano II la Misa en la Iglesia Católica Latina fue en latín. El haber tenido un solo idioma de la Misa en cualquier lugar del mundo facilitaba que los católicos que viajaban se sintieran verdaderamente *católicos* (del latín *catholicus* y del griego *katholikos* que significa *universal*). Pero el latín ya no se enseñaba universalmente, como se hacía en un tiempo, en todas las escuelas, haciendo que mucha gente ya no conociera ese idioma. Así que la Iglesia permitió el uso de la lengua nativa —y así promover una participación completa, consciente, y activa por parte de los fieles en todas las oraciones, los himnos y las respuestas de la Misa en todo el mundo. Desde el Vaticano II se les pide a los católicos —y se les motiva fuertemente— participar *completamente* en la Misa y no solo estar presentes de cuerpo.

Aunque la Misa sólo se celebraba en el latín antes y durante el papado del Papa Pío XII (1939–1958), y como la mayor parte de los católicos ya no tenían fluidez en el latín, el Papa Pío XII no quiso que los fieles simplemente se sentaran en la bancas como si fueran sólo unos espectadores en la Misa. Deseó que el pueblo comprendiera que tenía un papel que completar — debían ser participantes activos. Por eso Pío XII retó a los católicos a restaurar el propósito original de la congregación —unirse al sacerdote en vez de decir oraciones y llevar a cabo sus devociones en forma privada durante la Misa.

Pero cuando el servicio del culto estaba en un idioma que ya la congregación no hablaba, ¿de qué manera lo harían? De una de las siguientes dos maneras:

- **Los misales:** Que no es lo mismo que los *misiles* nucleares; éstos son libros que contienen las oraciones y las lecturas de la Escritura de la Misa. Los misales tienen una traducción al vernáculo al lado de lo escrito en latín, para que el pueblo pudiese seguir lo que se estaba diciendo. Leer una traducción de la Misa en latín es algo así como seguir el libreto de una ópera en italiano.
- **La repetición:** Muchas partes de la Misa, particularmente esas que requieren que uno responda al sacerdote, se repiten tantas veces que los fieles ya las conocen de memoria. Por ejemplo, cuando el sacerdote dice, *"Dominus vobiscum"* (el Señor esté con ustedes), el pueblo responde inmediatamente, *"Et cum spiritu tuo"* (y con tu espíritu), aunque no conozcan bien el latín.

El latín aún permanece como el idioma oficial de la Iglesia Católica; por eso cualquier documento proveniente del Vaticano para la Iglesia universal aparece primero en latín. Las encíclicas papales y los decretos del concilio ecuménico (Capítulo 2), el Código del Derecho Canónico (Capítulo 9) y otros, son primero escritos en latín. De la versión original en latín, llamada la edición típica, se basan todas las demás traducciones. Esto se aplica en el caso de documentos de la doctrina, el culto y las leyes.

Nunca fue intención de la Iglesia deshacerse del latín por completo. La Iglesia aún quiere que el latín se conserve como parte de nuestra idiosincrasia católica, como sucede con el hebreo, el griego y el árabe usados en otras de las religiones existentes.

Al igual que el hebreo es usado hoy en día por los judíos en Norteamérica y Sudamérica, y el griego es usado por los cristianos Ortodoxos, el latín sigue siendo el idioma oficial y tradicional de los católicos romanos. El Concilio Vaticano II y los más recientes documentos de Roma aún animan a que se conserve el uso del latín como parte de nuestra herencia católica, especialmente las partes de la Misa a las que deben todos responder de memoria —el *Gloria,* el *Sanctus* (el Santo, Santo), el *Pater Noster* (el Padrenuestro) y el *Agnus Dei* (el Cordero de Dios). El *Kyrie* es la versión en griego del *Señor, Ten Piedad,* y no es latín.

Además de permitir al sacerdote decir la Misa en el idioma nativo de la congregación, el Vaticano II también introdujo algunos cambios en la Misa:

- La primera mitad de la Misa es llamada ahora la *Liturgia de la Palabra* para enfatizar que es en esta parte donde se hacen las lecturas de las Escrituras. Antes del Vaticano II la primera parte de la Misa era llamada la Misa de los *Catecúmenos.* Los *catecúmenos,* que estudiaban y se preparaban para su bautismo, permanecían en la iglesia hasta que la primera parte de la Misa llegara a su fin, luego eran escoltados en una ceremonia breve, antes de la segunda parte que se llamaba la Misa de los Fieles. Sin haber hecho su primera Comunión no tenían permiso para recibir la Santa Comunión. Las parroquias que tienen el programa anual de Rito de Iniciación Cristiana de los Adultos (RICA) o clases para los conversos al catolicismo, frecuentemente despiden a los *catecúmenos* (los no-católicos que se educan para formar parte de la Iglesia; y esos cristianos bautizados no-católicos que son llamados *candidatos*), durante la Cuaresma después de la Liturgia de la Palabra, tal como se hacía en tiempos pasados cuando se le llamaba la Misa de los Catecúmenos. Ellos salen del cuerpo principal del templo y tienen una clase aparte, mientras que el resto de la congregación continúa con la Misa; esto es porque los estudiantes no-católicos aún no pueden recibir la Comunión.

- Desde el Vaticano II a los católicos que asisten a Misa en el Rito Latino (Occidental) se les ha dado el permiso de tener la opción ocasional de recibir la Santa Comunión bajo ambas formas —tanto el pan consagrado *como* el vino consagrado. Sin embargo *no es necesario ni mandatario* que los fieles la reciban de esa manera, porque la hostia consagrada es ambos: el cuerpo y la sangre, el alma y la divinidad de Cristo.

Vestir de Acuerdo a la Ocasión

Es verdad, la Misa tiene variedad. El enfoque principal de cada Misa es lo mismo pero tiene pequeñas variaciones que dependen de la ocasión. Esta sección te explica un poco el trasfondo, para que sepas qué esperar de una Misa en particular.

Los días de semana y el domingo

La diferencia básica entre estas Misas es que una es en un día de semana (que también se conocen como *Misa diaria*) y la otra es de domingo. La Misa en día de semana obviamente ocurre entre lunes a viernes aunque también incluye al sábado por la mañana. La Misa en domingo se puede celebrar el sábado por la tarde y el domingo a cualquier hora.

La tarde del sábado cuenta para el domingo usando la práctica antigua del hebreo que considera que el nuevo día ocurre cuando cae el sol y no al amanecer. Por eso en cuanto baja el sol en la tarde del sábado, ya es domingo, hablando en términos litúrgicos.

La Misa en domingo (o la tarde del sábado) es obligatoria para todo católico, la Misa entre semana es opcional.

La Misa en domingo es la Misa de la parroquia, por lo que se espera que toda la parroquia participe. Las Misas en domingo incluyen dos lecturas, una del Antiguo Testamento y una del Nuevo Testamento, un salmo y el Evangelio. Sin embargo, durante la Misa en día de semana, se lee solamente una selección del Antiguo Testamento o del Nuevo Testamento, junto a un salmo y una lectura del Evangelio.

La Misa dominical, por lo normal incluye música y un coro, a diferencia de la Misa en día de semana. La celebración de la Misa de domingo dura aproximadamente una. Generalmente la Misa en día de semana puede ser de media hora.

Los días santos de obligación

Los días santos de obligación o *de precepto* son esos días del año cuando los católicos tienen que asistir a la Misa en adición a la Misa en domingo. Por ejemplo, en los Estados Unidos, son seis los días de obligación:

- **1 de enero:** La Fiesta de María, Madre de Dios
- **40 días después de la Pascua de Resurrección:** El Jueves de la Ascensión
- **15 de agosto:** La Asunción de María a los Cielos
- **1 de noviembre:** El Día de Todos los Santos
- **8 de diciembre:** La Fiesta de la Inmaculada Concepción
- **25 de diciembre:** La Navidad, la Natividad de Nuestro Señor

A veces es confuso. Si ciertos días festivos caen en un sábado o un lunes, entonces *no son* de obligación por su proximidad al domingo. La preocupación es que sea demasiado agobiante para muchos católicos tener que ir a la Iglesia dos días seguidos.

En los Estados Unidos, sin embargo, el Día de la Navidad (25 de diciembre) y la Inmaculada Concepción (8 de diciembre) son siempre días de precepto aún cuando caigan en sábado o lunes. La razón es que la Navidad y las Pascuas son los días santos más elevados y la Inmaculada Concepción es la patrona de los Estados Unidos. Pero si el Día de Todos los Santos o la Asunción cayeran en sábado o en lunes entonces se les quita su carácter obligatorio. Si cayeran esos días en martes, miércoles, jueves o viernes, entonces es obligatorio asistir a la Misa. Créenos, los católicos se confunden con esta fórmula—incluidos los sacerdotes. Y para enredar más la situación en algunas partes de los Estados Unidos han movido todos los días de precepto, como el jueves de la Ascensión al domingo más cercano. Cuando hay duda es mejor llamar a la parroquia o ir la Misa sin importar la fórmula. Ir a Misa nunca es perder el tiempo, aunque no sea día santo de obligación.

Cabe notar que en otros países, como en Europa, tienen más días de precepto: 6 de enero (la Epifanía), 19 de marzo (San José), Corpus Christi (el jueves después del domingo de la Santísima Trinidad, que es el domingo después de Pentecostés, 50 días después de la Pascua) y la Solemnidad de San Pedro y San Pablo (29 de Junio).

Los días santos son como los domingos, en el que los católicos tienen que asistir a la Misa, y si es posible, evitar cualquier trabajo innecesario. En algunos países católicos, como lo son Italia, España e Irlanda, algunos de estos días santos tienen la condición de día feriado y por eso el pueblo puede asistir a la Misa y estar junto a la familia en vez de ir a trabajar.

Celebraciones simples y solemnes

Los católicos creen que la Misa se puede celebrar de ambas maneras: sencilla y solemne. Las celebraciones sencillas, como lo son en día de semana, tienen por lo general poca o ninguna música. Son ocasiones sencillas que atraen, a diferencia de las solemnes, un número menor de *parroquianos* (los miembros de la parroquia).

Las ocasiones solemnes usan cánticos y música, especialmente los domingos y las Misas en día de obligación. Las celebraciones solemnes también pueden incluir el uso de incienso en diferentes partes de la Misa, el uso de vestimentas en oro, la presencia del obispo o la procesión con el Evangeliario. Este nivel de solemnidad se le otorga a esos días que no son días de precepto. Por ejemplo, la fiesta del patrón bajo cuyo nombre existe la parroquia (por ejemplo Santa Ana o Santa Bernardita), no hay obligación de asistir a la Misa aunque se perteneciese a esa parroquia. Sin embargo ese día la Misa puede ser celebrada con mayor solemnidad.

Las bodas, los entierros, las ordenaciones, las primeras Misas de los sacerdotes, las Misas que honran algún aniversario de matrimonio (las de plata o de oro) o los años de sacerdocio y las fiestas del patrón de la parroquia (como San Benito el Abad el 11 de julio o Nuestra Señora de Guadalupe el 12 de diciembre), son razones para celebrar con mayor solemnidad. Durante este tipo de celebraciones, para añadir mayor solemnidad, el Evangelio y el Padrenuestro pueden ser cantados.

En algunas fiestas de Jesús y María —como son la Fiesta del Sagrado Corazón de Jesús (tercer viernes después de Pentecostés) y la Fiesta de la Anunciación (25 de marzo)— no son días de obligación, pero sí *son* solemnidades, el Gloria y el Credo son proclamados en la Misa aún cuando caiga en día de semana.

Épocas Espirituales del Año

Para la mayoría de la gente el *año litúrgico* (calendario de la Iglesia) es tan diferente al calendario del año como lo es el año fiscal. El calendario de la Iglesia empieza en un día diferente al calendario civil, aunque también tiene 12 meses y 365 días. El año litúrgico empieza con el primer domingo de Adviento, cuatro domingos antes de la Navidad. El último domingo del año es la Fiesta de Cristo Rey, el domingo antes del primer domingo de Adviento.

Para poder ayudar a los fieles con su culto público la Iglesia usa un año de estaciones cuyo calendario se remonta dos milenios —a una época en la que gran parte del mundo vivía de la agricultura. Los agricultores dependían completamente de las estaciones del año para sembrar y cosechar. Los paganos y también las religiones de los judíos, los cristianos y los musulmanes reconocían el impacto de las estaciones sobre el pueblo; ellos combinaban sus fiestas y celebraciones con el crecimiento y el cultivo de sus cosechas y ganados.

El año litúrgico católico se mueve alrededor de dos fiestas: La Navidad y la Pascua de la Resurrección. Son días santos muy importantes porque conmemoran el Nacimiento y la Resurrección de Jesucristo, el fundador de la Iglesia. La primera mitad del año litúrgico se enfoca sobre el tema de *Jesucristo Nuestra Luz,* la Navidad resume bien este tema. La segunda mitad se enfoca en el tema de *Cristo Nuestra Vida,* personificado en la Pascua de Resurrección.

Cristo Nuestra Luz: La primera parte del año litúrgico

De acuerdo al calendario de la Iglesia Católica, el Adviento, la Navidad, la Epifanía y el Bautismo del Señor forman parte del tema Cristo Nuestra Luz. El *Adviento,* el tiempo antes de la Navidad y la Navidad misma, ocurre en el tiempo del invierno, donde en el Hemisferio Norte, los días se acortan y añoran la luz del día. Las velas decoran la corona de Adviento —una corona de ramas verdes adornada con cuatro velas, tres de color violeta y una de color rosa. Cada semana que pasa del Adviento, se enciende una de las velas hasta que se cumplen las cuatro semanas en que son encendidas las cuatro. Los colores corresponden a las vestiduras del sacerdote y el diácono durante los cuatro domingos de Adviento. La corona de Adviento es usada en las Iglesias y en los hogares para recordarles a las personas que se preparen espiritualmente para la Navidad, para que compartan la luz en estos días de poca luz y como un recordatorio a los fieles de que Jesús es la Luz del Mundo.

El Adviento es un tiempo para que los fieles preparen espiritualmente la llegada de la Navidad, en medio de las compras, la decoración, el cocinar y las fiestas. El Adviento hace que el católico sintonice con el sentido de las festividades, el cumpleaños de Jesús, el Día de la Navidad. Durante el Adviento

- Generalmente los católicos se confiesan para estar preparados para la Navidad
- Algunos asisten a la Misa en día de semana
- La mayoría trata de rezar más y practicar una mayor paciencia y tolerancia —mientras que el resto del mundo se enloquece con las ventas de Navidad, desde octubre comienzan las decoraciones de papá Noel, aún antes de la "noche de brujas". (Víspera de todos los Santos.)

Usualmente, para el 25 de Diciembre, la gente se ha saturado de música de navidad, fiestas navideñas y villancicos. En las parroquias católicas no se cantan himnos de Navidad solo hasta el 25 de diciembre. Estos se siguen cantando hasta el Año Nuevo, la Epifanía (el 6 de enero —la fiesta de los Tres Santos Reyes que vinieron a ver al rey recién nacido, al Cristo niño) y terminan con el Bautismo del Señor (el domingo después de la Epifanía —cuando Juan el bautista bautizó Jesús en el Río Jordán).

Nadie sabe exactamente la fecha del nacimiento de Jesús. No se han encontrado tarjetas de saludos navideños del tiempo de María y José que aparezcan con la fecha del 25 de diciembre. Nadie tiene el récord romano con la fecha exacta del nacimiento, a pesar del censo que mandó completar Cesar Augusto (Lucas 2, 1–5). ¿Cómo es que la Iglesia ha llegado a situar el 25 de diciembre como la fecha del nacimiento de Jesús? Algunos han reclamado que ha sido un intento de hacer coincidir una fiesta cristiana con un festival pagano, el día del sol conquistador. San Agustín (354–430) dijo que la Navidad cae el 25 de diciembre por las siguientes razones:

- **Jesús dijo: "Yo soy la *luz* del mundo" (Juan 8, 12).** Si Jesús es la luz del mundo, ¿durante que tiempo del año empieza a aumentar la luz? Después del día más breve del año, el *solsticio de invierno,* aumenta la luz, segundo por segundo, minuto a minuto, hasta que llegamos al día más largo del año, el *solsticio de verano.* Después de eso, empieza a disminuir la cantidad de luz en el día, poco a poco, segundo a segundo, hasta que llegamos al día más breve del año. Y así empieza a aumentar la luz después del solsticio de invierno, que cae el 21 de Diciembre.
- **San Juan Bautista, primo de Jesús y el que era uno de los testigos de Cristo, "Yo tengo que menguar, y El tiene que aumentar" (Juan 3, 30).** Si Juan dijo que tenía que disminuir para que Jesús pudiese crecer, ¿cuándo es que la luz del día empieza disminuir? El 21 de junio, que es el solsticio de verano.

Dado que el calendario de Julio Cesar fue cambiado por el calendario del Papa Gregorio, algunos días se han movido de lugar. De cualquier modo, la Iglesia escogió el 25 de diciembre (cerca al solsticio de invierno y el día más corto del año) para celebrar el nacimiento de Jesús, la luz del mundo, usando un calendario cuya fecha coincide con el aumento de la luz del día. El nacimiento de San Juan el bautista ("Tengo que disminuir") se celebra el 24 de junio, poco después del solsticio de verano y después del día mas largo del año, cuando empieza a disminuir la luz del día.

Cristo Nuestra Vida: La segunda mitad del año litúrgico

De acuerdo al calendario de la Iglesia la Cuaresma, la Pascua de Resurrección, la Ascensión (cuando Jesús subió a los cielos en cuerpo y alma 40 días después de la Pascua de Resurrección) y Pentecostés (50 días después de la Pascua cuando vino el Espíritu Santo sobre los 12 apóstoles y la Bienaventurada Virgen María en el cenáculo) forman en el año litúrgico el tema de Cristo Nuestra Vida. La *Cuaresma,* el tiempo antes de la Pascua de Resurrección, ocurre en la primavera, cuando aparece la nueva *vida* después de que muera el invierno. La Pascua de Resurrección toma el lugar el primer domingo después de la primera luna llena que le sigue al equinoccio, lo que significa que la Pascua de la Resurrección fluctúa cada año calendario (como lo hace la Pascua de los judíos).

La Cuaresma es un tiempo más penitencial que el tiempo del Adviento pero ambos tiempos preparan a los fieles para una gran fiesta. La Cuaresma se inicia con el Miércoles de Ceniza y dura 40 días. Durante la Cuaresma se le pide a los católicos ofrecer mortificaciones modestas y actos de penitencia para la purificación del cuerpo y alma. La Cuaresma es un tiempo de confesión, de ayunar, de abstinencia, mayor oración, mayor lectura de la Biblia y obras espirituales y mayores actos de misericordia, espirituales y corporales. Culmina en la Pascua de la Resurrección cuando Cristo resucita de entre los muertos.

Un poco más acerca del año litúrgico

Además del Adviento y la Navidad, la Cuaresma y la Pascua de Resurrección, el calendario de la Iglesia también incluye lo que se conoce como el *tiempo ordinario* —los domingos y los días entre semana entre el tiempo de Navidad y la Pascua, que por supuesto incluye también los tiempos de Adviento y Cuaresma que le preceden. El nombre de *ordinario* no tiene nada que ver con algo sin importancia, sin brillo, aburrido o sin gusto. Sino que el tiempo ordinario es simplemente aquel tiempo fuera de la época de Adviento y Navidad, Cuaresma y Pascua. Por eso se llama *ordinario,* dado que no tiene un nombre especial como los demás tiempos.

Durante los tiempos de Adviento, Cuaresma, Navidad y Resurrección, también ocurren solemnidades, fiestas y memoriales. No dejes de leer si quieres ver qué significa todo esto:

- *Las solemnidades,* como son la Anunciación (25 de marzo) o San José (19 de marzo), son los días de mayor rango y son días de obligación. (Aunque en algunos lugares no lo sean, en esas Misas se proclama el Gloria y algunas veces el Credo de Nicea.)
- *Las fiestas,* son los días que siguen en rango de importancia, son las celebraciones en honor a Jesús, María y los santos. La Misa que se lleva a cabo en día festivo tiene lecturas de las Escrituras y oraciones específicas. Por ejemplo, las lecturas de la Misa en semana pueden ser pasajes continuos de Lucas o Marcos, pero en la fiesta de San Mateo (21 de septiembre) se usa el Evangelio de San Mateo, particularmente el pasaje en que Jesús lo elige (Mateo 9, 9).

  Las fiestas principales del año de la Iglesia honran a Jesucristo y a María. Fiestas menores honran a los santos, como la de Pedro y Pablo, de Marcos y Lucas, y así por el estilo. La fiesta de un santo cae usualmente en el día que murió el santo. Ese es el día en que el santo partió de esta tierra y entró al cielo, su muerte aquí en la tierra es su nacimiento al cielo.

  No todos los santos tienen fechas de muerte verificables y algunos de ellos tienen fechas de muerte que ya están siendo usados por otra ocasión en el calendario. Por lo tanto algunos santos reciben la próxima fecha disponible del calendario. (Parece que a ellos no les importa mucho.)
- *Los Memoriales* son las fechas de menos rango en el calendario de la Iglesia. Son celebraciones del resto de los santos reconocidos, pero que no tienen día de fiesta completo. San Denis (9 de octubre) o Santo Tomás de Aquino (28 de enero) tienen Memoriales. No tienen lecturas bíblicas específicas asignadas a cada Memorial. No es que sean menos importantes que aquellos que tienen fiesta completa. La diferencia tampoco está en el santo, sino más bien en el lugar del mundo donde y con que grado ocurre. Las fiestas son celebraciones mandatarias en todo el mundo y poseen un poco más de solemnidad ya sea por su tema (como lo es la Anunciación) o porque el santo ha sido honrado en todo el mundo. Muchas veces los Memoriales son opcionales, pero cuando no lo son, usualmente son santos menos conocidos o algunos que no han tenido devoción universal.

El sentido de la vista tiene un papel muy importante en el culto católico; los colores de las vestimentas del sacerdote ayuda a los fieles a saber el tipo de fiestas que se está celebrando.

- **El verde:** Color de la vestimenta durante el tiempo ordinario.
- **El morado o violeta:** Usado durante el Adviento y la Cuaresma (junto al blanco y el negro, que se pueden usar en las Misas de funerales).
- **El blanco y el oro:** Son muy apropiados para la Navidad y la Pascua.
- **El rojo:** Son para las fiestas de la Pasión de Jesús y para el Espíritu Santo, que representa las lenguas rojas de fuego ardiente. Además se usa el rojo para los *santos mártires,* que derramaron por Cristo sangre.
- **El rosado:** Se puede vestir de color rosado el tercer domingo del Adviento y el cuarto domingo de la Cuaresma, para señalar la felicidad anticipada. El color no es rosa, sino rosado. Si tomas el color morado o violeta y le añades un poco de blanco entonces se obtiene el color rosado. Por eso usar este color es señal visible de que se acerca la Navidad y la Pascua. El tercer domingo de Adviento tiene como nombre *Domingo Gaudete* (que en latín significa *regocíjate*) y el cuarto domingo de la Cuaresma también es llamado *Domingo Laetare* (que en latín quiere decir *alégrate*).

La Tabla 8-1 te ofrece un vistazo al ciclo de las lecturas Bíblicas de tres años (A, B y C) para la Misa en fin de semana y al ciclo de dos años (I y II) para la Misa entre semana. Esto conviene mucho si eres sacerdote o si tienes una personalidad muy organizada.

Tabla 8-1 Calendario Litúrgico (2003–2008)

Año	*2003*	*2004*	*2005*	*2006*	*2007*	*2008*
Ciclo Dominical	B	C	A	B	C	A
Ciclo Semanal	1	2	1	2	1	2
Miércoles de Ceniza	12 Feb	3 Mar	16 Feb	8 Feb	28 Feb	20 Feb
Pascua de Resurrección	30 Mar	18 Abr	3 Abr	26 Mar	15 Abr	6 Abr
Ascensión (Jueves)	8 Mayo	27 Mayo	12 Mayo	4 Mayo	24 Mayo	15 Mayo
Pentecostés	18 Mayo	6 Jun	22 Mayo	14 Mayo	3 Jun	25 Mayo
Corpus Christi	1 Jun	20 Jun	5 Jun	28 Mayo	17 Jun	8 Jun
Primer Domingo de Adviento	30 Nov	28 Nov	27 Nov	3 Dic	2 Dic	30 Nov

Parte III

Comportarse Como un Santo

"A mis hijos siempre les hablo en tono bajo y respetuoso, pero de vez en cuando me pongo esto, para enfatizar lo que les dije".

En esta parte . . .

Descubre el porque los católicos son personas que respetan la ley. Ellos creen y siguen las leyes de Dios —tanto la ley moral natural así como las leyes de la Iglesia.

Mira como los católicos entienden e interpretan los Diez Mandamientos, los cuales no son una simple lista de cosas que no puedes y sí puedes hacer. Descubra por que los católicos creen que ser bueno es mucho más que evitar lo malo y cumplir con los Diez Mandamientos. Considere los siete pecados capitales y las cuatro virtudes morales. También podrás ver algunos temas controvertidos. La Iglesia Católica podrá parecerse a Don Quijote para el resto del mundo, pero lo que la Iglesia hace es por su compromiso con sus convicciones.

Capítulo 9

La Ley Católica: Derecho 101

En Este Capítulo

- Definir los diferentes tipos de leyes
- Estudiando algo del derecho canónico
- Promulgando la ley con unas normas de casa

Las leyes no son reglas hechas arbitrariamente por aquellos en el poder. La mayoría de la gente piensa que es obligación de los que tienen la responsabilidad por el bienestar de los demás establecer y hacer cumplir reglas que protegen y defienden. Sería negligencia no hacerlo.

Los gobiernos, los clubes, las organizaciones, las familias, las religiones: todos tienen reglas y leyes para salvaguardar el bien común de sus miembros. Ya sea en el béisbol profesional o en un juego amigable de baloncesto en el patio de un amigo, el club de los osos o en alguna reunión del congreso; todos los grupos poseen leyes de comportamiento para proteger a sus miembros de un posible abuso y negligencia y para preservar la unidad y la integridad del grupo entero.

Incluso las familias —aun las más pequeñas— tienen sus propias leyes de convivencia. Por ejemplo, Juan que tiene que estar en casa alrededor de las 10:00 de la noche en tiempo de colegio, o Lucía tiene que pedir permiso de papá y mamá, siempre, antes de ir a cenar a la casa de su amiga.

La Iglesia es la familia de Dios, y existen reglas para proteger a esa familia como unidad y a los individuos que la conforman. De manera específicamente los católicos están obligados a seguir todas las leyes divinas de Dios, la ley natural moral y la ley de la Iglesia (que se conoce como *derecho canónico*), y también todas las leyes legítimas y éticas de su ciudad, su estado y su nación, siempre y cuando éstas no contradigan las de Dios o las de la Iglesia. En síntesis, se espera que el católico sea un ciudadano que respete las leyes. Este punto de vista lo reforzó Cristo cuando dijo: "Dale a César lo que es de César, y a Dios lo que es de Dios" (Marcos 12, 17).

No se espera que la gente obedezca una ley irracional, así como tampoco se espera que siga una ley que aún no se ha dado a conocer al público. Por ejemplo, si fuera creada una nueva ley para un pueblo, alguna ciudad, estado o provincia, en la que fuera ilegal el acto de estornudar, esa ley sería irracional y no la podrían imponer ni obedecer. (Pero claro, ¡debe haber una ley que prohíba que los camareros estornuden sobre lo que te sirven de comer!) La meta de toda ley buena es el bien común —el beneficio mutuo de todos o de la mayoría de los miembros.

Entonces cada ley auténtica y que obliga debe tener sentido, ser conocida y existir para el beneficio del pueblo. Este capítulo cubre ese tipo de leyes —tal como las aplica la Iglesia católica.

Seguir la Ley Eterna de Dios

El filósofo y teólogo del siglo 13, Santo Tomás de Aquino (vea los Capítulos 3 y 18) nos definió la *ley* de la siguiente manera: “un mandato de la razón promulgado por la autoridad competente para el bien común”, y la separó en las tres categorías siguientes bajo el título principal *la ley eterna de Dios:*

- Ley positiva humana
- Ley moral natural
- Ley positiva divina
    - Ley civil (también llamada *ley secular* o *ley del hombre*)
    - Ley eclesiástica (también llamada *derecho canónico*)

Debes notar que la ley positiva humana también incluye la ley civil y la ley eclesiástica. Antes queremos explicar lo que se llama la *ley eterna.* Desde toda la eternidad Dios ha querido que todas las cosas actúen de acuerdo a su naturaleza. Las cosas que son creadas obedecen las leyes de la naturaleza (la física, la matemática, la química, la gravedad y demás), los animales tienen que obedecer sus instintos y el humano debe actuar de acuerdo a su naturaleza, que es racional. Al ser criaturas racionales, los humanos tienen que obedecer toda ley auténtica que esté conforme a la razón, que sea conocida y exista para el bien común. Por eso la ley eterna no es algo más que la combinación de todas las leyes que se conforman a la razón y existen para el bien común de todos.

Sólo los seres inteligentes y racionales pueden conocer las leyes filosóficas, teológicas y morales además de las leyes científicas y físicas —y por eso solo los seres racionales están obligados a seguirlas. Los católicos consideran estas leyes de la misma manera que el químico sigue sus fórmulas, el cocinero sigue una receta y el farmacéutico surte sus recetas: los resultados son garantizados si sigues las leyes. Si juegas con los cálculos o menosprecias las indicaciones el producto final puede no resultar. El alma necesita las leyes de Dios para poder encontrar la felicidad eterna y el seguirlas tiene la misma importancia para el católico como lo es para el científico seguir la fórmula correcta.

La ley positiva divina

Según el libro del Éxodo del Antiguo Testamento, Dios nos dio su propio código de leyes, las cuales se conocen como *los Diez Mandamientos,* dados sobre el Monte Sinaí a Moisés. Dios no le entregó diez sugerencias o diez propuestas, sino Diez Mandamientos. Estas leyes no son negociables y se aplican a cada ser humano que tenga por lo menos 7 años de edad (la edad de razón).

Los tres primeros mandamientos tienen que ver con la relación personal con Dios: Amar a un solo Dios, honrar su nombre y dar honor a su día. Los otros siete tienen que ver con las relaciones interpersonales: honrar a tu padre y madre, honrar las vidas de los demás, su propiedad, sus esposos y el derecho que tienen a la verdad. El Capítulo 10 explica los Diez Mandamientos en detalle.

Ya que Dios mismo fue quien reveló estos Diez Mandamientos son considerados ley *divina.* Y ya que fueron dados claramente, sin ambigüedades, son también ley *positiva.* Por eso se llama *ley positiva divina.* Mucha gente considera los Diez Mandamientos como leyes y reglamentos —aunque no usen el término *ley positiva divina.*

De adolescente, si tu papá te dijera que tenías que estar en casa alguna noche por eso de las 10:30 y otra noche a las 11:00, probablemente considerarías esto una ley arbitraria. Después de todo no hay nada de sagrado entre las 10:30 o las 11:00 de la noche. Lo cierto es que los padres que aman a su hijo le establecen parámetros y límites porque lo aman. Al ejercer su autoridad, esa madre o ese padre, le establecen una hora segura de estar en casa. Al niño no le corresponde establecer lo que es una buena hora o una imprudente, por el hecho de que le falta la edad, la sabiduría y la experiencia para saberlo.

La ley positiva divina no es ni abstracta ni arbitraria Es sencilla y explícita: No matarás; No cometerás adulterio; No robarás; y así por el estilo. Los Diez Mandamientos son sencillos y claros. Aunque podemos conocer los últimos siete usando solo la razón, por medio de la ley moral natural (vea la próxima sección "La ley moral natural"), Dios quiso hacerlos explícitos evitando que la humanidad tenga que adivinarlos por sí misma.

La Biblia nos dice que Caín sabía que matar a su hermano Abel (Génesis 4, 8–9) era malo e inmoral, mucho antes que Moisés recibiera los Diez Mandamientos, de los cuales el quinto dice, "No matarás" (Éxodo 20, 13). A pesar de ello Dios escogió revelar los mandamientos. Hizo eso para enfatizar que El mismo los había dado personal y directamente y así nivelar la balanza entre los que son rápidos para aprender y los que no son tan rápidos.

Es como la advertencia que lleva la secadora de pelo diciendo, "No la sumerja en el agua mientras está conectada a la corriente." Aunque mucha gente sabe, por sentido común, que no debe hacer esto, existen algunos que no saben que es letal tener la secadora conectada si cae al agua. Esta es la razón de la etiqueta. El sentido común también te debe indicar el honrar a tus padres, el no quitar la vida del inocente, el no ser infiel al cónyuge, el no mentir, el no robar y otras cosas. Pero para algunas personas, no basta el sentido común. Por eso en su misericordia divina, para quitar toda duda y ambigüedad, Dios reveló su ley positiva divina.

La ley moral natural

La Biblia nos cuenta la historia de Caín, quien mató a su hermano Abel, siglos antes de que Moisés recibiera los Diez Mandamientos en el que se incluía la orden, "No matarás." Si Caín hubiese tenido un buen abogado, ¿podría haber ido al juicio y lo hubieran exculpado de sus cargos, ya que la ley no fue promulgada sino hasta *después* de que ocurrió el supuesto crimen? El caso se podría presentar de la siguiente manera:

> Pero su Divinidad, mi cliente es inocente del crimen porque no tenía acceso a una Biblia y no hubo manera de que conociera el Quinto Mandamiento, ya que usted aún no lo había escrito, ni dado a Moisés sino hasta unos siglos después que mi cliente alegadamente cometiera el acto que se le imputa.

¿Caso Cerrado? Por supuesto que no.

La Biblia explica que Caín se escondió de Dios porque *sí sabía* que había cometido algo malo, inmoral y pecaminoso. Moisés desobedeció el mismo mandamiento (Éxodo 2, 12) antes de recibir los Diez Mandamientos. Después de matar al egipcio, Moisés huyó al desierto, porque *sabía* que había hecho mal —aunque de acuerdo al libro del Éxodo no recibiría el Quinto Mandamiento sino unos 18 capítulos más adelante.

¿Cómo fue que Caín y Moisés sabían que matar a alguien inocente era algo malo? ¿Y por qué otras civilizaciones, como los egipcios, los persas, los asirios, los babilones, los griegos y los romanos, tenían leyes que prohibían el matar, el robar, el adulterio, el perjurio, entre otros, si nunca recibieron la Palabra de Dios como los hebreos? ¿Cómo pudieron ser condenados los soldados y oficiales Nazi en la guerra de Nuremberg por crímenes de genocidio si ellos y sus gobiernos no tenían religión ni creencia en Dios y mucho menos respeto alguno por el pueblo escogido? ¿Es posible que todo hombre y toda mujer estén conscientes de la ley no escrita sólo el uso de su razón? ¿Podemos aplicar a todo ser humano en todo tiempo y todo lugar esta ley que se conoce naturalmente?

Un siglo antes de Cristo el filósofo estoico romano Cicerón escribió:

> En verdad hay una ley, que es la recta razón, calzada a nuestra naturaleza, proclamada a todo hombre, constante, y por siempre. Nos impone el deber en forma de mandato y hace evitar lo nocivo porque lo prohíbe, sin mandar ni prohibirle en vano al hombre bueno cuando no logra cambiar al malvado. No puede ser evadido ni enmendado ni abolido por completo. No existe decreto ni pueblo el cual nos libere de ello. No tiene que buscarse ni explicador ni intérprete sino que basta ello mismo. No se podrá buscar una ley en Roma y otra en Atenas, uno hoy y otro mañana, sino una ley, por siempre e incambiable, que se extiende sobre las naciones y a todos los tiempos. (Traducción del ingles al español — *De Republica,* III, xxii.33)

Y San Pablo Apóstol dijo:

> Y es que cuando los paganos que no están bajo la ley, cumplen lo que corresponde a la ley por inclinación natural, aunque no tengan ley, se constituyen en la ley para sí mismos Llevan los preceptos de la ley escritos en su corazón. (Romanos 2, 14–15)

La ley moral natural no aparece escrita pero es conocida por todo hombre y mujer con uso de razón. Utiliza el sentido común básico, la prudencia y la justicia. Se conoce por medio de la razón, sin aparecer escrita en piedra o en papel, como son los Mandamientos o la Biblia, la ley moral es *natural.* Es *moral* porque se aplica sólo a los actos morales —que son actos del ser humano que tienen que ver con un acto libre de la voluntad. (No se aplica a los animales porque ellos no tienen uso de razón.)

Caín y Moisés conocían por medio de la ley moral natural que matar era malo aún antes de que se les comunicara el Quinto Mandamiento. Y por que existe la ley moral natural, pueden llevarse a cabo los juicios en contra de esos que cometen crímenes de guerra, como el genocidio o muerte en masa, sin que importe la religiosidad o no de la persona. Un Nazi no pudo haber usado como defensa que él no reconocía la autoridad de la Biblia, porque aún los peores Nazis poseían la razón, y en cada hombre y cada mujer el uso de la razón es lo que hace que uno descubra la ley moral natural.

Tampoco basta que digan que estaban obedeciendo las órdenes que se les había dado. Un acto inmoral viola la ley moral natural, aunque ese mismo acto esté en conformidad con la ley civil del lugar. La industria de la esclavitud fue inmoral y estaba en contra de la ley moral natural aún cuando la Corte Suprema de los Estados Unidos (1857) la apoyara, hasta que por fin fuese cancelada por la Enmienda 14 (1868) después de la Guerra Civil. Las Leyes de Nuremburg de la Alemana Nazi (1935) también violaron la ley moral natural porque les quitaban los derechos a los judíos de ser ciudadanos y abrieron el camino para confiscarles su propiedad personal, deportarlos, encarcelarlos y condenarlos a muerte en los campos de concentración. Otro ejemplo de una ley que violó la ley moral natural fue la segregación racial legalizada (Apartheid) de Sudáfrica que duró de 1948 hasta 1991.

Desterrando al manipulador

La ley moral natural fue la razón por la que un comité judicial del Senado de los Estados Unidos azotó con preguntas al electo Clarence Tomas, un católico, antes que pudiera tomar su lugar en la Corte Suprema en 1991. De acuerdo a la Iglesia Católica, la ley moral natural lleva a uno a concluir lógicamente que el aborto es inmoral, de la misma manera que lo fueron la esclavitud o el sufragio de las mujeres sin importar lo que diga la Corte Suprema o la Constitución. No se legisla la moralidad, pero una legislación buena protege y promueve la moralidad buena, porque eso promueve el bien común. Se tiene que erradicar toda legislación inmoral, porque viola la ley moral natural y así la injusticia se perpetúa.

Mucho antes que acusaran al mismo hombre con sospechas de actos inmorales con Anita Hill, al Juez Thomas lo interrogaban sobre la manera cómo usó y aplicó eso de la ley moral natural en las decisiones de sus casos previos, sus breves legales, y las opiniones que publicó. Los Senadores Biden, Kennedy y otros temían que este Juez de la Corte Suprema esté subordinado a la ley moral natural en vez de tener como autoridad suprema la Constitución, por lo cual él estaría dispuesto a revocar la ley de *Roe versus Wade*, la decisión de 1973 donde la Corte Suprema legalizó al aborto en cualquier momento y en cualquier lugar de los Estados Unidos. De la misma manera en que los abolicionistas usaron la ley moral natural para combatir la esclavitud legalizada, y así con el tiempo pasaron la enmienda 14, los que están a favor de la vida y en contra del aborto usan la ley moral natural para oponerse a la decisión de *Roe* contra *Wade* y así intentar que se preserve la vida del feto no nacido con una enmienda de esa ley.

En todos estos casos la ley civil patrocinó, toleró y promovió esos horribles actos de injusticia, precisamente porque violaban la ley moral natural. Ningún gobierno, constitución, ley o enmienda a de ley le conceden al hombre o mujer su dignidad de persona. Ella viene de la naturaleza humana, hecha a imagen y semejanza de Dios. Judío o cristiano, nacido o aún por nacer; la ley moral natural existe, independientemente de que los partidos políticos u autoridades civiles legislen de manera contraria.

La ley positiva humana

Las personas son las que crean las *leyes humanas* —no Dios ni la naturaleza. La Iglesia mantiene que las leyes naturales y divinas son inmutables y eternas, porque vienen de Dios. Sin embargo, las leyes humanas —aunque vengan de la Iglesia o del gobierno— están condicionadas por circunstancias contemporáneas, como el tiempo, el lugar y la cultura. Son *positivas* porque aparecen claramente escritas y son promulgadas.

Los límites de velocidad de 15 millas por hora en zonas de escuela, las leyes de los impuestos sobre ingresos y el Acto Patriótico, son todas leyes humanas. No son perfectas y siempre podrán ser mejoradas, cambiadas, interpretadas, disueltas o recreadas.

Es obvio que las leyes humanas se aplican a los humanos, por eso cuando algún animal daña la propiedad de otro o a otra persona, los dueños del animal son los responsables. Las leyes humanas no siempre parecen querer limitar la actividad y el comportamiento, sino proteger y defender los derechos inalienables a la vida y la libertad de toda persona. Y aunque uno de los Mandamientos dice "No robarás", y la ley moral natural se dirige a las personas con razón para que sepan que llevarse algo que no le pertenece es contra la ética y es algo malo, la ley civil también declara el robar un crimen —con cargos de cárcel.

La ley humana positiva incluye la ley civil y la canónica (eclesiástica).

La ley civil

Las leyes civiles son todas esas leyes escritas y ejecutadas por las ciudades, los estados y las comunidades internacionales, como son la Organización de las Naciones Unidas (ONU) y la Organización del Tratado del Atlántico Norte (OTAN). La ciudad de Calgary, Alberta, tiene leyes que solamente se aplican a los residentes de esa municipalidad, mientras que Alberta tiene otras leyes que se aplican a todas las ciudades y pueblos de la provincia. El Parlamento Canadiense hace leyes que obligan a todas sus provincias porque el gobierno de Canadá cuida de todo el país.

Algunas leyes civiles se aplican sólo a los residentes de ese lugar, mientras que otras leyes son aplicadas también a todos los que trabajan o visitan ese lugar. Por ejemplo las leyes de velocidad se aplican a cualquier persona, sin importar donde vivas, des tu voto o tengas tu ciudadanía; pero las leyes que indican dónde votar depende exactamente de donde resides. Ya que las leyes civiles no son perfectas (porque son leyes humanas), pueden y deben ser interpretadas y aplicadas por alguna autoridad competente.

La mayoría de los americanos están familiarizados con la ley común inglesa, la que defiende los derechos de cada individuo —especialmente el derecho que tiene el acusado de recibir un juicio justo y el derecho a que su inocencia se presuma hasta que se pruebe lo contrario en alguna corte legal. La ley romana es más antigua. Este sistema tiene como primera directiva descubrir la verdad, mientras que la ley inglesa tiene como objetivo proteger los derechos del inocente. Ambos son buenos métodos, pero tienen perspectivas diferentes. El sistema inglés —sobre el cual se establece la jurisprudencia americana— utiliza un jurado de semejantes para poder determinar la inocencia o la culpabilidad del caso. El sistema romano usa los testimonios y la evidencia que se presente al juez o tribunal de jueces para determinar la veracidad de la materia que se presenta. La Iglesia de los primeros siglos nació de las cenizas del Imperio Romano, por eso el Imperio Romano y su cultura influenciaron a la Iglesia Católica, y así las leyes de la Iglesia se basan en la ley romana, a diferencia de las leyes civiles de la corte americana, que se basan en la ley inglesa.

La ley canónica (de la Iglesia)

La *ley canónica* es la ley suprema de la Iglesia, y especifica las normas y reglamentos universales para la Iglesia entera. La aplicación e implementación actual de estas leyes universales están contenidas en la ley local, llamada *Estatutos Diocesanos* (reglamentos establecidos por el obispo del lugar para las parroquias en su diócesis) y las demás se encuentran en las *rúbricas litúrgicas* (los detalles de cómo celebrar los sacramentos) que aparecen en el *Ritual Romano,* esos libros que contienen las oraciones necesarias y los requisitos para la celebración, válida y lícita de los sacramentos.

La Iglesia Católica es una religión y una institución. Con más de mil millones de miembros en todo el mundo y con miles de cardenales, obispos, sacerdotes y diáconos que gobiernan la Iglesia, es necesario y cuestión de justicia, el tener leyes que tengan que ver con las actividades y la gente en la Iglesia.

La palabra *canon* viene del griego *kanon,* que quiere decir *regla* y se refiere a los decretos que obligan a toda persona. *El derecho canónico* se refiere a las leyes que se aplican a todos los miembros de la fe católica. La Iglesia Romana tiene 1,752 cánones y la Iglesia Católica del Oriente 1,546 cánones. Eso es algo más que Diez Mandamientos, ¿no? Podría ser peor, ya que el número de cánones en la Iglesia Romana disminuyeron en 1983; 2,414 cánones conformaban el código usado desde 1917 hasta 1982. El *Código de Derecho Canónico* es un libro que contiene las leyes de la Iglesia Católica. La edición que aplica para la Iglesia Occidental (latina) es distinta de la edición para la Iglesia Oriental (bizantina).

El deseo del Papa Juan XXIII de revisar el Código de Derecho Canónico de 1917 condujo en 1962 al Segundo Concilio Vaticano (llamado comúnmente Vaticano II). (Para saber más sobre Vaticano II, vea el Capítulo 8.) Luego de casi 50 años se habían hecho arcaicas y obsoletas muchas de las leyes de la Iglesia; por eso vio como cosa buena poner al día las normas universales de la Iglesia. (Te preguntarás, ¿por qué se demoró tanto? No olvides que la Iglesia Católica tiene casi 2,000 años y le lleva mucho tiempo tomar decisiones que afectarán a más de mil millones de personas en todo el mundo.) Antes de poner al día sus leyes el concilio ecuménico se reunió para hablar de cómo poder explicar y celebrar mejor litúrgicamente la fe Católica en el siglo 20. El Concilio se cerró en el 1965 pero el Código de Derecho

Canónico no fue revisado sino hasta el 1983. El *Catecismo de la Iglesia Católica* no lo revisaron hasta el 1992.

La base para el Código de Derecho Canónico es el documento del Vaticano II llamado *Lumen Gentium* (la Constitución Dogmática sobre la Iglesia), el cual describe a la Iglesia Católica como presencia viva y continua de Cristo sobre la tierra —su cuerpo místico y novia sin mancha. La Iglesia que Cristo mismo fundó continúa por medio de su triple misión de ser sacerdote, profeta y rey — para santificar, enseñar y gobernar. (Vea el Capítulo 3 para una discusión de la triple misión de Cristo.) Así, para cubrir todas las bases de la triple misión de Cristo, el Código de Derecho Canónico se divide en siete libros, de la siguiente manera:

- **Libro I:** Comparte los términos e ideas legales elementales y después define las leyes que protegen y defienden la triple misión de la Iglesia.
- **Libro II:** Describe lo que es el pueblo de Dios y la estructura jerárquica de la Iglesia.
- **Libro III:** Explica el oficio que tiene la Iglesia de maestra.
- **Libro IV:** Habla de su oficio de santificar.
- **Sus Libros V hasta VII:** Tienen que ver con bienes temporales, las sanciones y los procesos judiciales, respectivamente.

El cambio mayor y más obvio entre el Código de Derecho Canónico de 1917 y el Código de 1983 es que la versión, nueva y revisada, contiene mucha teología y referencias bíblicas. Lo mismo se puede decir del *Catecismo de la Iglesia Católica* de 1992. Ya que ambos libros están al alcance de toda persona —en libros, en la red mundial y en CD-ROM— la Iglesia espera que mayores números de canonistas y teólogos académicos lean los textos. Anteriormente sólo los expertos leían estos textos legales y de catequesis. Con la llegada de los medios electrónicos de comunicación que ponen todo al alcance, la Iglesia quiere verdaderamente que el laico y el inexperto vean la conexión entre la fe, como la enseña la Sagrada Escritura y la Sagrada Tradición, y la que existe entre las prácticas de la fe contenidas en la ley eclesiástica. Así obtenemos la base teológica y bíblica para la autoridad suprema del papa como Obispo de Roma y no sólo un listado de datos acerca de qué poder ejerce, sino el por qué los ejerce. Las necesidades legales para alcanzar un bautismo lícito (legal) también se incluyen en esta explicación teológica. El Canon 849 define, de la siguiente manera el bautismo:

> [es] puerta de los sacramentos, cuya recepción de hecho o al menos de deseo es necesaria para la salvación, por el cual los hombres son liberados de los pecados, reengendrados como hijos de Dios e incorporados a la Iglesia, quedando configurados con Cristo por un sello indeleble.

Llevarlo hasta lo más alto

Ya que el papa posee potestad ordinaria (la autoridad), total, suprema, inmediata y universal para poder gobernar la Iglesia Católica (Canon 331), ningún miembro de la Iglesia, ni tampoco el clero, puede apelar alguna decisión hecha por el papa (Canon 333) y está prohibido intentar alguna apelación mediante algún concilio ecuménico (Canon 1372).

Aunque no exista sobre la tierra autoridad mayor que la de la Santa Sede (el término que describe al papa y sus ayudantes), cada individuo católico bautizado tiene el derecho de apelar directamente a Roma y al papa (Canon 1417). Esta apelación algunas veces es llamada el apelo al Cesar, basado en el antiguo derecho de cada ciudadano Romano de apelar directamente al emperador. Obviamente, si algún parroquiano tiene conflicto con su párroco, esto lo maneja el próximo nivel, que es el obispo diocesano. Pocas veces el papa interferirá con los asuntos de las autoridades menores a menos que sea necesario, pero el derecho de cada católico de apelar en cada nivel del proceso permanece intacto. Por ejemplo, si tu párroco te niega el derecho realizar una boda a las 10 de la mañana, cuando la parroquia establece que ellas deben realizarse a las 11:00 de la mañana y las 2:00 de la tarde, no tiene sentido, y sería muy difícil, costoso y desproporcionado, apelar al papa para intentar cambiar esa norma. Sin embargo, si alguna persona siente que no se ha servido a la justicia, pueden y deben pasar al siguiente nivel, por su propio derecho.

¿Ves de qué manera está conectado el bautismo a los demás sacramentos y de qué modo se explican los efectos del bautismo? Esto es más que un simple requisito de agua y palabras, "Yo te bautizo en el nombre del Padre y del Hijo y del Espíritu Santo". Se espera, que si los católicos entienden que el derecho canónico es mucho más que unos simples "harás y no harás," sino que son unas normas prudentes, razonables y beneficiosas para proteger al creyente individual, a la Iglesia entera y al contenido de la fe, entonces tendrá mayor sentido el seguir las leyes de la Iglesia.

Todos los cánones son inútiles si no se observan dentro del contexto en que existen, de asistir al mandato de la Iglesia institucional de continuar con la triple misión de Cristo en la tierra.

Sigue leyendo para obtener un vistazo a cada uno de los libros del derecho canónico.

Libro 1: Los orígenes del derecho canónico

Algo del derecho canónico se basa en la ley divina positiva revelada por Dios, algo sobre la ley moral natural, algo sobre la ley civil, algo sobre pasadas leyes eclesiásticas y las nuevas leyes que existen para el mundo contemporáneo.

Libro II: La responsabilidad del clero y de los laicos

El Concilio Vaticano II enfatizó el papel importante de los laicos y de los fieles Cristianos para poder corregir cualquier concepto malo e inadvertido que diga que sólo el clero y aquellos con vocaciones religiosas (vea el Capítulo 2) son llamados a tener vidas santas y de oración. El Libro II del Código tiene que ver con el pueblo de Dios —que quiere decir *todos* los bautizados, ya sean clérigos o laicos.

El bautismo es el sacramento de iniciación en la Iglesia, que es la familia de Dios. El Código de Derecho Canónico de 1983 dependía mucho del Segundo Concilio Vaticano para recordarles a todos los fieles bautizados que ellos comparten el sacerdocio común de Cristo, por lo que se espera que todo hombre y mujer ayude a santificar, enseñar la Palabra de Dios y dar testimonio y liderazgo cristiano al mundo. Es significativa y sustancial la diferencia que existe entre el sacerdocio común de los fieles bautizados y el sacerdocio ministerial de los que reciben la ordenación, pero no los hace ni mejores ni más santos que los demás. Los laicos santifican sus ambientes en el mundo, al vivir en él y dar buen ejemplo, mientras que los clérigos santifican a los miembros de la Iglesia al servir sus necesidades espirituales y sacramentales en la Iglesia.

El Canon 226, dirigido a los padres de familia, les recuerda que ellos son los primeros educadores de sus hijos y que las escuelas y parroquias les pueden ofrecer asistencia, pero no pueden reemplazar lo que Dios quiere que hagan los padres. Además del deber de transmitir la vida, sostenerla con comida y albergue, y proveerles una educación, también se urge a los padres dar buen ejemplo y asegurar que sus niños aprendan y practiquen la fe católica.

El Canon 208 enfatiza la igualdad genuina en cuanto a la dignidad y la acción de todos los fieles de Cristo. Esto quiere decir que el clero no es mejor que el laicado y que ambos son de igual importancia, aunque tengan función diferente. La lista enumerada a continuación, de los Cánones 209 al 222, trata de las obligaciones y los derechos de los fieles cristianos (todos los bautizados). Es un repaso general de cada código. Por eso todos los bautizados

209 Están obligados a observar siempre la comunión con la Iglesia, incluso en su modo de obrar

210 Deben esforzarse, según su propia condición, por llevar una vida santa, así por incrementar la Iglesia y promover su continua santificación

211 Tienen el deber y el derecho de trabajar para que el mensaje divino de salvación alcance más y más a los hombres de todo tiempo y del orbe entero mediante la obra misionera de la Iglesia (la oración, lo financiero o lo personal)

212 Tienen el derecho de hacer conocer a sus pastores (sacerdotes y obispos) sus necesidades espirituales; tienen el derecho, y a veces incluso el deber, de manifestar a los pastores su opinión sobre aquellos que pertenece al bien de la Iglesia respetando su fe y moral y mostrando siempre reverencia hacia los pastores

213 Tienen el derecho a escuchar, cuando ya estén bien dispuestos y preparados, la Palabra de Dios y recibir los sacramentos

214 Tienen el derecho a tributar culto a Dios según las normas de su propio rito litúrgico legítimo y practicar su propia forma de vida espiritual aprobada

215 Tienen el derecho a fundar y dirigir asociaciones con fines de caridad o piedad

217 Tienen el derecho, por su bautismo, a una educación cristiana

219 Tienen el derecho a ser inmunes de cualquier coacción en la elección del estado de vida (de matrimonio, soltería, religiosa u ordenación)

220 Tienen el derecho a una buena reputación y proteger su privacía

221 Tienen el derecho a reclamar y/o defenderse, conforme a las normas del derecho en la corte de la Iglesia

222 Tienen el deber de ayudar a la Iglesia en sus necesidades, y el deber de promover la justicia social

El listado siguiente provee una sinopsis de los Cánones 225 al 231, que ofrece una perspectiva algo diferente —las obligaciones y los derechos sólo de los laicos. Aquellos que son bautizados pero no son ordenados.

225 Tienen el deber peculiar de dar testimonio a Cristo y su fe católica en el mundo donde viven, trabajan y se recrean

226 Los padres por haber transmitido la vida sus hijos, tienen el gravísimo deber y el derecho, de educarlos, proveerles una educación Cristiana a sus hijos; los esposos deben ser testigos al mundo del amor y la vida Cristiana

227 Los fieles laicos tienen, en los asuntos terrenos libertad siempre y cuando se conforme al Evangelio y a la doctrina de la Iglesia y no presenten como doctrina de la Iglesia su propio criterio, en materias opinables

228 Si son considerados idóneos y capaces, pueden ser admitidos por sus pastores para ciertos oficios eclesiásticos

229 Tienen el deber y el derecho de adquirir el conocimiento más profundo de la fe católica especialmente de las ciencias sagradas —de proclamarla y defenderla

230 Pueden recibir el cargo temporal de ministro extraordinario de la Palabra (algunas veces llamado *lector*) o de ministro extraordinario de la Eucaristía cuando se necesite y con el permiso del párroco

231 Tienen el derecho a una conveniente y justa remuneración que responda a su condición y la de sus familias

Y los Cánones 273 al 289 son un listado de las obligaciones y derechos de los clérigos. Por eso aquellos que son bautizados y ordenados

273 Tienen obligación especial de mostrar respeto y obediencia al sumo pontífice y a su obispo local

274 Pueden obtener oficios para cuyo ejercicio se requiera la potestad de gobernar y están obligados a obedecer y desempeñar la tarea que les encomiende su obispo

275 Deben reconocer y promover la misión de los laicos

276 Están obligados a buscar la santidad en sus vidas: para esto, deben cumplir con sus tareas pastorales; alimenten sus vidas de la Escritura y de la Eucaristía; tienen la obligación los sacerdotes y los diáconos de celebrar la Liturgia de la Horas; obligados a asistir un retiro anual; hagan todos los días la oración mental; accedan frecuentemente al sacramento de la penitencia, y tengan peculiar veneración a la Virgen María

277 Si son sacerdotes de la Iglesia del Occidente (latina), están obligados a observar un celibato perpetuo

278 Tienen el derecho de asociarse con otros en el ministerio sagrado pero deben abstenerse y evitar participar en asociaciones cuya finalidad o actuación sean incompatibles con las obligaciones propias del estado clerical o que estén en contra de la doctrina o disciplina de la Iglesia

279 Han de continuar sus estudios sagrados después de la ordenación

280 Se aconseja vivamente que tengan una cierta vida en común

281 Merecen una retribución conveniente por su ministerio eclesiástico

282 Deben vivir con sencillez y abstenerse de aquello que parezca vanidad

283 Tienen el derecho a descanso anual y algunas vacaciones y un día libre por semana (30 días de vacaciones y un día de 24 horas por semana)

284 Han de vestir un traje eclesiástico digno

285 Tiene prohibido aceptar cargos públicos

287 No han de participar activamente en los partidos políticos ni en la dirección de asociaciones sindicales a no ser que lo exija la defensa de los derechos de la Iglesia o el bien común

289 Se pueden presentar solo como capellanes al servicio militar y con licencia explícita de su obispo o superior

Libro II concluye con los detalles sobre la elección de un papa, el papel de los asesores cardenales, la función del obispo local y del párroco local, las conferencias naciones de los obispos, el papel del asistente al párroco y demás. Después de definir y delinear la estructura jerárquica de la Iglesia, el Libro II continúa con el papel de aquellos con vocación religiosa, que algunas veces llaman la *vida consagrada.* (Vea el Capítulo 2 para más detalles sobre la diferencia entre el sacerdote diocesano y el de una orden religiosa.)

El Libro II describe la vida consagrada de hombres y mujeres que se hacen hermanos o hermanas, monjes o monjas al abrazar la pobreza, la castidad y la obediencia. (Vea el Capítulo 2 para más sobre los hermanos, hermanas, monjes y monjas):

- **La pobreza:** La comunidad religiosa es la que cubre los gastos de todo, todos los bienes son compartidos. Los miembros no son dueños privados ni exclusivos de nada.
- **La castidad:** Viven vidas célibes y practican auto-disciplina y mortificación en la búsqueda de una vida pura.
- **La obediencia:** Entregan su voluntad de la misma manera que entregaron sus bienes en la pobreza y sus cuerpos a la castidad; por la obediencia ellos buscan obedecer la voluntad de Dios al demostrarla a sus superiores.

El Libro III también contiene los códigos que rigen las Sociedades de Vida Apostólica, los Institutos Seglares y las Prelaturas Personales (como el Opus Dei) —que son comunidades que buscan la oración en común y la labor apostólica. Cada uno ofrece a los laicos una forma modificada de vida comunitaria que no siguen el mandato canónico de la pobreza, la castidad y la obediencia.

Libro III: Enseñar y predicar la Palabra

Según el Canon 767 del Libro III, predicar la *homilía* (el sermón dado después del Evangelio en la Misa) está reservado exclusivamente para los obispos, sacerdotes y diáconos. Las homilías son obligatorias en la Misa de domingo y en las Misas de los días santos. El obispo local puede darle permiso temporal a un laico para predicar (Canon 766), pero el predicador nunca puede hacer la homilía, que siempre ocurre después del Evangelio en la Misa y que sólo puede darla alguien que sea ordenado. El predicar en la Iglesia, fuera de la Misa, está permitido por razones serias a la discreción del párroco u obispo.

El Canon 803 explica que sólo las escuelas que enseñan la fe católica auténtica, de acuerdo a como lo define la Iglesia y con la aprobación de las autoridades de la Iglesia, pueden usar la palabra *católica* en su título o descripción. De acuerdo al Canon 805 el obispo local tiene el derecho de nombrar o aprobar a los profesores de religión en los colegios católicos, las universidades y las escuelas secundarias, y tiene el derecho de exigir que sean destituidos aquellos que disientan con la doctrina ortodoxa. Los instructores de teología en los colegios católicos deben obtener un certificado, llamado el *mandatum* (que en latín quiere decir *mandato*) del ordinario (el obispo) declarando la autenticidad de su teología (Canon 812).

Libro IV: Los requisitos de la Misa y de los Sacramentos

El Libro IV explica el oficio santificante de la Iglesia, que envuelve predominantemente a los siete sacramentos incluyendo a la Santa Misa. El Código reitera para cada uno de los sacramentos —el bautismo, la confirmación, la penitencia, la Sagrada Eucaristía, la unción de los enfermos, el matrimonio y el orden sagrado— lo que enseña la Iglesia en la teología del sacramento. El *Catecismo de la Iglesia Católica,* los documentos del Vaticano II y la mayor parte de la Biblia son las fuentes que los explican. El Derecho Canónico describe lo que se necesita para que un sacramento sea válido (real) y lícito (legal). Por ejemplo para celebrar una Misa válida se necesita tener pan de trigo y vino de uva. Si el sacerdote deja fuera otros requisitos o viola el derecho canónico de alguna otra manera, como el no vestir la ropa propia de la Misa, es una Misa ilícita pero válida, siempre y cuando use las palabras válidas y los elementos válidos, el pan de trigo y el vino de uva, durante la consagración.

El Libro IV es como un libro de reglas que sigue el entrenador del equipo y el portero. La mayor parte de los requisitos canónicos en los sacramentos son el deber y la responsabilidad del sacerdote, el obispo o el diácono; la persona que recibe los sacramentos debe simplemente prepararse para ellos estando en estado de gracia, que significa el estar conscientemente libre del todo pecado mortal (vea el Capítulo 7) y tener una preparación y catequesis adecuada. Esto quiere decir que los sacramentos no son como comprar comida rápida por la ventanilla del restaurante de hamburguesas. La preparación espiritual requiere tiempo de oración y estudio de la Biblia y del *Catecismo de la Iglesia Católica,* para que la persona que reciba el sacramento sepa lo que hace, por qué lo hace, y lo que se espera de ella después de recibirlo.

Una gran sección del Libro IV también tiene que ver con los impedimentos serios que hacen inválido a un matrimonio. El matrimonio es inválido si uno o los dos de la pareja nunca tuvieron intención de tener hijos, o si uno o ambos no tienen la intención de contraer una unión permanente o fiel. El novio tiene que tener al menos 16 años y la novia tiene que tener al menos 14 años para que sea un sacramento válido, aunque en la mayoría de lo estados y los países requieren una edad mayor para obtener una licencia de matrimonio. Si una persona estuvo casada válidamente previamente y después se divorcia sin nunca haber obtenido la *anulación* (lo que se conoce comúnmente pero *incorrectamente* como un divorcio católico), la persona no puede casarse de nuevo válidamente. Una anulación se diferencia del divorcio de dos maneras:

- Primero, el divorcio es un decreto de la ley civil del estado, pero la anulación es un decreto de la ley canónica de la Iglesia. El estado les emite una licencia de matrimonio y el estado les emite el decreto del divorcio. La Iglesia les otorga la anulación. La Iglesia celebra el Sacramento del Matrimonio y sólo la Iglesia puede emitir el Decreto de Nulidad (que se conoce de otra manera como una anulación).
- El segundo es que el divorcio civil dice que hubo una vez un matrimonio que ya no es matrimonio. Una pareja que una vez fue un matrimonio ya no tiene las obligaciones legales de esposo y esposa. Una anulación, por otro lado, dice básicamente que nunca hubo sacramento del matrimonio. El divorcio civil termina con un matrimonio civil, pero una anulación de la Iglesia declara que el sacramento del matrimonio no ocurrió desde el

primer día. Aunque una pareja se case en una iglesia católica por un sacerdote o diácono con la intención de realizar un sacramento válido, hay otros factores y razones que pueden obstruir su validez, sin que ellos lo sepan o sin que sea su intención.

No se trata de buscar quién tuvo la culpa. El punto clave es determinar si un supuesto matrimonio válido es inválido por alguna razón seria. Puede ser que ambos lo contrajeron de buena fe y aunque el mismo obispo o el papa fuera quien llevó a cabo la ceremonia, si se presentó un impedimento mayor al momento de la boda, entonces el sacramento queda sin efecto y quedan libres el hombre y la mujer para poder casarse con otra persona de manera válida por primera vez. Junto a la posibilidad de que el novio o la novia no tuvieran la intención de contraer una unión permanente, fiel y fecunda, puede existir otro impedimento, y es que uno de ellos fuera incapaz de asumir los deberes y las obligaciones del matrimonio cristiano. Esto puede ser debido a alguna adicción severa a las drogas o al alcohol, o por algún desorden psicológico serio, que estuvo presente pero permaneció desconocido por todos al momento de la boda.

Los Libros V al VII: El sistema de cortes en la Iglesia

El resto del Código de Derecho Canónico tiene que ver con el sistema de la corte eclesiástica —sus procedimientos, sus sanciones, sus pruebas, sus sentencias, su sistema de apelación y otros detalles.

Algunas de las sanciones impuestas por el sistema de corte de la iglesia incluyen las suspensiones, las excomuniones y el entredicho:

- **La suspensión:** La Iglesia prohíbe al clérigo (sacerdote, diácono u obispo) ejercer su ministerio ordenado y vestir ropa clerical. Sin embargo, la suspensión no prohíbe que el clérigo reciba los sacramentos.
- **La excomunión:** La más severa de la penas, la *excomunión,* quiere decir estar fuera de la Iglesia. Se usa sólo como último recurso con la esperanza de que la persona excomulgada recapacite, se arrepienta y busque la reconciliación. La persona excomulgada está privada de los sacramentos, como son el poder recibir la Sagrada Eucaristía durante la Misa. También se les prohíbe a los excomulgados poder obtener trabajo o mantener algún puesto de autoridad en alguna diócesis o parroquia y están privados de un entierro católico.

  Hay algunas excomuniones que son automáticas (Canon 1314) y sin necesitar de la intervención de la Iglesia *(latae sententiae),* la mayoría de los católicos conocen lo que se requiere para quedar excomulgado Es algo como el estar en el estado de pecado mortal (vea el Capítulo 7), que también lo priva a uno de recibir la Sagrada Eucaristía, cargar con la pena que lleva la excomunión siempre recae sobre la conciencia del individuo excomulgado.

- **El entredicho:** Es una sanción temporal que se puede aplicar a una o más personas. Bajo esta pena, las personas nombradas no pueden recibir los sacramentos, pero no son excomulgados, así que pueden recibir ingresos, mantener su oficio y así por el estilo. Esta pena es levantada cuando la persona se arrepiente y busca la reconciliación.

Toma en cuenta que el entredicho se puede quitar fácilmente, pero en el caso de la excomunión, y dependiendo de la ofensa, sólo el obispo, el papa o sus delegados pueden quitarlo. Por ejemplo el aborto es un pecado mortal ante los ojos de la Iglesia Católica. El pecado del aborto también puede resultar en una excomunión automática (Canon 1398) para todos los involucrados —la madre y el padre del niño abortado, el doctor y la enfermera y cualquier otra persona que cooperó para que se llevara a cabo el aborto.

A los ojos de la Iglesia, el aborto incluye no solo remover algún feto antes de nacer, sino también el uso de abortivos químicos, dispositivos intrauterinos y ciertos tipos de pastillas anticonceptivas que previenen la implantación o estimulan las contracciones uterinas para rechazar el óvulo fecundado. Esto incluye el uso de ciertas drogas como es la RU486, llamada la pastilla del aborto, que ocasiona el aborto al bloquear la hormona progesterona en la mujer durante las primeras semanas del embarazo.

El obispo (el ordinario) es quien tiene la autoridad de quitar la mayoría de las excomuniones, pero muchos obispos delegan este poder a sus sacerdotes de parroquia cuando tiene que ver con un penitente que confiesa el pecado del aborto. De esta manera, la persona que se confiesa puede a la misma vez recibir la absolución y quitarse la excomunión. Esto es para hacerle más fácil el confesarse y reconciliarse con Dios y con la Iglesia, especialmente después de un asunto tan emocional, personal, y serio, como lo es un aborto.

Sin embargo algunas excomuniones son tan serias que solamente el papa o su delegado pueden remover la sanción. Por ejemplo, si alguien profana (demuestra una irreverencia) a la Sagrada Eucaristía, solamente el papa puede remover la excomunión. De la misma manera, si algún sacerdote intentara absolver a alguien de un pecado contra el Sexto Mandamiento, en el cual él mismo participó del acto sexual, su excomunión es automática y la sanción se reserva para Roma. Así también, un obispo que ordene a un sacerdote al orden de obispo sin tener órdenes del papa está automáticamente excomulgado y sólo el papa puede remover la excomunión, aplicada tanto para el obispo que ordena como para el obispo que está siendo ordenado.

Antes de 1983, año en que se promulgó el Código de Derecho Canónico revisado, aún estaba en efecto el Código de 1917, y mencionaba explícitamente que el pertenecer a la Francmasonería cargaba una sanción de excomunión automática para todo católico (2335). La ley corriente del Código de 1983 (1374) no menciona a los masones por nombre pero retiene la excomunión para aquellos que *pertenezcan a cualquier organización anti-Católica.* Los católicos que se unen a una logia masónica, "están cometiendo un pecado serio y les está prohibido recibir la Santa Comunión" (La Congregación de la Doctrina de la Fe, 26 de Nov. 1983). Esta prohibición también se aplica para asociaciones abiertamente anti-católicas como lo son el Partido Comunista, el Klu Klux Klan y otros.

El siguiente listado incluye algunas de las ofensas que justifican la excomunión de acuerdo al Código de Derecho Canónico de 1983.

1364 Apostasía, herejía, cisma

Apostasía es el rechazo total de la fe cristiana.

Herejía es la negación obstinada, después de ser bautizado, de alguna verdad, que tiene que ser creída con fe divina y católica.

Cisma es el rechazo de la autoridad y la jurisdicción del papa como cabeza de la Iglesia.

1367 La profanación de las especies sagradas (la Santa Comunión)

1370 Algún ataque físico contra el papa

1378 La absolución de un cómplice en algún pecado contra el Sexto Mandamiento

1378 El intentar celebrar la Sagrada Eucaristía (la Misa) o el conferir la absolución sacramental sin ser sacerdote

1382 La consagración episcopal (un obispo) sin autorización

1388 La violación directa del sigilo de la confesión por un confesor

1388 La violación del sigilo de la confesión por algún intérprete y otros

1398 El procurar un aborto

Seguir las Normas de Juego

Mientras que el Código de Derecho Canónico de 1983 tiene unas 1,752 leyes, la Iglesia tiene sólo seis preceptos, las cuales son las únicas reglas de casa en la Iglesia Católica —la receta básica para la salud espiritual de todo y cada católico. De la misma manera en que los niños asisten a la escuela a diario para poder permanecer en la escuela y los que son empleados tienen que ir a trabajar para que sigan recibiendo un salario, así también, los católicos deben hacer lo mínimo al seguir estos seis preceptos. Estos sencillos preceptos de la Iglesia obligan sólo a los católicos. Para ser un católico bueno y practicante significa que debe obedecer estas normas y creer lo que enseña la Iglesia:

- Asistir a la Misa todos los domingos y días santos de obligación
- Recibir la Sagrada Eucaristía al menos durante el tiempo de Pascua
- Confesarse al menos una vez por año
- Ayuno y abstinencia en los días designados
- Observar las leyes del matrimonio en la Iglesia
- Contribuir con el sostenimiento de la Iglesia

Excepto por los Diez Mandamientos y la Ley Moral Natural la mayoría de católicos desconoce el *Código de Derecho Canónico* de 1983, con sus muchas (1,752) leyes. Pero los católicos sí están al tanto de los seis preceptos de la Iglesia, los cuales son aplicaciones personales de los numerosos cánones del Código.

En estos días, los requisitos mínimos para llevar los preceptos son manejables —no son tan abrumadores como lo fueron en la antigüedad (cuando los monjes eran monjes y las monjas eran monjas). Por supuesto la piedad personal puede motivar a alguien a ir más allá de lo mínimo, por ejemplo rezar el Rosario a diario, ir a la confesión una vez por semana y asistir a la Misa una o dos veces por semana, además del domingo.

Ser católico significa mucho más que asistir a Misa los domingos. Pero, ten en cuenta esto, los seis preceptos son fáciles de recordar y fáciles de cumplir.

Asistir a la Misa todos los domingos y los días de precepto

Los católicos tienen que asistir regular y fielmente y participar en una Misa Católica todos y cada uno de los domingos y días de precepto. Es un pecado mortal el faltar a la Misa en alguno de esos días. (Vea los Capítulos 7 y 11 para saber más sobre el pecado mortal.) Solamente el mal tiempo o una enfermedad seria, que te prohibiera salir de tu hogar, te excusa de la obligación de asistir a la Misa ese día.

Aún en vacaciones los católicos están obligados asistir a la Misa. Los servicios no-católicos son algo bueno, siempre y cuando el católico no trate de sustituirlo por su obligación de asistir a la Misa. Así por ejemplo, si asistes a un servicio luterano de domingo aún tendrás que ir a la Santa Misa en domingo si eres católico. Puedes ir al Capítulo 8 para conocer más sobre los días de obligación.

Recibir la Sagrada Eucaristía durante el tiempo de la Pascua de Resurrección

Los católicos tienen que comulgar, recibir la Sagrada Eucaristía, al menos una vez durante el tiempo de Pascua, que para los católicos en los Estados Unidos va desde de Miércoles de Ceniza hasta el Domingo de la Santísima Trinidad.

En la Edad Media, muchos católicos, sintiéndose personalmente indignos, recibían la Eucaristía muy raras veces aunque la Iglesia nunca les dijo que debían comulgar sólo algunas veces. El Papa San Pío X (1903–19 14), sin embargo, sentía que cada católico debía recibir a Cristo cada vez que asistiera a la Misa siempre y cuando estuviera libre del pecado mortal. Y así se les animaba y se les enseñaba a los católicos a comulgar con mayor frecuencia, y por eso se creó ese precepto. La Iglesia requiere que los católicos ayunen, no coman ni beban nada sino agua o algún medicamento, al menos una hora antes de recibir la Sagrada Eucaristía.

Recibir la Santa Comunión al menos una vez por año durante el tiempo de la Pascua es el requisito mínimo para los católicos, y el recibirla dos veces al día —si asistes a dos Misas— es el número máximo permitido.

El confesar tus pecados al menos una vez por año

Confesar los pecados una vez por año, aplica solamente si la persona está consciente de algún pecado mortal. El pleno consentimiento de la voluntad, conocimiento total, y materia grave, son los elementos requisitos para que se cometa un pecado mortal. (Vea los Capítulos 7 y 11 para saber más sobre el pecado mortal.) Faltar a la Misa dominical sin alguna excusa válida, como el mal tiempo o enfermedad grave; algún pecado carnal; o blasfemia, al usar el nombre de Dios en vano; son pecados mortales. Esto pecados y otros pecados mortales tienen que ser confesados antes de que el católico pueda nuevamente recibir la Sagrada Eucaristía. El requisito mínimo es que aquellos en estado de pecado mortal deben ir a la confesión antes de recibir la Sagrada Eucaristía. De lo contrario cometerán otro pecado mortal —el *sacrilegio* de recibir la comunión en estado de pecado mortal, es un pecado de doble riesgo.

Antes del Vaticano II (vea el Capítulo 8), la mayoría de los católicos se acercaban a la confesión cada semana, antes de ir a la Comunión. Hoy en día hay la percepción en la Iglesia de que demasiadas personas se acercan a comulgar con pecado mortal en su alma, o sin haber ayunado una hora antes, o sin estar en comunión total con la Iglesia. (Vea el Capítulo 6 para obtener los detalles de cómo estar en comunión con la Iglesia.)

Ayunar y abstinencia en los días designados

Hoy día la *abstinencia se* aplica a todo católico mayor de 14 años. Significa que no se debe comer carne el Miércoles de Ceniza y todos los viernes de Cuaresma. (*Carne* se refiere a la res, el cerdo, el pollo y otras aves.) El *ayunar se* aplica a todo católico de 18 a 59 años de edad y quiere decir que sólo pueden tener una comida normal el Miércoles de Ceniza y el Viernes Santo, lo que significa no comer merienda entre comidas. Sin embargo es posible tener dos comidas pequeñas como el desayuno y almuerzo, además de una comida normal (la cena) siempre y cuando estas dos no igualen a una comida entera, combinadas.

Algunos católicos bizantinos y mucho cristianos Ortodoxos observan lo que se llama *el Gran Ayuno,* que quiere decir no comen carne, huevos ni lácteos durante todos los 40 días de la Cuaresma, y ayunan casi todos los viernes —sino cada día— de la Cuaresma (desde la medianoche hasta el mediodía) menos los domingos (en honor de la Resurrección).

Antes del Concilio Vaticano II, *todos* los Viernes del año —Cuaresma o no— eran días de abstinencia de carne. Actualmente en la mayoría de los países sólo se obliga los viernes de la Cuaresma aunque la Iglesia recomienda abstenerse los viernes del resto del año para mostrar el respeto por el día en que Cristo murió y se sacrificó en la cruz. La Iglesia también recomienda que si los católicos no se abstienen los viernes fuera de la Cuaresma, deberían hacer alguna pequeña penitencia u obra de misericordia.

Obedecer las leyes del matrimonio de la Iglesia

Los católicos tienen que casarse con dos testigos y delante de un sacerdote, obispo o diácono en una iglesia católica y en un ceremonia de bodas católica, a no ser que se consiga una *dispensa* especial (permiso especial exigido por alguna circunstancia especial) dada por el ordinario para que la pareja pueda ser casada por un ministro no-católico en alguna ceremonia no-católica y en alguna iglesia no-católica.

Además, los católicos deben prepararse de 9 a 12 meses antes de su matrimonio en la Iglesia. Durante este tiempo de preparación, llamado *pre-Caná,* la pareja recibe consejos prácticos e instrucción por parte del sacerdote o diácono. Los católicos sólo pueden casarse con alguien que nunca haya estado casado anteriormente o que haya obtenido una anulación de un matrimonio previo. El novio y la novia deben tener el propósito de contraer un matrimonio permanente, fiel y, con la gracia de Dios, fecundo, para que su unión sea un sacramento válido. (Vea el Capítulo 7 para mayor información sobre el sacramento del matrimonio.)

Contribuir con el mantenimiento de la Iglesia

Aunque *diezmar,* dar 10 por ciento de tus ingresos a la parroquia, está mencionado en la Biblia (Levítico 27,30–24), ello no es mandatario en la Iglesia Católica. A la mayoría de los católicos se les anima donar al menos 5 por ciento de sus ingresos a su parroquia y 5 por ciento a sus organizaciones caritativas preferidas. Según las estadísticas, los católicos son los que notoriamente dan menos de todos los cristianos, dando solo 1 por ciento de sus ingresos a la Iglesia. Los protestantes dan el 2 por ciento, y los evangélicos y fundamentalistas dan de 5 a 10 por ciento.

Aquellos que no pueden dar mucha ayuda financiera pueden, y muchas veces, donar gran parte de su tiempo como voluntarios en su parroquia, organizando eventos para recolectar fondos y apoyando a la parroquia en sus eventos y proyectos. Muchas veces los voluntarios son los que enseñan la doctrina a los niños, conocida como el programa de la Confraternidad de la Doctrina Cristiana (CDC) y el Rito de Iniciación Cristiana de Adultos (RICA). Los niños católicos que no pueden asistir a alguna escuela católica pueden aprender acerca de la fe católica mediante las clases del CDC, y aquellos que no son católicos pueden conocer la fe católica mediante el programa de RICA, que ocurren en la parroquia local. Los voluntarios de edad muy avanzada o que están enfermos, apoyan a su parroquia con sus oraciones. Dar del propio tiempo y talento, además de dar de su tesoro (las contribuciones financieras), son maneras en que los cristianos católicos apoyan a su Iglesia, desde la parroquia hasta la diócesis.

Ante los ojos de la Iglesia, nadie puede ir al cielo simplemente por obediencia a unas reglas, porque la salvación es un don gratuito de Dios. Pero seguir las leyes de Dios (las leyes divinas y humanas) y las leyes de su Iglesia, ayudan a uno ser una mejor persona, un mejor cristiano y un mejor católico. Estas normas y reglas ayudan a promover a la santidad, de la misma manera que el seguir los consejos de tu médico te ayudarán a mantenerte con una buena salud.

Capítulo 10

Amar y Honrar: Los Diez Mandamientos

En Este Capítulo

- Honrar a Dios, su nombre y su día
- Amar al vecino y al extranjero
- Hacer lo que dicen los Diez Mandamientos

La Iglesia Católica sostiene que los Diez Mandamientos son uno de los cuatro *pilares de la fe,* junto al Credo (el Credo de los Apóstoles y el Credo de Nicea), los siete sacramentos y el Padrenuestro. Se les llama los pilares de la fe porque son los cimientos sobre los cuales se construye la Iglesia, de la misma manera que un altar es construido sobre cuatro pilares. Cada pilar representa un componente importante del catolicismo y los cuatro juntos son el centro de la fe y la práctica católica. La Iglesia considera los Diez Mandamientos como leyes divinas de Dios que la Iglesia ni el papa nunca podrían cambiar, añadir o disminuir.

La Iglesia no ve los Diez Mandamientos como normas y reglas arbitrarias venidas de lo alto, sino como mandamientos dados para nuestra protección. Obedécelas y tendrás la felicidad eterna. Desobedécelas y sufrirás las consecuencias.

Los Diez Mandamientos también reciben el nombre de El *Decálogo* (griego) y el *Debarim* (hebreo), que significa *las Diez Palabras.*

Demostrar Amor por Dios

Los tres primeros mandamientos están centrados en la relación del individuo con Dios. Su objetivo principal es honrar a Dios, su nombre y su día.

1: Honra a Dios

El Primer Mandamiento es "Yo soy el Señor tu Dios; no tendrás otros dioses extraños delante de mí". Este mandamiento prohíbe la *idolatría,* el dar culto a falsos dioses, también excluye el *politeísmo,* la creencia en múltiples dioses, insistiendo en el *monoteísmo,* la creencia en un solo Dios. El mandamiento prohíbe construir los becerros de oro y los templos a Isis así como dar culto a la imagen de César. Por eso las maneras obvias y evidentes de romper con el mandamiento son:

- Dar culto a un dios falso, sea Hércules, Zena o Satanás
- Negar la existencia de Dios conscientemente y a propósito, como lo es en el caso del ateismo y el no tener religión alguna

La Iglesia afirma que también hay otras maneras de romper con el mandamiento como son ignorar, a propósito y conscientemente, lo que Dios ha revelado en la Sagrada Escritura (la Biblia) y la Sagrada Tradición (vea el Capítulo 3), al igual que creer en y/o usar la *astrología* (horóscopos), la numerología y la *dianética,* referida a la Iglesia de la Cienciología.

Otra forma de romper con el mandamiento es el estar envuelto con la *espiritualidad de la Nueva Era,* que es una religión informal, sin credo, sin liturgia, sin doctrina, sin estructura eclesiástica, sin liderazgo o institución. Aún así, combina el paganismo antiguo con lo oculto, la superstición, el gnosticismo y otros. Es muy diferente de las tres religiones monoteístas del judaísmo, el cristianismo y el Islam.

El practicar la brujería, la hechicería, el culto satánico, la magia blanca o negra, el vudú, el *espiritismo,* la *santería,* el comunicarse con los muertos, el *predecir fortunas,* que también se conoce como lecturas psíquicas, el tarot, la Ouija, los amuletos de buena suerte y cosas semejantes, también están en contra de este mandamiento.

El *sacrilegio,* la profanación de los objetos benditos y la *simonía,* el tratar de vender o comprar favores y gracias espirituales, también están en contra del Primer Mandamiento. La Iglesia cree que el Primer Mandamiento prohíbe todo esto porque no se coloca al único y verdadero Dios antes que todo lo demás— poniendo su fe en esas prácticas supersticiosas.

La Iglesia Católica busca aplicar el mandamiento a la vida cotidiana siguiendo la letra y el propósito con el que se ha escrito. Se da por cierto que en el siglo 21 no se observan muchas personas adorando ídolos o dioses hechos por el hombre, como fue el caso de Grecia y Roma. Sin embargo la Iglesia reconoce que el hombre de hoy sigue rompiendo con el Primer Mandamiento de otras maneras.

Silenciar las distracciones y poner a Dios en primer lugar

El modo más común de romper hoy en día con el primer mandamiento es poniendo alguna cosa o alguna persona antes que a Dios. En otras palabras, Dios no es tu prioridad más alta. Según el catolicismo violas el Primer Mandamiento cuando tu carrera, tu fama, tu fortuna, tu comodidad, tu placer, tu familia o tu amigo, es el objeto, valor y prioridad más alta.

Aunque no niegues la existencia de Dios ni muestres algún descontento con Dios, ni aquello que simboliza lo divino, aún así la Iglesia cree que es una la falta de respeto a Dios no tenerlo a El y a tu relación con El en la prioridad más alta y querida. Cuando dices que estás demasiado ocupado para cumplir con el deber de ir a la iglesia una vez por semana o piensas que es una inconveniencia, pero aún así tienes tiempo para cada juego de fútbol de tu hija, obra musical de Pedrito y el juego de pelota de tu equipo favorito, entonces Dios no es *número uno* en tu vida.

La Biblia, Jesucristo y la Iglesia Católica dicen que debemos amar a Dios "con todo el corazón, con toda tu alma, con toda tu mente y con toda tu fuerza" (Mateo 22, 37 y Lucas 10, 27). Por eso no puede haber persona ni cosa más grande que ocupe el primer lugar en tú corazón, excepto Dios.

Pasar tiempo de calidad con Dios

El Primer Mandamiento implica, dice la Iglesia, que si Dios es la persona más importante en tu vida, querrás honrarlo, pasar tiempo con El y comunicarte con El a través de la oración diaria. La oración te ayuda a dialogar con Dios con tu corazón y tu mente —vocal o mentalmente. No orar viola el Primer Mandamiento.

Honrar, no idolatrar, a María y a los santos

De acuerdo al Primer Mandamiento, sólo Dios Padre, Dios Hijo y Dios Espíritu Santo son dignos de recibir y merecer culto y adoración. El dar culto o adorar a cualquier otro ser u objeto es idolatría y está prohibido hacerlo. Sin embargo los católicos son acusados de idolatría por rezar y dar honor a los santos —especialmente el más alto honor y respeto que le otorgan a María, la Madre de Jesús.

Según el catolicismo la devoción y la veneración a María así como a los santos no es considerado idolatría, porque no es lo mismo la devoción, el honor y la veneración, al culto y la adoración. El Cuarto Mandamiento, "Honra a tu padre y madre", muestra al pueblo fiel que está permitido dar honor a un ser humano, como lo son nuestro padre y nuestra madre —incluso es un mandamiento— porque el honrar no es ni adoración ni culto. En el Evangelio el mismo Jesús mostró cómo honrar a los muertos, como lo son Abraham y Moisés, al hablar de ellos con gran respeto.

Los católicos creen que si la persona humana puede y debe honrar a sus padres, por lo tanto es lógico dar honor a los siervos fieles de Dios quienes vivieron sus vidas en la tierra y ahora se encuentran en el cielo delante del trono de Dios.

II: Honra el nombre de Dios

El Segundo Mandamiento, "No tomarás en vano el nombre del Señor tu Dios", dice a los fieles que honren el nombre de Dios, lo que va de la mano con el Primer Mandamiento, que dice que tenemos que honrar a la persona de Dios y no darle culto a otro. Esto quiere decir que si se ama a Dios con todo el corazón, alma, mente y fuerzas, entonces se tiene que respetar su nombre con la misma pasión y vigor.

Imagínate a un hombre que cada vez que quiere decir maldiciones usa el nombre de su prometida. ¿Cómo puede decir que la ama si a cada paso muestra una falta de respeto a su nombre? El nombre forma parte de lo que es la persona y tener respeto por su nombre es respetar a la persona. Despreciar el nombre es la misma cosa que faltarle respeto a la persona.

Los católicos creen que usar el nombre de Dios en vano —especialmente el nombre *Jesucristo* o la misma palabra *Dios*— maldecir, decir malas palabras, como por ejemplo cuando reaccionas mal cuando alguien se te cierra con su auto, o alguna ave deja sorpresitas sobre la ropa que llevas puesta, o cuando algún desconocido te hace un gesto obsceno con el dedo, es faltarle el respeto a Dios. Eso es usar el nombre sagrado del Señor y Salvador, nuestro Creador, para mostrar ira y hostilidad. Es una ironía que tantos digan ser seguidores de Cristo, pero al mismo tiempo muestran su ira y animosidad usando su feamente nombre. ¿Cuándo fue la última vez que escuchaste a alguien usar el nombre del Señor? ¿Fue para algo malo o algo bueno?

Usar el nombre de Dios sin el debido respeto es un acto de *blasfemia,* y esa es la esencia del Segundo Mandamiento. Además, cualquier falta de respeto hacia alguna cosa santa —sea una imagen santa, un lugar o persona— se considera un *sacrilegio* y está prohibido por el mismo mandamiento.

Respetar a Dios y a las cosas sagradas

La Iglesia cree que blasfemar es cuando muestras desdén por Dios, al profanar algún objeto o lugar sagrado. Este acto se llama *sacrilegio.* Cuando la casa de Dios es profanada por el vandalismo —una iglesia, alguna capilla, templo, sinagoga o mezquita— la Iglesia explica que se ha cometido el sacrilegio; se ha profanado la casa de Dios y se ha mostrado un serio desprecio, no sólo en contra de los que la usan, sino en contra de la persona para quien se construyó tal lugar.

También estarás violando el Segundo Mandamiento si dices chistes, miras películas o lees libros que faltan respeto a Dios o cualquier otra cosa considerado sagrado. Así por ejemplo estás siendo sacrílego si te ríes o ridiculizas algún hombre judío por usar su *yarmulke* (gorro de cabeza), de alguna mujer musulmana por vestir o llevar el *khimar* (velo de cabeza), de alguna monja por vestir el hábito de religiosa o del sacerdote por usar la *sotana* (una vestidura larga color negro). Las personas visten de ciertas maneras por tradiciones religiosas o cumplen ciertos ritos por ser su forma externa de demostrar amor a Dios. Cuando otros se mofan de las vestiduras o prácticas religiosas, es un insulto en contra del ser a quienes ellos recuerdan, a Dios mismo.

El Segundo Mandamiento también prohíbe hacer juramentos falsos y cometer perjurio. Poner la mano sobre la Sagrada Biblia y jurar decir toda la verdad y nada más que la verdad "y que Dios me ayude", y luego decir mentiras es acto de perjurio y es una violación grave de este mandamiento. También, cuando alguna pareja planea casarse, se reúnen con el sacerdote o el diácono a llenar los formularios necesarios y son preguntados "¿Alguna vez te casaste?" y "¿Quieres contraer en matrimonio una unión permanente, fiel y, con la gracia de Dios, fecunda?". Se les pide firmar el documento y con eso están bajo juramento y declarando que sus respuestas han sido verdaderas. Mentir en cualquiera de estas preguntas es hacer un juramento falso —es un pecado mortal. (Vea el Capítulo 7, para más sobre el pecado mortal.)

III: Honrar el día del Señor

El Tercer Mandamiento es "Mantén santo el sábado". La celebración judía del sábado (el *shabat*) se inicia al atardecer del viernes y se prolonga hasta el atardecer del sábado. Por eso el sábado es el día del shabat. Es el último día de la semana, el día séptimo, el día (de acuerdo al libro del Génesis) en que Dios descansó después de los seis días de la creación. Los calendarios modernos tienen el sábado como último día de la semana y el domingo como el primer día de la semana.

¿Entonces, por qué los católicos, protestantes y los cristianos Ortodoxos asisten a la iglesia el domingo, como si fuera el día del Señor en vez del sábado? Por lo general, por causa del catolicismo y el cristianismo, el día del Señor ha sido movido del sábado al domingo, ya que el domingo de pascua Jesucristo resucitó de entre los muertos. En otras palabras, el domingo es el shabat cristiano, el día de descanso, para honrar el día que Cristo resucitó de los muertos. Jesús dijo en el evangelio que el shabat fue hecho para el hombre, no el hombre para el shabat. Por eso, los cristianos que quieren honrar al Señor resucitado en el día en que resucitó, hicieron del domingo día de culto en vez del antiguo sábado, día honrado por los hebreos desde el tiempo de Moisés.

El Día del Señor también es considerado día para la familia. Ya que Dios creó a la familia, pasar el día del Señor unidos en familia, además de asistir a la iglesia, es una forma excelente de cumplir con el mandamiento.

Los católicos están obligados asistir a la Misa todos los domingos del año o a su vigilia en sábado. Faltar a la Misa en domingo es un pecado mortal, a no ser que la persona tenga una excusa legítima, como puede ser una enfermedad seria.

¿Alguna vez te has preguntado por qué algunos católicos van a la Misa el sábado por la tarde en vez del domingo en la mañana? Si usamos el sistema hebreo de cómo calcular o dar cuenta de la inversión de tiempo, tenemos que después que caiga el sol en la tarde del sábado ya se considera el comienzo del domingo, por eso la Iglesia permite que los parroquianos participen en una *Misa en Vigilia* para cumplir con la obligación del domingo.

No basta ni es suficiente ir a un culto cristiano de domingo. Para poder satisfacer y cumplir el Tercer Mandamiento, los católicos tienen que asistir a una Misa Católica válida. Es un gesto amable unirse a otra denominación cristiana para algún servicio de culto cristiano en domingo, pero los católicos están obligados a asistir a Misa la tarde anterior o durante algún tiempo en domingo. La razón de esto es que la Iglesia mantiene que sólo la Misa tiene la presencia verdadera, real y sustancial de Cristo en la Eucaristía. Aunque el católico no vaya a recibir la Santa Comunión debe cumplir su obligación dominical de asistir y participar en la Misa.

El Tercer Mandamiento también prohíbe hacer trabajo servil —trabajo fuerte innecesario— en el día del Señor por ser día de descanso. El Papa Juan Pablo II escribió un documento acerca del domingo, *Dies Domini* (*Día del Señor* en latín), en el que recuerda a los católicos la grave obligación de asistir a la Misa cada fin de semana y evitar hacer trabajo manual innecesario.

Para cumplir con esta obligación, en una situación ideal, todo católico debe tener libre cada domingo para tener la oportunidad de ir a la iglesia y pasar el tiempo con su familia. La realidad es que algunas personas deben trabajar en domingo —los doctores, las enfermeras, los farmacéuticos, los oficiales de la policía, los bomberos y otros. Los pastores pueden transferirles su obligación a otro día, pero de manera individual y por razones serias.

Amor al Prójimo

Los últimos siete de los Diez Mandamientos se centran en la relación del individuo con los demás. Los objetivos principales son honrar a madre y padre, la vida humana, la sexualidad humana, la propiedad ajena y decir la verdad.

IV: Honrar a tus padres

El Cuarto Mandamiento "Honra a tu padre y a tu madre", obliga a los fieles a mostrar respeto por sus progenitores —como hijos *y como* adultos. Los hijos tienen que obedecer a sus padres y, cuando adultos, tienen que respetar y cuidar de sus padres ancianos y enfermos.

La Iglesia Católica cree que los hijos adultos que abandonan, abusan o son negligentes con sus padres ancianos violan el Cuarto Mandamiento; tanto como los hijos adolescentes que faltan frecuentemente el respeto y a la obediencia que se merecen sus padres. De la misma manera, estar avergonzado de sus padres, se considera tan pecado como el desobedecerles, o si tiene sentimientos de odio o venganza hacia ellos por no haber sido buenos padres.

Este mandamiento busca proteger la dignidad y la integridad familiar, que consiste en un padre, una madre y sus hijos. Sin embargo, algunas familias tienen un solo padre (madre o padre) por muerte o enfermedad del otro, o por haber sido abusivo o delincuente, o porque los padres nunca se casaron. El catolicismo también enseña que el mandamiento no está de acuerdo con la opción de formar, voluntariamente, una familia en la que haya un solo padre (usualmente la mujer). Esto se considera abusivo porque la justicia requiere que los niños tengan un padre y una madre que los quieran. Es cierto que tristemente por razones como la muerte, la enfermedad y el abuso, muchos se ven obligados a ser padre o madre solteros y en ese caso hacen una labor formidable. Ya sea que se adopte a un niño o se tenga uno, el ser padre, debe mantenerse dentro del contexto de una familia y no a solas. De la misma manera que la Iglesia motiva a evitar ser padre fuera del matrimonio; también condena la inseminación artificial, especialmente si el donante de espermas no es esposo de la madre potencial. Según la Iglesia, los niños merecen (si es posible) ambos padres. La Iglesia cree que aunque los niños sean adoptados la paternidad requiere de un hombre y una mujer. Por eso tampoco basta el deseo de dos hombres o dos mujeres para satisfacer el plan divino de Dios en el que toda persona se merece —un padre y una madre.

La Iglesia Católica enseña que el mandamiento implica mucho más que la simple idea de mantener un hogar o evitar que los niños sean desordenados. También tiene que ver, e implica, tener respeto y dar honor a todos los que tienen puestos de autoridad legítima —sea civil, militar o eclesiástica (de la iglesia). Las maestras, los jefes, los oficiales de la policía y demás, tienen hasta cierto punto alguna autoridad sobre otros y el Cuarto Mandamiento requiere que se les muestre respeto por su responsabilidad de cuidar a otros. Aunque te guste o no te guste la persona elegida presidente o primer ministro por ejemplo, ella requiere por su oficio, respeto y dignidad. Si el primer ministro entrara al lugar donde estás sería un pecado mostrar desdén o falta de respeto.

Igualmente, este mandamiento tiene que ver con el respeto y el amor por tu país. El patriotismo no es lo mismo que el nacionalismo. El primero es un amor y respeto sano por el país; el segundo es apoyo ciego, total y sin límites por todo y cada acto de legislación, política o actividad de una nación. El nacionalismo es un extremismo, mientras que el patriotismo es una meta, porque los buenos patriotas conocen cuándo retar a sus políticos, sus leyes, y a sus políticas, en caso de ser injustas e inmorales.

Este mandamiento reconoce el derecho natural de la familia y del estado para formar una sociedad. La familia es la célula básica y primaria en la formación de una sociedad, hecha de muchas familias, coexistiendo bajo un gobierno local y nacional. La familia es la base de la comunidad de fe que forma la Iglesia, la que es familia de Dios, y la unión de todas las familias naturales en el mundo.

V: Honrar la vida humana

En español el Quinto Mandamiento dice "No matarás" (Exodo 20, 13), pero en Hebreo la palabra *ratsach* (asesinato) fue usada en vez de *nakah* (matar), por lo que una mejor traducción sería "No cometerás asesinato". San Jerónimo usó la palabra en latín *occidere* (asesinar) en vez de *interficere* (matar) cuando tradujo del hebreo a la *Vulgata Latina,* que resultó ser la primera Biblia cristiana que combinó el Antiguo y Nuevo Testamento en un solo volumen.

Es una distinción sutil pero muy importante para la Iglesia. El matar a una persona inocente se llama asesinato. El matar a un agresor injusto para preservar la vida de uno es matar, pero no se considera asesinato y tampoco inmoral. El uso de fuerza letal se permite *sólo* como último recurso y la persona no es inocente —tiene que ser culpable de una ofensa muy seria o amenazante para cometer un mal tan horroroso.

La Iglesia Católica cree que el asesinato es el pecado prohibido por el Quinto Mandamiento. El matar para defenderse tiene la condición de causa justificable y permitida moralmente. Esta distinción es la razón por la que Dios permitió a los israelitas matar algunas veces en el Antiguo Testamento: no era una violación del Quinto Mandamiento. Sólo el matar injustamente (el matar vida inocente) o el asesinato está prohibido. De la misma manera, los oficiales de policía y los soldados quizás tengan que usar fuerza letal en ciertas circunstancias definidas y restringidas. Nuevamente, esto está moralmente permitido. Porque el quitar la vida no es algo casual, sin restricciones, sin controles. La Iglesia lo observa como cosa de último recurso.

En términos generales la Iglesia cree que quitarle la vida a un inocente incluye el asesinato (el homicidio), el aborto, la eutanasia, el suicidio, la mayoría de los casos de pena de muerte y la vieja costumbre de batirse a duelo. La Iglesia también condena al terrorismo, la violencia y la guerra injusta o el abuso físico. Imponerle la pena de muerte a uno que es culpable de crímenes horrorosos no es lo mismo que imponérsela a un inocente. El papa y el catecismo reconocen los derechos del estado (el gobierno civil) de imponer este castigo severo, pero su implementación actual tiene que ser moralmente practicada en toda circunstancia. Debido al hecho que no se practica universalmente de modo uniforme, ni de igual manera en todo lugar, la Iglesia dice que muy pocas circunstancias o situaciones cumplen con todo el criterio moral para que se lleve a cabo la pena de muerte. Como algunos países la han abolido y otros no; algunos países y provincias la permiten y otros no; recibir la pena de muerte tiene que ver mucho con dónde vives. ¿Qué tan justo es dar la pena de muerte a ciertas personas basado en donde viven? ¿Vale la vida más en una parte del mundo y no tanto en otra?

También se dice que hay medios más humanos para aplicar la pena de muerte. ¿Se hace la pena de muerte más llevadera si se realiza *sin dolor?* Finalmente, parece que los únicos ejecutados son los pobres, mientras que los ricos y famosos pueden buscarse abogados costosos que presenten apelación tras apelación. La gente pobre recibe un defensor público y no tiene dinero para presentar muchas apelaciones. Si consideramos estas inequidades de lugar, diversidad de los medios de dar muerte y la falta de equidad en lo económico, en quien puede o no buscarse un abogado agresivo y el largo proceso de apelaciones, pareciera que finalidad de la pena de muerte como último recurso de castigo a los criminales hubiera perdido toda su fuerza. Aunque el catecismo no rechaza abiertamente la existencia de la pena de muerte sí trata de disuadir su uso. Cualquier otra situación, donde se comete un acto de injusticia en contra de la vida inocente, siempre es condenada como asesinato.

Otras violaciones sutiles, de acuerdo a la Iglesia, incluyen el aumentar odio contra el vecino, mantener sentimientos de venganza y odio, cometer un crimen de negligencia, como no ayudar a salvar la vida de otro cuando puedes, y cometer un abuso personal, o sea negar intencionalmente el cuidado de la salud y la seguridad personal.

El abuso de las drogas y el alcohol son considerados como actos que rompen con el Quinto Mandamiento porque ponen en peligro de manera imprudente la vida del quien los usa además de poner en peligro la vida ajena cuando ésta persona se torna violenta e irracional. El conducir bajo la influencia del alcohol es una violación, porque los conductores embriagados ponen en peligro su vida y la vida de los demás.

La mutilación y la tortura de una persona humana, así como de la vida de un animal, también rompen con el Quinto Mandamiento. Usar los animales para estudios médicos y científicos es permitido siempre y cuando no les hagan sufrir o les den muerte innecesaria. También está prohibido el abuso psicológico o emocional, porque tales acciones agraden a las víctimas con consecuencias injustas.

Ya que la ley moral natural (vea el Capítulo 9) dice a toda persona con uso de razón que es inmoral y malo quitar intencionalmente la vida a un inocente, vemos que el Quinto Mandamiento no es algún secreto ni algo que cambie la experiencia general de la humanidad. Según la Biblia Caín sabía que haberle quitado la vida a su hermano Abel fue algo malo, aunque el acontecimiento haya ocurrido siglos antes de que Moisés recibiera los Diez Mandamientos. Y los Nazis fueron condenados por haber cometido crímenes durante la guerra, el genocidio, no porque existiera el Quinto Mandamiento, sino por la existencia de la ley moral natural, que prohíbe tales atrocidades.

VI y IX: Honrar la sexualidad humana

El Sexto Mandamiento dice "No cometerás adulterio", y el Noveno Mandamiento "No codicies la esposa de tu vecino". Ambos tienen que ver con el honor que debemos darle a la sexualidad humana.

El Sexto Mandamiento prohíbe el acto físico de tener actividad sexual inmoral, específicamente el adulterio, que es tener sexo con el cónyuge de otra persona o con alguien que le es infiel a su cónyuge. Este mandamiento también prohíbe la *fornicación,* que es el sexo entre personas solteras, la prostitución, la pornografía, los actos de la homosexualidad, la masturbación, el sexo en grupo, la violación, el incesto, la pedofilia, la bestialidad y la necrofilia; y el Noveno Mandamiento prohíbe el deseo y la codicia intencional por la sexualidad inmoral. El pecar en el corazón, dice Jesús, es sentir la lujuria por una mujer o un hombre con la voluntad y el deseo de llevar a cabo actos sexuales e inmorales con ellos. El llevar a cabo el acto sexual fuera del matrimonio es pecaminoso y el deseo de llevarlo a cabo también es inmoral; de la misma manera que odiar a tu prójimo es como si lo mataras en tu corazón. Al igual que la vida es un don de Dios y necesita ser respetada, defendida y protegida, así también sucede con la sexualidad humana. El catolicismo respeta a la sexualidad humana por ser regalo de Dios, y en el contexto correcto —en el matrimonio— es algo sagrado.

Llevarse el premio: el matrimonio

La Iglesia cree que las relaciones sexuales fueron ordenadas por Dios y exclusivamente para un esposo y su esposa. El matrimonio es la unión más eficiente, mejor y más sagrada, de un hombre y una mujer, porque Dios creó el matrimonio. Es una señal del pacto permanente, fiel y, con la gracia de Dios, fecundo que se contrae el día en que ese hombre y esa mujer juran sus votos e intercambien su mutuo consentimiento. La actividad de la sexualidad humana se diseñó para promover el amor (la unidad) y la vida (la procreación). La Iglesia nos enseña que si se altera esa fórmula entonces el pecado entra a tallar.

Sólo el acto sexual entre el esposo y la esposa es considerado moral, pero incluso en esa situación la pareja debe respetarse mutuamente. Si el objetivo es solamente el placer personal, entonces pecan los esposos por haber reducido a su pareja a objeto de placer. Recurrir a la pornografía o a juguetes sexuales está estrictamente prohibido a los ojos de la Iglesia.

El acto sexual entre los cónyuges es santo y sagrado cuando se centra en la unión de la pareja como esposo y esposa —dos personas que merecen recibir dignidad, respeto, comunicación, honestidad, fidelidad y compasión. Para la Iglesia, la sexualidad humana no es fin en sí mismo, sino un medio hacia un bien mayor —la unión entre el esposo y su esposa y la posibilidad de concebir una nueva vida.

Planificar la familia naturalmente

El catolicismo no enseña que las parejas en matrimonio *tienen* que tener todos los hijos que puedan ser concebidos biológicamente. Sin embargo sí se les permite usar la planificación familiar natural (PFN), que *no es* lo mismo que el método del ritmo bastante arcaico y poco confiable. Los padres pueden determinar responsablemente, cuán grande o pequeña familia podrán mantener y criar, siempre y cuando ellos usen medios morales para alcanzarlo.

El sexo contraceptivo, dice la Iglesia, separa la unión del amor y la vida, la unidad y la procreación —aislando la dimensión de la sexualidad humana que une a dos personas de aquel nivel posiblemente procreador. De igual manera cualquier método de reproducción que resulte a partir de acciones hechas fuera del acto de la relación sexual, como las madres sustitutas (que prestan su cuerpo para un embarazo), los centros de donación de espermas (que se obtienen mediante la masturbación), la fertilización in vitro (que separa a los esposos), la clonación humana (que menosprecia la persona humana) y todos los otros métodos de la concepción artificial, son igualmente pecados, porque incomunican y separan la intención que Dios quiso en una dinámica unitiva y procreativa. El sexo fuera del matrimonio y la concepción sin sexo violan la unidad de la sexualidad humana. Para saber más sobre lo que dice la Iglesia respecto a esto y otros temas controversiales vea el Capítulo 12.

No se permite la infidelidad y ser galante

La Iglesia enseña que el sexo fuera del y/o antes del matrimonio es pecado e inmoral, pero estrictamente hablando, el *adulterio* es tener relaciones sexuales con el esposo o esposa de alguien más, o el ser infiel al propio cónyuge teniendo sexo con otra persona. El catolicismo dice que el adulterio es ante todo un pecado contra la justicia ya que ambos esposos han hecho votos solemnes, un pacto sagrado, jurando fidelidad mutua hasta la muerte. Por eso la infidelidad matrimonial es una injusticia, es egoísta e irresponsable pecado del cuerpo. Don Juanes y Doñas Lolitas no son aceptados.

Tiene que ver con el pacto —el lazo que los une

Las enseñanzas católicas sobre la sexualidad están basadas sobre la noción bíblica del pacto. Un hombre y una mujer contraen un pacto matrimonial permanente y fiel, el que también se espera sea fecundo. De ahí que se usa la figura del matrimonio para explicar el pacto que existe entre Dios y el pueblo hebreo, entre Jesucristo y su Iglesia. La señal de ese pacto matrimonial es el acto sexual lícito que honra y respeta al hombre y a la mujer como personas humanas y no los menosprecia haciéndoles objetos o instrumentos de placer sexual para uso personal. Los animales tienen sexo como acto instintivo para prolongar su especie, pero los seres humanos poseen el uso de la razón y su voluntad libre, lo que hace a la humanidad "hecha a imagen y semejanza de Dios" (Génesis 1, 27). A diferencia de los animales, los humanos pueden escoger cuándo, con quién y por qué llevar a cabo un acto sexual.

Jugar con fuego

Aunque la mayoría de la gente de la calle no considera que el sexo antes del matrimonio sea malo, la Iglesia dice que el amor verdadero es el desear lo mejor para la otra persona —en cuerpo y alma. El sexo antes o fuera del matrimonio, ya sea en un encuentro de una sola noche o el convivir a largo plazo, no está permitido porque ni goza de la bendición de Dios y muestra poca reverencia por aquellos involucrados. Ambos, el amor y el respeto verdadero, significan que nunca querrás atraer a quien dices amar en una situación pecaminosa que pusiera su vida o salud en peligro. Es una mentira buscar tener sexo como una manera de demostrar amor.

Tener relaciones sexuales sin el compromiso de por vida bendecido por Dios también es ser deshonesto. El sexo sin el compromiso de por vida es una simulación de esa unión más íntima que sólo puede llevarse a cabo en el matrimonio. Ejercer el acto sexual antes o fuera del matrimonio se considera una mentira, o sea que es un acto deshonesto, para aquellos envueltos en el, ya que ellos se merecen sólo lo mejor, y lo mejor es el don completo de la persona —compromiso de por vida, la fidelidad y la posibilidad de que Dios use a esta pareja para traer nueva vida al mundo.

VII y X: Honrar la propiedad ajena

El Séptimo Mandamiento, "No robarás" y el Décimo Mandamiento, "No codiciarás los bienes ajenos", se centran en cómo respetar y honrar la propiedad de otras personas.

El Séptimo Mandamiento prohíbe el acto de quedarse con la propiedad de otra persona y el Décimo Mandamiento prohíbe el deseo de hacerlo.

Estos dos mandamientos condenan explícitamente el robar y los sentimientos de la envidia, la avaricia y los celos frente a lo que tienen los demás. La Iglesia Católica cree que estos mandamientos, de manera implícita, también condenan el hacer trampas con el dinero de otros o con sus propiedades, el no pagarle al trabajador un salario justo o el negarle al patrón un día entero de trabajo por el pago que uno recibe. El desfalco, el fraude, evadir los impuestos y el vandalismo, por ser todos extensiones del Séptimo Mandamiento, violan el mismo. No respetar la propiedad privada de otros —ya sea su dinero o lo que poseen— hace que este pecado sea cometido.

La Iglesia cree que los gobiernos no tienen el derecho de usurpar la propiedad privada nacionalizando esos bienes, ya que el gobierno tiene la obligación de proteger la propiedad privada así como a las personas individuales y otras naciones más pobres que se encuentren necesitadas.

La Iglesia sostiene que la propiedad personal es un derecho básico de toda persona, pero no un derecho absoluto. Si una persona tiene más comida de la que necesita y se le presenta alguien que esté hambriento, ella tiene la obligación de compartir con el que tiene menos. De igual manera, ni los gobiernos ni las corporaciones, tienen la razón de negarle al individuo su derecho inalienable a la propiedad privada. Aunque es un derecho poseer propiedad privada este es inferior a los valores mayores, como son la vida humana y la seguridad nacional.

VIII: Honrar la verdad

El Octavo Mandamiento dice, "No darás falso testimonio contra tu prójimo", condena el acto de la mentira. Dado que Dios es el autor de toda verdad, la Iglesia considera que todo ser humano está obligado a honrar la verdad de acuerdo al Octavo Mandamiento.

La manera más obvia de cumplir con este mandamiento es decidirse a no *mentir* —eso de engañar intencionalmente a otra persona mediante palabras falsas. Digamos por ejemplo que intentas vender tu automóvil a otra persona quien te pregunta si alguna vez tu auto estuvo involucrado en un accidente. Si por hacer más atractiva la venta al posible comprador dices que no, cuando en realidad si tuvo una colisión, entonces estás mintiendo, lo que la Iglesia considera inmoral y pecaminoso.

Por otro lado, si alguien en una *conversación informal* te pregunta tu edad y le dices 39, cuando en realidad tienes 42, no se considera una mentira, porque en la conversación común el decir 39 quiere decir que esa persona es mucho mayor que lo dicho. Pero si te lo preguntaran en alguna situación formal, por ejemplo en la corte civil o para un documento legal o cuando llenas una solicitud, entonces se espera que la información sea exacta, por lo que cualquier otra cosa sería mentira. El decir 39 en conversación amistosa es simbólico de otra cosa, pero es mentira e inmoral el escribirlo para solicitar una tarjeta de crédito, siendo en realidad mucho más joven o mayor. Decir "tengo 39" es una un recurso figurativo en una conversación, de manera análoga a cuando se dice, "estoy tan hambriento que me comería hasta un caballo", aunque jamás en tu vida pensaras comer carne de caballo.

Figuras en el hablar, metáforas, hipérboles, los cuentos de hadas y otros cuentos tampoco son mentiras, porque quienes las escuchan no esperan recibir datos exactos ni la verdad exclusivamente y quien los cuenta no quiere mentir sino presentar un argumento u opinión.

Sigue leyendo porque aún no te lo hemos dicho todo. La reserva mental se considera una manera en que puedes mantener oculta la verdad sin tener que decir una mentira. La Iglesia cree que se puede usar en algunas circunstancias limitadas:

- Cuando la persona con quien hablas no se merece conocer los hechos porque busca conocer esos datos teniendo malos propósitos
- Para proteger la seguridad de uno mismo y otros
- Para proteger la confidencialidad del penitente y su confesor, el doctor y su paciente y el abogado y su cliente

Esconder la verdad es diferente a la distorsión de la verdad, lo que equivale a mentira. Mentir es el acto de engañar a otra persona cuando espera escuchar la verdad. Es no decir la verdad. Esconder la verdad es cosa diferente porque no toda persona merece saber todos los hechos. Retener alguna información escondiendo la verdad puede ser llamado *reserva mental,* ya que retienes a propósito algunos datos y sólo compartes suficientes datos para *no* mentir. Este proceso, sin embargo, no se puede practicar siempre porque en la mayoría de la circunstancias, se espera comúnmente que se diga la verdad.

¿Cuál es idea central? Decir cuentos a la hora de dormir, hacer chistes, escribir ficción, usar palabras figurativas y hacer uso de la reserva mental son actos permitidos cuando permanecen en su propio contexto. Pero el mentir intencionalmente siempre es un pecado, aún cuando haya razones nobles. La Iglesia enseña que Dios creó el intelecto humano para conocer la verdad, tal como hizo la voluntad humana para buscar lo bueno. Distorsionar la verdad es algo malo, aunque en algunas circunstancias se debe esconder algunos datos, si quien los busca no se los merece o quiere usar la información con malos propósitos.

Maltratos y golpes bajos

Las mentiras vienen de muchas formas y, dependiendo del propósito de la persona, algunas veces hasta pueden hacer de la verdad una mentira. Por ejemplo

- **La calumnia:** La calumnia es el decir una mentira con el propósito de arruinarle a otro su reputación.
- **La detracción:** La detracción es decir alguna verdad acerca de alguien, algo vergonzoso y confidencial, con la intención y propósito de arruinarle la reputación.
- **La difamación:** La difamación es decir mentiras acerca de alguien.
- **El libelo:** El libelo es el publicar mentiras en algo como en un libro, una revista o un periódico. Las personas famosas frecuentemente son víctimas del libelo.

Siguiendo esta línea de pensamiento tenemos la razón por la que la Iglesia considera moralmente bueno la confidencialidad de ciertos secretos. Por ejemplo:

- Para el catolicismo el secreto de la confesión es absoluto y ningún sacerdote puede jamás revelar quién fue a la confesión o lo que haya confesado. Esto es lo que se llama el *Sigilo del Confesionario.* Sin embargo el sacerdote no puede mentir para proteger al penitente porque los fines nunca justifican a los medios. Con toda sencillez el sacerdote puede y tiene que mantenerse en silencio en vez de decir alguna mentira.
- El secreto profesional del doctor-paciente, y el abogado-cliente, tienen cierto parecido, pero no son sinónimos del Sigilo de la Confesión y el secreto del sacerdote-penitente. Donde el sacerdote jamás puede decir detalle alguno de lo que celebró en el sacramento, los médicos y los abogados pueden —en casos y circunstancias extremas— revelar ciertos aspectos de lo que conozcan para el bien común y para evitar daño mayor. Pero romper con esta confidencialidad se permite sólo en las ocasiones más serias y graves.
- El gobierno puede mantener secretos para proteger la seguridad nacional de un país y sus ciudadanos, pero al igual que el individuo, el gobierno no puede decir mentiras, aún para salvar vidas. Los gobiernos pueden usar reserva mental para evitar que información estratégica caiga en manos del enemigo.

Nada Perdido, Nada Ganado

Existen ciertas diferencias entre el catolicismo y la manera en que algunos protestantes observan los Diez Mandamientos. Verás que hay diferencias en las palabras y el orden de algunos mandamientos.

La Biblia no enumera los Diez Mandamientos, sólo los identifica en Exodo 20, 1–17 y Deuteronomio 5, 6–21. Los católicos romanos y los luteranos usan la secuencia numérica de San Agustín ideada en el siglo V, porque Martín Lutero (1483–1546), teólogo alemán, fue sacerdote Agustino antes de abandonar su sacerdocio a favor de su nueva religión luterana. Los Agustinos eran seguidores de San Agustín. (Para saber más sobre de San Agustín, vea los Capítulos 3 y 15.) Las otras denominaciones protestantes, menos la Iglesia Luterana, usan la secuencia de mandamientos ideada por los reformadores ingleses y suizos del siglo 16. La Tabla 10-1 ofrece las dos secuencias. Las diferencias surgen de preferencias personales y opinión; y las variaciones de las traducciones. No existen razones teológicas para esto, sino el simple hecho histórico que los católicos y los luteranos lo enumeran de una manera y otros protestantes los enumeran de otra. Es una de esas cosas parecidas al por qué los británicos conducen del lado izquierdo de la carretera y los americanos conducen del lado derecho; es cosa de costumbre y nada más.

Tabla 10-1 Los Diez Mandamientos

Católico/Luterano	*Protestante*
1. Yo soy el Señor tu Dios, no tendrás dioses extraños delante de mí.	1. Yo soy el Señor tu Dios que te sacó de Egipto. No tendrás otros dioses delante de mí.
2. No tomarás en vano el nombre del Señor tu Dios.	2. No te harás para ti imagen alguna.
3. No olvides guardar sagrado el día shabat.	3. No tomarás en vano el nombre del Señor tu Dios.
4. Honra a tu padre y a tu madre.	4. No olvides el día shabat.
5. No matarás.	5. Honra a tu padre y a tu madre.
6. No cometerás adulterio.	6. No matarás.
7. No robarás.	7. No cometerás adulterio.

Católico/Luterano	Protestante
8. No darás testimonio falso en contra de tu vecino	8. No robarás.
9. No codiciarás la esposa de tu vecino.	9. No darás falso testimonio en contra de tu vecino.
10. No codicies los bienes de tu vecino.	10. No codiciarás la casa de tu vecino ni su esposa ni cosa alguna que le pertenezca.

En la versión católica y luterana, el Primer Mandamiento incluye esa prohibición de la idolatría —adorar las imágenes hechas por el hombre. En otras palabras, *dioses extraños* implica *imágenes,* porque los paganos daban culto a los ídolos como dioses falsos. La versión protestante separa el culto falso (Primer Mandato) y las imágenes (Segundo Mandamiento).

En la versión católica y luterana, un mandamiento prohíbe que codicies al cónyuge de tu vecino (Noveno Mandamiento) y otro mandamiento prohíbe que codicies los bienes de tu vecino (Décimo Mandamiento). La versión protestante combina en un solo mandamiento todas las formas de codiciar (el Décimo Mandamiento).

Date cuenta también que el sistema de numeración de los católicos y los luteranos se presta para conectar el Séptimo y Décimo Mandamiento así como el Sexto y el Noveno. El Séptimo Mandamiento prohíbe robar, que es el acto de llevarte algo que pertenece a otra persona, mientras que el Décimo Mandamiento te prohíbe codiciar esa propiedad —tener un celo inmoral y desordenado por lo que tiene otra persona. El número Seis prohíbe el adulterio que es el acto de tener sexo con el/la cónyuge de otra persona o de serle infiel a tu cónyuge, y el Noveno Mandamiento prohíbe desear o codiciar el/la cónyuge de otra persona —que es el acto de sentir lujuria por otro.

Los Diez Mandamientos realmente es uno de los pilares de la fe católica porque describen lo que es considerado comportamiento pecaminoso, habiendo sido definido directamente por Dios. Los Diez Mandamientos condenan la idolatría, la blasfemia, el sacrilegio, el asesinato, el adulterio, el robo, la mentira, entre otros. El catolicismo ve estas diez reglas como algo más que unas simples leyes de comportamiento. Al igual que una fórmula que sigue el químico o la prescripción de un médico o la receta de un chef de cocina, si los Diez Mandamientos se siguen con diligencia, entonces el resultado final será acertado. Obedece los diez mandamientos y tendrás la vida eterna.

Capítulo 11

Ser Bueno Cuando Es Tan Fácil Pecar

En Este Capítulo

- La práctica de la virtud en pensamiento, palabra y obra
- El equilibrio entre la privación y el exceso
- Cómo evitar los siete pecados capitales
- Cómo saber qué antídotos aplicar

La moral católica no se basa solamente en evitar el pecado. De la misma manera que la paz es más que la ausencia de guerra y la buena salud es más que la simple ausencia de enfermedades o heridas, la santidad es más que la simple ausencia de pecado y maldad, No basta con decir "Hoy no he pecado". Un gato podría decir lo mismo.

Si un doctor te da una receta para tratar una enfermedad o combatir una infección, debes de seguir indicaciones tales como "tomar todos los días, dos veces al día con agua suficiente" para que el remedio funcione. Si no lo haces, no puedes culpar al doctor el que no te cures. De la misma manera, Dios entregó a los hombres los Diez Mandamientos —una receta para protegerlos de las enfermedades espirituales (el pecado)— sin embargo, depende de cada uno la decisión de seguir las indicaciones.

Pero un buen doctor no sólo da una receta para curar la infección. También indica la forma de mantener una buena salud física: "tomar muchos líquidos, dormir bien y hacer ejercicio" así como "evitar alimentos ricos en grasas y colesterol". De igual manera los católicos creen que Dios hizo más que entregar los Diez Mandamientos para protegerlos contra el pecado. También dio indicaciones para mantener una buena salud espiritual —básicamente— nos dijo cuáles son los buenos hábitos y cómo cultivarlos, y cuáles son los malos hábitos y cómo evitarlos.

Cómo Cultivar Buenos Hábitos

Una *virtud* es un hábito que perfecciona los poderes del alma y dispone al individuo a hacer el bien. Los católicos creen que al alma se le ofrece la gracia divina porque sin la ayuda de Dios los humanos, por si mismos, no pueden ser buenos. La gracia, que es la intervención de Dios, refuerza el alma de una persona otorgándole la energía necesaria para hacer lo correcto, siempre y cuando quien la reciba reconozca su valor. Los católicos creen que las virtudes preparan y disponen a la gente para que cuando se les ofrezca la gracia, estén listos para reconocerla, aceptarla y a cooperar con ella. En otras palabras, la gracia de Dios es necesaria, pero las virtudes facilitan el trabajo.

Las virtudes cardinales son cuatro, pero no se tiene que ser un cardenal de la Iglesia Católica para poseerlas. La raíz de la palabra *cardenal* viene del latín *cardo* que significa *bisagra.* Estas cuatro virtudes son las bisagras sobre las que gira el resto de la vida moral:

- Prudencia
- Justicia
- Templanza
- Fortaleza

Las cuatro virtudes cardinales también se conocen como *virtudes morales,* para distinguirlas de las *virtudes teologales* de fe, esperanza y amor (caridad), que recibe el alma en el bautismo.

Realizar actos virtuosos no te convierte en una persona virtuosa. La persona virtuosa es capaz de hacer actos virtuosos porque está comprometida a hacer lo correcto por las razones correctas. Ser y hacer el bien porque es lo correcto —no por conseguir un beneficio, fama o estima— es la motivación que lleva a una persona virtuosa a realizar actos virtuosos

La prudencia: saber qué, cuándo y cómo

Hoy en día muchas personas, sin reflexionar, hacen comentarios que, aunque ciertos, no tienen caridad y compasión sino una crueldad fría, deliberada y calculada. Es en estos casos en que la prudencia puede ayudar.

La *prudencia* es básicamente el sentido común práctico. Es decir o hacer lo correcto en el momento correcto y de la manera apropiada. También es la habilidad de saber juzgar si vale la pena decir algo o sencillamente no hacer nada.

No se necesita un coeficiente intelectual alto para ser prudente. La prudencia, al igual que la sabiduría, no se mide en inteligencia sino en la disposición de la persona para pensar, discernir y después actuar. Por ejemplo, no es prudente pedirle a un amigo que te devuelva los $500 que te debe cuando los dos están en el velorio de su hermano. Tienes derecho a ese dinero, y él debe pagártelo, pero la prudencia es el buen hábito de saber el momento y el lugar indicados para abordar el tema.

Digamos que tu novia tiene una mancha de mostaza en la barbilla después del almuerzo. No es prudente decir, "Yo que tú me limpiaba la cara porque te ves como una puerca repugnante". Si lo haces así, te quedarás sin novia. En su lugar, con prudencia, puedes decidir que en ciertas circunstancias, no se debe de hablar a la gente con palabras bruscas o vulgares o con un tono de voz áspero. La prudencia es saber qué decir, cómo decirlo y cuándo decirlo.

De igual manera, la prudencia te puede ayudar a encontrar el momento indicado para decir, de la manera más adecuada, que un miembro de la familia o un amigo sufre, por ejemplo, de un trastorno alimenticio. Con prudencia, no estás siendo negligente al no decir nada, pero tampoco estás siendo rudo o grosero como si dijeras, "¡Oye, estás anoréxico! o "¡Qué gordo estás!"

Un alcohólico practica la prudencia cuando rechaza una invitación para almorzar en un bar, aunque la persona que lo invita asegure al alcohólico que no se sentarán en el bar, sino que comerán en una de las mesas. La prudencia le dice al alcohólico que es muy peligroso para él entrar a un lugar en donde el olor a alcohol está en el aire, que es frecuentado por sus antiguos compañeros de vicio y en donde tiene muchos recuerdos de haberse emborrachado. La prudencia le dice al alcohólico que rechace la invitación o que proponga una alternativa —un restaurante que no tenga un bar, o mejor aún en donde no se sirva alcohol.

La prudencia lleva tiempo y práctica. Antiguamente, cuando las buenas costumbres eran más importantes que el sueldo, las inversiones o el dinero de una persona; nobles y plebeyos, por igual, se esforzaban para mostrar respeto a sus semejantes a través de la práctica de la prudencia al hablar. Hoy en día, los buenos modales tienen dos extremos: los que son políticamente correctos por miedo a ofender o a decir algo controversial —incluso cuando alguien está en peligro— y por otro lado los francos arrebatados que dicen las cosas de manera cruda y directa con la intención de lastimar los sentimientos de las personas y obtener una reacción violenta, más que por ayudar a alguien. La prudencia se encuentra en la mitad de los dos extremos. La gente prudente habla con la verdad cuando se necesita, de manera apropiada y sin lastimar, pero sin perder su fuerza y convicción.

Actuar prudentemente requiere de juicios maduros, elecciones sabias y ejecución correcta:

- **Juicios maduros:** Piensa con cuidado antes de actuar o dejar de actuar. Esta condición involucra contemplar experiencias pasadas, examinar la situación y las circunstancias actuales y considerar los posibles resultados o consecuencias de la decisión. Un juicio maduro significa que no te satisface contar sólo con la sabiduría personal. Busca el buen consejo de los demás. Puede ser la opinión de personas buenas y respetables con una buena reputación moral a las que respetes y admires. Consulta con compañeros y colegas e investiga usando documentos y fuentes de autoridad en la moral. Para los cristianos católicos esto incluye tanto la Biblia como el Catecismo de la Iglesia Católica. En cualquier caso, esto quiere decir no depender solamente de la propia experiencia y opinión personal, sino de confrontarlas y obtener buenos consejos.
- **Decisiones sabias:** Determinar cuál de las opciones es factible y apropiada. El primer paso es obtener información y el segundo es decidir qué acciones tomar después de examinar todas las posibilidades. Puede no ser esta la ruta más fácil o más rápida, pero la prudencia te facilita decidir cuál es el camino más apropiado.
- **La ejecución correcta:** No te demores, por el contrario lleva a término de modo rápido y total la decisión que tomaste. Hay que cuidarse de dos enemigos: el retraso y la prisa. La ejecución correcta significa que has planeado, te has preparado y sabes lo que tienes que hacer. No es ser indeciso. Es llevar las cosas a su fin.

La justicia: tratar a otros imparcialmente

La *justicia* es la virtud que busca promover la interacción imparcial. Es el deseo y la resolución de dar a cada persona lo que merece. Exige que premies la bondad y castigues la maldad. Hay tres tipos de justicia: la conmutativa, la distributiva y la social.

Seis o media docena de algo

La *justicia conmutativa* se refiere a las relaciones entre iguales —entre dos personas, como un consumidor y un comerciante. La justicia conmutativa demanda, por ejemplo, que el consumidor pague un precio justo por un producto y que el comerciante sea honesto sobre la condición e historial del artículo, para que el consumidor sepa si el precio es el adecuado. Si un comerciante trata de vender una moneda que dice perteneció a Abraham Lincoln, entonces el consumidor necesita que el comerciante pruebe su autenticidad. No es justo pedir una enorme cantidad de dinero por algo que no puede validarse o, peor aún, que ni siquiera es tan antiguo o que está en tan buen estado como se anunciaba.

La justicia conmutativa se basa en el principio de *quid pro quo,* del latín *lo uno por lo otro.* Estoy dispuesto a pagar el precio que pides por este artículo, y tú estás dispuesto a vendérmelo por ese precio. Pero el artículo debe ser exactamente lo que se ha anunciado. Si el precio de venta no es el correcto o hay características del artículo que no se cumplen, entonces se está violando la justicia conmutativa.

Engañar al consumidor *y* engañar al comerciante son dos formas de violar la justicia conmutativa.

Otra situación en la que la justicia conmutativa entra en juego es cuando te roban algo. La justicia conmutativa exige que el ladrón se enmiende devolviendo el dinero o la propiedad robada, o, si eso es imposible, recompensándote de alguna otra manera, como dándote algo del mismo valor o proveyendo un servicio. Es como cuando siendo niño y rompiste el vidrio de la ventana del vecino, tu madre o tu padre hicieron que se cumpliera la justicia conmutativa. Después de disculparte con el Señor Pereda, tuviste que ahorrar tu mesada hasta poder pagar por una ventana nueva.

Todos para uno y uno para todos

La *justicia distributiva* se refiere a la relación entre uno y varios —entre un individuo y un grupo. Este tipo de justicia es más obvia en la relación entre un ciudadano y el gobierno. La ciudad, estado y gobierno federal están obligados por la justicia distributiva a recaudar impuestos justos para pagar los servicios que proporcionan. Cobrar impuestos excesivos es una violación de la justicia distributiva. De la misma manera que no cobrar suficientes impuestos para pagar los servicios esenciales —resultando en recortes de los mismos— es una violación. Una violación inversa es cuando un ciudadano se niega a pagar su parte proporcional de impuestos y sin embargo obtiene los beneficios de los servicios del gobierno.

La justicia distributiva significa que los contribuyentes tienen el derecho de saber a dónde va su dinero, quién lo gasta y en qué. El gobierno tiene el derecho de pedir a los ciudadanos que apoyen financieramente a la policía, ambulancias, bomberos, defensa nacional y otros servicios sociales.

Otro ejemplo de cómo funciona la justicia distributiva se ve entre los miembros de un club privado. Supongamos que Pedro y Pablo pertenecen a la Orden de los Búfalos Mojados. Pagan sus cuotas anuales y, por consiguiente, reciben un informe mensual, una tarjeta anual de membresía y una invitación a la convención anual. La justicia distributiva requiere que los miembros paguen sus cuotas y que los directores de la asociación sean responsables con el dinero recaudado, así como presentar un informe anual de los gastos. Si el Señor Pizarro saca algo de dinero para uso personal o si se sospecha que hay favoritismo o nepotismo, entonces se está violando este tipo de justicia. Todos los miembros deben ser tratados con justicia e igualdad.

Juego justo desde Dan hasta Beerseba

La *justicia social* trata de la relación tanto de los individuos y de los grupos, entre cada individuo y todos colectivamente. El objetivo es alcanzar el bien común —el bienestar público de todos. La justicia social se preocupa por el medio ambiente, la economía, la propiedad privada, los derechos civiles y las relaciones entre la iglesia y el estado.

Aunque los negociantes tengan el derecho de obtener una ganancia al fabricar y vender sus bienes y ofrecer sus servicios, contaminar al sistema local de agua con el fin de obtener mayores ganancias es una violación de la justicia social. De igual manera, los defensores ambientalistas se vuelven extremistas y violan la justicia social cuando toman la ley en sus manos al causar daños a la propiedad privada o buscan cerrar un negocio por la fuerza. Lo que resultará es la pérdida de trabajos de los que dependen varias familias para subsistir. Es mejor para ambos grupos cooperar y dialogar juntos buscando cómo equilibrar las necesidades de la comunidad y las del negocio.

Debemos notar que el derecho al lucro o a la propiedad no es absoluto. Así por ejemplo, si una comunidad está pasando por una fuerte sequía, la compañía que tiene acceso al agua potable está obligada a compartirla con aquellos que se están muriendo de sed.

Perdona a tus enemigos pero haz lo que la justicia demanda

Los cristianos aprenden que deben de perdonar a sus enemigos. Así lo demostró el Papa Juan Pablo II cuando perdonó personalmente a Mehmet Ali Agca, el hombre que intentó asesinarlo en 1981.

Al mostrar piedad y perdón el pontífice también sabía que la justicia demandaba que se castigara al criminal con la cárcel por el crimen cometido —cosa que ya cumplió. Sin embargo, posteriormente, el papa pidió el perdón de este hombre al presidente italiano, para que pudiera regresar a Turquía durante el 2000, el Año del Jubileo. Este hombre que intentó asesinarlo fue perdonado y liberado, pero al llegar a Turquía llevado a prisión para que terminara una sentencia previa, recibida por el asesinato del editor de un periódico.

La justicia social pide que todo el mundo bajo la ley reciba un trato justo y equitativo. También reconoce el derecho y obligación inalienable de cada ser humano de trabajar y de recibir un salario justo por ese trabajo. Este tipo de justicia defiende el derecho de los trabajadores a formar sindicatos, gremios y sociedades. Y defiende el derecho de los empresarios a recibir peticiones razonables y justas que no les hagan cerrar el negocio o tener pérdidas en lugar de ganancias.

Si la economía está por los suelos y las ganancias son mínimas, este no es un buen momento para que los trabajadores pidan un aumento de sueldo. Por el contrario, si la economía es ventajosa y el negocio camina bien, sería injusto que solo los ejecutivos de la compañía recibieran bonos extras, pero a los trabajadores no se les den ni aumentos ni beneficios.

Es un mandato de la justicia social para todos los gobiernos, tratar a todos los ciudadanos —sin importar sexo, color, raza o religión— con la misma dignidad y derechos humanos. Asimismo, se espera que los ciudadanos apoyen a sus gobiernos y naciones en retribución por la protección y los servicios que les brindan.

Templanza: la moderación del placer

La realidad humana existe entre la abundancia y el hambre. Mucha gente vive en los extremos —con demasiado o con muy poco. Algunos son el alma de la fiesta y otros son los aguafiestas. Desde los que son puritanos hasta los que son hedonistas, las prácticas de la privación y la indulgencia lo abarcan todo, pero no tiene que ser ni lo uno ni lo otro. El poder divertirte, disfrutar del tiempo libre, gozar y relajarte no es pecaminoso, ni aburrido, inmoral o tedioso, y tampoco prohibido ni cosa infantil. ¡Es verdad!

Los cristianos pueden y deben divertirse sin que ello degenere en depravación y libertinaje. Y es aquí donde entra la templanza.

La *templanza* es la virtud a través de la cual una persona practica la mesura. Es un buen hábito que le permite relajarse y divertirse sin pasarse de la raya y cometer un pecado.

La Iglesia Católica considera que los seres humanos pueden participar en placeres legítimos pero que, con frecuencia, la sociedad y la cultura seducen a la gente hacia los excesos, bajo cualquiera de los dos extremos. Por ejemplo, disfrutar de una buena comida es algo bueno, pero si con frecuencia comes más de lo que necesitas y engordas al punto de la obesidad, eso es glotonería. Por otro lado, si te privas de la comida hasta afectar tu salud por el hecho de verte bien eso es vanidad.

La templanza no es más que moderación y equilibrio al practicar placeres lícitos. La templanza es consumir una bebida con alcohol sin abusar de ella. Tomar con el fin de emborracharse, o el beber y el conducir, viola la virtud de la templanza. También lo son el comer, el dormir o el divertirse en exceso.

La templanza es el hábito de utilizar prudentemente y limitarse en el uso de algo que no requiera abstinencia total, a menos de que alguien sufra de algún problema. Por ejemplo, el alcohólico nunca puede tomar una o dos copas en una reunión social. El alcohólico debe abstenerse por siempre del alcohol, sin embargo puede tomarse alguna bebida gaseosa y aún pasar un buen rato cuando está de fiesta.

La práctica de la templanza no tiene que ver con la señora Carrie Nation y la Unión Femenina de Templanza Cristiana y un grupo de viejitas tocando un tambor y condenando los males de la ginebra y el ron. Más bien, significa saber cuándo decir "basta." Es conocer los propios límites y mantenerlos. Por ejemplo, un beso y un abrazo no tienen que llegar al acto de sexo apasionado, y una discusión no tiene por qué llegar a los golpes. La templanza es establecer, respetar y poner límites. La clave está en el autocontrol. Pasar un buen rato sin que se convierta en una ocasión de pecado o en un acto pecaminoso es de lo que se trata con la templanza.

La fortaleza: hacer lo correcto luchando contra viento y marea

La fortaleza no se refiere a contar con fuerza física o inteligencia. Ni de ser macho o de intimidar a las personas. Por el contrario esta virtud cardinal se centra en la fuerza de carácter.

La *fortaleza* es la habilidad de perseverar en tiempos de prueba y tribulación — es la habilidad de resistir cuando las cosas se ponen difíciles. Es valor para hacer lo correcto sin importar el costo.

Como un caballero de armadura reluciente

Tener fortaleza, así como las otras virtudes cardinales, fue el objetivo y el deseo supremo de todo caballero de la Edad Media. El ser prudente, justo, templado, valiente y caballeroso eran las obligaciones y los objetivos de todo hombre honorable.

Sin embargo la Iglesia no considera que estas virtudes sean propiedad exclusiva de la nobleza. Todo hombre y mujer, sin importar la clase económica y social, es capaz de practicar estas virtudes y, al practicarlas, formar buenos hábitos y combatir la tentación de probar malos hábitos.

No basta ser justo, tener autocontrol, ser prudente y saber qué, cuándo y cómo hacer algo. La virtud de la fortaleza te da la fuerza para cumplir con las obligaciones hacia Dios, la familia y los amigos. La virtud de la fortaleza te permite

- Cumplir tus promesas y dar tu palabra aún cuando el mundo y todos tus conocidos te dicen que lo olvides
- A los adolescentes, combatir la presión social y evitar las drogas y el sexo
- A los adultos jóvenes, a mantenerse castos, abstenerse de las relaciones sexuales hasta el matrimonio a pesar de la presión social de tener relaciones prematrimoniales
- A la gente de conciencia, hablar y denunciar cuando se presenta una injusticia en el trabajo o en la sociedad

Cuando la fortaleza se practica fiel y consistentemente, permite a la gente a mantener el valor y a combatir, incluso el temor de morir, para ayudar a otros y/o hacer lo correcto por las razones correctas.

Los Siete Pecados Capitales

Como te lo podrás haber imaginado, además de cultivar buenos hábitos, hay que evitar algunos malos hábitos. La Iglesia mantiene que siete vicios en particular, llevan a romper uno o más de los Diez Mandamientos. Estos hábitos particularmente malos son conocidos como los siete pecados capitales, ya que de acuerdo con el catolicismo, son *pecados mortales* — pecados que matan la gracia santificante. La Iglesia afirma que si cometes un pecado mortal pierdes el cielo y eliges el infierno por tu propia voluntad y acción. (Vea el Capítulo 7 para saber más sobre el pecado mortal).

Un pecado mortal es cualquier acto o pensamiento del ser humano que da la espalda a Dios (en latín *aversio a Deo*) y en su lugar lo encamina hacia algo creado (en latín *conversio ad creaturam*). En otras palabras, el pecado mortal es el rechazo total de Dios y la aceptación de alguna otra cosa en su lugar. Es mortal para la vida de gracia porque insulta el honor de Dios y lastima el alma del mismo pecador. El pecado mortal es como un tumor maligno o una herida crítica que es letal para la vida espiritual. Tienen que haber tres condiciones para que se cometa un pecado capital:

- **Materia grave:** El acto mismo es malo e intrínsecamente inmoral. Por ejemplo, el asesinato, la violación, el incesto, el perjurio y el adulterio, entre otros, son todos de materia grave.

- **Pleno conocimiento:** La persona debe *saber* que lo que está haciendo o planea hacer es malo e inmoral. Por ejemplo, alguien roba un sello postal pensando que sólo vale 50 centavos. Esta persona sabe que es pecado, pero si no sabe que la estampilla es muy rara y que en realidad vale $1000 dólares, ella no es culpable de haber cometido un pecado mortal aunque sí venial.
- **Consentimiento deliberado:** La persona tiene que *escoger libremente* cometer el acto o planear hacerlo. Alguien a quien se obliga contra su voluntad no comete pecado mortal. Por ejemplo, un hombre a quien se le droga y se le lava el cerebro para que asesine a un líder, no lo hace por voluntad propia; por lo tanto, no es culpable de pecado mortal.

Los *pecados veniales* son aquellos que sólo cumplen con una o dos de las condiciones de un pecado mortal, pero no con las tres al mismo tiempo; o son violaciones menores a la ley moral, como cuando el que maneja hace un gesto obsceno a otro conductor en el tráfico. El pecado venial es menos serio que el capital. Al igual que un tumor benigno o una infección ligera, el pecado venial sólo debilita el alma, enfermándola, pero no mata la vida de gracia. Los pecados veniales no son mortales para la vida de gracia pero, de la misma forma que si se ignora o no se atiende una infección pequeña, pueden tornarse en una condición más seria. Por ejemplo, alguien que dice mentiras blancas comete un pecado venial, pero si lo hace constantemente, es más fácil que esté tentado a decir una mentira importante con carácter de pecado mortal, como hacer trampa en un examen o en la declaración de impuestos.

Los siete pecados capitales son la soberbia, la envidia, la lujuria, la ira, la glotonería, la avaricia y la pereza. El Papa Gregorio Magno creó esa lista en el siglo VI. Más tarde, en el siglo XIV, Geoffrey Chaucer los popularizó en sus *Cuentos de Canterbury.*

En esta sección cubrimos los siete pecados capitales. Como regalo te decimos cómo remediarlos. Sí, *remediarlos.* Algunas virtudes específicas, menos conocidas que las cuatro virtudes cardinales, han estado tradicionalmente ligadas a un pecado capital en particular. Estas virtudes (enumeradas en la Tabla 11-1) ayudan a vencer su contraparte.

Tabla 11-1 Los Siete Pecados Capitales y las Virtudes Que los Vencen

Pecado Capital	*Virtud Vencedora*
Soberbia	Humildad
Envidia	Bondad o mansedumbre
Lujuria	Castidad

Pecado Capital	*Virtud Vencedora*
Ira	Paciencia
Glotonería	Ayuno periódico y abstinencia
Avaricia (codicia)	Generosidad
Pereza (acedía)	Diligencia

Tras el orgullo viene el fracaso

Los padres y los maestros nos aconsejan estar orgulloso de uno mismo, entonces ¿por qué se considera al orgullo un pecado capital? En el contexto al que ellos hacen referencia no es un pecado. Hablan del orgullo sano, como la alegría de pertenecer a una familia, iglesia o nación. No es pecado estar orgulloso de ser de México, Estados Unidos, Colombia o algún otro país.

El pecado de la *soberbia* es el amor excesivo por uno mismo —confianza absoluta y muy alta estima de las habilidades propias. También se le llama vanidad. Exagera las habilidades, dones y talentos de una persona e ignora las propias debilidades, fragilidades e imperfecciones.

Para el catolicismo el pecado de soberbia es la desviación o distorsión de la legítima necesidad de autoestima. No es pecado el pensar bien de uno mismo. De hecho es algo saludable y necesario, pero cuando la auto-percepción ya no se ajusta con la realidad y comienzas a pensar que eres más importante de lo que en realidad eres, significa que el pecado de soberbia está haciendo entrada triunfal en tu vida.

El pecado de soberbia hace que te creas más de lo que eres. Piensas que no hay nadie mejor y más importante que tú. Te lleva a tener resentimientos hacia otros que consideras inferiores y te vuelves impaciente con los demás porque piensas que son menos perfectos que tú.

La soberbia es la madre de todos los otros pecados, porque cuando te crees más importante de lo que en realidad eres, vas a compensarlo cuando los demás no estén de acuerdo con tus juicios. Racionalizas tu comportamiento y encuentras excusas para mentir, engañar, robar, insultar e ignorar, entre otros, porque nadie te entiende como tú te entiendes. En tu percepción, el mundo te subestima.

Esa es la expresión extrema de la soberbia. Un ejemplo más sutil es cuando te niegas a aceptar que alguien más tiene autoridad sobre ti, ya sea uno de tus padres, maestros, el patrón, el sacerdote, el obispo o el papa. Mucho del resentimiento hacia las figuras de autoridad no tiene nada que ver con las ocasiones en las que, a lo largo de la historia, ha habido casos de abuso de poder. El contra-autoritarismo tiene, más bien, su raíz en la soberbia: "Nadie va a decirme qué hacer". La resistencia a obedecer a los demás es un derivado de la soberbia. Faltar el respeto a las autoridades también es un acto de soberbia. El ego no soporta que otro tenga más poder o sea más inteligente, más influyente o tenga más autoridad, por lo que se rebela contra los superiores legítimos.

La soberbia también evita que busques, escuches o utilices el consejo de los demás. Engaña a la mente para que piense que ella sola ha podido o puede descubrir todas las respuestas sin ayuda de nadie. ¿Alguna vez te has preguntado por qué la mayoría de los hombres, cuando conducen su automóvil se niegan a pedir indicaciones cuando están perdidos? La soberbia nos impide aceptar que no podemos leer un mapa o seguir indicaciones correctamente. No podemos dejar que nuestra esposa, novia, amiga o madre sepa la verdad, así que seguimos manejando en espera de que aparezca algo familiar antes de que obscurezca o se haga muy tarde.

La humildad, según la Iglesia Católica, es el mejor remedio para la soberbia. No se trata de la falsa auto-depreciación, como cuando te criticas en voz alta para que los demás puedan decir lo contrario. No es negar la verdad. Por ejemplo, si cantas bien, no es humildad el responder a un elogio con "Ay no, si soy muy desentonada". Para el catolicismo la humildad es reconocer que el talento es en realidad un regalo de Dios, por lo que se puede responder al elogio con un "Gracias —el Señor me ha bendecido con este don". El soberbio diría, "¡Por supuesto que tengo buena voz! ¡Ya era tiempo que te dieras cuenta!"

En otras palabras, aunque es bueno aceptar tus talentos, la humildad debe hacerte recordar que vienen de Dios. La soberbia te engaña al creer que solo tú eres la fuente de tu propia grandeza.

La caída del diablo

Varios escritores espirituales como San Juan de la Cruz, Santa Teresa de Avila y Santa Catalina de Siena, consideraban que la soberbia era una forma de idolatría, hacer de uno mismo una deidad. En lugar de ser creado a imagen y semejanza de Dios, el soberbio crea a Dios según su propia imagen y semejanza para luego convertirse en dios.

Este fue el pecado de Lucifer. De acuerdo a una tradición piadosa, él era el ángel más inteligente y hermoso entre todos los ángeles, pero su soberbia no le permitió vivir la humildad y se rebeló contra Dios. Entonces San Miguel arcángel lo arrojó al infierno.

Envidiar lo que otros tienen o disfrutan

La *envidia,* otro pecado capital, es el resentir la buena fortuna o felicidad de otra persona. El catolicismo distingue dos tipos de envidia:

- **La envidia material:** Cuando resientes que otros tengan más dinero, talento, fuerza, belleza, amigos y sigue la lista, que tú.
- **La envidia espiritual:** Resentir que otros progresen en santidad, deseando que permanezcan a tu nivel o por debajo, en lugar de alegrarse y sentirse feliz de que están haciendo lo que deben. La envidia espiritual es peor y mucho más dañina que la envidia material.

Cabe notar que algunos autores espirituales distinguen la envidia de los celos. Afirman que la envidia es el resentimiento de los que otros tienen, como riquezas, talento, fama y demás, mientras que los celos es el temor a perder lo que ya tienes. Así, un marido celoso teme que otro hombre la quite a su esposa. Si piensa que la actriz americana Julia Roberts es la mujer más hermosa del mundo, entonces este mismo hombre puede tener envidia del novio de Julia Roberts. Se considera que los celos son un pecado tan serio como la envidia, porque se asemeja mucho a ese pecado capital.

Los celos son muy comunes entre las personas profesionales porque constantemente temen que sus rivales les quiten el status, el puesto, la fama o la estima. La gente celosa es insegura, aprensiva y temerosa de que sus compañeros le quiten lo que tiene, lo rebasen o lo dejen atrás con menos de lo que tenían cuando empezó. Lo mismo sucede con los estudiantes. El estudiante que es considerado el mejor tiene miedo de que otro estudiante, que mejora sus notas día a día con gran rapidez, le quite su lugar. Por otro lado, un estudiante promedio demuestra envidia cuando le disgusta el estudiante estrella.

La Iglesia afirma que la mansedumbre o la bondad contrarrestan la envidia. Por ejemplo, Génesis 37– 47 cuenta la historia de los hermanos de José, que le tenían envidia, porque era el hijo favorito de su padre, Jacob. En un momento dado, Jacob le da a José una túnica multicolor, lo que lleva a los hermanos al límite. Venden a José como esclavo después de haber casi decidido asesinarlo. Sin embargo José pasa de ser esclavo a consejero personal del faraón. Más tarde, cuando vuelve a ver a sus hermanos, en lugar de buscar venganza, José les muestra bondad y los lleva, junto con su padre, a Egipto. Son ellos, los hijos de Jacob, quienes se convierten en los líderes de las doce tribus de Israel.

Desear la fruta prohibida

La Iglesia Católica considera que es normal y sano sentirse atraído y apreciar al sexo opuesto. Eso no es lujuria y no se considera pecado.

Lujuria es mirar, imaginar e incluso tratar a otros como simples objetos sexuales para satisfacer los propios placeres físicos, en lugar de considerarlos como individuos hechos a imagen y semejanza de Dios. La lujuria es hacer que alguien se convierta en algo para complacerte, sea en la fantasía o en la realidad.

La Iglesia afirma que la lujuria despersonaliza a la otra persona y a la que tiene pensamientos lujuriosos. Convierte a ambas personas en tan sólo instrumentos de gozo en lugar de permitirles concentrarse en el regalo único de ser persona. Y busca separar, dividir y aislar lo que Dios destinó para estar unido —el amor y la vida, los bienes unitivos y pro-creativos del matrimonio.

El placer que producen los pensamientos de lujuria es sólo un signo de la condición humana y su naturaleza herida por el pecado original, que es la *concupiscencia,* la inclinación al pecado, en especial la tendencia hacia los pecados de la carne. Tener pensamientos impuros no es el pecado; es el entretenerlos —que conciente y deliberadamente tengas pensamientos de lujuria. El pecado se presenta cuando inicias, te dispones, y/o continúas fantaseando sobre actividades sexuales con otra persona, porque todo pecado involucra la libre voluntad. Pensamientos espontáneos —en especial durante la pubertad y la adolescencia— son, antes que nada involuntarios y no se consideran pecado. Se convierten en pecado cuando la persona los reconoce y, teniendo la capacidad de rechazarlos lo más pronto posible, no lo hace.

La *castidad* es la virtud que modera el deseo sexual. Es el mejor remedio para la lujuria. La castidad forma parte de la templanza y ayuda a tener moderación con el placer físico.

Sin la castidad, los hombres y las mujeres se convierten en animales que copulan cuando están en celo. El instinto es lo que guía el deseo sexual de los animales, pero los hombres y las mujeres tienen el don de la razón y pueden elegir dónde y con quién tener intimidad. Con la castidad como guía, los hombres y las mujeres pueden abstenerse libremente de las actividades sexuales hasta la noche de bodas. Sin embargo, si permiten que la lujuria guíe sus acciones, fornican y cometen adulterio. El poder cultivar y elegir ser castos es lo que los diferencia de los animales.

La ira al punto de la venganza

No tienes control sobre lo que te enoja, pero sí tienes control sobre lo que haces una vez que estás enojado. El pecado capital de la *ira* es la repentina explosión de emoción —es decir la hostilidad— y alentar pensamientos de venganza.

Si alguien te pincha con una aguja o alfiler, por ejemplo, o te da una bofetada, probablemente tu reacción inicial sea de enojo. Resientes lo que te hicieron. El pecado de la ira aparece cuando reaccionas insultando, maldiciendo, gritando, vociferando o volviéndote loco. (No se deben confundir las tres últimas reacciones con lo que ocurre cuando se juntan a comer un grupo de latinos en donde todo el mundo grita y vocifera al mismo tiempo.) Igualmente, si le das vueltas y vueltas en la cabeza cuando te han insultado o agraviado y terminas pidiendo venganza, la Iglesia considera que cometes el pecado de la ira. El enojo desordenado, violento y rencoroso constituye siempre un pecado mortal. La venganza ávida de sangre también procede de la ira.

¿Pero qué pasa si, digamos, alguien te roba? En ese caso, ¿no estarían justificados esos sentimientos? No. Estar contrariado porque alguien te robó es normal y justificable, pero querer buscar venganza y desear que sufra el culpable no lo es. En cambio, con la virtud de la justicia, puedes desear que la policía atrape al ladrón y que un tribunal le dé un castigo justo.

La *paciencia,* que es la virtud que te permite adaptar y soportar el mal sin albergar sentimientos destructivos, es el mejor antídoto para la ira. Cuando te das el tiempo y la oportunidad de calmarte, el enojo se disipa y vienen a la mente asuntos más prácticos.

La glotonería: demasiada comida o aguardiente

La *glotonería* es el consumo inmoderado de comida o de alcohol. Disfrutar una comida agradable no es pecado, pero comer en exceso de manera intencional al punto de llegar a las nauseas, sí lo es. De igual forma, a los ojos de la Iglesia tomarte una bebida alcohólica de vez en cuando (siempre y cuando no seas alcohólico) no constituye un pecado. El consumo responsable del alcohol está permitido. Brindar con champaña por los novios o tomar un cóctel con amigos en una cena está bien; eso es, mientras no seas un alcohólico en recuperación. Pero beber al punto de la ebriedad *es* un pecado. Abusar del alcohol es un pecado y ello no solo significa emborracharse. Las personas que usan el alcohol para aminorar sus inhibiciones o las de otros, están cometiendo un pecado. Manejar bajo la influencia del alcohol o mientras estás ebrio es un pecado mortal, porque pones en peligro tu propia vida y la de los demás. Beber antes de la mayoría de edad también es un pecado serio.

Desórdenes alimenticios reales como la bulimia, no son glotonería. Son condiciones médicas que requieren tratamiento y cuidado. El pecado de la glotonería es la libre elección de comer de más. La glotonería es voluntaria y sólo se necesita de autocontrol y moderación para controlarla.

Durante los últimos días del Imperio Romano, cuando la decadencia estaba en su punto más alto, se construyeron *vomitoriums* para que la gente vomitara después de comer y beber en exceso —con el fin de poder seguir comiendo y bebiendo más—, el epítome de la glotonería.

Al igual que la lujuria, la glotonería se centra en el *placer,* y lo encuentra en la comida y en la bebida; la lujuria lo encuentra en la actividad sexual. Ambas esclavizan el alma al cuerpo, donde el alma —siendo superior al cuerpo— debería de estar al mando. Los glotones no comen por necesidad o por razones sociales, sino para consumir y experimentar el placer de saborear.

Hartarse de aperitivos, diferentes platos fuertes, postres y demás —sin dar importancia a la posibilidad de enfermarse o de pensar en que millones de personas alrededor del mundo están muriendo del hambre— es el horror y la maldad de la glotonería. Además la glotonería pone en peligro la vida al arriesgar la salud del cuerpo.

El *ayuno* periódico, restringir la cantidad de comida que consumes y la *abstinencia,* evitar comer carne o un alimento favorito, son las mejores defensas contra la glotonería. A diferencia de una dieta en la que el objetivo es bajar de peso, el ayuno y la abstinencia purifican el alma al controlar los deseos del cuerpo. De vez en cuando, evitar los alimentos y bebidas favoritas, promueve el autocontrol y la templanza. Decidir por adelantado en que momento y lo que se va a consumir es considerado prudente y beneficioso.

Avaricia: el deseo de más, más y aún más

La *avaricia* es el amor y el deseo desenfrenado por las posesiones materiales. Las cosas son más preciadas que la gente y las relaciones. Amasar una fortuna y tratar tontamente de acumular el mayor número de cosas es avaricia, que algunas veces es llamada *codicia.* Comparada con la ira, la envidia y la lujuria, se han cometido más crímenes por avaricia que por cualquier otro pecado capital. "Nunca es suficiente. Tengo que tener más." Ese es el grito de batalla de la avaricia.

La avaricia también es un signo de desconfianza. "No creo que Dios vaya a cuidar de mí, así que voy a tratar de acumular tanto como pueda en caso de que no quede nada para después." El Evangelio relata la parábola de un hombre avaro. Tenía tantos granos que derribó sus graneros para acumular más —pero murió esa misma noche (San Lucas 12, 16–21). No te puedes llevar nada contigo. En aquel tiempo ese dicho era cierto y, hoy en día, sigue siendo verdadero. Hace algún tiempo una mujer rica estipuló en su testamento que quería ser enterrada en su Rolls-Royce. ¿A dónde va a manejar esa cosa?

La avaricia, el punto culminante del egoísmo, ha arruinado matrimonios, familias y amistades. Sin embargo la *generosidad* es la mejor arma contra la avaricia. Dar libremente algo de lo que posees, en especial a aquellos menos afortunados, se considera la perfecta antítesis de la avaricia y la codicia. La generosidad promueve que uno se desprenda de las cosas materiales, que vienen y van. Las cosas se pueden romper, ser robadas, ser destruidas o se pueden perder. También se pueden remplazar, pero no puedes remplazar a las personas.

Pereza: flojo como un soñador

La *pereza* (que también se le conoce como la *acedía*) es la holgazanería —en particular cuando se trata de la vida de oración y espiritual. Se centra en hacer nada o en hacer sólo cosas triviales. El perezoso siempre quiere descansar y relajarse; no tiene el deseo o la intención de hacer un sacrificio o de hacer algo por los demás. Es una aversión al trabajo —físico, mental y espiritual. La pereza inevitablemente conduce a la tibieza y luego se deteriora en el desinterés, desaliento y, finalmente, en la desesperación. La pereza crea indiferencia, lo que evita, bloquea, la experiencia de la alegría.

La Iglesia dice que el mal hábito de no poner atención a los servicios religiosos —estar presente físicamente pero sin participar de forma conciente— o el no tener cuidado de cumplir con los deberes religiosos también es pecado de pereza. Otros ejemplos incluyen llegar a la Iglesia después de comenzada la Misa; estar sentado en la iglesia pero no cantar, orar, arrodillarse o ponerse de pie; nunca leer la Biblia o el *Catecismo de la Iglesia Católica;* y no rezar antes de consumir los alimentos o de acostarse.

Proverbios 24, 30–34 dice algo sobre la pereza:

> Pasé junto al campo del holgazán,
> junto al viñedo del necio;
> todo estaba lleno de espinos,
> la maleza cubría el suelo,
> la cerca de piedra estaba derrumbada.
> Al ver aquello me puse a pensar:
> reflexioné y saqué esta lección:
> duermes un rato, te amodorras otro,
> cruzas los brazos y a descansar;
> y te viene la miseria como un ladrón,
> y la escasez como un asaltante.

La pereza espiritual sólo puede ser derrotada por la práctica de la virtud de la *diligencia,* que es el hábito de mantenerse concentrado y poniendo atención al trabajo que se hace —ya sea el trabajo del empleo o el trabajo de Dios. La oración y la adoración diligente te pueden hacer más reverente. La diligencia en todo, asegura que no estés inactivo y comiences a soñar despierto, abandonando la realidad por la isla de la fantasía.

A los católicos, como a todos los seres humanos, se les pide que practiquen la virtud y eviten el vicio. Profundizando un poco más, la religión y la fe piden a los hijos de Dios que busquen la santidad y al mismo tiempo eviten todo pecado y todo mal. La motivación que tienen los creyentes es sencilla: la elección entre el cielo y el infierno —la felicidad eterna, el gozo y la paz o el sufrimiento eterno, la miseria y la condena.

Capítulo 12

La Posición de la Iglesia Sobre Algunos Asuntos Delicados

En Este Capítulo

- La promesa y la razón de permanecer soltero
- Por qué no se puede admitir a las mujeres al sacerdocio
- La definición de la doctrina de la guerra justa
- El matrimonio y los métodos naturales de planificación familiar

En ocasiones, el catolicismo puede dar la idea de ir contra la corriente, arriesgando su popularidad e incluso el rechazo y la persecución de algunas de sus creencias y prácticas. Como toda religión, busca estar en conformidad con el Todopoderoso más que moverse de acuerdo con las tendencias del momento. Los ánimos cambian, los gustos difieren y la gente puede ser voluble, negativa o simplemente apática. El que algo sea popular no significa que sea cierto o bueno. La tierra nunca fue plana aunque la mayoría de la gente en un tiempo así lo creyó. Los líderes espirituales y morales tienen la obligación de responder a una autoridad más grande que la suya. Aunque sirven y ayudan al pueblo deben de obedecer, no a la *vox populi* (voz del pueblo) sino a la *vox Dei* (voz de Dios).

La mayoría de las religiones tienen enseñanzas, doctrinas, disciplinas y políticas controversiales que el mundo exterior rechaza o no comprende. Incluso algunos de sus miembros pueden oponerse o no estar de acuerdo con una u otra doctrina, sin embargo estas posiciones son parte integral de la religión oficial, porque en esencia tienen la obligación de hablar con la verdad ". . . cuando sea, a tiempo y a destiempo . . . porque vendrá el tiempo en que los hombres no soportarán la sana doctrina; sino que llevados de sus propios deseos, se rodearán de multitud de maestros que les dirán palabras halagadoras, apartarán los oídos de la verdad y los desviarán hacia las fábulas" (2 Timoteo 4, 2–3). Por esta razón la Iglesia Católica, como otras religiones, se mantiene firme en sus convicciones y enseñanzas en temas como el control artificial de la natalidad, el aborto, la eutanasia y la pena de muerte, entre otros. Algunos temas requieren de muchas explicaciones e investigaciones, pero para ser breves y claros, escogimos algunas posiciones controversiales que pueden ser explicadas en pocas palabras.

El Celibato y el Sacerdocio Masculino

Incluso antes de la aparición de los escándalos sexuales del clero, el asunto del celibato ha intrigado a quienes no son católicos. Algunos alegan que contradice la naturaleza y que va en contra de las enseñanzas de la Biblia sobre el matrimonio y el ministerio sacerdotal (Génesis 1, 28 "crezcan y multiplíquense; llenen la tierra" y 1 Corintios 9, 5 "Acaso no tenemos el derecho de ser asistidos por una mujer cristiana"). En razón de la crisis de vocaciones y de la disminución en el número de ordenaciones al sacerdocio en el siglo XXI, mucha gente cuestiona el celibato y la restricción de que sólo los hombres puedan ordenarse. Algunos alegan que los sacerdotes casados y las sacerdotisas, aliviarían la carencia de personal y traerían una perspectiva fresca a la vocación. Los cristianos protestantes han tenido ambos durante décadas y se preguntan cuándo los católicos se pondrán al día. Son preguntas y puntos de vista legítimos y válidos, pero, como verás, el catolicismo también tiene buenas razones y respuestas.

Para abordar estos temas, tenemos que diferenciar el celibato del sacerdocio masculino. Son dos asuntos y realidades apartes y distintas, aunque en la práctica se crucen. El celibato es una disciplina de la Iglesia, que no es absoluta y que a través de los siglos ha tenido excepciones y modificaciones. Mientras tanto el sacerdocio masculino es parte de la doctrina y de la ley divina que ningún papa o Concilio puede cambiar o alterar.

Sólo en los Estados Unidos

A finales del siglo pasado varios inmigrantes del este de Europa llegaron a Estados Unidos trayendo con ellos a sus clérigos. Algunos obispos americanos de origen irlandés, poco perspicaces, temían (sin fundamento alguno) que una congregación de sacerdotes católicos de rito oriental causara tensiones y rencores entre el clero católico romano y los laicos de rito occidental. Por ello pidieron a Roma si podían forzar al clero bizantino a imponer el celibato en Norte América, aunque siguiera siendo opcional en el resto del mundo.

Antes de que esto sucediera, todos los sacerdotes católicos rutenianos, ucranianos, melkitas, maronitas, cóptos y rumanos de todo el mundo, tenían la opción de casarse o permanecer célibes. Hoy en día, sólo los Estados Unidos continúan pidiendo que el celibato sea obligatorio para el clero católico de rito oriental.

Solo de por vida

El *celibato* es la promesa formal y solemne de nunca participar del estado marital. Hombres y mujeres célibes renuncian voluntariamente el derecho natural de casarse para dedicarse completa y absolutamente a Dios y a su Iglesia.

La Iglesia Católica no enseña (y nunca lo ha hecho) que *todo* clérigo tiene que ser célibe. Desde el primer día, las Iglesias Católicas Orientales, como la Bizantina, han tenido la opción, de manera consistente y perenne, que sus miembros del clero se casen. Sólo en los Estados Unidos el clero católico bizantino está obligado y forzado a mantenerse célibe. (Ver detalles en el cuadro "Sólo en los Estados Unidos".)

El celibato no es necesario, esencial u obligatorio en la Iglesia Católica Romana. Es una *disciplina* de la Iglesia, no una doctrina. La Iglesia Católica en Oriente nunca lo hizo obligatorio. En el Occidente se hizo normativo el 306 en el Concilio de Elvira y en el 1074 el Papa Gregorio VII lo hizo obligatorio, el mismo que fue confirmado el año 1139 en el Segundo Concilio de Letrán. Aunque la Iglesia de rito Oriental y la Ortodoxa siempre han tenido un celibato opcional, ambas tienen un episcopado célibe, lo que significa que sólo los sacerdotes célibes pueden convertirse en obispos. Así que aunque el clero esté conformado por sacerdotes casados, la jerarquía superior permanece célibe y a un grado casi monástico. (Viven y rezan como monjes más que como sacerdotes parroquiales.)

Una piedra rodante no junta musgo

El celibato es legítimo para el Oriente y el Occidente, aunque opcional para el primero y obligatorio para el segundo. ¿Pero por qué la diferencia entre los dos? Bueno, por la política y la cultura. Mucho antes que la iglesia de Oriente se separara del Occidente en 1054 y formara la Iglesia Ortodoxa, la parte oriental de Santo Imperio Romano operaba de manera diferente de la occidental. (Vea el Apéndice A de este libro para tener más información sobre la historia del catolicismo).

En Oriente existía una fuerte asociación entre las esferas mundana y religiosa, lo que era dramáticamente diferente de lo que pasaba en Occidente. Después de que Roma cayó en el 476 no surgió ningún gobernador secular poderoso e influyente hasta que Carlomagno fue coronado emperador del Santo Imperio Romano en el 800.

Así que del siglo quinto al octavo, la persona más poderosa e influyente del occidente fue el Obispo de Roma. Como papa y cabeza de la Iglesia Católica en todo el mundo, se convirtió en un icono de estabilidad y poder, mientras Europa Occidental sobrevivía la caída del antiguo Imperio Romano, las invasiones bárbaras y la Edad Media.

La inestabilidad en el reino secular significaba que el clero, especialmente los obispos, tenían a su cargo más que sólo el liderazgo espiritual, así como el papa ejercía más que poder pastoral en Roma y alrededor del mundo. Occidente se dio cuenta de que el celibato era benéfico y útil porque eso significaba que no había lealtades divididas.

Los reyes, los príncipes, los barones, los condes, los duques y demás nobleza se casaban en primer lugar para formar alianzas políticas y en segundo lugar para establecer familias. El celibato obligatorio evitaba que el clero se viera involucrado en las intrigas de quién se casaba con quién. Aseguraba también que los sacerdotes se preocuparan por el trabajo de la Iglesia y no tuvieran lazos o intereses políticos entre las facciones que se disputaban el poder para establecer los estados nacientes.

Los sacerdotes con familias hubieran sido vulnerables frente a los nobles del lugar porque sus familiares hubieran estado bajo dominio secular. Un clero célibe significaba un clero más independiente, libre de las preocupaciones terrenales y la corrupción, pudiendo así servir a la gente y a la jerarquía con toda su atención y lealtad.

Antecedentes bíblicos del celibato

Algunas personas piensan que el celibato va en contra de las enseñanzas de la Biblia sobre el matrimonio y el ministerio sacerdotal (Génesis 1, 28 y 1 Corintios 9, 5). Pero, de hecho, la Iglesia utiliza la Biblia como parte de su razonamiento para el celibato del sacerdocio.

Jesucristo nunca se casó y fue célibe, y el Nuevo Testamento confirma el valor del celibato:

- **Mateo 19, 12:** Algunos no se casan porque nacieron incapacitados para eso; otros porque los hombres los incapacitaron; y otros eligen no casarse por causa del Reino de los Cielos. Quien pueda poner esto en práctica, que lo haga.
- **1 Corintios 7, 8:** A los solteros y a las viudas les digo que es bueno quedarse (sin casar), como yo.
- **1 Corintios 7, 27–34, 38:** ¿Estás casado? No busques separarte. ¿Eres soltero? No busques mujer. Aunque si te casas, no pecas; y tampoco peca la joven si se casa. Quisiera, sin embargo, evitarles las dificultades que éstos sufrirán en la vida. Les digo, pues, hermanos, que el tiempo se termina. En lo que falta, los que tienen mujer vivan como si no la tuvieran; los que lloran, como si no lloraran; los que se alegran, como si no se alegraran; los que compran, como si no poseyeran; los que disfrutan del mundo, como si no disfrutaran. Porque la apariencia de este mundo pasa. Quiero que estén libres de preocupaciones. Y mientras el soltero está en situación de preocuparse de las cosas del Señor y de cómo agradar a Dios, el casado debe preocuparse de las cosas del mundo y de cómo agradar a su esposa, y por tanto está dividido. . . Así que el que se casa con su prometida hace bien; y el que no se casa, obra mejor.

De acuerdo con el catolicismo, es erróneo decir que el celibato no es bíblico. Muchas personas importantes en la Biblia eran solteras, y el pasaje anterior muestra que al Nuevo Testamento y a la Iglesia naciente no le molestaba el celibato. Lo veían como un regalo —un regalo tan valioso como el de la fe y el de la vocación para servir a la Iglesia.

El celibato obligatorio para el sacerdocio es una disciplina de la Iglesia, no una doctrina o un dogma. En teoría, cualquier papa podría modificar o disolver el celibato obligatorio en cualquier momento, pero es poco probable que suceda porque ha formado parte del sacerdocio de la Iglesia Occidental desde el siglo IV. (Consulta el cuadro "De pies ligeros, libre y de un lado a otro", en este capítulo). Además, la Iglesia enseña y afirma que el celibato no es sólo un sacrificio; también es un don.

¿El celibato es el culpable de la falta de sacerdotes?

A causa de la disminución en el número de sacerdotes católicos recién ordenados, algunas personas piensan que permitir que el clero se case solucionaría la escasez de personal. Pero las estadísticas muestran que aún los ministros y clero protestante —que *pueden* casarse y, en muchos casos, puede estar formado por mujeres u hombres— están disminuyendo en número. La Iglesia piensa que el relajar o eliminar el celibato no es la panacea que solucionará la falta de sacerdotes en occidente.

Social y culturalmente, las naciones del primer mundo, como los Estados Unidos, Canadá y gran parte de Europa Occidental, están teniendo familias más pequeñas. La tasa de nacimientos es más baja que nunca porque muchas parejas en estos países ricos sólo tienen uno o dos hijos. Por otro lado, la gente de los países islámicos tiene las familias grandes, lo cual era el sello característico, extraoficialmente, del catolicismo. Cuando una familia tenía de cuatro a ocho hijos, había muchas probabilidades de que al menos uno o dos de ellos tuvieran vocación al sacerdocio o se unan a la vida religiosa. Las familias grandes no son la única fuente de sacerdotes y monjas, pero ayudan a contribuir con posibles vocaciones.

Aún si un papa decide cambiar, modificar o terminar con el celibato obligatorio en la Iglesia Occidental, la Iglesia mantendría y seguiría la misma tradición que la Iglesia Católica Oriental en lo referente al matrimonio del clero. Para el clero de la Iglesia Oriental que está casado, el matrimonio tiene que darse antes de la ordenación, y si se ordena siendo soltero, tiene que permanecer soltero:

- La cancelación del celibato obligatorio sólo afectaría a aquellos que no han sido ordenados. Los sacerdotes célibes ya ordenados no tendrían permiso para casarse.
- Los seminaristas tendrían que decidir, antes de la ordenación, si quieren casarse. Tendrían que encontrar a una esposa antes de su ordenación o permanecer célibes.
- Cualquiera que aspirara a ser obispo tendría que permanecer célibe.

- A los sacerdotes católicos que se ordenaron célibes y que abandonaran el ministerio para casarse, *no* se les permitiría regresar al ministerio activo como sacerdotes casados.

Los pro y los contra

El celibato puede ser difícil para aquellos que no vienen de una familia grande. Un hijo único puede sentir ansiedad y tensión cuando sus padres, de edad avanzada, se enferman y necesitan atención, y no hay otro hijo o hija que los pueda cuidar. Además un sacerdote que viene de una familia pequeña, con más frecuencia podría sentirse solo durante los días feriados. Ver a las parejas casadas en su parroquia compartiendo la alegría de la temporada con la familia, y él que no tiene muchos tíos, hermanos o sobrinos a quien visitar.

Otro sacrificio es no tener una compañera de vida de quien recibir apoyo, ánimo, consejo y por supuesto, en ocasiones, correcciones. No tener un bebé a quién arrullar, un hijo a quien ver en su primer partido de fútbol, y una hija a quien llevar al altar en el día de su boda, son sacrificios requeridos por el celibato.

Sin embargo, al mismo tiempo, el celibato da al sacerdote el tiempo y la oportunidad de amar a cientos de mujeres y niños y de dar el cien por ciento de su atención, esfuerzo, trabajo y talento, mientras que un hombre casado debe mantener un equilibrio entre la familia y trabajo. Un sacerdote célibe no tiene que tomar la dolorosa decisión entre responder una llamada de emergencia a las tres de la mañana o quedarse en casa cuidando un hijo o una esposa enferma.

La idea del celibato puede distorsionarse y quedar sólo como un sacrificio ("Renuncié a tener esposa e hijos"), o puede verse desde la perspectiva de la Iglesia —como un sacrificio y un regalo. ("Renuncié libremente a tener esposa y familia para poder amar y servir a mis feligreses como si fueran mis propios hijos".)

Los sacerdotes católicos reciben el título de *Padre,* porque se considera que, espiritualmente, son padres de varios hijos a través de los sacramentos. Los cristianos católicos nacen espiritualmente en el bautismo, son alimentados en la Sagrada Eucaristía, maduran con la confirmación y son curados mediante la penitencia y la unción de los enfermos. Las responsabilidades de los padres son semejantes a las de un sacerdote: los padres procrean a sus hijos, los alimentan, los curan y los ayudan a crecer y a madurar. A la Iglesia se le conoce como la madre espiritual. Los católicos llaman a la Iglesia la *Santa Madre Iglesia* y el sacerdote es su padre espiritual.

En su exhortación apostólica *Pastores dabo vobis* (os daré pastores), el Papa Juan Pablo II recuerda a los sacerdotes católicos que, aunque no tienen esposa e hijos propios no están solos. Sí tienen una esposa —la Iglesia. Un sacerdote tiene que tratar a las personas de su parroquia (y a todos los miembros de la Iglesia) como a su amada esposa. El sacerdote se casa con la Iglesia, porque la Iglesia es la Novia de Cristo y el sacerdote es considerado "otro Cristo" en virtud del sacramento de orden sagrado. Así que el sacerdote debe de amar a la Iglesia como Cristo ama a la Iglesia. Es una relación de esposos y una alianza de amor.

Visto en este contexto, el celibato es simplemente el instrumento para hacer la realidad más posible y más dinámica. El clero que está casado puede hacer un trabajo maravilloso y fenomenal, sin importar su denominación o género. Pero el celibato para el sacerdocio católico en la tradición latina tiene sentido, y aunque no siempre es fácil, tampoco lo es el matrimonio.

El tema del abuso sexual

El clero célibe no tiende ni es más propenso a una mala conducta sexual (homosexual o heterosexual) que cualquier otro grupo, a pesar de la retórica fruto del bombardeo de casos de pedofilia que salieron a la luz en los Estados Unidos hace algunos años. Los sacerdotes católicos fueron el centro de atención de los medios informativos —a causa de los actos inmorales de una muy pequeña minoría de clérigos desviados y de algunos obispos que simplemente transfirieron a quienes se sabía eran ofensores sexuales. Pero el número real demuestra que la abrumadora mayoría de abuso sexual de adultos hacia niños se presenta dentro de la familia —76 por ciento por parte de los padres y 12 por ciento por parte de otros miembros de la familia. Hombres casados que están relacionados con menores cometen, de alguna u otra manera, la mayoría de los abusos sexuales. A la fecha, 1,500 sacerdotes han sido acusados de abuso de menores. Sin embargo, eso representa sólo el 2.5 (dos y medio) por ciento de los 60,000 sacerdotes que han servido en los Estados Unidos desde 1984. Por supuesto que la existencia de un solo caso sería demasiado, porque el abuso de menores es uno de los males más horrendos que un adulto puede cometer. Pero hay que notar que este horrible comportamiento no es exclusivo ni se origina en el clero célibe masculino. Es un mal que afecta a algunos pastores de todas las denominaciones así como a los padres, miembros de una familia, maestros, entrenadores y muchas otras profesiones.

De ninguna manera pensamos que esto aminora el horror, la vergüenza y el diabólico mal del terrible crimen y pecado de abuso de menores que cometieron unos cuantos sacerdotes célibes. Pero también es importante conocer el problema desde todos los ángulos —saber que la enorme mayoría de los casos de abuso de menores son cometidos por hombres seglares casados que están relacionados con estos niños, mientras que de los sacerdotes célibes la gran mayoría no son pedófilos y nunca han abusado de un niño, una niña, un hombre o una mujer.

De pies ligeros, libre y de un lado a otro

Debido a que se necesita un sacerdote para llevar a cabo las prácticas religiosas católicas más importantes (sólo un sacerdote puede celebrar la Misa y confesar), es más fácil que sean hombres célibes. Un sacerdote soltero puede ir de un lado a otro libremente, sin tener que preocuparse por la manutención de una familia.

A finales de 1800 los colonos católicos pasaban semanas, y a veces meses, sin escuchar una misa dominical. Debían aprovechar la presencia de un sacerdote que viajaba de pueblo en pueblo, de una ciudad a otra, deteniéndose en alguna población entre camino, para escuchar confesiones y celebrar la Misa. Los católicos llegaban desde muy lejos, algunas veces caminando y pasando muchos trabajos para poder confesarse y asistir a la Misa.

Los sacerdotes están obligados a actuar como pioneros entre este mundo y el próximo, guiando al rebaño de Cristo hacia el cielo. Para poder mantener toda su atención en su llamado, no pueden quedar implicados en cambios mundanos (o políticos). Esto se aplica especialmente a los sacerdotes misioneros en un país extraño, así como en aquellos países que están pasando por cambios en el gobierno que son a veces hostiles hacia la Iglesia. En estas situaciones, que se han presentado una y otra vez a través de la historia y que se siguen presentando, los sacerdotes que no hayan sido arrestados, encarcelados, ejecutados (martirizados), o comprometidos; pueden optar por esconderse y viajar por el campo y caminos apartados de las ciudades, celebrando la Misa, confesando, bautizando, y demás, en secreto o huyendo como fugitivos.

Durante la Reforma de Inglaterra, se descuartizaban los cuerpos de los sacerdotes, y se ejecutaba a los ciudadanos encontrados culpables de esconder a un sacerdote. Ese fue el destino de Santa Margarita Clitherow, martirizada el 25 de marzo de 1586. Hoy en día Fides, la agencia de noticias de los misioneros del Vaticano, lleva la cuenta de los sacerdotes, junto a los religiosos y los laicos, que son martirizados alrededor del mundo cada año.

La maldad del abuso a menores no hace distinción entre católicos o protestantes, cristianos o judíos, célibes o casados, negros o blancos, jóvenes o viejos. Todos los grupos étnicos, religiosos y raciales han tenidos algunos desviados y pervertidos entre sus miembros. Por eso no tiene sentido asociar exclusivamente al sacerdocio católico y su disciplina de celibato con la pedofilia. Sí, tristemente, algunos sacerdotes y obispos abusaron de niños, y lo más preocupante es que algunos obispos sólo transfirieron a estos degenerados de un lugar a otro en lugar de detenerlos de una vez por todas. Sin embargo, ningún argumento o información creíble o lógica apoya la noción de que el celibato promueve o alienta la mala conducta sexual entre el clero. De ahora en adelante, aquellos que sean culpables deberán y serán expulsados del ministerio activo, suspendidos de sus facultades de ordenación sacerdotal y reportados a las autoridades civiles.

Tierra de ninguna mujer

Con una escasez aparente de sacerdotes y tantas denominaciones protestantes aceptando a mujeres como ministros, algunas personas se preguntan por qué la Iglesia Católica no permite a las mujeres acceder al sacerdocio. En primer lugar *no* es porque las mujeres no estén capacitadas o que de alguna manera no sean merecedoras de este llamado.

Es el *elemento constitutivo* del sacramento del Orden Sagrado —ningún papa, concilio u obispo lo puede cambiar. Lo mismo sucede con el uso del agua para el bautismo y el pan y el vino para la Sagrada Eucaristía. Los elementos de cada sacramento no pueden cambiarse, porque Cristo los estableció. Esta creencia la comparten los Ortodoxos Orientales, quienes tampoco ordenan a mujeres siguiendo la misma razón. No tiene nada que ver con quién lo merece más o quien es más adecuado para el sacramento del Orden, de la misma manera que el no permitir que una persona que no es católica reciba la Sagrada Comunión no tiene nada que ver con juicios morales sobre las personas involucradas. La razón está en la Sagrada Tradición, que se considera de inspiración divina, como la Sagrada Escritura. (Consulta el Capítulo 3 para conocer detalles sobre la Sagrada Tradición.)

La razón por la cual la Iglesia Católica Romana y la Ortodoxa Oriental no pueden ordenar a mujeres —ya sea para el diaconato, sacerdocio o episcopado— se divide en tres:

- La Iglesia no puede cambiar lo que constituye materia válida para cualquiera de los siete sacramentos.
- En la Sagrada Tradición, de casi 2000 años de antigüedad, nunca se ha presentado un caso de mujeres fungiendo como sacerdotes.
- Jesús no ordenó a ninguna mujer, ni las escogió para ser apóstoles —¡aún excluyendo a su madre!

El sacramento del Orden

Ningún papa, obispo o concilio puede cambiar los elementos constitutivos de ninguno de los siete sacramentos, y el sacramento del Orden Sagrado válido requiere de un hombre bautizado, que sea ordenado por un obispo válidamente ordenado. La masculinidad es esencial para el sacramento del Orden, como el pan de trigo y el vino de uva lo son para el sacramento de la Sagrada Eucaristía. Así como el papa no puede cambiar los requisitos de materia válida para la Sagrada Eucaristía, tampoco los puede cambiar para el sacramento del Orden.

La Sagrada Tradición

Tanto la Iglesia Católica como la Ortodoxa creen que la Palabra de Dios revelada nos ha llegado escrita (Sagrada Escritura) y oral (Sagrada Tradición). Cuando la Biblia no lo dice o es ambigua, la Sagrada Tradición llena verdaderamente esos espacios. La Sagrada Tradición muestra que las mujeres nunca fueron ordenadas, y la encíclica del Papa Juan Pablo II, *Ordinatio sacerdotalis* (1994), afirma claramente que las mujeres no pueden ordenarse. (Para mayor información sobre las encíclicas y otros documentos papales, vea el Capítulo 2.)

No se considera un asunto de injusticia, porque tampoco todos los hombres pueden ordenarse. No basta con tener vocación. El obispo local debe llamar al hombre. Ningún hombre puede pedir o esperar la ordenación, porque se trata de un regalo, no un derecho. Veámoslo de esta manera: así como no es injusto para los hombres no poder concebir, tampoco es injusto para las mujeres no poder ordenarse.

Jesús y sus apóstoles

La Iglesia señala el hecho de que Jesús era Dios y hombre. Por toda la eternidad, fue divino con una naturaleza, intelecto y voluntad divinas. Pero también nació de una madre humana y asumió también la naturaleza humana. En su divinidad, Jesús era Dios y espíritu puro, pero en su humanidad era hombre. Su género no fue casualidad, porque la Iglesia es su esposa. Y porque el sacerdote actúa *in persona Christi* (en la persona de Cristo) como un *alter-Christus* (otro Cristo), para después reflejar a Cristo hacia la Iglesia entera cada vez que celebra cualquiera de los sacramentos. La masculinidad de Cristo fue parte de su esencia, y por lo tanto, Jesús sólo llamó a hombres para que fueran sus apóstoles, aunque su madre hubiera sido una mejor candidata. Pero si se ordenara a una mujer, ésta no podría ser esposa de la Iglesia, porque la Iglesia se considera *madre.* Una madre necesita un padre para complementar la ecuación.

El catolicismo considera a Jesús el novio y a la Iglesia, la novia. El sacerdote es otro Cristo que actúa en la persona de Cristo. El sacerdote masculino representa al Cristo masculino, y el sacerdote está en una relación de esposo con la Santa Madre Iglesia. Una mujer sacerdote no cabe en esa tipología

Los papeles cambiantes de la mujer

El rol de las mujeres ha avanzado muchísimo desde el nacimiento de la Iglesia. Aunque no se les puede ordenar como sacerdotes, las mujeres tienen los mismos derechos de ser madrinas en el bautismo y en la confirmación. En el matrimonio se les trata y se consideran cien por ciento iguales que sus esposos. Pueden participar en el consejo de la parroquia y en los comités de finanzas. Pueden ser lectoras en la Misa, *ministros extraordinarios* (seglares que ayudan a los sacerdotes en la Misa para repartir la Sagrada Comunión) cuando se necesita y acomodadoras. Pueden trabajar en la oficina parroquial, enseñar catecismo y otras muchas actividades que también realizan los hombres. Muchas parroquias tienen *asistentes pastorales* mujeres —por lo general monjas o religiosas que ayudan al párroco con varias labores espirituales y pastorales. Además, pueden tener puestos influyentes y de poder incluso en la cancillería diocesana. La Iglesia tiene mujeres que son abogados canónicos, jueces y cónsules en todo el país. La Iglesia ha permitido a los obispos locales y párrocos la opción de aceptar mujeres como acólitos en la Misa. Hoy en día muchas parroquias cuentan con niños y niñas que son acólitos.

Asuntos de Vida o Muerte

La posición de la Iglesia Católica en varios asuntos de vida o muerte —el aborto, la eutanasia, la pena de muerte y la guerra— no siempre tiene el voto popular. Sigue leyendo para enterarte exactamente de qué se trata cada postura y su razón de ser.

El aborto

La Iglesia Católica se opone y condena cualquier tipo de aborto directo. Incluso los embarazos que resultan de violación, incesto y que presentan un peligro para la vida de la madre no son razones para el aborto. Auque la posición católica sobre el aborto le parezca extrema a algunos, coincide de manera consistente y total con la moral católica, basada en la ley moral natural, la Biblia y las enseñanzas oficiales del Magisterio. (Para tener más información sobre la ley moral natural, vea el Capítulo 9; para el Magisterio, Capítulo 2.)

El fin nunca puede justificar los medios. Los católicos creen que hacer el mal de manera voluntaria, consciente y deliberada nunca es justificable —sin importar qué tan buena sea la intención y qué tan noble la causa. Esto es un absoluto moral para los católicos y no puede diluirse o alterarse en lo más mínimo. La Iglesia considera que si incluso en una circunstancia, se permite a alguien hacer el mal voluntaria y concientemente para que de ahí venga algo bueno, entonces la caja de Pandora quedaría abierta para que cualquiera pudiera decir que estaba haciendo un, así llamado, mal necesario para lograr un bien mayor. Por eso la Iglesia enseña que no se puede sacrificar una vida inocente aunque signifique salvar cientos, miles o millones.

La Iglesia Católica ve el aborto como la terminación de una vida, aunque no haya nacida aún, inocente, y por lo tanto, hacerlo es erróneo, pecaminoso e inmoral. Las circunstancias por las que se concibió esa vida son irrelevantes ante la pregunta, “¿Es ésta una persona inocente?”

La Iglesia enseña que la vida humana es creada y comienza en el momento de la concepción. No se está formando un medio humano o un pre humano en el vientre, sino un niño completo que esta vivo y está creciendo, aunque no haya nacido. En el momento de la concepción, cuando el esperma del padre fertiliza el óvulo de la madre, Dios infunde un alma inmortal en este nuevo miembro de la raza humana. Puede ser que el embrión no sobreviva los nueve meses de embarazo, pero la naturaleza —no el hombre— debe decidir cuándo se termina una vida. Hay un ADN humano en el bebé que lo hace distinto de la madre y el padre. Eso significa que quien está en el útero es un ser humano, y nada menos.

Con frecuencia, se dice que la Iglesia Católica opta por la vida del niño sobre la de la madre. Ese no es el caso. La verdadera lección es que se debe proteger cada vida inocente, y acabar con la vida de la madre o del nonato es inmoral.

De modo que si una mujer embarazada tiene un ataque al corazón y necesita cirugía de emergencia, se considera moralmente permisible anestesiarla y operar, aunque es probable que como consecuencia sufra un aborto natural. La diferencia es que su cuerpo es quien rechaza al feto como reacción a las acciones que los doctores están tomando para salvar ambas vidas —la de la mamá y el bebé. Si el bebé muere de manera natural, la Iglesia considera que no se ha cometido ningún pecado. Pero si el doctor o la enfermera matan al bebé directamente, se considera asesinato —tomar una vida inocente.

Igualmente, si una mujer embarazada tiene cáncer de útero y se le tiene que extraer de inmediato o ella y el bebé morirán, se considera moralmente permisible extraerlo siempre y cuando no se mate directamente al nonato. Si el útero está enfermo y amenaza la vida de la mamá, la Iglesia permite que se extraigan tanto el útero como el bebé mientras éste continúe vivo. En este caso, por lo general los bebés son muy pequeños para sobrevivir fuera del útero, incluso con el mejor cuidado prenatal, y el bebé fallece de muerte natural. El pecado del aborto se presenta si el doctor o la enfermera causa la muerte del bebé de manera intencional cuando todavía se encuentra en el útero o al salir. La Iglesia ve una gran diferencia entre causar la muerte y permitir que la muerte siga su proceso natural.

Dejar que la naturaleza tome su curso

Santo Tomás de Aquino definió la vida como actividad espontánea e inherente. Una vez que la fertilización ocurre, el embrión comienza a crecer. Las células se dividen, crecen, se multiplican y siguen un patrón predeterminado, pero el proceso también es independiente hasta cierto grado. Aunque el embrión necesita del útero para sobrevivir, nutrirse y protegerse, el proceso de la división celular, crecimiento y desarrollo suceden dentro del embrión, a partir de una fuerza interna de vida del mismo embrión. El embrión no recibe órdenes del cerebro de la madre. Trabaja según su propio plan e itinerario iniciativo. La mamá tan sólo le da al niño que lleva dentro, el tiempo, lugar y apoyo que necesita para completar el proceso que comenzó en la concepción. Si este proceso interno, espontáneo, automático e independiente se detiene por sí solo, entonces el cuerpo de la madre expulsará por sí mismo al embrión muerto, lo que comúnmente se conoce como aborto natural. Por el contrario, si una fuerza externa detiene intencionalmente el proceso, eso constituye un aborto provocado, que los católicos consideran inmoral, porque es arrebatar intencionalmente una vida inocente.

María estaba soltera y embarazada

El evangelio de San Lucas cuenta la historia del encuentro entre María, la madre de Jesús, y su prima Isabel, la madre de Juan el Bautista. Según San Lucas 1, 26–38, María había recibido la visita del arcángel Gabriel quien le anuncia que va a concebir y a dar a luz a un hijo al que llamará Jesús. Al momento María da su libre consentimiento, "Hágase en mí según tu palabra", el Espíritu Santo desciende sobre ella y en ese momento concibe. Así que María queda embarazada antes de casarse con José. Es por eso que él planea divorciarse discretamente en lugar de acusarla ante la Ley. Erróneamente piensa que María le fue infiel siendo su prometida y habiendo quedado embarazada de otro hombre. En un sueño un ángel dice a José que no tenga miedo y que tome a María como esposa, porque ella concibió por el poder del Espíritu Santo y no a través del contacto sexual con un hombre. Los miedos de José se calman y toma a María como su esposa.

El arcángel también le dice a María que su prima Isabel, que era una anciana, estaba embarazada, por lo que María viajó "de prisa" desde Nazaret a Judea para ayudar a Isabel. Cuando María entra a la casa, Isabel está, como el arcángel le había dicho, en su sexto mes de embarazo, y María que venía de prisa desde Nazaret, sólo tenía unos cuantos días de embarazo.

El Evangelio dice que cuando María entra a la habitación el bebé de Isabel (Juan el Bautista) saltó de gozo en el vientre de su madre, porque sabía que María llevaba en su interior a Jesús. Así que en la Biblia, un bebé de seis meses de gestación reconoce la presencia de un niño que tiene de 2 a 3 días de concebido. No es tejido inanimado lo que se mueve dentro de Isabel y no es sólo una masa de protoplasma lo que excita a Juan el Bautista. No se trata solamente de dos madres embarazadas —una de seis meses y otra con tan sólo unos días— que se saludan, sino que los hijos que van a nacer también están vivos y son partícipes del evento. Juan desde el seno de su madre anuncia la llegada de Jesús que tampoco ha nacido.

Lo mismo se aplica para los embarazos ectópicos. Esta condición patológica puede requerir la extracción inmediata de la trompa de Falopio aunque el embrión esté unido o incrustado. Mientras no se mate al nonato de manera directa, la Iglesia no considera que este procedimiento sea un aborto.

Matar un embrión mientras esté en el útero o sacar un feto no desarrollado del útero con la intención y el propósito de terminar con su vida es un aborto. Tratar una condición patológica que amenaza la vida de la madre con el resultado indirecto de que el nonato muera de manera natural se considera una tragedia pero no un aborto. Así que no es cuestión de quién vive o quién muere. No es una batalla de la madre contra el hijo.

Incluso la tragedia de la violación y el incesto no se consideran causa para matar una vida inocente que no ha nacido. Si es posible, la mujer —a quien también se le considera una víctima inocente— puede obtener tratamiento tan rápido como sea posible para tratar de *prevenir* que ocurra la concepción inmediatamente después de la violación o el incesto. Teólogos morales y doctores opinan que se lleva de varias horas a un día para que el esperma alcance el óvulo, así que la Iglesia permite que la víctima de una violación tome un anticonceptivo *sólo* si la ovulación o la concepción no se ha dado *y* la droga que se le dé no sea un *abortivo* —un llamado anticonceptivo que no previene la fertilización y la concepción sino que remueve, destruye o previene la implantación del embrión. Si pasa mucho tiempo, por lo general más de 24 horas, se puede producir la concepción por lo que cualquier procedimiento o tratamiento para expulsar el embrión humano no desarrollado es un aborto. La posición de la Iglesia es que aunque la mujer es una víctima inocente de un horrible mal, el nonato también es una víctima inocente. No importa cuáles sean las circunstancias que llevaron a la concepción, una vez concebido, el niño tiene un alma inmortal y tiene tanto derecho de vivir como la madre. En los Estados Unidos el 98 por ciento de los abortos no tienen nada que ver con violación ni incesto y en casi todo el mundo la gran mayoría de abortos no es por causa de violaciones.

La eutanasia

Los mismos principios usados para condenar el aborto se usan para condenar la eutanasia. El catolicismo considera que la vida es sagrada y el arrebatar una vida inocente es inmoral y pecaminoso.

La Iglesia considera que nadie necesita o debe sufrir una muerte larga y dolorosa, y que a los enfermos se les debe de tratar y a los moribundos confortar. Los que están muriendo y aquellos que sufren un dolor inmenso a causa de una enfermedad o por una herida, pueden y deben tomar tantas medicinas para combatirlo como puedan tolerar, siempre y cuando éstas no produzcan la muerte. La medicina moderna ha creado un mundo de sustancias químicas para disminuir e incluso acabar con el dolor, aunque esto signifique que el paciente quede inconsciente. Por ejemplo, está permitido dar morfina a una persona y es alentado, aunque la dosis no puede ser lo suficientemente fuerte para ser la causa directa de la muerte.

La Iglesia hace distinciones entre dos tipos de eutanasia:

- **Activa:** Cualquier procedimiento o tratamiento que sea la causa directa de la muerte de un paciente. Ejemplos de esto sería aplicar una inyección letal o dar de beber veneno. Este tipo de eutanasia siempre es considerada inmoral y pecaminosa porque toma, directamente, una vida inocente. El razonamiento es que como el fin no justifica los medios, causar la muerte de alguien —incluso de alguien que amas y detestas ver sufrir— es inmoral. Es mejor asegurarse que esté lo más cómodo posible, darle medicinas para el dolor, agua, oxígeno y nutrición.
- **Pasiva:** Negar intencionalmente un tratamiento de vida artificial. Si el tratamiento está manteniendo la vida y cortarlo significa terminar con esa vida, entonces hacerlo se considera eutanasia pasiva. Por ejemplo, apagar el respirador de un paciente cuyos pulmones no funcionan por

si solos es eutanasia pasiva. Otro ejemplo es omitir una medicina necesaria para mantener la vida —como no dar insulina a un diabético. La eutanasia pasiva, al igual que la activa, es inmoral y pecaminosa porque su objetivo principal es la muerte de una persona inocente, aunque los medios sean diferentes. En la activa uno causa la muerte al hacer algo directo para acelerarla. En la pasiva, al no hacer lo necesario para preservar o mantener la vida.

La Iglesia también distingue la eutanasia pasiva directa de la indirecta:

- **Pasiva directa:** Causar la muerte intencionalmente al retirar un medicamento o un procedimiento, o detener uno que ya había comenzado. Este tipo siempre es inmoral.
- **Pasiva indirecta:** Suspender un tratamiento o medicamento, que podría causar la muerte, pero sin ser ella lo que se busque o desee. Este tipo no se considera inmoral. Por ejemplo, un hombre diabético, de edad avanzada, que está muriendo de cáncer puede negarse a recibir inyecciones de insulina, siempre que su proceso de muerte ya haya empezado y vaya a morir de cáncer o de complicaciones relacionadas con esta enfermedad, mucho antes de lo que moriría por la diabetes. Una persona puede negarse a recibir un medicamento o tratamiento siempre y cuando la falta de éste no sea la causa directa de la muerte. Digamos, por ejemplo, que una persona de 98 años de muy mala salud que está en un asilo confinada a la cama, tiene cáncer y está muriendo (sus órganos han comenzado a fallar de uno en uno). Se considera moralmente permisible tener instrucciones De No Resucitación (DNR) en su expediente en caso de que el paciente tenga un ataque cardiaco, porque sería inútil practicar reanimación cardio pulmonar (RCP), ya que sólo prologaría la muerte por cáncer. El *Catecismo de la Iglesia Católica* clarifica los casos en que un tratamiento médico puede rechazarse o detenerse: "Descontinuar procedimientos médicos que son pesados, peligrosos, extraordinarios o desproporcionados para el resultado esperado puede ser lícito; se trata del rechazo de un tratamiento 'exagerado'. En este caso no se intenta causar la muerte; la incapacidad de detenerla es simplemente aceptada" (2278).

La pena de muerte

El *Catecismo de la Iglesia Católica* dice, "La enseñanza tradicional de la Iglesia no excluye el recurso de la pena de muerte, *si esta es la única forma posible de* defender de manera efectiva vidas humanas contra el *agresor injusto"* (2267). Esto asume que se haya establecido firmemente la verdadera identidad y culpabilidad del culpable. Pero la pena de muerte no es un derecho absoluto del estado, como sería en el caso de defender el derecho a la vida del inocente. En ese caso, siempre es inmoral quitar intencionalmente la vida de una persona inocente, como en el caso del aborto y la eutanasia. El papa claramente lo dice en su carta encíclica *Evangelium Vitae* (el evangelio de la vida): “Por lo tanto, por la autoridad que Cristo confirió a Pedro y a sus sucesores (. . .) confirmo que *el asesinato directo y voluntario de un ser humano inocente siempre es gravemente inmoral”* (57).

¿Si nunca se puede matar intencionalmente al inocente, entonces qué sucede con el culpable? El catecismo y el Papa, citando a Santo Tomás de Aquino, afirman que la defensa legítima no sólo es un *derecho,* sino puede ser hasta un *deber* para alguien que es responsable de la vida de otro. Tristemente, algunas veces, la única forma de evitar que un agresor injusto cause daño, involucra el uso de fuerza letal, como la usaría un policía en la línea del deber o un soldado en tiempo de guerra. Pero la restricción clave, según el catecismo, es que “si son suficientes los métodos no letales para defender y proteger la seguridad de la gente de un agresor, la autoridad se limitará a dichos métodos”.

¿Qué significa todo esto? Es una enseñanza consistente de la Iglesia que el estado *posee* el derecho de imponer la pena de muerte, pero este derecho no tiene un *uso* ilimitado y sin restricción. Según el catecismo, como el estado puede prevenir un crimen de manera eficaz, deteniendo al perpetrador sin el uso de la fuerza letal, “los casos en que la ejecución del ofensor es absolutamente necesaria son muy raros, si no es que prácticamente inexistentes”. Esta severa restricción en el uso de la pena de muerte tiene su origen en el hecho de que el objetivo del castigo no es la venganza, sino la restauración de la justicia, refrenamiento y posible rehabilitación. La conversión del criminal es un aspecto que pocas veces se aborda en el debate sobre la pena de muerte.

¿Qué hay de los terroristas? Existen suficientes pruebas, argumentos y razonamientos lógicos que dicen que pueden invocarse las reglas de una guerra justa. (La doctrina de la guerra justa se discute en la siguiente sección). Esto significa que podría juzgarse a los terroristas en una corte militar como combatientes enemigos. El razonamiento es que un terrorista está en guerra con los civiles (y en muchos casos) la población no combatiente. Así que aquellos que planearon y ejecutaron los ataques del 11 de septiembre del 2001, no sólo eran criminales —eran criminales de guerra.

La doctrina de la guerra justa

El catolicismo tiene tradición de discernir una teoría de guerra justa, que dice que siendo justo, el estado tiene el derecho de emprender una guerra — de la misma forma que tiene el derecho de usar la pena capital. Sin embargo, como con la pena capital, el derecho de emprender la guerra no es absoluto.

Santo Tomás de Aquino (1226–1274) desarrolló una teoría de San Agustín (354–430) en lo que hoy se conoce como la teoría de la guerra justa. (Para tener más información sobre Santo Tomás de Aquino, vea los Capítulos 3, 8 y 14; para San Agustín, Capítulos 3 y 15). Su base es la ley moral natural, e incorpora una evaluación moral antes de ir a la guerra (las razones para ésta) y durante ésta (los medios usados). Todo lo que lleva a la guerra y todos los actos durante la misma deben de cumplir con los criterios establecidos, debido a la seriedad de las acciones. De lo contrario se considera que es una guerra inmoral. La posición de la Iglesia es que en teoría hay ocasiones en que la guerra se justifica y puede emprenderse una guerra justa. La Iglesia considera que a través de la historia algunas guerras fueron moralmente correctas y que muchas pudieron y debieron de evitarse.

Pensamos que es más exacto llamar a la teoría de la guerra justa, la *doctrina de la guerra justa,* dado que las teorías son ideas no comprobadas. La doctrina usa la ley moral natural como una prueba litmus (o decisiva ideológica), para que sus premisas y conclusiones sean sólidas y moralmente obligatorias. La doctrina de la guerra justa puede desglosarse en dos componentes: *jus ad bellum* (del latín *derecho a la guerra* o razones morales que justifican que un país vaya a la guerra) y *jus in bello* (del latín *actuar justamente en la guerra* o la conducta moral durante la guerra). Estos dos componentes incluyen lo siguiente:

Antes de la guerra:

- Causa justa (*jus ad bellum*)
- Autoridad competente (*jus ad bellum*)
- Justicia comparativa (*jus ad bellum*)
- Intención correcta (*jus ad bellum*)
- Ultimo recurso (*jus ad bellum*)
- Probabilidad de éxito (*jus ad bellum*)
- Proporcionalidad (*jus ad bellum*)

Durante la guerra:

- Proporcionalidad (*jus in bello*)
- Discriminación de los no combatientes (*jus in bello*)

Tener causa justa (antes de la guerra)

Para que una guerra sea moralmente permisible las razones para ir a la guerra tienen que ser moralmente correctas. Un ejemplo de causa justa es repeler fuerzas enemigas invasoras, que se consideran son agresores injustos. El ataque del Imperio Japonés a Pearl Harbor fue razón suficiente para ir a la guerra porque el enemigo estaba en el proceso de atacar a los Estados Unidos.

Otra causa justa y moral para ir a la guerra es rescatar o ayudar a un aliado atacado por un agresor injusto, tal como hizo Gran Bretaña en la Segunda Guerra Mundial cuando la Alemania Nazi invadió Polonia. Expulsar o repeler a un agresor invasor es razón suficiente para ir a la guerra. Sin embargo, ganar nuevos territorios o superioridad política o financiera no son buenas razones.

Las causas justas para la guerra son razones moralmente aceptables para usar como último recurso con el fin de terminar un conflicto. Eso significa que ya se intentaron medidas alternativas que fallaron. El más importante de los intentos de soluciones pacíficas es la diplomacia. Presión política y económica para prevenir o evitar la guerra es preferible en tanto no se sacrifiquen los derechos humanos como consecuencia de los acuerdos hechos entre las naciones.

La Iglesia piensa que se justifica ir a la guerra cuando se toman rehenes, se toman propiedades, se ocupan territorios o se atacan o invaden a países aliados. Defender o proteger vidas y territorio se considera una causa justa. Pero la agresión, venganza o ganancia económica, política o territorial, son consideradas una causa inmoral o injusta.

Autoridad competente (antes de la guerra)

Moralmente hablando, sólo líderes legítimos, auténticos y autorizados pueden declarar e involucrar a la nación en una guerra. Ciudadanos privados, corporaciones, grupos con intereses especiales, asociaciones, partidos políticos y demás, no tienen autoridad moral para declarar la guerra. Sólo presidentes y congresos, primeros ministros y parlamentos, reyes y reinas — aquellos con poder ejecutivo— tienen la capacidad para llevar a la nación entera a la guerra. Los medios informativos y de prensa pueden cubrir la guerra, pero ellos no la declaran. Y ellos no demandan la paz o hacen que las autoridades firmen tratados. Soldados, marineros, almirantes o generales, tampoco tienen autoridad para declarar la guerra.

Justicia comparativa (antes de la guerra)

¿Son lo suficientemente obvios los valores en riesgo que justifican la pérdida de vidas, las heridas de los demás, el riesgo de víctimas inocentes y el daño a propiedades?

Intenciones correctas (antes de la guerra)

Razones moralmente aceptables para ir a la guerra son causa justa, como el detener a un agresor injusto o el objetivo de renovar la paz, más que buscar venganza, represalias o la destrucción total del enemigo (sin ninguna posibilidad de rendirse).

Ultimo recurso (antes de la guerra)

Moralmente hablando, deben de agotarse todas las alternativas viables antes de acudir a la guerra Esto incluye, pero no está limitado, al diálogo diplomático y el debate, cuarentena, bloqueo, sanciones económicas, negociaciones, mediación, arbitraje, presión política y pública y advertencias suficientes. Ir a la guerra no debe ser el primer paso, sino el último. Deben de hacerse todos los intentos de paz. Sin embargo, un país no puede dar tiempo a un agresor injusto, que ha invadido, para que lo vuelva a hacer.

Probabilidad de éxito (antes de la guerra)

Una guerra justa exige que la esperanza de ganar la guerra sea razonable. Pelear sólo para probar algo o por defender el honor cuando las fuerzas enemigas son considerablemente superiores en número, armamento o recursos, es tonto. Sacrificar tropas y poner en peligro a los ciudadanos sin necesidad es irresponsable. La política de destrucción mutua asegurada (MAD, por sus siglas en inglés) de la antigua Unión de Repúblicas Socialistas Soviéticas y los Estados Unidos durante la guerra fría, no tenía probabilidad alguna de éxito porque la meta y el objetivo era la destrucción total del enemigo, sabiendo que éste tenía las mismas capacidades, por lo que no habría ni vencedores ni sobrevivientes.

Proporcionalidad (antes de la guerra)

Los males y sufrimientos que resultan de una guerra deben ser proporcionalmente menores de los que hubieran habido de no presentarse el conflicto. Si mayor miseria va a resultar por ir a la guerra, la elección moral es esperar, considerar o usar otros medios. Parte de la proporcionalidad incluye las consecuencias y el costo de la guerra —en vidas, heridas, daño a propiedades y consecuencias económicas.

Proporcionalidad (durante la guerra)

Una guerra justa utiliza medios morales durante la ejecución de la misma. Las armas biológicas son consideradas inmorales porque dañan de manera desproporcionada a más personas y con más severidad de la necesaria para la victoria. Más aún, las armas biológicas y de gérmenes de destrucción masivas son intrínsecamente malas, porque hay muy poco control sobre la posibilidad de dañar a no combatientes inocentes. Las armas de táctica nuclear sólo son permisibles si se usan como un último recurso y no existen otros medios para detener al agresor, así como cuando hay la suficiente exactitud y control para apuntar sólo a lugares permitidos. Primero deben de usarse armas, tropas y tácticas convencionales.

Discriminación de los no combatientes (durante la guerra)

El último criterio para una guerra justa es que el daño colateral deberá mantenerse al mínimo. Los blancos militares y estratégicos son los únicos lugares permitidos para un ataque. Centros de población civil y cualquier lugar donde vivan no combatientes no puede ser un blanco. El bombardeo terrorista de civiles, por ejemplo, es inmoral.

La antigua distinción entre *militares* y *civiles* ya no aplica, porque no todos los combatientes usan uniformes. El método de guerra de guerrilla que usa tanto fuerzas militares como civiles es muy común, por lo que ahora la distinción es entre *combatientes* (aquellos que llevan y usan armas de fuego o de cualquier otro tipo) y los *no combatientes* (aquellos que no llevan armas).

Planificar Tu Familia Naturalmente

El catolicismo *no enseña* que las mujeres deban tener cuántos hijos sea biológicamente posible. Las mujeres no son fábricas de bebés. Entonces, ¿por qué la Iglesia se opone a los métodos anticonceptivos artificiales? Sigue leyendo para tener una idea del razonamiento de la Iglesia y para saber lo que la Iglesia considera como una alternativa moralmente permisible —la planificación familiar natural (PFN).

Los argumentos morales contra los anticonceptivos artificiales

El Papa Pablo VI presentó su encíclica *Humanae vitae* (1968), en la que articula y reitera la oposición moral de la Iglesia al uso de la anticoncepción artificial. La Iglesia Católica siempre ha dicho que la anticoncepción artificial es inmoral. De hecho, hasta 1930, todas las denominaciones cristianas en el mundo —protestante, católica y Ortodoxa— consideraban que la anticoncepción artificial era un pecado. Sin embargo la conferencia anglicana de Lambeth en 1930 permitió la anticoncepción en casos limitados. Poco tiempo después la mayoría de las Iglesias protestantes siguieron esta línea. Hoy en día el catolicismo y unas cuantas Iglesias evangélicas y fundamentalistas todavía mantienen que el uso de la anticoncepción artificial no es parte del plan de Dios.

Para la Iglesia, el peor aspecto de las pastillas anticonceptivas es que muchas de ellas no son verdaderos anticonceptivos; no evitan la fertilización producida entre el esperma y el óvulo. En su lugar, funcionan como *abortivos,* causando que el útero expulse el óvulo fecundado que, de acuerdo con el catolicismo, ya es un embrión y una persona humana. Muchas mujeres creen que sus pastillas son anticonceptivas cuando en realidad son abortivas.

La Iglesia también dice que la anticoncepción artificial es moralmente incorrecta porque divide y separa lo que Dios había dispuesto que siempre estuviera unido. Moralmente todos y cada uno de los actos sexuales sólo pueden suceder entre marido y mujer *y deben estar dirigidos hacia dos objetivos*: el amor y la vida, es decir, la unión íntima entre hombre y mujer (amor) y la posibilidad de procrear otro ser humano (vida). El amor conyugal del matrimonio —la intimidad entre esposo y esposa— es la unión más profunda en la tierra a nivel natural. La unión física de cuerpos en el sexo matrimonial representa la realidad espiritual de dos haciéndose una sola carne, pero esa unión también debe mantenerse abierta a la vida. La concepción y el embarazo no tienen que presentarse cada vez, pero ninguna barrera hecha por el hombre debe de evitar lo que Dios planeó que ocurriera. Por ejemplo, si una mujer de edad madura, que ya pasó por la menopausia y perdió la habilidad natural de embarazarse, se casa su matrimonio es tan válido a los ojos de Dios como el de aquellos que son jóvenes para concebir.

El amor y el matrimonio caminan juntos

Los esposos y esposas católicos deben darse atención mutua, mostrarse consideración y verdadero amor cristiano y caridad en todos los aspectos de la vida que comparten, incluyendo la posibilidad de los hijos. La Iglesia Católica sostiene que el sexo no es un derecho absoluto, sino un regalo y un privilegio que debe usarse correctamente. Ni la esposa ni el esposo católico puede exigir sexo del otro, pero ambos tienen derecho a una intimidad regular a menos que una enfermedad, mal u otro obstáculo importante lo impidan.

El sexo con anticonceptivos artificiales, por otro lado, niega a la pareja otra oportunidad de mostrar su amor y extenderlo a la posibilidad de otro ser humano. ¿Quienes podrían ser mejores padres que un esposo y una esposa que han aprendido cómo amar?

El reto es acabar con la confianza en los recursos médicos fáciles y confiar que Dios les mandará sólo los hijos que la pareja pueda mantener. Una pareja que pueda aceptar este reto debe tener fe, y la fe y la confianza que tienen en Dios debe ser comunicada mutuamente y a ambos y a los hijos. Sin la fe y la confianza que las parejas deben construir para mantener un matrimonio unido éste puede derrumbarse. Con métodos anticonceptivos artificiales y sin la preocupación sobre la posibilidad de un embarazo, los esposos podrían ser infieles sin tantos problemas. Por otro lado la posibilidad del embarazo lleva a que muchos esposos sean más cuidadosos y tiendan menos a tratar a la esposa como un simple objeto sexual. ¿Acaso es un accidente que el aumento en el uso de anticonceptivos artificiales haya coincidido con el aumento en la tasa de divorcios, infidelidad y enfermedades venéreas?

Las consecuencias de usar anticonceptivos artificiales no están confinadas a las parejas y familias; los resultados se extienden hacia la sociedad en común. Hasta 1930 todo el mundo en los Estados Unidos asumía que la población de gente joven rebasaría a la vieja y que una abundancia de trabajadores jóvenes continuaría apoyando al gobierno y a las instituciones, como el seguro social, lo suficiente como para encargarse de la gente mayor cuando se retirara y necesitara cuidado. Pero la balanza se invirtió. El porcentaje de gente mayor en la población total ha aumentado debido al continuo avance de la tecnología médica; y debido al sexo anticonceptivo y al aborto, el porcentaje de la población joven ha disminuido. Estos efectos combinados han llevado a la preocupación económica de que la población joven, menor en número, tiene menos recursos y la gente mayor, más necesidades. Según las Naciones Unidas, la tasa de natalidad de las naciones industrializadas del primer mundo ha disminuido tan rápido que una nación europea ha alcanzado un valor mínimo de 1.2 niños por familia. Esto no es suficiente para reemplazar a la generación actual.

Cuando el amor y la vida —unidad y procreación— se separan, entonces el sexo se vuelve un fin en si mismo, más que un medio hacia un fin. La anticoncepción hace del sexo un acto de recreo, y el quitar lo que algunos pueden percibir como “el peligro” de un embarazo significa que las parejas ya no necesitan comunicarse sobre, cuándo sí y cuándo no tener relaciones y si quieren o pueden (económicamente) tener a otro hijo. Sin embargo, al matrimonio lo fortalece la comunicación y consideración que se necesita ante la posibilidad de tener a un hijo. Sin esa necesidad de consideración, comunicación y cooperación, los lazos que los unen pueden debilitarse o no ser aprovechados en todo su potencial.

Ya sea mediante la pastilla, un condón, un dispositivo intrauterino (DIU) o una esponja, cualquier método artificial de anticoncepción se considera inmoral, porque la Iglesia considera que separa lo que Dios quiso unido y puede frustrar el plan divino de traer una nueva vida al mundo.

La alternativa natural a la anticoncepción

La Iglesia Católica permite y alienta a las parejas casadas a espaciar los nacimientos y planear qué tan grande o pequeña será su familia. ¿Pero si la anticoncepción artificial no está permitida, qué es lo que se usa? Definitivamente no es el método, arcaico y para nada confiable, del ritmo. Eso no es lo que la Iglesia quiere decir con planificación familiar natural (PFN).

Como no hay dos mujeres exactamente iguales tampoco hay ciclos menstruales iguales. Pero la ciencia muestra que las mujeres tienen más días infértiles que fértiles durante el mes. Cada mujer tiene un ciclo único en el que pasa de producir óvulos a ser infértil y viceversa. Usando la ciencia natural — tomando la temperatura del cuerpo, monitoreando los fluidos corporales y haciendo algunos cálculos— una mujer puede determinar con el 95 por ciento de exactitud cuándo tener relaciones y cuándo no para evitar un embarazo.

A diferencia de los métodos artificiales que requieren de la inserción de objetos extraños en el cuerpo de la mujer, la PFN es un método completamente natural, orgánico y 100 por ciento seguro, sin reacciones químicas secundarias, complicaciones tóxicas o retiros del mercado por defectos. Además requiere de un trabajo de equipo. Cuando se usan las pastillas o el condón, es una sola persona la que toma la responsabilidad de espaciar los nacimientos y regular la concepción. Pero son *ambos* esposos los que practican PFN. Esto tiene sentido para la Iglesia, porque *ambos* contraen matrimonio el día de la boda, y *ambos* están involucrados cuando llega el bebé.

Cuando se practica de manera correcta, PFN es tan efectivo como cualquier método de control natal. No es difícil de aprender. La Madre Teresa enseñó a mujeres hindis iletradas de las calles de Calcuta cómo usar PFN de manera efectiva. Por otro lado no se necesita una receta y no hay aparatos caros involucrados, lo que ayuda al presupuesto. Por otro lado, las pastillas anticonceptivas son productos que se compran y se venden para obtener una ganancia. Las compañías farmacéuticas también tienen un interés de por medio.

Una mujer es fértil durante aproximadamente siete a diez días por ciclo e infértil el resto del tiempo. Durante esos períodos de fertilidad una pareja que busca espaciar su familia debe abstenerse de tener relaciones sexuales.

Para mayor información sobre este tema, consulta la Liga de Pareja a Pareja, cuyo sitio de Internet es www.planificacionfamiliar.net. Esta organización no lucrativa, de personas de distintas religiones, enseña el método PFN.

La Iglesia Católica piensa que esta época reta a la pareja a ser romántica sin ser sexual. Con mucha frecuencia, nuestra cultura y sociedad han unido esas dos expresiones de manera exclusiva para que la gente piense que no se puede ser romántico sin terminar en la cama. Sin embargo, los hombres todavía cortejan a la mujer antes de casarse. El cortejo significa ser afectivo, romántico y cariñoso sin tener relaciones sexuales, porque para esto se debe esperar a la noche de bodas. La Iglesia dice que el breve período de abstinencia que observan aquellos que practican PFN permite que los esposos se vean como algo más que objetos de deseo y los alienta a ser unidos, románticos y cariñosos el uno con el otro en formas que nos son sexuales. Ello demuestra que se puede ser romántico sin ser sexual.

¿Qué pasa cuando no se puede concebir naturalmente?

¿Qué pasa cuando estamos del otro lado? ¿Qué tal si un hombre y una mujer están usando el método de planificación familiar natural (PFN) para tener un bebé y descubren que no pueden concebir? La infertilidad es una de las cruces más dolorosas y agonizantes que algunas parejas deben llevar. Así como el sexo anticonceptivo es inmoral, porque divide el amor y la vida (unidad y procreación), también, la concepción fuera de la unión sexual normal se considera inmoral. La Iglesia enseña que los fines no justifican los medios, por lo que jamás pueden usarse medios inmorales, incluso para promover el nacimiento de otro ser humano, en el caso de dos padres amorosos que quieren con desesperación un hijo. Los hijos son un regalo de Dios y no un derecho absoluto que se exige. Deben de utilizarse métodos morales cuando parejas de casados tienen relaciones y cuando quieren tener hijos.

Dicho esto, las drogas de fertilidad no están prohibidas como tal, pero la advertencia es que con frecuencia provocan concepciones múltiples, que entonces llevan a algunos médicos a creerse Dios y decir a la madre, "Es poco probable que todos sobrevivan, así que eliminemos los que tengan menos probabilidades de sobrevivir para aumentar las probabilidades de los demás". Llevándose a cabo un aborto selectivo. Matar a uno para salvar a dos, tres o más. Para la Iglesia el fin no justifica los medios. Nunca se puede hacer un mal conciente, voluntaria e intencionalmente sin importar qué tan bueno y maravilloso sea el resultado final.

A pesar de la tristeza de la infertilidad, la Iglesia Católica mantiene que la ciencia moderna no ofrece soluciones morales —sólo alternativas inmorales. Las relaciones sexuales naturales entre marido y mujer son el único medio moral aceptable para concebir y tener hijos.

Cuando la concepción sucede de manera artificial, la Iglesia argumenta que no está en el plan de Dios, que sucede naturalmente (en la naturaleza en lugar de hecho por el hombre). Por lo tanto, los siguientes métodos para la creación de vida nueva de manera artificial se consideran inmorales:

- **Inseminación artificial (IAH):** El esperma del esposo se inserta en la esposa con un instrumento. Y por lo general, debido a que el conteo de esperma es bajo, algo del esperma del esposo se combina con esperma de un donador. La mezcla se utiliza, pero como sólo se necesita un esperma para fertilizar al óvulo, es posible que alguien más sea el padre genético del niño.
- **Fecundación in vitro (FIV) y transferencia de embriones (TE):** Con la fecundación in vitro, varios óvulos son fertilizados con suficiente esperma en un tubo de ensayo o en una placa de Petri. Cada óvulo fertilizado se convierte en un embrión —una persona humana con un alma inmortal. La clínica escoge el mejor o los mejores embriones y transfieren uno o más al útero de la madre descartando el resto, lo que el catolicismo considera un aborto. La Iglesia considera que en el momento de la fecundación, se crea un ser humano y que congelar o descartar a una persona —sin importar qué tan pequeña y desarrollada sea— es gravemente inmoral.
- **Donador de esperma y donador de óvulos:** Están prohibidos porque, una vez más, se utilizan métodos artificiales para lograr la concepción y aún más importante, uno de los esposos está completamente ausente del acto de la procreación ya que es el óvulo o esperma de otra persona el que se usa involucrando a una tercera persona en el nacimiento. El donador no está casado con los esposos, y sin embargo él o ella van a crear genéticamente una nueva persona humana con uno de ellos. Esta es la misma razón por la que los bancos de esperma y las madres sustitutas también se consideran inmorales, porque literalmente excluyen al esposo o a la esposa en el mismo acto de la procreación. Además, las clínicas fertilizan más óvulos de lo necesario y luego seleccionan a los embriones buenos de aquellos que no lo son tanto. Sin embargo los embriones que son descartados también son seres humanos.
- **La clonación humana:** Intenta replicar más que procrear. Usando material genético del padre o la madre, se le extrae el ADN a un óvulo sano, para poner el de otra persona. La clonación humana es un intento de jugar a ser Dios —como si un simple mortal pudiera crear vida, y el catolicismo enseña que es peligroso e incorrecto.

Parte IV

Viviendo el Catolicismo por Medio de una Vida Devota

En esta parte . . .

Les presentamos lo que significa manifestar externamente la fe y la moral, más allá de la Misa, y así entender el lugar de las devociones católicas. Las novenas, las letanías, la devoción a la Virgen María y las peticiones a San Antonio cuando se te pierden las llaves del vehículo: todas estas son ejemplos de devociones. También verás la manera de proceder de la Iglesia Católica para reconocer a un santo. Descubrirás algunas de las grandiosas tradiciones Católicas —la adoración de Jesús en la Santa Eucaristía, el uso del agua bendita y las velas benditas, así como el formar parte de una procesión religiosa.

Capítulo 13

Mostrar Tu Amor a Dios

En Este Capítulo

- Rezar más que el mínimo requerido a la semana
- Escoger tus letanías
- A rezar el rosario
- Un vistazo a las devociones católicas más populares

La Misa es la forma central y fundamental del culto católico. Es la actualización de la Última Cena, el Calvario y la Resurrección; se adora a Dios, se leen las Sagradas Escrituras y se ofrecen oraciones en adoración, acción de gracias, arrepentimiento y petición. La Misa no sólo tiene lugar los domingos. Todos los días en todo el mundo se celebra la Misa en algún lugar, en alguna iglesia Católica. (Vea el Capítulo 8 para mayor información sobre la Misa).

¿Se necesita algo más? ¿Qué todo esto no es suficiente? La respuesta es sí; es suficiente porque los católicos creen que el mismo Cristo instituyó la Misa. En adición, las devociones son una manera de expresar el amor personal por Dios.

Ya sea que se realicen devociones en lo privado en casa, en un grupo pequeño o en la iglesia, los católicos creen que éstas son como vitaminas espirituales para complementar la forma primaria y principal de comunicación divina — la Misa. Este capítulo explica cómo los católicos muestran su amor a Dios a través de las devociones.

Las devociones son opcionales —los católicos pueden tomarlas o dejarlas— pero asistir a la Misa en domingo o la tarde del sábado es obligatorio. Es decir, dejar de ir a misa el domingo, sin una excusa legítima, es un pecado grave.

Ir Más Allá de la Obligación Básica

Las *devociones* son la gran variedad de oraciones, largas y cortas, como el Rosario y las novenas, así como las diferentes prácticas religiosas que tienen los católicos, como las peregrinaciones y los retiros. Las devociones son menos oficiales que la Misa y existen en gran variedad para que los individuos puedan encontrar las que mejor se adapten a su vida personal y espiritual.

Así como algunas personas piensan que el Concilio Vaticano II (consulta el Capítulo 8) acabó con el latín (que no fue así), otras piensan que acabó o desaprobó las devociones. No es verdad. El Vaticano II no desechó a las devociones. Lo que dijo fue que la separación entre la Sagrada Liturgia —la Misa— y todas las formas de devoción, pública y privada, debía ser muy clara y específica. Nada de mezclar y combinar. El Papa Pablo VI escribió en su encíclica *Marialis cultus* (1974), sobre la devoción a María, que "Es un error recitar el Rosario durante la Misa, aunque desafortunadamente esta práctica todavía persiste aquí y allá". Pero rezar el Rosario antes de la Misa como preparación o después de la Misa como acción de gracias se permite y se alienta. De igual manera, El Vía Crucis, una devoción tradicional de la Cuaresma, nunca debe celebrarse durante la adoración del Santísimo Sacramento o dentro de la Misa, pero puede ser rezado antes o después de la misma. La Adoración al Santísimo Sacramento debe ser hecha fuera de la Misa para poder diferenciarlos. La devoción a la Virgen María y a los santos también está subordinada y es auxiliar de la Misa. (Consulta las secciones "El Vía Crucis" y "Rezar el Rosario" más adelante en este capítulo). Por supuesto muchas Misas honran a la Virgen María y a los santos. Aunque los nombres de María y de los santos se mencionan en la Misa, tal como en la Oración Eucarística (Consulta el Capítulo 8), ellos son, con todo, secundarios. Las referencias a Dios son primarias. María y los santos son honrados pero sólo Dios es alabado y adorado.

Como las devociones no son liturgia *verdadera,* hay una gran variedad para escoger. No sólo son opcionales, sino que por la manera en que están hechas, resultan adaptables para acomodarse a las necesidades de la gente.

Las devociones pueden ser rezadas de manera individual o grupal y por lo general, pero no exclusivamente, en la iglesia. Se practican fuera de la Sagrada Liturgia —en otras palabras, no durante la Misa, con excepción de la Letanía de los Santos en ocasiones especiales. Sin embargo, pueden decirse en un lugar público, como un cementerio o en una reunión de oración.

Recorriendo la Gama de Devociones

Para estar cerca de Dios, los católicos utilizan una gran variedad de devociones. En esta sección cubrimos algunas de las más populares.

Novenas (nueve días de oración)

Una *novena* (del latín *novem,* que significa *nueve*) es una oración tradicional que se dice durante nueve días consecutivos. La práctica está basada en el concepto de que desde el día de la Ascensión de Cristo al cielo, 40 días después de Pascua, hasta la venida del Espíritu Santo en Pentecostés —50 días después de Pascua, pasaron nueve días. Se presume que los apóstoles, según Hechos 1, 14 – 2, 1–4, acompañados de María, rezaron durante esos nueve días en la sala superior o cenáculo, donde tuvo lugar la Última Cena. La Iglesia considera ese acontecimiento la primera novena.

¿No es cristiana la intercesión de los santos?

Con frecuencia los no-católicos dicen que la idea de la intercesión de los santos no es cristiana, porque sólo Cristo debería ser nuestro mediador. La respuesta católica es que la intercesión no es mediación.

Los católicos creen que sólo Cristo tenía una naturaleza divina completa y con sabiduría y voluntad divina; así como una naturaleza humana completa con sabiduría y voluntad humana unidas en su divina persona. Por lo que los católicos creen que él es el único y el mejor mediador entre Dios y los hombres, entre el cielo y la tierra.

Los católicos creen que la intercesión es subordinada y opcional. Los seres humanos necesitan que Cristo sea su mediador, pero la intercesión de María y los santos no es por necesidad. Sin embargo, su ayuda es parte del plan de Dios. Pero la intercesión, el que alguien pida un favor a Dios en tu nombre, se considera útil. Dios no necesita usar estas intercesiones. Pero cada individuo es un miembro de la familia de Dios, y él quiere que los miembros de su familia se ayuden unos a otros. Una forma de ayudarlos es rezar por ellos —pedir el favor de Dios en nombre de alguien más. Si los que están en la tierra pueden y deben ayudar a sus semejantes con oración, aquellos que están en el cielo, María y los santos, también pueden hacer.

Piénsalo de esta manera: supongamos que me pides que rece por tu mamá, a quien van a operar mañana, y yo digo, "Absolutamente no. Que tu mamá rece directamente a Jesús. Ella no necesita mis oraciones." Puede ser que me des una bofetada —o que me desinfles la llanta del auto, si tengo suerte. Por supuesto que esperas que te conteste (y naturalmente que lo voy a hacer), "Con gusto rezaré por tu querida madre". Cuando los cristianos le piden a alguien que rece por ellos, no consideran que lo estén separando de la mediación de Cristo, pero los católicos piensan que de todos modos están buscando la intercesión. Y los católicos piensan que si se puede pedir a los vivos que recen por ellos y por alguien querido, entonces, ¿por qué no pedirlo a alguien que ya murió —los santos? A diferencia de la gente que está en la tierra, a los santos no se les olvida ni están muy ocupados para hacerlo, y sus oraciones van directo al Señor. La intercesión de los santos no disminuye el papel de Cristo como mediador, así como no lo hace el pedir a una persona viva por sus oraciones. La creencia es que de todos modos llegan a Cristo, quien a su vez presenta las necesidades y peticiones a Dios Padre, quien escucha a su Hijo. La Biblia dice que en las bodas de Cana María se acercó a su hijo Jesús, e intercedió ante él para ayudar a los novios porque se les había terminado el vino (San Juan 2, 1–11). Jesús convirtió, entonces, el agua en vino. La Iglesia afirma que Jesús —como Dios, en su divina sabiduría, capaz de saberlo todo— ya sabía que se les había terminado el vino. Sin embargo escogió permitir que su madre intercediera.

Las novenas sólo son oraciones cortas a un santo en particular pidiéndole que rece a Jesús por la persona. Con frecuencia las oraciones se inician nueve días antes de la fiesta de ese santo para que la novena termine en el día en que se cree que ese santo se fue al cielo, lo que se conoce como su *fiesta.* Se espera que después de rezar por nueve días, Dios otorgue bendiciones especiales a través de la intercesión de este santo a quien se dirige la novena. (Para más información sobre los santos, consulta el Capítulo 15).

Las novenas también pueden rezarse en cualquier momento por una necesidad especial, como en casos desesperados y aparentemente sin remedio. Cuando tú, o alguien a quien quieres, se encuentre en una situación desesperada o aparentemente sin remedio, considera hacer lo que algunos católicos hacen —rezar una novena a San Peregrino, patrón de los pacientes de cáncer o a San Judas (vea el Capítulo 18), patrón de los casos desesperados, como la siguiente Oración a San Judas:

> ¡Santo apóstol San Judas, fiel siervo y amigo de Jesús!, la Iglesia te honra e invoca universalmente, como el patrón de los casos difíciles y desesperados. Ruega por mí, estoy solo y sin ayuda. Te imploro hagas uso del privilegio especial que se te ha concedido, de socorrer pronto y visiblemente cuando casi se ha perdido toda esperanza. Ven en mi ayuda en esta gran necesidad, para que pueda recibir consuelo y socorro del cielo en todas mis necesidades, tribulaciones y sufrimientos, particularmente (haz tu petición), y para que pueda alabar a Dios contigo y con todos los elegidos por siempre. Te doy las gracias glorioso San Judas, y prometo nunca olvidarme de este gran favor, honrarte siempre como mi patrono especial y poderoso y, con agradecimiento hacer todo lo que pueda para fomentar tu devoción. Amén.

Disfrutando de las letanías

La *Letanía Contemporánea de los Santos* incorpora algunos de los santos más recientes, relevantes para los católicos de los Estados Unidos. Una *letanía,* del griego *lite,* que significa *rezar,* es una oración larga que por lo general se reza de manera *antifonal,* lo que significa que una persona recita la primera parte y el resto del grupo responde. Por ejemplo, el líder dice, "Santa María, Madre de Dios" y la gente responde, "Ruega por nosotros". El líder dice a continuación "San Miguel" y la gente responde, "Ruega por nosotros". Y así en adelante hasta el final de la letanía. En la *Letanía Contemporánea de los Santos* que sigue, el texto del líder está en el tipo de letra romano y la respuesta en cursiva; en el asterisco, las personas responden "Ruega por nosotros":

> Señor, ten piedad. *Señor, ten piedad.*
> Cristo, ten piedad. *Cristo, ten piedad.*
> Señor, ten piedad. *Señor, ten piedad.*
> Santa Madre de Dios, *ruega por nosotros.* *

San Miguel, *
Santos Ángeles de Dios, *
San Juan el Bautista, *
San José, *
San Pedro y San Pablo, *
San Andrés, *
San Juan, *
Santa María Magdalena, *
San Esteban, *
San Ignacio de Antioquía, *
San Lorenzo, *
Santas Perpetua y Felícita, *
Santa Inés, *
San Gregorio, *
San Agustín, *
San Atanasio, *
San Basilio, *
San Martín, *
San Benito, *
San Francisco y Santo Domingo, *
San Francisco Xavier, *
San Juan Vianney, *
Santa Catalina de Siena, *
Santa Teresa de Jesús, *
Santa Frances Xavier Cabrini, *
San Juan Neuman, *
Santa Elizabeth Ann Seton, *
Santa Katherine Drexel,*
San Juan Diego, *
Todos los santos y santas de Dios *.

Señor ten misericordia. *Líbranos, Señor.*
De todo mal, *líbranos, Señor.*
De todo pecado, *líbranos, Señor.*
De la muerte eterna, *líbranos, Señor.*
Por tu segunda venida, *líbranos, Señor.*
Por tu muerte y resurrección, *líbranos, Señor.*
Por el regalo del Espíritu Santo, *líbranos, Señor.*
Ten misericordia de nosotros pecadores; *líbranos, Señor.*
Guía y protege a tu Santa Iglesia; *líbranos, Señor.*
Mantén al papa y a todo el clero al servicio fiel de tu Iglesia; *líbranos, Señor.*
Jesús, Hijo del Dios vivo, *líbranos, Señor.*
Cristo escúchanos. *Cristo escúchanos.*
Señor Jesús escucha nuestra oración. *Señor Jesús escucha nuestra oración.*

Oremos: *Dios de nuestros padres que te encomendaron sus corazones, de aquellos que durmieron en tú paz, y de aquellos que obtuvieron la corona de los mártires: nos encontramos rodeados por estos testigos como nubes de fragante incienso. En esta era, compartimos esta comunión de todos los santos; que siempre estemos en su buena y bendita compañía. En medio de ellos, hacemos cada oración a través de Cristo, que es nuestro Señor, por los siglos de los siglos. Amén.*

La Letanía de los Santos es la única letanía que se permite usar durante la Misa en algunas ocasiones. En la Vigilia Pascual, antes del bautismo de catecúmenos, en la Misa de Ordenación de un diácono, sacerdote u obispo se puede escuchar el canto de la Letanía de los Santos. Si no, las letanías se rezan fuera de la Misa como una devoción privada o pública, después de la Misa en la fiesta de un santo.

La Letanía de la Bendita Virgen María contiene muchos títulos especiales para ella, como *Madre de Cristo, Madre de la Iglesia* y *Reina de los cielos y la tierra,* pero la Letanía de los Santos tan sólo hace un listado de los nombres de los santos. En la *Letanía de la Bendita Virgen María* que incluimos a continuación, el texto del líder está en tipo de letra romana, pero las respuestas están en cursiva; el asterisco representa, "Ruega por nosotros":

> Señor, ten piedad, *Cristo, ten piedad.*
> Señor, ten piedad; Cristo, óyenos. *Cristo, escúchanos.* Dios Padre celestial, *ten piedad de nosotros.*
> Dios Hijo Redentor del mundo, *ten piedad de nosotros.*
> Dios Espíritu Santo, *ten piedad de nosotros.*
> Trinidad Santa, un solo Dios, *ten piedad de nosotros.*
> Santa María, *ruega por nosotros.**

Santa Madre de Dios, *
Santa Virgen de las Vírgenes, *
Madre de Cristo, *
Madre de la Iglesia, *
Madre de la divina gracia, *
Madre purísima, *
Madre castísima, *
Madre sin mancha, *
Madre inmaculada, *
Madre amable, *
Madre admirable, *
Madre del buen consejo, *
Madre del Creador, *
Madre de nuestro Salvador, *
Virgen prudentísima, *
Virgen digna de veneración, *
Virgen digna de alabanza, *
Virgen poderosa, *
Virgen clemente, *
Virgen fiel, *
Espejo de justicia, *
Trono de sabiduría, *
Causa de nuestra alegría, *
Vaso espiritual, *
Vaso digno de honor, *
Vaso insigne de devoción, *
Rosa mística, *
Torre de David, *
Torre de marfil, *
Casa de oro, *
Arca de la alianza, *
Puerta del cielo, *
Estrella de la mañana, *
Salud de los enfermos, *
Refugio de los pecadores, *
Consuelo de los afligidos, *
Auxilio de los cristianos, *
Reina de los ángeles, *
Reina de los patriarcas, *
Reina de los profetas, *
Reina de los apóstoles, *
Reina de los mártires, *
Reina de los confesores, *
Reina de las vírgenes, *
Reina de todos los santos, *
Reina concebida sin pecado original, *
Reina asunta al cielo, *
Reina del Santísimo Rosario, *
Reina de la familia, *
Reina de la paz, *

> Cordero de Dios que quitas el pecado del mundo, *perdónanos, Señor.*
> Cordero de Dios que quitas el pecado del mundo, *escúchanos, Señor.*
> Cordero de Dios que quitas el pecado del mundo, *ten piedad de nosotros.*
>
> Ruega por nosotros, Santa Madre de Dios, *para que seamos dignos de alcanzar las promesas de nuestro Señor Jesucristo.*

Te pedimos, Señor, que nosotros, tus siervos, gocemos siempre de salud de alma y cuerpo; y por la intercesión de Santa María, la Virgen, líbranos de las tristezas de este mundo y concédenos las alegrías del cielo. Por Jesucristo nuestro Señor. Amén.

Observando las estatuas e iconos

A los católicos se les ha acusado de idólatras, porque usan estatuas e *iconos* — pinturas en madera de tradición bizantina— en la iglesia y en la casa. Pero a diferencia de los paganos griegos y romanos, quienes sí adoraban a dioses falsos, los católicos usan las estatuas y los iconos de la misma manera que otros usan las fotografías.

Muchas personas tienen fotografías de sus seres queridos —vivos y muertos— en carteras y bolsas, en sus escritorios y en sus casas. Las fotografías son sólo recuerdos de esas personas. No se adoran ni a las imágenes ni a las personas. De la misma manera las estatuas e iconos católicos son simplemente recuerdos religiosos de amigos y siervos de Dios, a quienes los católicos admiran por su santidad, lealtad y obediencia a Dios. Los católicos no rinden culto a una estatua ni al santo que representa.

Si el precepto bíblico en contra de imágenes esculpidas se saca de contexto, entonces podríamos decir que el Museo del Louvre no debería tener ninguna pintura, y afirmar también que la Estatua de la Libertad es idolatría. Pero, por supuesto, nadie rinde culto a reproducciones inanimadas o a las personas que representan. De la misma forma los santos representados en las estatuas e iconos católicos son sólo recordatorios de gente que los católicos piensan fueron fieles a Dios. Si ves a un católico de rodillas delante de una estatua, no está alabando ni a la estatua ni a la persona que representa. La genuflexión es una postura de oración y el católico está rezando *a* Dios *a través* de la intercesión de ese santo en particular.

La peregrinación

Como todas las devociones, los peregrinajes son opcionales. Judíos, musulmanes y cristianos hacen *peregrinaciones,* viajes religiosos para visitar un lugar santo. Para los musulmanes es la Meca, y varios protestantes y Ortodoxos cristianos, así como los judíos y católicos cristianos, hacen peregrinaciones a Tierra Santa, para visitar los lugares mencionados en la Biblia. En el camino, y durante la peregrinación, la gente recita oraciones y espera tener una renovación espiritual. Es como un renacimiento, pero a nivel más personal e individual y discreto.

El hecho de que a los peregrinos cristianos se les negara la entrada a los templos santos en la Edad Media, fue una de las motivaciones para las cruzadas. Pero éstas deterioraron en una oportunidad para algunos hombres ambiciosos y despiadados de acumular riquezas, tierras y poder, a expensas de muchos hombres, mujeres y niños inocentes —judíos, musulmanes y cristianos.

Cuando peregrinar a Tierra Santa fue muy peligroso (¿te suena familiar?), San Francisco de Asís (1182–1226) creó los Nacimientos (la escena del nacimiento de Cristo) y las 14 Estaciones de la Cruz, las que puso en la iglesia, para que la gente pudiera imaginar que estaba en esos lugares y siguiera rezando. A la fecha, las Iglesias Católicas tienen las 14 estaciones de la cruz en las paredes y ponen el nacimiento en la época de Navidad. (Para saber más sobre San Francisco, consulta el Capítulo 8).

A los católicos les gusta visitar la Tierra Santa para ver el lugar donde Jesús nació (Belén), se levantó de entre los muertos (Nazaret) y fue crucificado y resucitó (Jerusalén). También hacen peregrinaciones a Roma para ver la Basílica de San Pedro, donde está enterrado San Pedro, y el Vaticano, donde vive el papa. Otros destinos favoritos son Lourdes, en Francia, donde María se le apareció a Santa Bernadette en 1858; a Fátima en Portugal, en donde la Virgen se le apareció a tres niños en 1917; a Guadalupe en México, en donde se le apareció a San Juan Diego, un indio azteca, en 1531. (Consulta el Capítulo 19 para conocer más sobre los lugares santos).

Irse de retiro

Como muchos católicos no tienen el tiempo o el dinero para hacer una peregrinación a los lugares santos, en su lugar, con frecuencia, hacen un retiro anual. Puede durar una semana (de cinco a seis días), o un fin de semana en un centro de retiros. El retiro es un tiempo alejado del trabajo, la escuela, la familia y los amigos. No hay radio ni televisión, no hay periódicos ni revistas, no hay computadoras ni Internet. Es una oportunidad para los católicos de escapar del estrés y la ansiedad del mundo y sólo pasar el tiempo rezando, meditando, reflexionando y renovándose. Los retiros y días de recolección también les dan a los católicos la oportunidad de confesarse, porque por lo general en esos lugares hay sacerdotes disponibles con ese propósito. Los sacerdotes, diáconos y obispos están obligados por la ley canónica a hacer un retiro de cinco días al año. Algunos de los diferentes tipos de retiros que se ofrecen son de los siguientes:

- *Retiros privados* son de uno a uno, entre el director del retiro y la persona.
- *Retiros de grupo* incluye varias personas al mismo tiempo.
- *Retiros de silencio* piden que no se hable casi en su totalidad. No se dice nada —incluso en las comidas— excepto en las oraciones y respuestas en la Misa y en las pláticas del director del retiro.

- *Retiros dirigidos y de predicación* ofrecen algo de interacción entre los participantes.
- *Días de recolección* son como mini-retiros. Duran sólo un día y con frecuencia se llevan la mañana y la tarde. Son más frecuentes que los retiros, que son anuales. Por lo general suceden cada mes o cada tres meses.

Los sacerdotes y las monjas de varias órdenes tienen casas de retiros. Además, varias organizaciones católicas patrocinan retiros.

El uso de prendas sagradas

Los católicos por lo general usan artículos religiosos especiales, como medallas y escapularios (Figura 13-1), como un tipo de devoción personal. Los *escapularios* —del latín *scapula,* que significa hombro— se usan alrededor del cuello y tienen dos pedazos de tela: un pedazo descansa en el pecho y el otro en la espalda. Estos artículos no son amuletos de la buena suerte, ni objetos mágicos. Los católicos no creen que las medallas y escapularios prevengan enfermedades o eviten que una persona peque. Tampoco son una tarjeta para salir gratis del infierno. Los usan como recordatorios para no alejarse de Dios y tratar de imitar la santidad y bondad de los santos. Son símbolos tangibles de la fe, como un crucifijo.

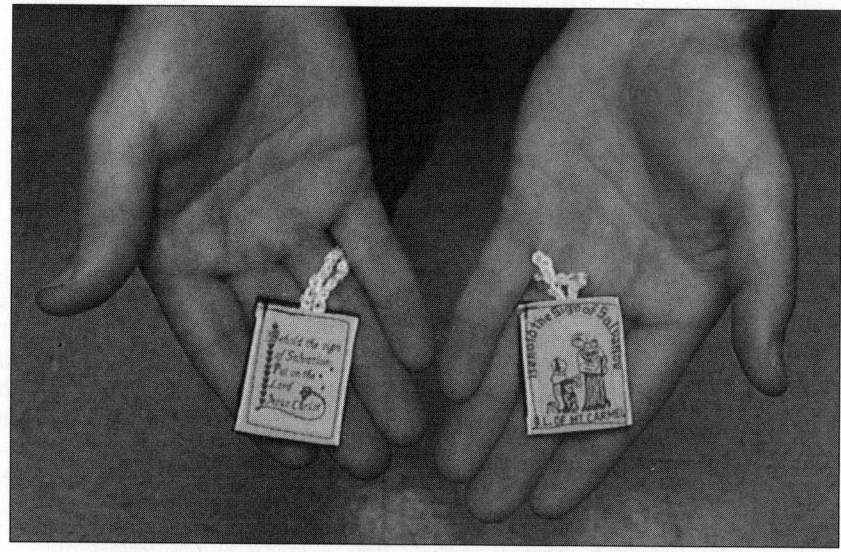

Figura 13-1: Los escapularios son buenos recordatorios de la fe.

Los católicos pueden usar cualquiera de los siete tipos de escapularios, siendo el más famoso el escapulario café que se relaciona con la Orden de Sacerdotes y Monjas Carmelitas. Tiene una imagen de Nuestra Señora del Monte Carmelo por un lado, y del otro una imagen de San Simón Stock. Otros escapularios son el escapulario negro de la Orden Servita, que tiene una imagen de Nuestra Señora de los Lamentos; el escapulario azul, de la Inmaculada Concepción; el escapulario rojo de la Sangre Preciosa, el escapulario morado de San José; el escapulario blanco de la Orden Dominica (Santo Domingo); y el escapulario verde de Nuestra Señora, Socorro de los Enfermos, por mencionar algunos.

Rezar el Rosario

Antes del cristianismo, los hindúes ensartaban cuentas y las usaban para contar oraciones. Budistas, Taoístas y Musulmanes también han usado cuentas de oración para ayudarse en sus devociones privadas. Los hebreos solían hacer 150 nudos en una cuerda para representar los 150 salmos de la Biblia.

Según una piadosa tradición católica, en el siglo XIII, María, la Madre de Dios, se le apareció a Santo Domingo de Guzmán, le dio un rosario y le pidió que en lugar de rezar los salmos en las cuentas o nudos, los fieles rezaran el *Ave María,* el *Padrenuestro* y el *Gloria.* El rosario dominico estaba formado por 15 decenas, pero luego se abrevió. Una *decena* está formada por diez *Ave Marías* precedidas por un *Padrenuestro* y finaliza con un *Gloria.* Hoy en día la mayoría de los católicos usan el rosario de cinco décadas. (Para mayor información sobre Santo Domingo, consulta el Capítulo 18.)

Como rezar el Rosario

¿Quieres aprender a rezar el Rosario? (Observa la Figura 13-2 para ayudarte a seguirlo)

1. **En el crucifijo, reza el *Credo de los Apóstoles.***

   Creo en Dios, Padre todopoderoso, Creador del cielo y de la tierra. Creo en Jesucristo, su único Hijo, nuestro Señor, que fue concebido por obra y gracia del Espíritu Santo, nació de Santa María Virgen, padeció bajo el poder de Poncio Pilato, fue crucificado, muerto y sepultado, descendió a los infiernos, al tercer día resucitó de entre los muertos, subió a los cielos y está sentado a la derecha de Dios, Padre todopoderoso. Desde allí ha de venir a juzgar a vivos y muertos. Creo en el Espíritu Santo, la santa Iglesia católica, la comunión de los santos, el perdón de los pecados, la resurrección de la carne y la vida eterna. Amén.

2. **En la siguiente cuenta grande, reza un Padrenuestro.**

   Padre nuestro, que estás en el cielo, santificado sea tu nombre; venga a nosotros tu reino; hágase tu voluntad, en la tierra como en el cielo.

Danos hoy nuestro pan de cada día; perdona nuestras ofensas, como también nosotros perdonamos a los que nos ofenden; no nos dejes caer en la tentación y líbranos del mal. Amén.

3. **En las siguientes cuentas pequeñas, reza tres *Ave Marías*.**

   Dios te salve, María, llena eres de gracia, el Señor es contigo. Bendita tú eres entre todas las mujeres, y bendito es el fruto de tu vientre, Jesús. Santa María, Madre de Dios, ruega por nosotros pecadores, ahora y en la hora de nuestra muerte. Amén.

   La primera parte del Ave María está tomada, palabra por palabra de la Biblia. El arcángel Gabriel anuncia, "Dios te salve, María, llena eres de gracia, el Señor es contigo" (Lucas 1, 28), y Santa Isabel le dice a su prima María, Bendita tú eres entre todas las mujeres, y bendito es el fruto de tu vientre (Lucas 1, 42).

4. **En la cadena, reza un *Gloria*.**

   Gloria al Padre y al Hijo y al Espíritu Santo. Como era en el principio, ahora y siempre, y por los siglos de los siglos. Amén.

5. **Entonces anuncias el primer misterio (Gozoso, Luminoso, Doloroso o Glorioso).**

   (Consulta la sección "Meditando sobre los misterios", más adelante en este capítulo, para una explicación de los misterios del Rosario.)

6. **En la cuenta grande, reza el *Padrenuestro*.**

7. **En las siguientes cuentas, reza diez *Ave Marías*.**

8. **En la cadena, reza un *Gloria*.**

9. **Varios católicos rezan además la Oración de Fátima después del *Gloria* y antes del siguiente *Padrenuestro*.**

   Oh Jesús mío, perdona nuestros pecados, líbranos del fuego del infierno, lleva al cielo a todas las almas, especialmente a las más necesitadas de tu misericordia. Amén.

   Si seguiste los pasos anteriores, ya completaste la primera decena del Rosario. Ahora, repite los pasos del 5 al 9 cuatro veces más para terminar las cuatro decenas siguientes.

10. **Al final del Rosario, reza una *Salve*.**

    Dios te salve, Reina y Madre de misericordia, vida, dulzura y esperanza nuestra; Dios te salve. A ti llamamos los desterrados hijos de Eva; a ti suspiramos, gimiendo y llorando, en este valle de lágrimas. Ea, pues, Señora, abogada nuestra, vuelve a nosotros esos tus ojos misericordiosos; y después de este destierro muéstranos a Jesús, fruto bendito de tu vientre. ¡O clementísima, oh piadosa, oh dulce siempre Virgen María!

    Ruega por nosotros, Santa Madre de Dios, para que seamos dignos de alcanzar las promesas de Nuestro Señor Jesucristo.

Oh Dios, cuyo unigénito Hijo con su vida, muerte y resurrección nos consiguió los premios de la vida eterna, te rogamos nos concedas que, meditando estos misterios en el sacratísimo Rosario de la Bienaventurada Virgen María, imitemos lo que contienen y alcancemos lo que prometen. Por Jesucristo Nuestro Señor. Amén.

Meditando sobre los misterios

Mientras rezan las oraciones del Rosario, los católicos meditan en lo que se conoce como los *Misterios Gozosos, Luminosos, Dolorosos y Gloriosos del Rosario.* Pero decir los misterios no es ningún misterio, porque cada uno hace referencia a un pasaje en la vida de Cristo o de María, su madre. A cada decena (un *Padrenuestro,* diez *Ave María* y un *Gloria*) le corresponde un misterio diferente.

Los *Misterios Gozosos* se rezan los lunes y los sábados, y recuerdan a los fieles el nacimiento de Cristo. A cada decena le corresponde un misterio diferente:

1. La Anunciación (Lucas 1, 26–38)
2. La Visitación (Lucas 1, 39–56)
3. El Nacimiento de Jesús (Lucas 2, 1–21)
4. La Presentación (Lucas 2, 22–38)
5. El Niño Perdido y Hallado en el Templo (Lucas 2, 41–52)

El Papa Juan Pablo II añadió los *Misterios de la Luz,* también conocidos como los *Misterios Luminosos,* en el 2002. Reza el Rosario y recuerda estos Misterios de la Luz los jueves:

1. El Bautismo de Jesús en el Río Jordán (Mateo 3, 13–16)
2. Las Bodas de Caná (Juan 2, 1–11)
3. El Anuncio del Reino de Dios (Marcos 1, 14–15)
4. La Transfiguración (Mateo 17, 1–8)
5. La Institución de la Sagrada Eucaristía (Mateo 26)

Los *Misterios Dolorosos* se rezan los martes y viernes, y recuerdan a los fieles su Pasión y muerte:

1. La Agonía de Jesús en el Huerto (Mateo 26, 36–56)
2. La Flagelación del Señor (Mateo 27, 26)
3. La Coronación de Espinas (Mateo 27, 27–31)
4. Jesucristo, llevando la Cruz a Cuestas y el Camino al Calvario (Mateo 27, 32)
5. La Crucifixión y Muerte de Nuestro Señor (Mateo 27, 33–56)

Los *Misterios Gloriosos* se rezan los miércoles y domingos, y recuerdan a los fieles su Resurrección y las glorias del cielo:

1. La Resurrección (Juan 20, 1–29)
2. La Ascensión del Señor a los Cielos (Lucas 24, 36–53)
3. La Venida del Espíritu Santo (Hechos 2, 1–41)
4. La Asunción de María en Cuerpo y Alma a los Cielos
5. La Coronación de María en el Cielo

La divinidad y la humanidad de Jesús están presentes en estos misterios. Sólo Dios puede nacer de una virgen, levantarse de entre los muertos y ascender al cielo, y sin embargo, sólo un hombre puede nacer, perderse, ser encontrado, sufrir y morir. Meditar sobre los Misterios Gozosos, Luminosos, Dolorosos y Gloriosos ayuda a los católicos a confirmar que Jesús es tanto divino como humano. Reflexionar sobre el momento en que a Jesús se le coronó con espinas, se le flageló con látigos, y se le clavó a la cruz —meditar sobre la Pasión de Jesús— convence a quien reza de que esos sufrimientos fueron verdaderos y que sólo un hombre verdadero puede sentir tal dolor y agonía. Sin embargo, reflexionar sobre su Transfiguración, Resurrección, y Ascensión recuerda a los creyentes de que sólo Dios puede transfigurarse, levantarse de entre los muertos y ascender al cielo. Al rezar el Rosario, el creyente reafirma que Jesús es verdadero Dios y verdadero hombre, una persona divina con dos naturalezas —divina y humana.

Al igual que hizo el Papa Pablo VI, el Papa Juan Pablo II recordó a los fieles que el Rosario es *Cristocéntrico* —está centrado en Cristo y es más que una devoción *Mariana* (de María).

Rezar la Coronilla de la Divina Misericordia

El Rosario y la Coronilla de la Divina Misericordia pueden rezarse en casa, en la iglesia, individualmente o en grupo. Nuestro Señor presentó la Coronilla de la Divina Misericordia a Santa Faustina Kowalska en una visión durante la década de los años treinta, pero ello no tuvo mucha notoriedad sino hasta finales del siglo XX. La Coronilla de la Divina Misericordia se reza usando cuentas del Rosario (ve la Figura 13-2), pero no se lleva tanto tiempo como el Rosario porque las oraciones son más cortas:

1. **Comienza la Coronilla de la Divina Misericordia diciendo lo siguiente tres veces seguidas:**

   Oh sangre y agua que brotasteis del corazón de Jesús como una fuente de misericordia para nosotros, en vos confío.

2. **A continuación di un *Padrenuestro,* el *Ave María* y el *Credo de los Apóstoles.***

   (Consulta los pasos 1 al 3 en la sección "Como rezar el Rosario" al comienzo de este capítulo para rezar el *Padrenuestro, el Ave María y el Credo de los Apóstoles*)

3. **Ahora, en la cuenta grande, antes de cada decena, di**

   Padre eterno, te ofrezco el cuerpo y la sangre, el alma y la divinidad de tu amadísimo Hijo, nuestro Señor Jesucristo, para el perdón de nuestros pecados y los del mundo entero.

4. **A continuación, en las cuentas pequeñas de cada decena, di**

   Por su dolorosa Pasión, ten misericordia de nosotros y del mundo entero.

5. **Concluye la coronilla diciendo lo siguiente tres veces:**

   Santo Dios, Santo Fuerte, Santo Inmortal, ten piedad de nosotros y del mundo entero.

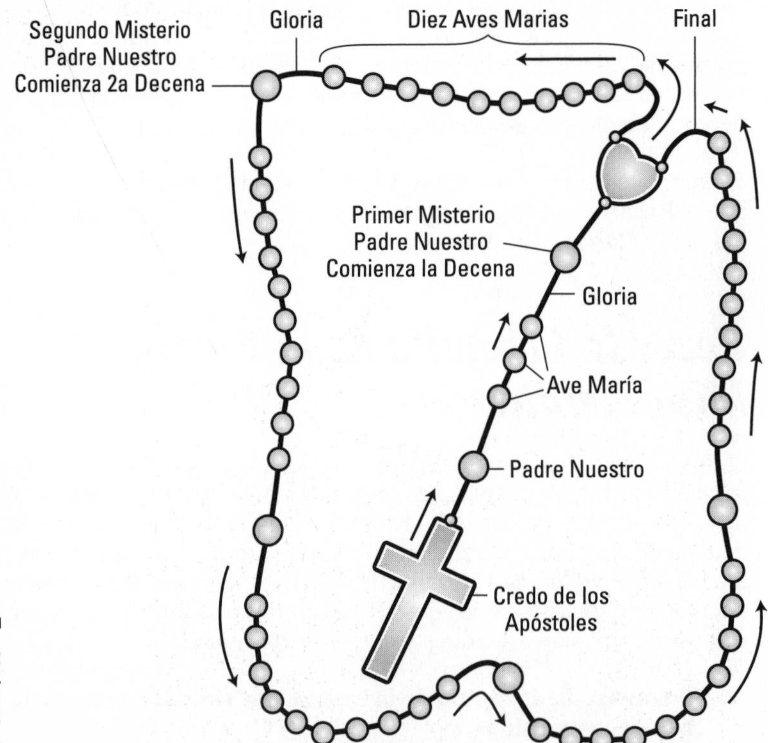

Figura 13-2: Como rezar el Rosario.

El Via crucis

Otra devoción popular es el Via crucis. Todas las parroquias católicas tienen lo que se conocen como las Estaciones de la Cruz (vea la Figura 13-3), que son pinturas de la Pasión y muerte de Cristo. Con frecuencia, los viernes por la noche durante la Cuaresma, puedes encontrar una parroquia abierta en donde hay un grupo de católicos rezando oraciones al unísono frente a cada una de las 14 estaciones que son:

1. Jesús es condenado a muerte (Lucas 23, 24).
2. Jesús con la cruz a cuestas (Juan 19, 17).
3. Jesús cae por primera vez (por deducción de las estaciones 2 y 5).
4. Jesús encuentra a su Santa Madre (por deducción de Juan 19, 25–27).
5. El Cirineo ayuda a Jesús a llevar la cruz (Mateo 27, 32).
6. La Verónica limpia el rostro de Jesús (no está registrado en la Escritura).
7. Jesús cae por segunda vez (no está registrado en la Escritura).
8. Jesús consuela a las mujeres piadosas de Jerusalén (Lucas 23, 27–31).
9. Jesús cae por tercera vez (no está registrado en la Escritura).

Figura 13-3: Jesús con la cruz a cuestas (Juan 19, 17).

10. Jesús es despojado de sus vestiduras (Juan 19, 23).
11. Jesús es clavado en la cruz (Marcos 15, 24).
12. Jesús muere en la cruz (Marcos 15, 37).
13. Jesús es bajado de la cruz y puesto en los brazos de María Santísima (Lucas 23, 53).
14. Jesús es colocado en el sepulcro (Mateo 27, 60).

Capítulo 14

Expresando Afecto por María

En Este Capítulo

- Honrar a María no es lo mismo que adorarla
- El acto de pedir la intercesión de una madre
- Examinar la lógica tras la perspectiva mariana
- Apariciones a los pobres y a los inocentes

Has oído de todas esas señoras —Nuestra Señora de Lourdes, Nuestra Señora de Fátima, Nuestra Señora de los Dolores, Nuestra Señora de la Paz, Nuestra Señora del Monte Carmelo y de Nuestra Señora de Guadalupe. Todas son una y la misma persona —María. Los católicos se refieren a María de muchas formas, lo que a menudo puede ser confuso. Da lo mismo llamarla Bienaventurada Virgen María (BVM para abreviar), la Virgen María, Nuestra Señora o de la manera más sencilla —María. No importa cuál sea el titulo usado, todos se refieren a la madre de Jesús, y de ella es de quien se trata este capítulo.

No, los Católicos No Adoran a María

Nacida de dos padres santos —San Joaquín y Santa Ana— María es mencionada 47 veces en la Biblia King James de Inglaterra. La Biblia dice lo siguiente de María:

- Ella vino de Nazaret (Lucas 1, 26), y fue en Nazaret que el ángel Gabriel se le apareció y le anuncio —de aquí viene el término la Anunciación— que ella iba a tener un hijo y que le pondría por nombre Jesús (Lucas 1, 31)
- Ella estaba comprometida (Mateo 1, 18 y Lucas 1, 27) con un carpintero (Mateo 13, 55) llamado José, descendiente del rey David (Mateo 1, 6–16)

A través de los siglos se han producido más poemas, himnos, estatuas (vea la Figura 14-1), iconos, pinturas, tratados y sermones acerca de esta mujer, que de cualquier otra persona en toda la historia humana.

Figura 14-1: Una estatua de la Virgen María.

© Mark Karrass/CORBIS

Para entender por qué los católicos son tan afectuosos y apegados a ella hay que tomar en cuenta la emoción más primordial. La conexión entre una madre y su hijo es la más fuerte y más penetrante. Los nueve meses dentro del vientre son solamente una parte de eso. (Personalmente, pensamos que el considerar a María simplemente como una fábrica de bebés es un insulto hacia ella, la maternidad y a todas las mujeres.) La maternidad es biológica, emocional e intelectual. La carne, el corazón y la mente están al centro de los sentimientos y pensamientos humanos. Una madre es más y da más que solamente su ADN o los nueve meses dentro del vientre. Ella está unida y conectada íntimamente con su hijo. Y la devoción católica a María no es nada más que una extensión lógica del cariño que tiene un niño para su propia madre.

La teología católica enseña que Jesucristo era humano y divino —no 50/50 sino verdadero Dios y verdadero Hombre. En otras palabras, El era una persona divina con dos naturalezas —humana y divina. Y su humanidad no fue sobrepasada ni fue abrumada por su divinidad. Cualquier cosa que él hizo o estaba en su naturaleza humana era tan real y tan parte de él como cualquier cosa que hizo o formaba parte de su naturaleza divina. Entonces, si él estaba haciendo milagros de su naturaleza divina o sintiendo y expresando emociones de su naturaleza humana, era y seguía siendo la misma persona. Dicho esto, ¿qué ser humano no tiene sentimientos fuertes de cariño y amor para su madre? Entonces, los católicos identifican sus sentimientos hacia María con los mismos sentimientos que Jesús tenía hacia su madre. Esto no es nada más que devoción, sin tener la menor forma de adoración.

Algunas personas dicen que la palabra *bienaventurada* en el título *Bienaventurada Virgen María* es idolatría (o mariolatría como lo llaman otros). Pero el término y el concepto es bíblico. María le dice a su prima Isabel, "Desde ahora me llamarán bienaventurada todas las generaciones" (Lucas 1, 48). En el griego original de la Biblia, *bienaventurada* era *makarios.* Por más de 2000 años ha sido usado el adjetivo *bienaventurada* sin disminuir en nada la máxima santidad de Dios —de igual modo que cuando el mismo Jesús usó esta palabra en el Sermón de la Montaña (Mateo 5, 3–12): "Bienaventurados los pobres de espíritu, porque de ellos es el Reino de los Cielos." Dado que *Bienaventurada* no es una palabra reservada para la divinidad; entonces, usarla para María está bien.

Otro argumento para desanimar la devoción hacia María, que también es conocida como la *devoción mariana,* es reclamar que Jesús mismo amonestó a su madre y la llamó *mujer* en vez de madre. ¿La respuesta católica? El texto original del Evangelio según Juan fue escrito en griego, no en el inglés de la versión bíblica de la biblia King James de Inglaterra. En las bodas de Cana, cuando se le acabó el vino, María le informó a Jesús de lo sucedido. La versión bíblica de la King James de Inglaterra dice, "¿Mujer, qué tengo que ver yo contigo?" (Juan 2, 4). Pero la forma original griega dice *ti emoi kai soi gynai,* que se traduce literalmente a "¿Qué tiene que ver conmigo y contigo, mujer?" Esto es exactamente la misma traducción en latín: *quid mihi et tibi est mulier.* La versión estándar internacional dice, "¿Cómo nos interesa eso, mujer?" Como siempre, una cita se puede tomar fuera de contexto. Tan pronto como Jesús pronunció esa frase procedió a transformar el agua en vino. Si hubiera sido una amonestación él hubiera ignorado por completo la petición. Cuando concedió la súplica de su madre, demostró que le prestó atención como hijo, pero hizo el milagro como Dios.

Cuando él llamó a su madre *mujer* también se tiene que leer en el contexto de la escritura entera. Por ejemplo, al pie de la cruz, cuando moría Jesús, algunas de sus últimas palabras fueron dirigidas a María y a Juan, el discípulo amado: "Mujer, he ahí tu hijo" y "He ahí tu madre". El uso del término *mujer* (*gynai* en griego) fue un halago, porque a Eva, la esposa de Adán, se le llamó la *mujer* (Génesis 2, 23). Ocurre lo mismo en la famosa línea entre Dios y la serpiente dice, "Yo pondré enemistad entre tí y la mujer, entre tu descendencia y la de ella" (Génesis 3, 15). De hecho, María es la nueva Eva, porque su descendiente fue Jesús, el nuevo Adán, y él venció al diablo con su muerte y Resurrección. Cuando se ve de este modo, el insulto resulta ser un término de cariño.

La Enseñanza Oficial Acerca de María

La doctrina católica oficial sobre María es llamada *mariología,* al igual que la doctrina acerca de Dios se llama *teología,* de la palabra griega *theos,* Dios. Sigue leyendo si quieres enterarte de algunos aspectos relevantes sobre la mariología.

Ella es la Madre de Dios

El título *Madre de Dios* se puede rastrear hasta el año 431. En el Concilio Ecuménico de Efeso, se determinó que se podía llamar a María la Madre de Dios (*theotokos* en griego) en vez de solamente la Madre de Cristo *(christokos)* como había sido cuestionado por el teólogo Nestorio. (Para más información acerca de los Concilios de la Iglesia, vea el Capítulo 2.)

El razonamiento fue el siguiente: de ninguna manera, como ser humano, María puede ser el origen de una persona divina. Solamente los dioses y las diosas podrían crear a otros dioses, pero María es la madre de Jesús. El no nació en pedazos, como un edificio de bloques, con la necesidad de que se le armara después de su nacimiento. Una persona divina vivió dentro del vientre de María por nueve meses, y una persona divina se presentó y nació. Aunque María no le dio la naturaleza divina a Jesús, ella sí llevó a la segunda persona de la Santísima Trinidad en su vientre por nueve meses, y una persona nació el día de Navidad —entera, completa e intacta. Por eso, aunque ella es una criatura y no el Creador, por la razón de que ella sí dio a luz al Hijo de Dios, y porque ella es la Madre del Hijo de Dios, puede ser llamada la Madre de Dios.

Otra forma de entender el concepto es si tomas en cuenta a tu propia madre: tu madre no te dio tu alma mortal. Eso vino de Dios. Ella te dio 50 por ciento de lo que compone tu genética, ues ella necesitaba de tu padre para darte la otra mitad, y asimismo ellos necesitaron de Dios para darte tu alma. Como quiera que sea, en el día de la madre, ¿le enviarías una tarjeta que diga "para la mujer que me dio la mitad de mi genética"? ¿O le dirías que ella no te dio un alma —y que solamente te dio un cuerpo— y por esa razón solamente es mitad madre? ¨Por supuesto que no, a menos que quieras que te peguen con un cucharón de madera sobre la mano. En tu mente y en la mente de tu madre, ella te pudo dar solamente 50 por ciento de tu ADN, pero también te dio a luz. Una persona entera y completa nació —no fueron dos partes. El cuerpo y el alma fueron unidos durante la concepción. Una persona creció y vivió en el vientre, y una persona entera e intacta nació de él.

La Biblia verifica esta lógica: María, con un embarazo de pocos días, visitó a su prima Isabel, quien contaba con seis meses de embarazo de Juan el bautista. Isabel saludó a María, "¿Quién soy yo para que la madre de mi Señor venga a mi?" (Lucas 1, 43). Isabel uso la palabra *Señor* (*Kyrios* en griego y *Adonai* en hebreo), también usada para referirse a Dios —el Señor Dios— *Adonai Elohim* en hebreo. Isabel llamó a María la *Madre del Señor,* y el Señor es Dios. María es la Madre de Dios, porque ella es la madre del Señor. Esto no significa que María era divina o que era una diosa o que tuviera atributos divinos.

La cita del día acerca de María

"Ella está llena de gracia, proclamada completamente sin pecado. . . . La gracia de Dios la llena con todo lo bueno y la hace carente de todo mal. . . . Dios está con ella, esto significa que todo lo que hizo o que dejó de hacer es divino y es la acción de Dios que está en ella. Más aún, Dios la guardó y protegió de todo lo que le hubiera podido dañar."

¿Adivina quién escribió esto? Martín Lutero, el padre de la Reforma protestante y el fundador de la Iglesia Luterana. (Las obras de Lutero, Edición Americana, vol. 43, p. 40, ed. H. Lehmann, Fortress, 1968)

En su Comentario sobre el Magnificat, Lutero también dijo, "Los hombres han reunido toda su gloria en una frase: la Madre de Dios. Nadie puede decir algo más glorioso acerca de ella."

Martín Lutero llegó a decir, "Ellas es llamada, con justicia, no sólo la madre del hombre, sino también la madre de Dios. . . . ciertamente, María es la madre del Dios verdadero y real."

Ella es la Madre de la Iglesia

Casi todos los títulos de María son expresados metafóricamente. El llamarle la Madre de Dios, por ejemplo, es una expresión idiomática legítima, porque, aunque ella no es la madre de la divinidad, ella sí dio a luz a una persona divina. Ella es una madre verdadera, biológica, porque ella dio a luz a Jesús, y él es el Hijo de Dios de acuerdo a los cristianos.

De la misma manera, el título *Madre de la Iglesia* se puede usar metafóricamente. Cuando las personas dicen que la necesidad es la madre de la invención, ¿no es eso una metáfora? Lo mismo se aplica a los títulos marianos. (*Mariano* es un adjetivo que se refiere a María.)

Además considera esto: los hombres y las mujeres son criaturas donde Dios es el Creador. María era solamente una criatura, pero ella dio a luz y le dio una naturaleza humana al Hijo de Dios. La única manera en que los cristianos pueden llamarse hermanos y hermanas en Cristo es por la adopción. En otras palabras, Jesús es, fue y será siempre el Hijo Eterno del Padre. Los cristianos son hijos de Dios y hermanos y hermanas de Cristo por adopción. De manera similar, si los cristianos son hermanos y hermanas en Cristo por adopción, entonces por adopción, ellos también heredan a la misma madre. María es la Madre de Cristo por naturaleza, y ella es la madre de los cristianos por adopción, ya que los cristianos son hijos adoptivos de Dios y hermanos adoptados de Cristo. ¿Tiene sentido? Más adelante te tomaremos un examen.

El dogma católico sobre la Asunción (discutido en la sección "De qué se trataba la Asunción", más adelante en este capítulo), ve a la Asunción de María como una promesa y una precursora del final de los tiempos, cuando la Iglesia completa sea llevada al cielo. Todos los miembros de la Iglesia serán resucitados por Cristo y se les dará un cuerpo glorificado para la eternidad con Dios en el cielo. (Para más sobre esta dogma, vea el Capítulo 3.)

María es Madre de la Iglesia, porque ella estaba presente al pie de la cruz en el Calvario. La Biblia dice que cuando Jesús estaba muriendo en la cruz, dirigió su mirada a su madre y le dijo, "Mujer, he ahí tu hijo", y después volviendo la mirada hacia a Juan, el discípulo amado, le dijo, "He ahí tu madre" (Juan 19, 26–27). El acto de entregar a María a Juan simboliza en el apóstol a todos los discípulos y a todos los hombres y las mujeres.

La presencia de María en Pentecostés, diez días después de la Ascensión de Cristo al cielo y 50 días después de su Resurrección, también la señala como la Madre de la Iglesia. Hechos 1, 14–2, 4 dice que María estaba con los discípulos en el Cuarto Superior —o dicho de manera más precisa— ellos estaban con ella. Hasta que el Espíritu Santo les dio fuerza y valor, ellos recibían ánimo de la Madre de Jesús, ya que ella y Juan fueron los únicos quienes no abandonaron a Cristo, mientras moría en la cruz.

Desde la perspectiva católica, María se hace Madre de la Iglesia por adopción. Este concepto no distrae, no disminuye, ni diluye el que Jesús sea el único mediador, ya que él es el único mediador entre Dios y los hombres. Pero también él tuvo una madre humana, y ella está conectada a la Iglesia. En otras palabras, porque las personas son los hijos de Dios por adopción, y eso hace que todos sean hermanos y hermanas de Cristo también por adopción, de esa manera todos, también por adopción, heredan a la misma madre de Cristo.

Ella es la Madre del Cuerpo Místico de Cristo

María es llamada la Madre de la Iglesia, porque ella es la Madre de Cristo y la Iglesia es el Cuerpo Místico de Cristo (I Corintios 12, 12–27, Romanos 12, 4–5 y Colosenses 1, 18). De esta manera la Madre de Cristo también puede ser llamada Madre del Cuerpo Místico.

Los católicos creen que Cristo fundó la Iglesia como una institución necesaria para guardar y proteger la Revelación por medio de la interpretación auténtica de los textos de la Biblia. Es una comunidad necesaria y orgánica, llamada el Cuerpo de Cristo por San Pablo (Colosenses 1, 24) y más tarde llamada el Cuerpo Místico de Cristo por el Papa Pío XII en su carta encíclica *Mysticis corporis* (1943). Esto significa que la Iglesia es más que una organización externa, estructura e institución, pero también y primeramente, es una unión de todos los miembros que forman un cuerpo. El cuerpo humano tiene muchas partes que son diferentes y tienen diferentes funciones. Esto es lo que San Pablo quiere decir con el *Cuerpo de Cristo.* Cada cuerpo tiene una cabeza y la Iglesia tiene una cabeza visible en la tierra, el papa. Pero una cabeza sin cuerpo no está viva. La Iglesia tiene una cabeza pero también un cuerpo compuesto de muchos miembros, laicos y clérigos. Estos miembros individuales tienen funciones diferentes, al igual que el corazón, pulmones, riñones, brazos, piernas, ojos y las orejas tienen sus funciones respectivas pero sin embargo trabajan en armonía para el bienestar del cuerpo entero. El Papa Pío añadió el adjetivo *místico* para acentuar la idea de que la Iglesia no es un cuerpo físico con órganos y extremidades, sino que es misteriosa y espiritualmente orgánica.

San Pablo dijo que la Iglesia está compuesta del cuerpo universal de los creyentes cristianos. Ellos son considerados el cuerpo, o, como dijo el Papa Pío XII, el "Cuerpo Místico de Cristo". San Pablo también dijo, "Ahora, me alegro de padecer por ustedes, pues así voy completando en mi existencia terrenal, y a favor del Cuerpo de Cristo, que es la Iglesia, lo que aún falta al total de sus sufrimientos" (Colosenses 1, 24). No es que Jesús no haya sufrido lo suficientemente por nosotros, sino que San Pablo está diciendo que Dios, por si mismo, decidió permitir que los individuos unieran sus sufrimientos con los sufrimientos de Cristo en la cruz. Tomar su propia cruz (vea Mateo 16, 24) y tolerar el mal por el bienestar de otros es espiritualmente beneficioso. Para los católicos, el padecer sufrimientos puede tener significado y servir de redención espiritual. El catolicismo cree que el sufrimiento —el que no se puede evitar como el dolor y la angustia producido por una enfermedad incurable— puede ser ofrecido como una oración por la propia salvación de su alma y/o las almas en purgatorio así como por aquellos que aún están vivos en la tierra. De aquí viene el dicho famoso "ofrécelo". Muchos católicos que asistieron a la escuela parroquial primaría recuerdan a las monjas repitiendo esta frase frecuentemente. Cada vez que se hubiera impuesto en un católico una inconveniencia, una desilusión o más importante, cada vez que hubiera un tipo de sufrimiento que no se pudiera evitar o que fuera injustificado — físico o emocional— esa persona era animada a ofrecerlo, a unir su sufrimiento con el de Cristo como fue referido en Colosenses 1, 24.

La última palabra sobre la Inmaculada Concepción

De los dogmas católicos el de la Inmaculada Concepción es uno de los más misteriosos y menos entendido. La Inmaculada Concepción no tiene nada que ver con la concepción de Jesús dentro del vientre de María —aunque la lectura del Evangelio en la Misa ese día es un recuento de la Anunciación, cuando el arcángel Gabriel le dijo a María que ella iba a ser la madre de Jesús. Es dentro del texto de ese Evangelio que el catolicismo llega a la Inmaculada Concepción.

La *Inmaculada Concepción* significa que desde el primer momento de *su* concepción en el vientre de su madre, Santa Ana, María fue protegida del pecado original por el poder de la gracia divina. Por lo tanto la Inmaculada Concepción se refiere a la concepción de María dentro del vientre de su madre. La *Encarnación,* por otro lado, se refiere a la concepción de Jesús dentro del vientre de su madre.

A los ojos de la Iglesia el pecado de Adán y Eva, el *pecado original* (vea el Capítulo 6), es transmitido a cada generación subsiguiente. Al igual que tú heredas el color de los ojos y del pelo de tus padres, también heredas espiritualmente el pecado.

El bautismo (vea el Capítulo 6) borra el pecado original y lo reemplaza con la gracia santificante. Pero Dios le dio a María la gracia singular y el privilegio de la Inmaculada Concepción para prevenir que el pecado original le fuera transmitido a Jesús, de esa manera, literalmente, ella estaba llena de gracia. Un vaso que está lleno de agua no le cabe algo más y un alma llena de gracia no tiene espacio para el pecado.

Cuando el arcángel Gabriel le habló a María en el primer capítulo del Evangelio de Lucas le dijo, "Dios te salve María, llena eres de gracia" (*kecharitomene* en griego, de la raíz de la palabra *charis,* que significa gracia). María estaba llena de gracia en razón de su Inmaculada Concepción, un regalo divino de Dios. Ella no lo ganó ni lo mereció. El se la dio libremente para que pudiera proveer una naturaleza humana digna, sin mancha y pura para Jesús.

Ya que Jesús no tuvo padre humano, la única humana fue María su madre. Ella fue quien le dio su naturaleza humana, donde él —como Dios— siempre tuvo su naturaleza divina. Esto fue para poder darle a Jesús una humanidad inmaculada, sin manchas y sin impurezas para que El pudiera ser el Cordero del sacrificio sin mancha. (Los católicos también tienen muchos títulos para Jesús). Había que mantener a María libre del pecado original. Ella no pudo haber hecho eso por su propia cuenta, porque ella solamente es una entidad mortal. Ella necesitó a un Salvador y a un Mesías como todos los demás. Pero Dios no está limitado por el tiempo ni el espacio. María disfrutó los efectos de salvación antes de que Jesús llevara a cabo la obra de la salvación. A ella le fue otorgado el regalo de ser preservada del pecado original antes de que naciera su hijo Jesús y definitivamente antes de que pudiera sufrir y morir, logrando así obtener la salvación para la raza humana entera. Jesús, siendo divino y siendo Dios, aplicó retroactivamente los méritos de su sufrimiento salvador desde el futuro de María hasta su pasado. El extendió los beneficios al pasado al igual que tú puedes tener los frutos de la redención aplicados a ti desde el pasado a tu presente. Si lo que hizo Jesús hace 2,000 años puede ser aplicado a una persona que está bautizándose hoy en día, entonces lo que él hizo se puede hacer en la otra dirección y aplicarse a su madre durante su concepción.

Es como si se usara una maquina del tiempo (está bien, lo admitimos — somos admiradores de la ciencia ficción), para ir al futuro y te enteras que tu hijo quiere estudiar para hacerse doctor pero no puede, porque ninguno de los dos tiene dinero para ir a la escuela médica. Entonces regresas al pasado y depositas algunos cientos de dólares en una cuenta a nombre de tu hijo y cuando regresas al futuro puedes sacar el dinero con todo el interés que se ha acumulado y lo envías a la escuela de medicina.

Algunas personas quieren usar un argumento viejo y arcaico que dice que ni siquiera el gran teólogo Santo Tomas de Aquino dio su apoyo completo a la doctrina de la Inmaculada Concepción. (Para más sobre Santo Tomás, lee los Capítulos 3 y 18.) ¿La respuesta Católica? Primeramente, el dogma no fue definido completamente hasta el 1854 por el Papa Pío IX, y Aquino vivió en el siglo 13 —casi 600 años antes. Segundo, la anatomía humana básica y la fisiología que ahora se se dan por hecho no se entendieron sino hasta el período del renacimiento —250 años después de Aquino. Durante el período del renacimiento, personas como Da Vinci empezaron a pintar el cuerpo humano, a menudo estudiando cadáveres y autopsias. La biología que conocía Aquino era primitiva y además dependió mucho de Aristóteles, no solamente para la filosofía sino también para otras disciplinas.

El concepto medieval de la reproducción humana era que un alma vegetativa existía antes que un ser humano y que ese alma vegetativa se desarrollaba en un alma animal en la que luego Dios infundía un alma humana inmortal, llamada animación, momento en el cual el embrión era una persona humana. . Basado en esta ciencia medieval, para Aquino no tenía sentido la idea de que Dios hubiera preservado a María del pecado original al momento de la concepción, porque el alma humana (estaba pensado) no existía todavía para poder recibir los beneficios del regalo divino. Pero Aquino sí creyó que después que el alma inmortal fuera infusa, María pudo haber recibido la gracia de ser libre del pecado original. Así que de esta manera Aquino sí creyó en la doctrina católica de que María *nació* sin el pecado original, pero tuvo serias reservas en cuanto a que ella pudiera haber sido *concebida* sin pecado original.

Si Aquino hubiera vivido en el tiempo de Da Vinci, si hubiera visto una ecografía de un feto, o si simplemente hubiera podido conocer la ciencia básica del ADN como los estudiantes de primaría en la actualidad, entonces hubiera entendido que al momento de la concepción un ser humano es creado y ocurre la *animación* (el infundir un alma inmortal por Dios). Es posible que el embrión sea semejante a algo animal pero genéticamente el ADN es humano desde el momento de la concepción y permanece así durante la gestación, el nacimiento y el transcurso de la vida. Los planos de construcción y desarrollo le dicen a las células lo que tienen que hacer y cómo necesitan crecer; ningún animal o vegetal podrá jamás desarrollarse en otra cosa que no sea un animal o un vegetal. Solamente los humanos pueden hacer a otros humanos y nada más.

Como punto final decimos, Santo Tomas de Aquino en realidad no negó la Inmaculada Concepción. Solamente tuvo dificultad en reconciliar esta idea con la fisiología sumamente primitiva de su tiempo. San Buenaventura, su contemporáneo, sí aceptó la Inmaculada Concepción, pero en el siglo 13 todavía no existía un dogma definido. Lo estaban enseñando pero ningún papa lo había autorizado oficialmente. Después que Pío IX definió el dogma, el asunto ya no se pudo discutir.

A través de los 2,000 años de historia de la iglesia, solamente se han hecho dos declaraciones papales *ex cátedra.* Cuando el papa, usando su autoridad como Maestro Supremo, hace una declaración *ex cátedra* es *infalible* —el Espíritu Santo no le permite enseñar algo erróneo. En 1854 el Papa Pío IX hizo la primera declaración *ex cátedra*— la Inmaculada Concepción. La otra declaración *ex cátedra* fue hecha en 1950 cuando el Papa Pío XII definió el dogma de la Asunción de María al cielo en cuerpo y alma. (Para más detalles lee la próxima sección "De qué se trataba la Asunción". Para detalles acerca de las declaraciones *ex cátedra* y de la infalibilidad del papa lee el Capítulo 2.)

Subió al cielo en cuerpo y alma

La Iglesia enseña que al finalizar el tiempo de María en la tierra, María murió y su cuerpo fue puesto en una tumba, pero su cuerpo no se descompuso aquí en la tierra. En vez de esto, su hijo, Jesucristo, la llevó al cielo en cuerpo y alma.

La Sagrada Tradición reina en la Asunción

La Asunción de María no está en la Biblia. Un recuento apócrifo de la Asunción está en el Transitus Beateae Maríae de Pseudo-Melito, pero no es —y nunca ha sido— considerado como un texto inspirado. La autenticidad de este Evangelio apócrifo es tan dudosa que la Iglesia nunca pensó que fuera evidencia de la Asunción, pero la existencia del libro sí indica que la Iglesia en sus comienzos creyó en la Asunción.

La revelación divina tiene dos expresiones, la Palabra escrita de Dios (la Biblia) y la Palabra de Dios no escrita (Sagrada Tradición). En aquellos asuntos donde la Biblia mantiene silencio o es ambigua, es posible determinar lo que fue enseñado a través de la Sagrada Tradición. La Biblia permanece silenciosa sobre la muerte de María, pero la Sagrada Tradición dice que ella fue llevada (por Dios) al cielo. La Iglesia sostiene que en el libro de la Revelación (Apocalipsis) 12, 1 existe una alusión a la Asunción: "Una gran señal apareció en el cielo, una mujer vestida con el sol, con la luna bajo sus pies y sobre su cabeza una corona de doce estrellas."

Queremos dejar algo muy en claro. Solamente Dios puede resucitar de la muerte por la gracia de su propio poder divino, y solamente Dios puede ascender al cielo por la gracia de su propio poder divino. Así Jesús, siendo Dios se resucitó, pero Lázaro fue resucitado *por* Jesús. De la misma manera, Jesús mismo ascendió al cielo, pero él también se llevó a su madre.

¿Por qué haría semejante cosa? Hay muchas razones.

Una es que el acto de tener afecto para tu madre es el sentimiento más humano que existe. En su humanidad, Jesús tenía todos los sentimientos que cualquier hombre o mujer pudiera haber tenido. ¿Si tú fueras Jesús, no quisieras evitar la descomposición del cuerpo de tu madre? ¿No quisieras tenerla contigo en el cielo? Presentar a Jesús como un hombre sin emociónes, sin amor filial para su madre es lo mismo que negar su humanidad.

También, la Inmaculada Concepción preservó a María del pecado original; entonces María hubiera sido libre de las consecuencias derivadas del pecad o —específicamente, la muerte física, la separación de cuerpo y alma Siendo ese el caso, la Iglesia Oriental usa el término *dormición* (quedarse dormida) en vez de muerte, antes de la Asunción. Sin embargo, dado que ella se unió voluntariamente al sufrimiento de su hijo en la cruz, el Papa Juan Pablo II dijo que la conclusión lógica era que ella también voluntariamente le siguió a con su propia muerte.

Si embargo la razón fundamental por la que Jesús llevó a su madre al cielo, en cuerpo y alma, fue para animar a la gente en la tierra. La Sagrada Tradición (vea la nota "La Sagrada Tradición reina en la Asunción" en este capítulo) enseña que la Asunción fue realizada para darle consuelo y esperanza a los humanos, ya que lo que hizo Jesús por su madre fue como recompensa por ser una discípula fiel su vida entera, empezando con su respuesta al arcángel Gabriel, "Hágase en mi según a tu palabra" (Lucas 1, 38). El también lo hará para la humanidad al final de los tiempos. Durante su Segunda Venida Jesús resucitará a los muertos y se llevará a los justos al cielo y los reprobados se irán al infierno. En otras palabras, la Asunción de María fue como un adelanto de lo por venir: ella fue la primera humana —pero no será la última— en ser llevada por Dios al cielo. Alguien tuvo que haber sido el primero, ¿y por qué no serlo la madre de Jesúcristo?

Su virginidad perpetua

La virginidad de María *antes* del nacimiento de Cristo está referido al dogma católico que dice: ningún padre humano fue asociado con Jesús, porque era el Hijo de Dios al igual que el hijo de María. El tener una madre humana le dio su humanidad; el no tener un padre humano y haber sido concebido por el poder del Espíritu Santo en el vientre de su madre le dio su divinidad.

¿Qué sucedió después del nacimiento de Cristo? ¿Tuvo María otros hijos además de Jesús? Algunas personas dicen que sí porque el Nuevo Testamento habla de los hermanos y las hermanas de Jesús. Aunque ciertamente no fue necesario que María y José no tuvieran hijos propios, la Sagrada Tradición dice que no los tuvieron. El catolicismo lo ve de esta manera: la doctrina de la virginidad perpetua de María no es más difícil de concebir que el milagro del nacimiento virginal, el cual muchos cristianos aceptan. Si María se pudo haber mantenido virgen antes y durante el nacimiento de Cristo, su hijo, entonces no es más difícil de creer que ella se pudiera haber mantenido virgen *después* de su nacimiento. (Para encontrar más acerca de esto, vea el Capítulo 4.)

Algunas personas le piden a la Iglesia que explique la referencia en la Biblia (Mateo 13, 55) a Santiago como el hermano de Jesús. La palabra que se usó en la Biblia original en griego era *adelphos,* que también puede que significa familiar, primo, o pariente al igual que *hermano.* A Jesús se le refiere como el hijo de José y el hijo de María, pero a nadie más en la Biblia se le ha llamado el hijo o hija de José y María. Hay muchas posibilidades que pueden existir para entender el término *hermano de Jesús* pero sólo uno para entender *hijo o hija.* ¿Por qué la Biblia no se refiere a Santiago como el hermano de Jesús y el hijo de María o simplemente el hijo de María? La razón de esto es que María solamente tuvo un hijo. Ella fue virgen antes, durante y después del nacimiento de Jesús.

Marcos 15, 40 menciona a María, la madre de Santiago, pero la creencia es que era otra María —no la María madre de Jesús. La madre de Santiago estaba a cierta distancia mirando, mientras que la Madre de Jesús estaba al pie de la cruz. (Vea el Capítulo 4 para más sobre la posibilidad de que Jesús tuviera hermanos.)

Cercanos y Personales con María

Las devociones son formas tradicionales de oración que no forman parte de la Misa. Pueden ser públicas o privadas, sin embargo, también expresan el amor a Dios y al prójimo, tal como es personificado en María y los santos.

No vamos a describir cómo rezar el Rosario en este capítulo. Que no se nos entienda mal. Pensamos que es una devoción muy buena. Solamente que ya cubrimos el Rosario en el Capítulo 13. No hay razón para repetirnos, ¿verdad?

La coronación en el mes de mayo

El mes de mayo es el mes del día de las madres y para los católicos es el mes cuando honramos a dos madres —la terrenal, quien nos dio a luz, y María, nuestra madre espiritual.

Tradicionalmente las parroquias católicas escogen un día en mayo para tener una devoción llamada *la coronación de mayo.* Después del Segundo Concilio Ecuménico de Nicea en 787, la veneración pública de iconos e imágenes de Jesús, María y los santos, ya no era prohibida en la Iglesia como si fuera alguna forma de idolatría. Consecuentemente, la tradición de coronar a la estatua de María llegó a ser en reconocimiento de su posición como Reina del Cielo y la Tierra. Este concepto viene del libro de la Revelación (Apocalipsis) 12, 1, que también es el mismo de la imagen de la Virgen de Guadalupe, quien se le apareció a San Juan Diego en el Tepeyac, en México en 1531. (Vea el Capítulo 1 y 19 para más sobre la Virgen de Guadalupe.)

El reinado de María es análogo al reinado de su hijo. Ella es una reina, porque su hijo es el Rey de Reyes y Príncipe de la Paz. Lo puedes pensar de esta manera: el título, honor y respeto de la reina madre de Inglaterra le fue otorgado por su relación como primera esposa del rey y luego como la madre de la reina Isabel II. Entonces, también la madre del Rey de los Reyes recibe el título y el honor de ser llamada *reina.*

A menudo, para la ocasión de la coronación de mayo, rosas y flores en abundancia adornan la Iglesia. Generalmente una niña joven es elegida para poner una corona de rosas en la estatua de María, que algunas veces es llevada en *procesión,* un desfile religioso digno, alrededor del exterior o interior de la iglesia, o posiblemente alrededor del vecindario. Las personas marchan reverentemente para simbolizar que ellos son peregrinos —viajeros que caminan con el Señor y los santos, y se espera que sea con rumbo al cielo. Todos los asistentes cantan himnos y rezan el Rosario.

Los primeros sábados de mes

Tradicionalmente, los católicos honran a María en el primer sábado de cada mes. ¿Por qué ese día en particular? Bueno, el primer viernes del mes es cuando los católicos honran a Jesús con la devoción del Sagrado Corazón de Jesús. Ya que María es secundaria a Jesús la iglesia juzga que él viene primero y muy cerca estaría su madre. Entonces primero es la devoción del Sagrado Corazón de Jesús y luego le sigue la devoción del Inmaculado Corazón de María.

El enfoque en el corazón es solamente una forma romántica y metafórica para expresar el amor de Jesús y el amor de María. Es lo mismo que enviar corazones a quienes quieres durante el día de San Valentín, aunque sabes que biológicamente, el cerebro es lo que hace el pensamiento y que el corazón solamente late. Aún en el siglo 21 se oye la palabra “corazón lastimado (pena del corazón)” y ganándo el “corazón” de alguien; entonces la devoción al Corazón Inmaculado de María simplemente es en reconocimiento de su corazón maternal, porque ella ama a sus hijos espirituales.

La devoción del primer sábado es relativamente nueva en comparación con la devoción al Sagrado Corazón de Jesús los primeros viernes. La devoción comenzó como consecuencia de la creencia que María se le apareció a unos pastorcitos, Lucía, Jacinta y Francisco, en Fátima, Portugal, en 1917 (vea el Capítulo 19) y después a la Hermana Lucía en 1925, pidiendo que los fieles la honraran el primer sábado del mes. El sábado también es muy especial; fue en el primer Sábado Santo que María no perdió su fe, aunque acababa de enterrar a su hijo, Jesús. Su amor y fe en El la ayudó perseverar hasta su Resurrección al día siguiente.

Los católicos creen que durante la aparición en Fátima, María pidió específicamente que los católicos honraran su Inmaculado Corazón los primeros cinco sábados de cinco meses consecutivos yendo a la confesión, recibiendo la Santa Comunión, rezando cinco décadas del Rosario y meditando por 15 minutos en los misterios del Rosario como reparación por los pecados. Si lo hacen, ella prometió su intercesión maternal y sus oraciones a la hora de la muerte, cuando es la última oportunidad que tiene el diablo para llevarse un alma.

Santuarios marianos y apariciones

Los católicos creen que un santuario es un lugar sagrado, usualmente donde se llevó a cabo una aparición u otro milagro, o donde un santo haya vivido, trabajado o muerto. El santuario es donde, generalmente, los visitantes aprenden de la persona santa o del lugar. Los santuarios usualmente se conectan o se localizan dentro de una capilla o una iglesia donde los fieles pueden rezar y darle gracias a Dios, especialmente a través del Santo Sacrificio de la Misa.

Una *aparición* es cuando Jesús, María o uno de los santos se aparecen. No es una presencia física de la persona santa sino una apariencia —una imagen que se imprime en los sentidos. Esta es la razón por la que no todos ven o escuchan las apariciones o las *locuciones* (palabras interiores). Aquellos que sí lo hacen son llamados *videntes*. Los católicos no están obligados a creer en ninguna aparición en particular ya que las apariciones no son parte de la revelación pública. De hecho la Iglesia sí investiga cuidadosamente reclamos de apariciones supuestas y luego hace una de las siguientes determinaciones:

- **Es un engaño.** Alguien está fingiendo que puede ver apariciones, cuando en realidad son mentiras o trucos escénicos.
- **Causas naturales lo pueden explicar.** No existe evidencia de una ocurrencia sobrenatural. Los visionarios pueden ser personas muy santas, de oración muy intensa y sin la intención de engañar, pero no hay evidencia de una aparición milagrosa. Por ejemplo, se ven lágrimas que se derraman sobre las mejillas de la estatua de la virgen María. Luego, al mirar hacia el techo te das de cuenta de que la tubería vieja está goteando sobre la cara de la estatua.

- **El fenómeno no se puede explicar de una forma u otra.** Cualquier evidencia de una ocurrencia sobrenatural no es definitiva —demasiadas preguntas sin respuestas y muy poca evidencia, si es que la hay.
- **El diablo está trabajando.** Es un evento sobrenatural pero no tiene orígenes en el cielo En cambio, es un intento del diablo para burlarse y ridiculizar la fe.
- **Es un evento sobrenatural originado en el cielo.** La aparición o locución es creible y digna de peregrinos.

La iglesia condena cualquier engaño al igual que cualquier truco del diablo y repudia cualquiera de explicación natural. Unicamente aprueba apariciones sobrenaturales y con orígenes celestiales. Si la evidencia que rodea a una aparición no es conclusiva por ningún lado (positiva a o negativamente), entonces tampoco los peregrinos son desanimados o animados.

Aún si la Iglesia determina que la aparición tiene mérito para ser creída, los católicos no están obligados a creerla, como si son obligados a creer en las palabras del Credo de los Apóstoles (vea el Capítulo 3) o de la Sagrada Tradición. Los católicos son libres para creer o no creer en apariciones, porque ellas no son consideradas como verdades reveladas. Aunque muchos santos y papas recientes han dado su total apoyo a aquellas apariciones y santuarios que han sido determinados como legítimas y auténticos.

La mayoría de la apariciones de la Virgen han sido hechas a niños y a personas simples y humildes en la fe. Ella les pide que hagan oraciones a su hijo, que oren por los pecadores, hagan penitencia, recen el Rosario diariamente por la paz del mundo y que vivan vidas santas en obediencia a Dios. Cada vez que hay un mensaje raro o que supuestamente son revelados secretos, particularmente si alguien reclama que sabe cuándo se va a acabar el mundo, la Iglesia dice que puedes estar seguro que no es auténtico. La razón, de acuerdo a la Iglesia, es que Jesús dijo, "Pero en cuanto a la hora y el día, nadie lo sabe, ni los ángeles en el cielo, ni el Hijo, solamente el Padre" (Mateo 24, 36). Entonces, ¿por qué hablaría de ello su madre cuando Jesús no lo contestó al ser preguntado directamente?

A continuación una lista con algunos santuarios marianos famosos y/o sitios de apariciones aprobadas por la iglesia:

- **Nuestra Señora de las Nieves, Roma, Italia:** En 352 d.C. varias personas en la oración tuvieron el mismo sueño: María les dijo que les diría el lugar donde construir una iglesia en su honor a través de una nevada milagrosa. Ahora conocida como Santa María Mayor (*San María Maggiore* en italiano), es una de las iglesias donde el papa celebra Misa.
- **Nuestra Señora de Walsingham, Inglaterra:** En gratitud por un favor recibido a través de la intercesión de Nuestra Señora, una mujer adinerada construyó una pequeña capilla en su honor en 1061. Ello inspiró a muchos peregrinos, a los débiles y los fuertes, a los pobres y los adinerados, hasta que el rey Enrique VIII lo prohibió todo.

- **La Virgen Negra de Czestochowa, Polonia:** San Lucas pintó el retrato de la María, que *pudo* haber sido basado en un icono hecho por San Juan, el Discipulo Amado. El icono de San Lucas eventualmente llegó hasta Czestochowa, Polonia, donde desde 1382 ha sido entronizado. (Vea el capítulo 19 para conocer más sobre este icono.)
- **La Virgen de Guadalupe, México:** Nuestra Señora se le apareció a San Juan Diego en 1531, dejando su imagen en su tilma. Hoy, una basílica famosa en la Ciudad de México contiene esa tilma. (Vea los Capítulos 1 y 19 para saber más acerca de esta aparición.) La imagen a menudo se representa como en la Figura 14-2.
- **Nuestra Señora de La Vang, Vietnam:** En 1798, una persecución furiosa dirigida hacia los católicos hizo que buscaran refugio en el bosque. Acorralados juntos, rezando el Rosario cada noche, estos vietnamitas de fe vieron una aparición consoladora de la Madre de Dios. Posteriormente se construyo una iglesia en ese lugar.
- **Nuestra Señora de la Medalla Milagrosa, Paris, Francia:** Nuestra Señora le aparece en 1830 a Santa Catatalina Labouré, miembro de la orden de las Hermanas de la Caridad. Ella le pide a Santa Catalina que, le haga una medalla en su honor luego de haberle comunicado el diseño exacto.
- **Nuestra Señora de La Salette, Francia:** En 1846, mientras daban de pastar a un rebaño de vacas, una muchacha joven, llamada Melanie y un muchacho joven llamado Maximin, ambos nacidos en la pobreza, ven a una mujer alta que no deja de llorar. Nuestra Señora les dice, básicamente, que las personas necesitan enderezar sus caminos y necesitan empezar a orar porque si no les va a ir mal. En ese lugar existe un bello santuario alpino.
- **Nuestra Señora de Lourdes, Francia:** En 1858 Nuestra Señora, identificándose como la Inmaculada Concepción, se apareció en 18 ocasiones a una niña pobre, Santa Bernadette, pidiéndole que se le construya una capilla. En la actualidad los peregrinos traen envases para llenar con el agua milagrosa de Lourdes. En 1943 la 20th Century Fox produjo la versión de Hollywood del evento; *The Song of Bernadette* (*La Canción de Bernadette*), que ganó cuatro Premios de la Academia. (Vea el Capítulo 19 para más acerca de Lourdes, y el Capítulo 18 para más acerca de Santa Bernadette.)
- **Nuestra Señora de Knock, Irlanda:** En 1879 Nuestra Señora, San José y San Juan el Evangelista se les aparecieron a 15 católicos, humildes y trabajadores de diferentes edades. Muchos peregrinos tuvieron la experiencia de ser curados y se construyó un santuario.
- **La Virgen de Fátima, Portugal:** En 1917, pidiéndoles a todos que rezaran el Rosario diariamente por la paz del mundo, un bella señora, vestida completamente de blanco se les aparece a tres niños pastores. (Para más acerca de Fátima, vea el Capítulo 19.)

Muchas personas han afirmado ver a María, José, el niño Jesús, santos y los ángeles, pero las autoridades de la Iglesia local han determinado que casi todos ellos no son creíbles o que carecen de evidencia conclusiva. El número de apariciones alegadas y locuciones en tiempos recientes es más grande que nunca, pero pocas sobreviven la persistencia del tiempo. Un supuesto visionario hizo declaraciones raras, tales como que el papa había sido secuestrado y lo tenían cautivo, mientras que un actor se hacía pasar por él. Cualquier mensaje como este no va a recibir el apoyo del obispo local y definitivamente no va a recibir el apoyo de la Santa Sede en Roma.

El sensacionalismo, emocionalismo y los celosos extremistas pueden convencer a la gente de la veracidad de una supuesta aparición aunque la Iglesia la haya repudiado o aún no haya tomado ninguna decisión. Cuando la Escritura o Sagrada Tradición la contradicen, o cuando la desobediencia al papa es sugerida —o disensión del magisterio o falta de respeto para la jerarquía— puedes estar seguro que no es una aparición auténtica. Ocurren apariciones verdaderas, pero para ayudar, nunca para remplazar la fe cristiana. (Vea el Capítulo 2 para más acerca del magisterio.)

Figura 14-2: La representación tradicional de la Virgen de Guadalupe.

Capítulo 15

Llamando a los Santos

En Este Capítulo

- Entender el papel de los santos en la vida católica
- Examinar el proceso para declarar a un santo
- Descubrir qué es la comunión de los santos
- Celebrar durante el día de fiesta de un santo

Cuando visites Londres, podrás ver en Parliamente Square la enorme estatua en bronce de Sir Winston Churchill, un tributo al hombre a quienes muchos, dentro y fuera del Reino Unido, consideran como un héroe. En Bannockburn también verás una representación impresionante de Roberto de Bruce en armadura sobre su caballo, que ha sobrevivido el inclemente clima a través de los años; los escoceses no pueden evitar tener un cierto sentido de orgullo. De la misma manera, visita cualquier ciudad o pueblo y el 99 por ciento del de las veces podrás encontrar una estatua de algún héroe nacional o local en el centro del pueblo o ciudad.

Ese mismo sentido de orgullo y gratitud llena los corazones de los cristianos católicos cuando ven alguna estatua o imagen de uno de los santos. El catolicismo honra y recuerda a los santos como amigos y como siervos fieles de Dios. Son considerados héroes de la Iglesia al igual que son héroes Benjamín Franklin y Susan B. Anthony.

El honor dado a las personas muertas se considera apropiado y nadie es acusado de idolatría por querer admirar o visitar sus monumentos. De la misma manera, los católicos no idolatran a los santos, lo que es un pensamiento erróneo entre aquellos cristianos que no son católicos. Este capítulo te ayudará a entender el papel que juegan los santos en el catolicismo. Para leer acerca de la vida de algunos santos reconocidos, vea el Capítulo 18.

Tener un Lugar en los Corazones de los Católicos

La devoción católica a los santos no es nada más que respeto y admiración por la memoria de aquellos héroes de la iglesia que han muerto —hombres y mujeres, los cuales entregaron su voluntad y en muchos casos su vida para servir a Dios y a la iglesia según la forma de pensar de los católicos. De la misma manera que una sociedad honra a los muertos que ayudaron a hacer el mundo un lugar mejor mientras estaban vivos, los católicos honran a ciertas personas, por ejemplo —los apóstoles, los mártires, San Pedro (el primer papa), San Pablo (el primer misionero), Santa Isabel (la madre de Juan el Bautista y prima de María) y a Santa Ana (la madre de María y abuela de Jesús).

En la Iglesia Católica, solo puede llamarse santo a una persona que ya haya fallecido, aunque en vida esa persona haya llevado una vida santa. La Madre Teresa de Calcuta, por ejemplo, quien había sido reverenciada alrededor del mundo por personas de todas religiones diferentes, no se le podía dar el título de santa sino hasta después de su muerte y solamente después de una extensa investigación de su vida, *y* solamente después de que la Iglesia aprobara la existencia de milagros ocurridos indiscutiblemente por su intercesión.

En un sentido más amplio, todos aquellos que ahora están en el cielo son santos, técnicamente hablando. Los santos son personas que vivieron una vida sagrada en obediencia a la voluntad de Dios y están en el cielo por la eternidad. La clasificación o título de *santo,* sin embargo, es un pronunciamiento espiritual para que los fieles puedan estar moralmente seguros de que esa persona, en particular, está en el cielo; y las oraciones hacia el santo y las del santo son consideradas eficaces.

Muchas veces, los santos son considerados como la excepción mientras que la Iglesia los presenta como norma —o por lo menos la norma en cuanto a cómo Dios nos quiere a nosotros. De acuerdo a la Iglesia los santos no nacen santos. Los santos nacen como pecadores en el estado del pecado original (vea el Capítulo 6) y siguen siendo pecadores a través de sus vidas. Ellos no son perfectos, sin pecado e invulnerables. Diferente a los héroes de las tiras cómicas, los santos no vienen de otros planetas como Kryptón y no tienen poderes sobrehumanos. Aunque algunos pocos milagros hayan tomado lugar en conexión con algún santo, siempre es Dios quien hace los milagros a través del santo, porque los santos no tienen poderes sobrehumanos por voluntad propia.

Pecados e imperfecciones de algunos santos famosos

San Pedro, el primer papa, no fue perfecto o sin pecados. La Biblia dice que negó tres veces a Cristo (Juan 18, 17, 25 y 27), y que además debió de haber buscado ser tratado por un podíatra de la boca ya que solía meter la pata (en la boca). Hablaba antes de pensar, lo que es muy peligroso y tonto. Y a pesar de ello es santo.

Uno de los doce apóstoles originales, Santo Tomás (apodado "Tomás el incrédulo") dudó que Jesús resucitara de la muerte, y fue santo. Santiago y Juan se quedaron dormidos mientras que Jesús oraba en el jardín de los olivos, aunque él les había pedido que se quedaran despiertos y que rezaran con él. Y todavía fueron santos. Santa María Magdalena, una supuesta prostituta, se arrepintió y fue santa.

San Agustín (354–430) era un don Juan. Se emborrachaba, coqueteaba, visitaba a las prostitutas, apostaba . . . lo que se te pueda ocurrir, él lo hizo —menos asesinar. Y por 20 largos años su santa madre, Santa Mónica, rezó por él, hasta que un día él y su hijo ilegítimo Adeodato abrazaron la fe cristiana, se arrepintieron por sus pecados, se bautizaron y además entraron a la vida religiosa. Luego él se hizo obispo y finalmente santo y doctor de la Iglesia —un título que se le da a un santo de sabiduría significativa y/o a una persona quien demuestra una fe excepcional en sus escritos.

Los santos son personas comunes y corrientes. Vienen de familias normales—con padres y hermanos como cualquier otra persona. Crecieron, se enfermaron, se curaron y fueron a la escuela. Algunos se casaron, otros permanecieron solteros y algunos entraron a la vida religiosa. Algunos eran jóvenes muy apuestos y otros eran viejos y no tan apuestos. El punto es que todos los santos eran seres humanos. No nacieron con una aureola sobre su cabeza y no brillaban en la oscuridad. Lo que los separa a ellos de los que no han recibido el título es que nunca se dieron por vencidos y nunca dejaron de tratar de ser y hacer lo mejor. Los santos perseveraron. Los otros se dieron por vencidos. Los santos eran hombres y mujeres que no tenían todas las respuestas y no se les prescindió el sufrimiento simplemente porque eran personas santas. Al contrario, el tener más fe no significa que vas a sufrir menos. Si tienes fe eso significa que puedes tolerar y soportar mucho más, para el bien de Cristo, quien sufrió y murió por toda la humanidad

La *hagiografía* contemporánea, el estudio de la vida de los santos, difiere de las versiones antiguas en que buscan decir toda la verdad. Antiguas biografías de los santos tienen la tendencia a presentar historias ascépticas dejando de lado muchas de sus imperfecciones. Ocasionalmente, vas a ver un libro sobre los santos en donde los pintan como si fueran personas divinas en su santidad y su inteligencia, y casi sin pecados y defectos. Pero la Iglesia dice que ese tipo de personas nunca existieron. Los santos finalmente llegan al cielo, pero cuando estaban vivos en la tierra, cometieron errores. En vez de buscar excusas, admitieron sus faltas y cooperaron con la gracia de Dios para sobrepasar esas faltas.

En vez de ver o representar a los santos como súper héroes, el catolicismo quiere presentarlos solamente como héroes —personas ordinarias que llegaron al cielo. La idea es que si ellos pudieron hacerlo, tú también puedes. La Madre Angélica (vea el Capítulo 17), la fundadora de Eternal Word Televisión Network (ETWN) —la Red Global de la Palabra Eterna — suele decir a sus televidentes, "Dios nos llama a todos para que seamos grandes santos. No pierdas la oportunidad".

Honrar a los Buenos Amigos de Dios

A veces los católicos aparentan dar culto a los muertos porque colocan estatuas de los santos en sus iglesias y sus hogares, dirigen oraciones a ellos y también nombran las iglesias en honor a algún santo. El adorar a los muertos sería idolatría y un pecado muy serio, porque el Primer Mandamiento no permite adorar a nadie más que a Dios. Pero los católicos no adoran a los santos; ellos los honran. Las imágenes son simples recordatorios y nada más.

Ya que el Cuarto Mandamiento obliga a los fieles a que honren a sus padres, honrar a los santos tiene ese mismo tipo de respeto. Los católicos creen que la adoración solamente está reservada a Dios, pero el honor puede y debe ser dado a ciertas personas, tales como a nuestros padres y a los héroes de la fe. Todos los hombres y mujeres buenos —los hombres y mujeres santos— de la Biblia son considerados santos, lo cual significa que la Iglesia considera que ya están en el cielo, honran su memoria e invita a las personas para que traten de imitar su santidad.

La Iglesia quiere que el nombre de un santo sea usado para el bautizo o la confirmación. *Abraham, Sarah, Isaac, Noé, Rebeca, María, Isabel, José, Mateo, Marcos, Lucas y Juan,* por ejemplo, son todos aceptables. Estos son nombres de santos canonizados que son mencionados en la Biblia y que viven en el cielo. Pero el escoger un nombre, como Caín, Judas, Jezebel, o Herodías, aunque son bíblicos, no son apropiados para el bautismo o la confirmación, porque fueron villanos y no héroes. Y nombres mundanos como Corey y Morgan, que no tienen origen en un nombre de santo se recomienda que no sean usados. Por ejemplo, el nombre de Juan es el origen de Jack, y Kati es la versión corta de Katarina. A menos que un nombre cristiano sea elegido como segundo nombre, nombres mundanos no son apropiados. En muchos países europeos y latinoamericanos, el segundo nombre suele ser el nombre de soltera de la madre. A veces, en los Estados Unidos y en Canadá, el primer nombre es mundano y el segundo nombre es cristiano. Los católicos deben nombrar a sus hijos por un santo para que cuando sus hijos sean suficientemente mayores puedan enterarse acerca de los santos cuyos nombres tienen, y el niño, ojala, quiera imitar el comportamiento y la vida de ese santo. A las madres y los padres católicos les deleita que su hijo o hija trate de emular a un santo. El nombrar a un niño por un santo de la Sagrada Escritura o de la historia de la Iglesia ha sido el sello distintivo de la cristiandad hasta a finales del siglo 20. Desde entonces, nombres raros y esotéricos se han hecho comunes y corrientes.

Todo Tiene que Ver con la Intercesión

El rezar a los santos también suele ser malentendido. Tradicionalmente el Catolicismo tiene cuatro tipos de oraciones:

- **Adoración:** El acto de alabar a Dios
- **Contrición:** El acto de pedirle perdón a Dios
- **Petición:** El acto de pedirle un favor a Dios
- **Acción de gracia:** El acto de agradecerle a Dios

Es posible que esto te sorprenda, pero solamente la adoración está reservada exclusivamente para Dios. Piénsalo así: de igual manera que una persona puede decirle a Dios que se siente arrepentido por haber pecado, también pueden disculparse con otra persona humana haberle ofendido o herido. De la misma manera, la persona puede dar "¡Gracias!" a Dios o a otra persona. Igualmente, hacer conocer a un santo tu petición es pedir a ese santo que ore por ti. No es adoración, porque no se le está dando culto al santo. Se le está pidiendo un favor: "¡Por favor, reza por mi!"

A menudo, la respuesta de aquellos que no son católicos es que Jesucristo es el único mediador entre Dios y la humanidad, por lo que pedirle un favor a un santo es innecesario, y ningún ser humano puede duplicar, reemplazar, o mejorar lo que Cristo el Mediador hace. Esto también es cierto desde la perspectiva católica. Pero, la Iglesia añade que cuando lees la Biblia, ves a personas pidiéndole favores a Jesús de parte de otros. Es que cuando una persona pide un favor a una persona de parte de otra persona ausente, eso es interceder por la petición del otro.

Somos familia

En la Biblia, una madre le rogó a Jesús que echara fuera los demonios de su hija (Marcos 7, 25–30). La iglesia sostiene que Jesús, siendo Dios y hombre, ya sabía que lo que le agobiaba a la hija era un demonio, por lo tanto no necesitaba que la madre se lo dijera. Pero le permitió a la madre que se involucrara y que pidiera ayuda para su niña.

De la misma manera, la Iglesia cree que Jesús no necesita que los santos le digan nada, pero él permite a la gente que le pidan a los santos. ¿Por qué? Porque la humanidad es una familia entera, todos hechos a imagen y semejanza de Dios, todos hijos de Dios y todos hermanos y hermanas en Cristo, con Jesús siendo el hermano. Y los muertos cuyas almas están con Dios todavía son parte de la familia de la humanidad y todavía están conectados a todos nosotros en la tierra.

Por ejemplo, unos padres llegaron donde Jesús y le dijeron que su niña estaba enferma. Estos padres estaban intercediendo ante Jesús en nombre de su hija (Mateo 15, 22, Marcos 5, 23 y 7, 26, y Lucas 8, 41–42). Y cuando el soldado romano se le acercó a Cristo e intercedió por su sirviente (Mateo 8, 5–6), Jesús sanó a su sirviente. El no le dijo al soldado o a los padres de la niña enferma, "Diles que vengan ellos directamente a mí y que me pidan que les ayude. Ellos no necesitan de su intercesión". Sin embargo, después que esas personas le hicieron la petición en nombre de otros, las peticiones fueron otorgadas porque ellos demostraron fe.

Si un santo le pide un favor a Dios de tu parte, se llama *intercesión.* La palabra viene del latín *intercedere,* que significa rogar de parte de otra persona — actuar como un partidario, especialmente por un favor para otra persona. Estos intercesores todavía están usando el único mediador, Jesucristo, porque van directamente a él. ¿Recuerdas cuando le pedías a tu mamá que le preguntara algo a tu papá acerca de una petición que tenías? Eso era el acto de usar a tu mamá como intercesora.

Entonces, orar a María o a los santos por su intercesión es simplemente pedirle a María o al santo que le pidan ayuda a Jesús. Los católicos creen que cualquier respuesta o contestación viene de Dios, aunque el santo le haya llevado el problema a Jesucristo. ¿Cuál es el punto final? Que los católicos les pidan a los santos que oren por ellos no significa adoren a los santos.

Algunas personas preguntan, "¿Para qué rezarle a María o a un santo cuando puedes ir directamente a Dios?" La respuesta es que los católicos nunca *tienen* que rezarle a un santo. Ellos siempre pueden ir directamente a Dios. El catolicismo no dice que la intercesión de los santos es necesaria u obligatoria, pero es posible. Si los fieles pueden pedirle a los vivos de la tierra que oren por ellos, de la misma forma pueden pedirles a los santos que oren por ellos.

La Iglesia cree que la única ocasión en que las oraciones de los que ya son difuntos no tienen efecto, es cuando esos muertos están condenados en el infierno. La parábola del Evangelio del hombre rico (tradicionalmente conocido como *Dives,* que es *rico* en latín) y el hombre pobre, Lázaro, termina con el primero en el infierno y el segundo en el cielo (Lucas 16, 19–31). Dives preguntó al "Padre Abraham" si Lázaro le podía ayudar. Lázaro no podía ayudarle, porque el hombre rico estaba en el infierno. El Catolicismo enseña que la separación entre el cielo y el infierno no se puede romper. Pero la frontera entre el cielo y la tierra es diferente porque todavía estamos vivos.

Reconocer a un Santo

Antes que nada, queremos hacer una aclaración. La Iglesia Católica no *crea* a los santos como Hollywood hace estrellas de cine. De igual forma, las personas pueden hacer galletas con pedazos de chocolate o un cannoli italiano, pero no pueden hacer santos. Pero lo que sí hace, la Iglesia es *reconocer* a los santos.

Los católicos dicen que los santos son hombres y mujeres que llevaron vidas virtuosas obedeciendo la voluntad de Dios, y se hicieron santos en el momento de entrar al cielo. Para llegar al cielo se necesita fe, esperanza y caridad —las tres virtudes teologales que se otorgan durante el bautismo. Una persona tiene que tener fe y esperanza en Dios y debe amar a Dios para poder ir al cielo.

El proceso de ser declarado un santo es antiguo, tradicional y muchas veces misterioso. Todos los que están en el cielo son santos, pero saber si una persona en particular está en el cielo, es cosa diferente. Tiene que presentarse evidencia para poder persuadir a los oficiales de la Iglesia de que la persona en cuestión vivió una vida virtuosa, tenía fe y tenía el apoyo y el auxilio de Dios. La Iglesia también considera a los milagros como evidencia de que Dios está actuando a través de esa persona. (Vea el recuadro "Milagros verdaderos"; en este capítulo.)

Se lleva a cabo una investigación meticulosa, y después de cumplir con criterios estrictos, el caso llega al escritorio del papa. El sólo decide quién está adentro y quién está afuera. Al decir eso, no queremos decir que el papa decide quién *es* un santo. Eso es juicio que solamente Dios puede hacer. Queremos decir que el papa, como la autoridad suprema de la Iglesia, tiene la autoridad para decidir quién es *reconocido* santo públicamente en todas las

Iglesias del mundo y obtiene un lugar en el calendario; es decir, tiene un día de fiesta. Para más acerca de los días de fiesta, vea el Capítulo 8.

¿Eres Santo?

¿Por qué no pensar que puedas ser santo? Es posible que lo seas pero no lo sabes. (Los santos frecuentemente son almas humildes.) Por ahora solamente vamos a imaginar que lo eres. Imagina que te moriste por lo menos hace cinco años atrás y has entrado al cielo después de haber vivido una vida ejemplar en la tierra. Mirando hacia abajo, ves que tus parientes, amigos, y hasta personas que casi no te conocían están en un bullicio, porque están convencidos de tu santidad y reconocen que fuiste especialmente virtuoso durante tu vida y un poco místico. Ahora que estás difunto, están presionando un poco a tu pastor para que presente tu caso ante el obispo. Tienen que llevarse a cabo pasos específicos para poder declararte santo, póstumo por supuesto, en la Iglesia Católica:

1. **Siervo de Dios:** Al momento en que se abre tu caso para consideración, eres llamado siervo de Dios.
2. **Venerable:** Después que la Congregación Vaticana para las Causas de los Santos determine que sí viviste una vida de virtud heroica eres lamado venerable. *Virtud heroica* no significa que eras perfecto o sin pecado, sino que trabajaste arduamente para mejorarte espiritualmente y que nunca te diste por vencido en cuanto a tu mejoramiento y crecimiento en santidad.
3. **Beato:** Después que la iglesia comprueba un milagro, tu causa es presentada al papa para ver si eres digno de ser llamado *beato*. Este paso es llamado *beatificación* y es el penúltimo paso.
4. **Santo:** Otro milagro y tu causa es presentada de nuevo ante el juicio del papa. Si él determina que hay evidencia clara y que reportes contrarios no son creíbles, él puede iniciar el procedimiento para la canonización. Si todo va bien, serás reconocido públicamente como un santo.

Desde el punto de vista católico, uno no tiene que ser canonizado como santo para ser un santo. Mil millones de personas en el cielo son santos, lo único es que no han sido reconocidos públicamente como santos. Santos canonizados solamente son aquellos quienes se conocen, han demostrado, son reconocidos y públicamente se honran por su santidad. Tu abuelo o abuela en el cielo no necesariamente han sido canonizados, pero son santos al igual que San Pedro, San Pablo, Santiago y San Juan. No tienen día de fiesta, no hay estatuas de ellos en la iglesia, no hay ninguna tarjeta sagrada con su cara impresa y no existen iglesias con su nombre, pero aún son santos. Están en el cielo y en paz, así es que no están deprimidos de que Santo Domingo y San Francisco de Asís tengan iglesias, escuelas y órdenes religiosas nombradas en su honor. El catolicismo enseña que en el cielo no existen los celos, los lamentos ni las desilusiones.

La investigación

El primer paso a la beatificación y finalmente a la canonización empieza con una investigación. Solamente las personas cuya existencia puede ser verificada y cuyas vidas pueden ser examinadas son posibles candidatos para la canonización. Figuras legendarias del pasado no califican si no hay prueba de haber vivido en esta tierra. Tampoco ninguna persona viva puede ser declarada venerable, beato o santo, ya que esos títulos están reservados para las almas en el cielo.

Revisando sus antecedentes

Normalmente, pasados de 5 a 50 años después de la muerte se hace una petición formal para abrir el caso. Esta petición es presentada al obispo local del lugar donde falleciste. El grupo que hace la petición se llama el *Actor Causae* y usualmente se compone de personas de tu parroquia, diócesis, comunidad religiosa u organización con la cual estuviste asociado, afiliado, o conectado mientras estabas vivo.

Todos son llamados a la santidad

Dado que cada hombre y mujer ha sido creado a imagen y semejanza de Dios, y hecho hijo adoptivo de Dios por el bautismo, entonces todos los seres humanos son llamados a la santidad. A mediados de la década de 1960, el Concilio Vaticano II (vea el Capítulo 8) habló del llamado Universal a la Santidad. Sin embargo 30 años antes, San Josemaría Escrivá, el fundador de Opus Dei, enseñaba que Dios quiere que todas las personas vivan vidas santas, ya sean clérigos o laicos, hombre o mujer, niño o adulto, joven o anciano.

Escrivá solía hablar acerca de la santificación del trabajo cotidiano, queriendo decir que una persona puede transformar lo mundano y a veces quehaceres fastidiosos en Obra de Dios (Opus Dei en latín). Todos pueden y deben santificarse en su trabajo cotidiano. El señaló (al igual que San Francisco de Sales, Santa Teresa de Lisieux y otros escritores espirituales) que la familia sagrada de Jesús, María y José, pasaron la mayor parte del tiempo haciendo labores ordinarias. San José trabajó como carpintero, y no era un trabajo fácil de las nueve a las cinco de la tarde. María pasaba el 80 por ciento del día cocinando, haciendo compras, limpiando, cosiendo, lavando la ropa y haciendo otros quehaceres del hogar. Y el mismo Jesús trabajó, hasta que cumplió 30 años, primero ayudando a su padre y luego él mismo como carpintero, al punto que en la Biblia lo llamaron carpintero (Marcos 6, 3). Escrivá enseñaba que, porque Jesús, María y José no pasaban todo su tiempo en el Templo o de rodillas rezando, la santidad no consiste solamente en hacer cosas sagradas o ir a lugares sagrados. La santidad significa ser santo y eso es estar unido a Dios.

Ser un buen chico o una buena chica no es suficiente. Tuviste que demostrar una virtud heroica y ejemplar —que fuiste más allá de lo que se esperaba y era necesario y que haya sido hecho más para servir a Dios, la Iglesia y a tu prójimo No tuviste que ser perfecto o completamente sin pecado. Los católicos creen que nadie excepto Dios es perfecto. Por ejemplo, la Biblia habla del buen ladrón, San Dimas, quien fue crucificado al lado de Jesús el viernes santo. Jesús le prometió, "Este día estarás conmigo en el Paraíso" (Lucas 23, 43). San Dimas fue un pecador, pero él se arrepintió y buscó la misericordia divina y el perdón de Dios. De todas maneras, como candidato para la beatificación, debías haber llevado una vida ejemplar. El propósito del proceso no es para que entres en el cielo, sino para que se reconozca que tú ya estás ahí y que tu vida es digna de ser imitada.

Usualmente, un número de personas que han vivido y trabajado contigo quieren atestiguar de tu santidad personal y la influencia que tuviste en muchas otras vidas. No bastan una o dos personas. El obispo local debe decidir si hay suficiente interés inicial, evidencias y si existe la posibilidad de completar el proceso, antes de solicitar a Roma la apertura de tu causa. Si el argumento del grupo es persuasivo y la evidencia es conmovedora, el obispo pide permiso a Roma y a la Congregación para las Causas de los Santos, y al ser aprobado, él forma un tribunal especial para investigar tu causa.

Durante este período, se llaman a testigos que puedan verificar o negar tu vida pública. ¿Viviste una vida virtuosa o una llena de escándalo? ¿Practicaste tu religión con regularidad o eras flojo? ¿Trataste a otros con amor y respeto o con desprecio y poca estima? Ejemplos concretos de cómo mostraste las virtudes teologales de la fe, la esperanza y la caridad —al igual que las virtudes cardinales o morales de la prudencia, justicia, fortaleza y templanza— han de ser comprobados a través del testimonio oral o escrito. Si son presentados suficientes testigos y documentación entonces pasas a ser llamado un Siervo de Dios.

Una investigación detallada

Ocurren tres niveles de investigación:

- Se recaba información sobre tu vida, reputación y actividades mientras estabas vivo
- Se pide prueba de que nadie te haya proclamado o te esté honrando como santo antes de haber sido declarado oficialmente
- Se hace una cuidadosa investigación de tus palabras, sean escritas u orales (transcripciones)

Los milagros no son necesarios en este momento, pero si se cree que hubo un milagro durante tu vida y/o después de tu muerte, es anotado en esta primera etapa de la investigación.

Después que la investigación diocesana es enviada a Roma, el siguiente paso, llamado el *Proceso Apostólico,* es traducir el documento al italiano, porque los cardenales y otros teólogos expertos viven en Italia, no en el país donde tuvo origen el caso. Una vez que la documentación ha sido traducida se presenta un resumen, llamado el *Positio,* a la Congregación para las Causas de los Santos. Nueve teólogos examinan minuciosamente la evidencia y la documentación. Si la mayoría están de acuerdo entonces se eleva a un comité de cardenales y obispos quienes se reúnen dos veces al mes y trabajan en la Congregación. Si ellos lo aprueban, el Prefecto de la Congregación concede permiso para que el título de *venerable* sea asociado a tu nombre. Si por lo menos un milagro ha sido atribuido a tu intercesión entonces el Prefecto presenta el caso ante el papa para su juicio personal. Solo él decide si eres declarado beato (beatificación). El papa hace su declaración en la Misa celebrada en tu honor.

Si fuiste martirizado por la fe —asesinado a causa de tu religión o porque te negaste a renunciar a Cristo o la Iglesia— entonces no se necesita un milagro antes de la beatificación. Si falleciste de causas naturales y no fuiste martirizado, entonces se requiere un milagro *después de muerte,* antes de la beatificación. Si se puede comprobar que otro milagro ocurrió después de la beatificación, entonces la causa es presentada al papa de nuevo para ser considerada la canonización, luego de la cual, finalmente, se te puede llamar ¡santo! De nuevo, él hace su declaración en una Misa en Roma o en el país donde viviste y falleciste. La canonización de un santo es considerada una función de la *infalibilidad papal* (vea el Capítulo 2), porque es sumamente importante que los fieles den veneración pública y honor solamente a aquellos quienes ciertamente están en el cielo.

Los milagros importan

Todos los milagros necesitan ser documentados y autenticados; solo los testigos no son insuficientes. Médicos expertos, científicos, psiquiatras y teólogos son consultados y se les da la evidencia para recibir su opinión profesional. Si una explicación científica, médica o psicológica existe para lo que parecía ser un milagro, entonces no es un milagro auténtico. Solamente los fenómenos inmediatos, espontáneos e inexplicables son tomados en consideración como un milagro auténtico. Un grupo de doctores italianos *(Consulta Médica)* examina los milagros de curación. Algunos de los doctores no son católicos y otros sí lo son, pero todos son médicos competentes y reconocidos. Ellos no declaran un milagro de curación, sino que dicen, "No podemos encontrar explicación médica o científica para la curación".

Además de las curaciones milagrosas, el comité examina otros fenómenos:

- **La incorruptibilidad:** Si mucho tiempo después de que el santo haya muerto, el cuerpo se encuentra sin descomposición al ser exhumado. La Iglesia considera a Santa Catalina de Siena como un ejemplo de eso. Ella murió en 1380 y 600 años después, sin haber sido embalsamada, su piel no se había descompuesto.

- **La liquefacción:** La sangre seca de un santo, muerto hace tiempo, milagrosamente se licúa en el día de su fiesta. La Iglesia considera a San Genaro (*San Gennaro* en italiano; 275?–305), el santo patrón de Nápoles, como un ejemplo. De acuerdo a la Iglesia, un frasco que contiene su sangre se licúa cada año en el 19 de septiembre.
- **El olor de santidad:** El cuerpo de un santo exuda un olor dulce, como rosas, en vez de olor usual fuerte de descomposición. La Iglesia pone a Santa Teresa de Ávila (1515–82) como un ejemplo. La Iglesia cree que su sepulcro exudó un olor dulce por nueve meses después de su muerte.

Además, durante la vida del santo, algunas cosas milagrosas pudieron haber sucedido:

- **La Levitación:** El santo flota en el aire sin la ayuda del mago famoso David Copperfield. Un ejemplo es San José de Cupertino (1603–1663), que, según la iglesia, se levitaba a menudo durante el rezo.
- **La bilocación:** El santo está en dos lugares al mismo tiempo. Según la Iglesia, el Padre Pió (1887–1968) fue visto y oído en dos lugares diferentes al mismo tiempo, a pesar de encontrarse a distancias muy grandes. (Para más acerca del Padre Pío, vea el Capítulo 18.)
- **Las estigmas:** El cuerpo del santo está marcado con las cinco heridas de Cristo en ambas manos, ambos pies y en su costado. Estas heridas suelen sangrar durante la Misa y luego se detienen. Después de muerte, las estigmas desaparecen. La Iglesia cree que Padre Pío (1887–1968) y San Francisco de Asís (1181–1226) fueron bendecidos con los estigmas. (Para encontrar más acerca de San Francisco de Asís, vea el Capítulo 18.)

La Iglesia cree que no todos los santos tuvieron estas raras experiencias, pero las experiencias de aquellos sí las tuvieron se han probado como auténticas e inexplicables por la ciencia moderna.

La beatificación y la canonización

El acto mismo de la beatificación, por el cual se le declara *beato* a la persona, o de la *canonización,* que es reconocer oficialmente a un santo, usualmente se lleva a cabo en la Plaza de San Pedro afuera del Vaticano y la Basílica de San Pedro. En el 2001, casi medio millón de personas asistieron a la Misa, al aire libre, con motivo de la canonización del Padre Pío. Cuando Monseñor Josemaría Escrivá fue canonizado, cuatro meses después, 300,000 personas se hicieron presentes.

Milagros bona fide

En marzo del 1981, Maureen Digan de Roslindale, Massachussetts, viajó al sepulcro de Santa Faustina (1905–1938) en el Santuario de la Divina Misericordia, ubicado en las afueras de Cracovia, Polonia. Desde muy joven, Maureen sufría de una enfermedad incurable llamada la enfermedad de Milroy, un tipo de lymphedema. Ya le había tomado una de sus piernas y los doctores recomendaron amputar la restante. Ante el sepulcro de Santa Faustina, Maureen pidió su intercesión e inmediatamente sintió que se le fue el dolor y que la hinchazón en su pierna se reducía. Cuando los doctores la examinaron dijeron que la enfermedad de Maureen, la cual no tenía cura, había desaparecido. Después de exámenes exhaustivos hechos por médicos profesionales, la Iglesia declaró la curación como un milagro realizado por la intercesión de Santa Faustina.

En 1995, el padre Ron Pytel de Baltimore, Maryland, sabía que tenía un problema. Sus doctores descubrieron una gran acumulación de calcio en su válvula aórtica. A consecuencia de ella el ventrículo izquierdo de su corazón se había dañado gravemente, una condición que se cura raramente, y que de suceder, ocurre en el transcurso de muchos años. En junio de 1995, Pytel tuvo una cirugía para cambiar la válvula aórtica por una artificial, pero el daño a su corazón era otro problema. Después de su primer chequeo regular, dos meses más tarde, el pronóstico no era bueno. El Dr. Nicholas Fortuin, cardiólogo reconocido por todo el mundo del hospital John Hopkins en Baltimore, dijo que el corazón del Pytel nunca volvería a la normalidad y que el sacerdote de 48 años prácticamente no iba a poder regresar a sus deberes como sacerdote. El 5 de octubre de 1995, en el 58vo aniversario de la muerte de Santa Faustina, durante un servicio de sanación, Pytel le rezó a Santa pidiéndole su intercesión. Después de haber venerado a su reliquia cayó al suelo y se sintió incapaz mover alrededor de 15 minutos. En su siguiente chequeo regular, el doctor de Pytel no podía explicar la condición del corazón del sacerdote. Había regresado a su condición normal. Científicamente no tenía explicación. Los teólogos de la Congregación para las Causas de los Santos de la Iglesia, dijeron el 7 de diciembre que la curación había sido un milagro. Una semana después un panel de cardenales y obispos dieron su aprobación por unanimidad.

Algunas veces el papa beatifica y canoniza a la persona en el país donde vivió y murió, como en el caso de San Juan Diego. El era un indio azteca, al que se le apareció la Virgen de Guadalupe, el año 1531 en México. En su caso, 12,000 personas se hicieron presentes en la Basílica en la Ciudad México, mientras unas 30,000 personas más esperaban afuera, siguiendo la ceremonia a través de monitores.

Ya que la Misa es la forma más alta de alabanza para los católicos y la Santa Eucaristía es el cenit del catolicismo, entonces es muy lógico que el papa, como cabeza suprema de la Iglesia universal, beatifique o canonice a un santo dentro del contexto de la Misa.

Después leerse la historia de la vida del santo, en voz alta, el papa canta lo siguiente en latín. Para una canonización, se canta según se muestra aquí; para una beatificación, la palabra *beato* substituye a *santo:*

> En honor de la Santísima Trinidad, para exaltación de la fe católica y crecimiento de la vida cristiana, con la autoridad de Nuestro Señor Jesucristo, de los santos apóstoles Pedro y Pablo y la nuestra, después de haber reflexionado largamente, invocado muchas veces la ayuda divina y oído el parecer de numerosos hermanos en el episcopado, declaramos y definimos Santo al beato N. [por ejemplo, el *Beato Josemaría Escrivá* o *Beato Pío* o *Beato Juan Diego]* y lo inscribimos en el Catálogo de los Santos, y establecemos que en toda la Iglesia sea devotamente honrado entre los Santos. En el nombre del Padre y del Hijo y del Espíritu Santo. Amén.

Durante la beatificación, en este instante, a la persona se le reconoce como *beato.* Durante la canonización, en este instante, se le reconoce como santo. Luego un enorme tapiz, más grande que el tamaño natural, con la imagen del beato o del santo se desdobla para que los fieles lo puedan ver y admirar.

La Comunión de los Santos

Parte del Credo de los Apóstoles dice, "Yo creo en . . . la comunión de los santos". Las personas a veces nos preguntan, "¿Qué quiere decir eso? ¿Son personas santas recibiendo la Santa Comunión?" La respuesta es sí y no. El término *comunión de los santos* (en griego *hagion koionian*) tiene un significado muy amplio. Se refiere al compañerismo o la comunidad que existe entre todos los miembros de la Iglesia. Tradicionalmente son identificados tres niveles:

- **La Iglesia Triunfante:** Los santos en el cielo
- **La Iglesia Militante:** Los creyentes en la tierra
- **La Iglesia Purgante:** Las almas en purgatorio

El catolicismo enseña que la muerte no puede cortar los vínculos que unen a los miembros de la Iglesia, porque el alma es inmortal y solamente puede morir el cuerpo. De esa forma los católicos creen que los vínculos y las conexiones que los unen en vida continúan aún en la muerte. Los queridos difuntos todavía están conectados a los vivos y todavía quieren a los vivos al igual que todavía quieren a los muertos. Aunque el cuerpo esté muerto, el alma inmortal todavía está muy viva y en existencia.

La Iglesia cree que la comunión de los santos se expresa completamente y puede ser experimentada durante el Sacrificio de la Misa —especialmente en la Consagración y en la Santa Comunión. La Iglesia cree que el cielo y la tierra están unidos al mismo tiempo. Los santos en el cielo, los creyentes en la tierra y las almas del purgatorio, todos están íntimamente conectados y unidos en la Misa, porque el poder de Jesucristo los une en primer lugar.

Los santos en el cielo

Los Iglesia Católica cree que los santos son seres humanos ordinarios, comunes y corrientes—con fallas y fracasos, talentos y dones, vicios y virtudes— quienes llegaron al cielo no porque fueron perfectos si no por la perseverancia. Tal como decía a menudo la recién difunta Madre Teresa de Calcuta, "No somos llamados a ser exitosos; Dios nos llama, a cada uno, para que seamos fieles". Los católicos creen que esto significa que los santos eran pecadores que nunca se dieron por vencidos y nunca renunciaron a Dios. Nunca dejaron de tratar de superarse y hacer algo mejor.

En términos de la comunión de los santos, la *Iglesia Triunfante* se refiere a todos los santos que están en el cielo. Y el catolicismo enseña que el que los santos estén en el cielo, no quiere decir que han dejado de amar a sus familias y a sus amigos que todavía están vivos en la tierra.

El cielo se describe en el Catecismo como la comunión de vida y amor con la Santísima Trinidad (Dios Padre, Dios Hijo, y Dios Espíritu Santo), la Bienaventurada Virgen María y todos los ángeles y los santos. No solo estoy llegando al paraíso sino a mucho más. El cielo es nuestro hogar espiritual y el hogar es donde viven nuestras familias, en este caso, la familia de Dios. Jesús dijo, "En la casa de mi Padre hay muchas habitaciones. Si no fuera cierto, yo no les hubiera dicho que voy a prepararles un lugar Y cuando me vaya a prepararles un lugar, regresaré y los llevaré conmigo, para que puedan estar donde yo también estoy" (Juan 14, 2–3).

Los católicos creen que el ir al cielo es ir a tu hogar y a cumplir tu destino, porque fuiste creado para conocer, amar y servir a Dios en este mundo de modo que puedas estar feliz con El en el próximo. Pero el cielo también es una gran reunión de familia donde te encontrarás con todos tus seres queridos difuntos que fueron al cielo antes tuyo. Imagina que vas a ver a tus abuelos, padres, hijos, hermanos y hermanas, primos y suegros, sin dejar de mencionar a todas las personas famosas de la historia como Adán y Eva, Abraham, Moisés, José etcétera. El gozo y la alegría de estar junto a aquellos quienes tu quieres y quienes te quieren a ti no es nada, sin embargo, en comparación a la dicha y éxtasis que el alma experimenta al ver a Dios cara a cara (llamada la *vision beatífica*), porque El es toda verdad, bondad y santidad. El cielo es fantástico, maravilloso y deseable; los seres humanos deberían querer ir a él más que cualquier otra cosa en el universo. Los católicos creen que toda persona debería estar dispuesta a hacer lo que sea para llegar ahí; eso significa que el amar y obedecer a Dios es obligatorio.

De acuerdo a la Iglesia Católica, cuando una persona—hasta un bebé o un niño pequeño— se muere no se convierte en un ángel sino en un santo. La Iglesia cree que los ángeles son seres distintos de los hombres.

Los creyentes de la tierra

La tercera escala de la comunión de los santos se llama la *Iglesia Militante*, los creyentes en la tierra. Y ellos siempre están unidos en una forma mística a la Iglesia Triunfante, los santos en el cielo, y la Iglesia que Sufre, las almas en purgatorio.

¿Hay angeles entre nosotros?

Los ángeles son espíritus puros mientras que un hombre y una mujer tienen cuerpos y almas. Los ángeles fueron creados antes que la humanidad, y algunos de ellos pecaron y fueron enviados al infierno para toda la eternidad. Estos ángeles caídos de gracia se les conoce como diablos y demonios. Lucifer era un ángel, pero después de su caída es conocido como Satanás o el diablo. La mayoría de los ángeles permanecieron obedientes a Dios. Santo Tomás de Aquino (vea el Capítulo 18) describe a nueve coros o grupos de ángeles en su Suma Teológica, basado en la Sagrada Escritura (Colosenses 1, 16 y Romanos 8, 38) y en la Sagrada Tradición. La lista siguiente los presenta en orden, del más alto al más bajo:

- **Serafines:** Isaías 6, 2
- **Querubines:** Génesis 3, 24
- **Tronos:** Colosenses 1, 16
- **Dominaciones:** Colosenses 1, 16
- **Virtudes:** Ephesians 1, 21
- **Potestades:** 1 Pedro 3, 22
- **Principados:** Romanos 8, 38
- **Arcángeles:** 1 Tesalonicenses 4, 16
- **Angeles:** Romanos 8, 38

Los ángeles guardianes son espíritus que Dios ha mandado para vigilarte y cuidarte. La creencia en los ángeles guardianes se basa en Mateo 18, 10: "Mira, no desprecies de uno de estos pequeños; porque te digo que en el cielo sus ángeles siempre guardan el rostro de mi Padre quien está en el cielo." Algunos ángeles, como los arcángeles Miguel, Gabriel, y Rafael son mencionados en la Biblia. Otros ángeles como Uriel, Jofiel, Camael, Zadkiel, y Jofkiel solamente están mencionados en lo que el Catolicismo llama la Apócrifa o lo que el protestantismo llama la Pseudoepigrafía. Vea el Capítulo 3 para más acerca de la Apócrifa y de la Pseudoepigrafía.

El Concilio Vaticano II describe a los fieles vivos en la tierra como el pueblo peregrino. La Iglesia cree que aquellos quienes todavía viven en la tierra están peregrinando hacia la tierra prometida del cielo.

San Agustín (354–430) dijo que los creyentes son ciudadanos de la Jerusalén Celestial mientras que temporalmente viajan a través de la Babilonia terrenal.

En este caso, la palabra *militante* no es usada para expresar que los católicos están en guerra con los protestantes, judíos o musulmanes. El término *militante* se refiere a una *guerra espiritual* contra el pecado y el diablo. Los católicos creen que su prójimo es su aliado, no su enemigo. Los verdaderos enemigos son el diablo y el pecado. La confirmación hace de los fieles Soldados de Cristo, quienes luchan contra la avaricia, la envidia, la ira, la lujuria, el orgullo, la pereza y la glotonería, al igual que el prejuicio, el racismo, el antisemitismo, el odio, la violencia, el terrorismo, el aborto, la eutanasia, la pornografía, el abuso físico/emocional/sexual, el abuso de niños, etcétera. La Iglesia cree que pecados son los enemigos de Dios y de la humanidad y de esa manera la Iglesia Militante lucha contra el vicio y el error mediante las armas de la gracia y la verdad —no con pistolas, tanques y misiles. La batalla espiritual es por nuestras almas —para rescatarlas del pecado y del mal.

Las almas del purgatorio

El purgatorio suele ser malentendido en la doctrina católica. No es considerado una cárcel espiritual o el infierno con libertad condicional. Y el catolicismo no enseña que todos vayan al purgatorio La Iglesia cree que muchas personas son purificadas o purgadas, de ahí el término *purgatorio,* en esta vida. Por ejemplo, la Iglesia cree que muchas personas inocentes quienes sufren de enfermedad, pobreza o persecución ya están viviendo su purgatorio y cuando mueran, probablemente, vayan directamente al cielo. Lo mismo se puede decir de las personas que viven una vida excepcionalmente buena y santa —para quienes no hay necesidad del purgatorio. Pero la Iglesia cree que los demás, aquellos que no son tan malos que merezcan ir al infierno, tampoco *son* lo suficientemente buenos para entrar directo al cielo sin necesidad de alguna introspección y purificación.

La doctrina verdadera consiste en la convicción de que la misericordia y la justicia de Dios tienen que permanecer intactas y ser mantenidas. La misericordia divina de Dios se refiere al hecho de que él perdona a cualquier pecador en tanto que el pecador se arrepienta verdaderamente y que esté contrito. Sin embargo, la justicia de Dios es que lo bueno sea recompensado y lo malo sea castigado. Los católicos creen que el purgatorio trae balance y completa a la justicia mientras que da cabida a la misericordia. Ellos creen que el *purgatorio* no es un lugar sino un estado espiritual del alma en la cual es purificada antes de entrar al cielo. Conocido como *La Iglesia que Sufre,* las almas que están en el purgatorio definitiva y absolutamente van a entrar al cielo, pero todavía no.

¿Adónde está el infierno?

El hombre antiguo creyó que el infierno era subterráneo, en el centro de la tierra, donde estaba caliente. Estaba basado en la noción errónea de que la tierra era el centro del universo. Cuando la ciencia probó que el sol era el centro de la sistema solar, ¿entonces qué? Pues, la Biblia y la Sagrada Tradición nunca definieron la localización exacta del infierno. Dios creó el infierno como lugar para encarcelar al diablo y a todos los ángeles malos que se rebelaron contra El, pero ya que los ángeles son espíritus puros y no tienen ningún cuerpo que ocupen espacio, entonces el infierno no es un lugar físico. Es tan verdadero como el cielo o purgatorio, pero no se puede viajar a el, del mismo modo que una nave espacial no puede llevarte al cielo (aquí cielo se refiere al lugar santo).

La esencia del infierno no es un millón de grados de calor procedente del fuego sino del calor que viene de odio y de la amargura. El infierno es un lugar solitario y egoísta en el que no importa quién o cuántas almas contiene, a nadie le importa nada más sino a si mismo. Es aislamiento completo así como tormento eterno y esa es la razón por la que cada uno debe desear evitarlo a todo costa. El cielo, por otro lado, es un lugar de la felicidad y de alegría, porque todos allí se conocen y se aman, y sobretodo, debido a lo que se llama la visión beatífica —que es estar cara a cara con Dios por toda la eternidad. El estar en la presencia del Ser Supremo quien es pura verdad y toda bondad debería ser lo que desea cada persona.

Piénsalo de esta manera: Juan y Miguel nacieron el mismo día y ambos murieron el mismo día. A Juan le gustaban los juegos de apuesta, bebía mucho alcohol, era un mujeriego, deshonesto, perezoso, y no era confiable. Miguel, a su vez, pasó su vida en obediencia a los Diez Mandamientos, practicando la virtud y amando a Dios y a su prójimo. Antes de morir Juan se arrepintió de sus viejas costumbres y aceptó al Señor en su corazón. ¿Deberían Juan y Miguel entrar al cielo a la misma vez? El catolicismo enseña que no. La Iglesia cree que la muerte de Jesús les permite a todos la posibilidad del cielo y su misericordia trae el perdón, pero su justicia requiere que lo bueno sea recompensado y lo malo sea castigado —en esta vida o en la próxima. Si un hombre lucha toda su vida por ser bueno mientras que el otro vive una vida de egoísmo, avaricia y comodidad, no pueden ambos entrar por las puertas del cielo a la misma vez.

El purgatorio es más que un castigo temporal para el pecado. También es la limpieza del apego al pecado. El *purgatorio* purifica al alma antes de la gran entrada del alma al cielo.

Es posible que te ayude pensar en el purgatorio en términos de una gran operación para salvar una vida. Imagínate que un doctor hace una cirugía en el corazón o el cerebro de alguien para removerle un tumor canceroso. La cirugía logra su objetivo pero las heridas necesitan sanar y la incisión debe ser limpiada y vendada de nuevo. El purgatorio es como la segunda parte de la recuperación —la curación, la limpieza y el vendaje. La creencia es que la maldad del pecado le es revelada a la persona para que pueda rechazar total y absolutamente hasta el más pequeño de los pecados.

Muchas veces después de cometer un pecado las personas se sienten mal y se arrepienten. Los católicos confiesan sus pecados y creen que Dios los perdona en el sacramento de la penitencia. Sin embargo muchas veces las personas todavía tienen memorias placenteras de esos pecados. Están arrepentidos de haber cometido esos pecados, pero a la vez también tienen memorias agradables —todavía queda algo de conexión con el pecado. El catolicismo enseña que las almas que están en el purgatorio quieren estar ahí, porque *saben* que todavía tienen una conexión con el pecado y deben deshacerse de ella.

¿Te quedó más claro el concepto del purgatorio después de leer este capítulo? ¿No? Sigue leyendo. Vamos a tratar de nuevo. Imagínate que fuiste a un doctor del oído, la nariz y la garganta, y te dijo que tienes alergias, y una de ellas es a los ácaros de polvo. Ahora, los ácaros de polvo no se pueden ver y por eso las personas no se preocupan mucho de ellos hasta que los ven bajo un microscopio electrónico, que revela lo feos y lo dañinos que son. Después de verlos, ya no mirarás de nuevo al polvo de la misma manera, y nunca querrás acercarte donde se encuentren esos ácaros, porque ahora tienes una idea de lo horrible que son. Así puedes pensar en el purgatorio como el microscopio electrónico espiritual que te enseña todos esos pecados horrorosos —mortales y veniales— y revela lo peligroso y dañino que puede ser para el alma cualquier pecado. El purgatorio les permite a las personas reconocer que hasta un pecado pequeño es repugnante y ofensivo a un Dios que está lleno de amor y es completamente bueno. Puede durar unos minutos, unos meses o muchos años, porque solamente los que no tienen manchas y son puros pueden entrar al cielo. En realidad, el tiempo, como lo entienden los simples mortales, no existe en el purgatorio, porque las almas que se han ido no tienen cuerpos, de esa manera cualquier mención de minutos, días, meses o años en el purgatorio es una simple analogía.

La palabra *purgatorio* no aparece en la Biblia, aunque tampoco aparece la palabra Biblia. No obstante, el rezar por los muertos sí se menciona en el Segundo Libro de Macabeos (12, 43–46):

> Después de haber reunido entre sus hombres cerca de 2.000 dracmas, las mandó a Jerusalén para ofrecer un sacrificio por el pecado, obrando muy hermosa y noblemente, pensando en la resurrección. Pues de no esperar que los soldados caídos resucitarían, habría sido superfluo y necio rogar por los muertos; más si consideraba que una magnífica recompensa está reservada a los que duermen piadosamente, era un pensamiento santo y piadoso. Por eso mandó hacer este sacrificio expiatorio en favor de los muertos, para que quedaran liberados del pecado.

La creencia es que si los muertos estuvieran en el infierno, ninguna oración les podría ayudar, y si estuvieran en el cielo, no necesitarían oraciones. Entonces tiene que existir un lugar entre el cielo y el infierno para las almas que no están completamente preparadas o listas para entrar al cielo después de la muerte.

Deseando ir al cielo

Dante Alighieri (1265–1321) escribió el famoso poema, La Divina Commedia (La divina comedia) compuesto de tres poemas cortos: el Inferno (infierno), Purgatorio (purgatorio) y Paradiso (Paraíso/cielo). Dante describió al purgatorio como un suburbio del infierno — tan cercano que puedes oler la peste y sentir el calor pero con suficiente distancia para tener esperanza. Y describió a aquellos en el infierno como si nunca podrían escaparse del tormento que se merecían por su maldad.

Aunque no es una obra teológica —y nunca fue escrita como teología— el poema de Dante influenció mucho al pensamiento durante la Edad Media y del renacimiento. Muchas personas pensaron que lo que describió Dante del purgatorio era verdadero —el infierno con una libertad condicional o un suburbio del infierno.

De acuerdo a la Iglesia, el purgatorio es más como un suburbio del cielo. Está suficientemente cerca para oír las risas y el canto, oler la dulzura en el aire y sentir el cariño que está cercano, pero suficientemente lejos para recordar a cada uno que todavía no han llegado.

A algunas personas les gusta pensar que es como si estuvieras en tráfico el día anterior al día de Acción de Gracia. Estás seguro que estás en camino a tu casa, pero no sabes cuando vas a llegar. El no saber cuándo es la parte que genera ansiedad y el dolor purgativo.

Los católicos no ven el purgatorio como un lugar de dolor y tormento. Al contrario, es considerado como un lugar de alegría esperanzada, aunque el sufrimiento ocurre debido a la distancia temporal. Imagina que estás en un cuarto con una puerta sin perilla de tu lado. Puedes oír alegría y gozo en el otro lado, puedes oler la buena comida y oyes música y risas, pero no puedes ver las caras o distinguir las voces o las aromas. Estás cerca pero suficientemente lejos para sentir el dolor de no estar del otro lado. Pero sabes que no estás listo todavía para ir allá. Tu ropa esta sucia y arrugada, tu pelo está hecho un desastre, necesitas afeitarte y cepillarte los dientes. ¿Por qué toda esta preparación? Los Católicos creen que Dios y el cielo se lo merecen.

Un Santo para Cada Día del Año

La Iglesia Católica asigna una fecha del año para cada santo canonizado —y se reconoce como el *día de fiesta* del santo. Los santos son recordados en su día de fiesta individual con menciones especiales, oraciones y posiblemente una lectura de la escritura. Usualmente, es el día en que esa persona murió. Ese es el día en que la Iglesia cree que la persona fue al cielo, entonces es el día del cumpleaños celestial de la persona. El número de santos canonizados, sin embargo, es más grande que el número de días en un año del calendario. De ahí que muchas veces dos o más santos comparten el mismo día de fiesta. A causa de que muchas veces hay días repetidos, y la Iglesia no está segura de la fecha de muerte de algunos santos, se usan otras fechas del calendario—como el día en que fueron canonizados.

Algunas fiestas de santos son celebradas en el pueblo o país particular del santo. Otros son celebrados internacionalmente.

Por ejemplo, el día de San Patricio, el 17 de marzo, es celebrado en Irlanda porque San Patricio es el santo patrón de la nación entera. El día de San Patricio es también celebrado en muchas áreas de los Estados Unidos debido a los inmigrantes Irlandeses quienes cruzaron el atlántico. Muchas diócesis de los Estados Unidos tienen catedrales dedicadas a San Patricio o es el santo patrón de la diócesis como en Harrisburg y Erie, Pennsylvania. La celebración de la fiesta de San Patricio es una ocasión grande y *solemne*, una fiesta litúrgica de gran nivel, en tales lugares. En otros lugares como en Italia, España, Francia, Polonia y Alemania no se celebra con el mismo entusiasmo.

Las reliquias de los santos

Las reliquias de los santos caen en una de las siguientes tres categorías:

- **Primera clase:** Alguna parte del cuerpo del santo
- **Segunda clase:** Prenda de vestir o artículo personal
- **Tercera clase:** Artículo u objeto, como una estampa o un pedazo de tela, que haya tocado una reliquia de primera clase

Estas reliquias no son talismanes de buena suerte ni artículos mágicos, simplemente son recuerdos de personas santas. Las reliquias son veneradas, no son adoradas, porque representan al dueño original. Así como los admiradores de Elvis quieren recuerdos del Rey del Rock y aquellos quienes admiran a Winston Churchill quieren artículos de cuales él era dueño o usó, los católicos a menudo muestran respeto y devoción a las reliquias de los santos, porque ellos son amigos íntimos de Dios en el cielo y están junto a El. Estas reliquias no tienen poderes por si mismos, pero son usadas para bendecir a la gente — especialmente a aquellos que están enfermos para que por la intercesión de un santo en particular Dios pueda realizar el acto de sanar. Algunos pueden pensar que es macabro tener huesos pequeños de un santo en relicarios de vidrio o metal para la veneración pública, ¿pero qué tal el guardar un mechón de pelo de un ser amado aún después de muerte? La reliquia del cuerpo de un santo es solamente para reconocer que este cuerpo estuvo unido al alma que ahora está en el cielo.

Otro ejemplo es el día de San José, el 19 de marzo, que se celebra en Canadá y Europa con más afán que en los Estados Unidos. Es el patrón de la Iglesia universal y cabeza de la *sagrada familia,* referida a Jesús, María, y José durante los primeros 30 años de la vida de Jesús. Las personas en el mediterráneo lo recuerdan en particular con comidas especiales y festejos, además este día está lleno de solemnidad alrededor del mundo entero. Si su fiesta cae en viernes durante la cuaresma, entonces se prescinde de la abstinencia de la carne o cualquier tipo de ayuno para que se le pueda dar reconocimiento total durante el día. La razón es obvia debido a la creencia del papel que tuvo José en la vida temprana de Jesús: como esposo de María y padre adoptivo de Jesús, el cuidó de María y de Jesús.

En algunos días de fiesta como la Fiesta de San Patricio, San José, San Genaro (19 de septiembre) y San Gerardo Mayela (16 de octubre), los católicos hacen una procesión por las calles y tienen festivales con mucho esplendor. Y con algunas fiestas como la fiesta de Santa Ana (26 de Julio), los arcángeles San Miguel, San Gabriel, y San Rafael (29 de septiembre), y Santa Teresa de Lisieux (1 de octubre) las parroquias suelen tener Misas especiales y hasta pueden tener una novena de nueve días, la cual usualmente concluye en el día de fiesta. Para más acerca de San Patricio, vea el Capítulo 1; para más acerca de Santa Teresa vea el Capítulo 18.

Pensemos también en la patrona de México, la emperatriz de las Américas, la Virgen de Guadalupe, que se celebra el 12 de diciembre. En los Estados Unidos también se celebra de modo especial por ser ella la patrona de los niños no nacidos. Se cantan las mañanitas, se hacen Misas solemnes y grandes procesiones junto a sus obispos, el clero, seminaristas y religiosos, tanto en la ciudad de México como en las otras iglesias que gozan de su nombre, como por ejemplo lo celebran los feligreses y sacerdotes del Santuario de María de Guadalupe en Cancún enYucatán, que está a 24 horas de viaje en automóvil a la Basílica. En lo que hoy llaman la villita, donde está la basílica de María de Guadalupe, millones de peregrinos vienen a honrarla caminando muchos kilómetros sobre montañas y valles, todos deseosos de poder ver su rostro y su imagen milagrosa en la tilma de San Juan Diego. San Juan Diego ahora goza de su propio día y se celebra el 9 de diciembre. Muchos de los peregrinos traen comida con ellos y se sienten en fiesta día tras día para poder pasar tiempo junto a la Guadalupana. La Basílica de Guadalupe es el Santuario mariano más visitado de todo el mundo.

En adición, en los días de fiesta de los fundadores de ordenes religiosas, como el 8 de agosto (San Domingo de Guzmán), el 4 de octubre (San Francisco de Asís), 11 de julio (San Benito) y 31 de julio (San Ignacio de Loyola), las ordenes religiosas fundadas por ellos —los Dominicos, los Franciscanos, los Benedictinos y los Jesuitas, respectivamente— honran la fiesta de su fundador con una combinación de oración y sano festejo.

Puedes encontrar santos para diferentes lugares y diferentes ocasiones. La idea no es la de reemplazar o disminuir el papel de Cristo como el único mediador sino enseñar como la familia de fe continúa siendo parte de cada miembro de diversas maneras.

Capítulo 16

Tradiciones Católicas

En Este Capítulo

- ¿Qué es la devoción de las cuarenta horas?
- Las procesiones religiosas
- El ayuno y la abstinencia
- Entendiendo lo que es un sacramental

Quizá has visto a los católicos con ceniza en la frente los Miércoles de Ceniza, el primer día de la Cuaresma. ¿Te parece extraño? Estas cenizas pueden parecer un poco raras, pero son tradiciones como ésta las que mantienen la identidad católica. Pero los católicos no practican sus tradiciones por la identidad que éstas les dan. Lo hacen porque todas estas tradiciones de fe tienen un significado e importancia religiosa.

En este capítulo cubrimos las tradiciones que son predominantemente católicas en su naturaleza y origen. Varias de estas tradiciones tienen sus orígenes en los países de Europa occidental que son de mayoría católica.

La Adoración al Santísimo Sacramento

Para comprender de qué se trata la adoración al Santísimo Sacramento primero es necesario entender la perspectiva católica de la Sagrada Eucaristía. Vamos a tomar el camino largo para llegar a la tradición en sí misma. Ten paciencia y acompáñanos.

El catolicismo tiene tres perspectivas acerca de la Sagrada Eucaristía:

- **Es sacrificio:** El mismo sacrificio de la muerte de Jesús en la cruz para la remisión de los pecados sucede en la Misa durante la Consagración bajo la forma de la Sagrada Eucaristía. Esto es llamado un *sacrificio*, porque Jesús, el Hijo de Dios, es ofrecido por el sacerdote a Dios Padre.
- **Es banquete sagrado:** Después de la Consagración de la Misa, donde lo que era vino y pan se ha transformado en el *verdadero* cuerpo y sangre

de Cristo, los fieles caminan hacia el altar para recibir la Sagrada Eucaristía. Quien entra en el cuerpo, alma, mente y corazón, es Jesús — de manera real, verdadera y substancial— presente en la Sagrada Eucaristía, cuando se coloca en la lengua o en la mano de la persona. A esto se le llama el banquete *sagrado* porque la Sagrada Eucaristía es alimento y comida para el alma.

- **El Santísimo Sacramento:** Los católicos creen que éste es el mismo Cristo —su verdadero cuerpo y sangre, alma y divinidad y su presencia substancial bajo la apariencia de una hostia de pan. Algunas religiones cristianas lo ven como una presencia simbólica, espiritual o moral, pero los cristianos católicos y los Ortodoxos de oriente se adhieren firmemente a su Presencia Real en la Eucaristía. Por lo que la Eucaristía, ya sea en el sagrario (ver Figura 16-1), o en la custodia sobre el altar, merece la misma adoración y reverencia dada sólo a Dios. Se le llama el *Santísimo Sacramento,* porque es uno de los siete sacramentos, éste no sólo otorga gracia divina, sino que es Dios mismo.

Puedes leer más sobre la Sagrada Eucaristía en los Capítulos 6 y 7. Una vez dicho esto, podemos explicar de que se trata la adoración al Santísimo Sacramento.

Figura 16-1: El Santísimo Sacramento expuesto en la custodia, a la izquierda, y en el sagrario, a la derecha.

Cortesía de St. Therese of the Infant Jesus

La Sagrada Eucaristía, también conocida como el *Santísimo Sacramento,* se coloca en una custodia (ver Figura 16-1) a la izquierda del altar para la adoración y reverencia pública —que en algunas iglesias son las 24 horas los 7 días de la semana. Los católicos consideran que es un gran privilegio y bendición poder adorar al Santísimo Sacramento, sin embargo nunca se debe dejar solo a Jesús sin nadie presente cuando está expuesto. Por lo que las parroquias que ofrecen lo que se llama la *Adoración Perpetua,* 24 horas, siete días de la semana, también tienen una lista de personas que se comprometen a una hora santa —por lo general la misma cada semana— de adoración privada, rezando oraciones, como el Rosario o la Coronilla de la Divina Misericordia, en silencio en compañía de Jesús.

La Eucaristía nunca puede ser expuesta en una casa. La adoración del Santísimo Sacramento sólo puede ser en una iglesia, capilla o en un oratorio, pero la adoración y la Bendición nunca pueden hacerse durante la Misa.

La Bendición con la Eucaristía

La Bendición Eucarística es un servicio formal que tiene lugar mientras se adora al Santísimo Sacramento y sólo puede realizarlo un sacerdote o un diácono. Se lee la Sagrada Escritura, puede darse una homilía, rezar el Rosario y la oración en silencio. Al final, el sacerdote, que lleva los hombros cubiertos con una estola especial llamada *velo humeral,* bendice a los fieles arrodillados, con Jesús en la custodia, haciendo la señal de la cruz.

Durante la Misa, el sacerdote usa una *casulla,* una prenda exterior de color, pero durante la bendición, se pone el velo humeral sobre la *capa pluvial,* una capa de cuerpo entero, dorada o blanca, que se usa para las devociones Eucarísticas. Al cubrirse las manos con el velo humeral, el sacerdote o diácono simboliza que la bendición no la da él como ministro ordenado y sagrado (como al final de la Misa); sino Cristo presente en la Sagrada Eucaristía, contenida en la custodia. Normalmente se tocan las campanas tres veces al dar la bendición con el Santísimo Sacramento.

La custodia que contiene al Santísimo Sacramento sobre el altar está rodeada de velas. Se ofrece incienso al Santísimo Sacramento. Como signo de que la gente se encuentra ante presencia divina, se quema incienso en un recipiente y se mueve de un lado a otro frente a la custodia. La Bendición Eucarística también incluye el canto (por lo general en latín) de ciertos himnos y letanías, como las *Alabanzas Divinas* al Santísimo Sacramento que se incluye a continuación:

> Bendito sea Dios.
> Bendito sea su santo nombre.
> Bendito sea Jesucristo verdadero Dios y verdadero hombre.
> Bendito sea el nombre de Jesús.
> Bendito sea su Sacratísimo Corazón.
> Bendita sea su Preciosísima Sangre.
> Bendito sea Jesús en el Santísimo Sacramento del Altar.
> Bendito sea el Espíritu Santo Paráclito.
> Bendita sea María Santísima la excelsa Madre de Dios.
> Bendita sea su santa e Inmaculada Concepción.
> Bendita sea su gloriosa Asunción.
> Bendito sea el nombre de María Virgen y Madre.
> Bendita sea María Santísima Madre de la Iglesia.
> Bendito sea su castísimo esposo San José.
> Bendito sea Dios en sus ángeles y en sus santos.

La devoción de las 40 horas

El término *40 horas* hace referencia a los tres días tradicionales —de domingo por la tarde hasta el martes en la noche— durante los que varias parroquias católicas exponen al Santísimo Sacramento en una custodia de oro en el altar. El número de horas representa el tiempo que se cree Jesús se ausentó del mundo. Comenzando con su muerte, el Viernes Santo, alrededor de las tres de la tarde, hasta su Resurrección, el Domingo de Pascua como a las siete de la mañana, resultan las cuarenta horas. La exposición de la Sagrada Eucaristía tiene el objetivo de promover la adoración y alabanza de Jesús en su oculta pero Real Presencia en el Santísimo Sacramento.

Las hostias consagradas que sobran después de la Misa se guardan en un sagrario (un recipiente cerrado) para que el sacerdote, diácono o ministro extraordinario puedan llevar la Santa Comunión a los enfermos y para que los fieles, fuera de las horas de la Misa, puedan ir a la iglesia y rezar frente a la Sagrada Eucaristía colocada dentro.

La devoción de las 40 horas da a los católicos la oportunidad de adorar exclusivamente a la Presencia Real. En la Misa el énfasis está en el sacrificio y en la última cena, pero durante las 40 horas y otras devociones eucarísticas, el énfasis está en el Santísimo Sacramento. Sin embargo, los católicos creen que los tres se centran en la misma realidad —Jesucristo.

La devoción de las 40 horas comienza después de la Misa el domingo. Por lo general se coloca una hostia consagrada de esa Misa en la custodia y se acomoda al centro del altar luego que los fieles han recibido la comunión. El sacerdote dice la oración final, pero no se da la bendición final y no se canta un himno de clausura. El sacerdote, diácono y acólitos se hincan ante el Santísimo Sacramento y se quema incienso. (Salmo 141: "Sea mi oración como incienso en tu presencia.") Se acostumbra a colocar seis velas a la derecha e izquierda de la custodia, tres de cada lado. (Algunas personas relacionan el uso de seis velas con los seis días de la creación del Génesis, aunque no hay evidencia que lo compruebe.) Los fieles entran y salen a lo largo del día para pasar de 30 minutos a una hora o tal vez más, rezando frente al Santísimo Sacramento que está en el altar. Este tiempo representa la petición que hizo Jesús durante su agonía en el Jardín de los Olivos antes de su Crucifixión y muerte el viernes santo: "¿Ni siquiera una hora pudiste mantenerte despierto?" (San Marcos 14, 37).

El objetivo es mantener la iglesia abierta todo el día y toda la noche durante 40 horas continuas para representar el tiempo que Jesús pasó en la tumba. Esto sólo puede lograrse si se cumplen las medidas de seguridad necesarias para proteger la iglesia y a los fieles que la visitan. Los miembros de la parroquia se comprometen a estar ahí una hora o media hora durante todo el día, para no dejar solo a Jesús en ningún momento. Es más fácil conseguir que más personas se comprometan en una parroquia en la que hay mil familias, que en una en la que sólo existen doscientas. Algunas parroquias piden ayuda a diferentes organizaciones católicas como los Caballeros de Colón, el Concilio de Mujeres Católicas, las Sociedad de San Vicente de Paul y al consejo de la parroquia para que sus miembros se comprometan ciertas horas. Algunas han pedido que también tomen turnos los ujieres, ministros extraordinarios (personas laicas que ayudan al sacerdote con la Santa Comunión durante la Misa), y acólitos entre otros.

Hoy en día muchas parroquias se han visto forzadas a reservar al Santísimo Sacramento (colocarlo de vuelta en el tabernáculo) cada noche de la devoción de 40 horas después del servicio de oración —que es usualmente una combinación de *Vísperas* (oraciones nocturnas que incluyen salmos y otras lecturas de las Escrituras) y un sermón de un sacerdote visitante o un diácono. El Santísimo Sacramento se expone una vez más, al día siguiente, después de la Misa matutina. No se juntan las 40 horas, pero los tres días tradicionales son todavía parte del proceso.

En la última noche, después de las oraciones y el sermón, el párroco,, los sacerdotes, diáconos, religiosas y fieles desfilan delante del Bendito Sacramento alrededor de la iglesia. Van adelante de la custodia, siguiendo la tradición romana en la que la persona más importante va al final de la fila — en este caso, el mismo Jesús. La procesión recuerda a los fieles la entrada gloriosa de Jesús a Jerusalén el Domingo de Ramos, el domingo antes de la Pascua. También simboliza la entrada de regreso del mismo Hijo de Dios, al final de los tiempos, cuando llegue la Segunda Venida de Cristo. Finalmente, la pompa y circunstancia de la procesión con el canto de los himnos, la quema de incienso y la solemnidad del momento confirman la creencia de que no se está paseando a un simple pedazo de pan. Sino que se trata del real y verdadero cuerpo y sangre, alma y divinidad de Cristo. Cuando el Bendito Sacramento pasa delante de los fieles arrodillados en las bancas, ellos se bendicen a si mismos con la señal de la cruz. (Vea la sección "La Bendición con la Eucaristía" al principio de este capítulo.) Se arrodillan en adoración a su Señor y Dios presente en la custodia.

Al terminar la elaborada procesión afuera y alrededor de la iglesia o dentro, alrededor de las cuatro paredes internas y por los pasillos de la iglesia, el sacerdote o diácono coloca la custodia con el Santísimo Sacramento de regreso en el altar y se quema incienso una vez más. Sigue entonces la Bendición. (Vea la sección "La Bendición con la Eucaristía" al principio de este capítulo).

Después de la procesión, el sacerdote o diácono vuelve a incensar la custodia y luego la levanta y bendice a toda la congregación mientras la sostiene. Cuando el Bendito Sacramento pasa delante de los fieles arrodillados en las bancas, ellos se bendicen a si mismos con la señal de la cruz. (Vea la sección "La Bendición con la Eucaristía" al principio de este capítulo.)

En muchas parroquias, durante la devoción de las 40 horas, el párroco generalmente invita a un sacerdote para dar pláticas durante las tres noches: domingo, lunes y martes. Es común que el sacerdote o diácono sea de otra parroquia (para que los miembros de la parroquia escuchen a alguien diferente) y puede ser un sacerdote recién ordenado o transferido, o un compañero de escuela o un amigo del párroco o de una parroquia vecina. En la tercera noche, se sirve una cena formal para todos los sacerdotes, diáconos y sus esposas, y religiosas del área donde está la parroquia. En algunas diócesis, se invita a cenar a todos los sacerdotes y diáconos de la diócesis entera. Es un momento de compañerismo, camaradería y fraternidad.

Procesiones Religiosas

Las procesiones públicas son tan antiguas como la misma civilización. Reyes, césares y ejércitos desfilaban en triunfante victoria después de una batalla exitosa o en el aniversario de la coronación del monarca. El Arca de la Alianza —que se cree contiene las tablas de los Diez Mandamientos (con frecuencia llamados el *Debarim,* que en hebreo significa Diez Palabras)— era llevada en procesión por los israelitas para protegerlos durante la batalla y como regocijo en la victoria. Cuando las tropas regresaron de la Segunda Guerra Mundial, los Aliados celebraron con desfiles en todos lados, que en esencia eran procesiones, porque la gente se movía de un lugar a otro.

¿Cuál es la diferencia entre un desfile y una procesión? Un desfile esta dirigido a los espectadores; el público ve a la persona o personas a las que se honra. Una procesión requiere una participación activa; la mayoría de la gente involucrada camina y se dirigen al mismo lugar. Por ejemplo, cuando muere un presidente o cabeza de estado, una procesión funeral formal recorre el boulevard principal. Incluso, en algunos países, cuando una persona común muere, una procesión de autos va, por lo general, escoltada por una patrulla de policía de la iglesia o funeraria al cementerio.

En los tiempos medievales, los fieles tenían procesiones en las que rezaban mientras iban de una iglesia a otra, y con frecuencia le pedían a Dios que lloviera durante tiempo de sequía; por buen tiempo durante una tormenta y protección en los tiempos de hambruna, plaga o guerra.

Las procesiones de la Iglesia recuerdan a los fieles que son peregrinos — personas en viaje. El objetivo y la esperanza principal es llegar algún día al cielo. Una procesión simboliza que los fieles no han llegado, pero Dios mediante, van en camino y, esperamos, en la dirección correcta.

Además de la procesión del Santísimo Sacramento al final de la devoción de las 40 horas (vea la sección "La devoción de las 40 horas" en este capítulo), hay otras procesiones que forman parte de la tradición católica:

- **Domingo de Ramos:** Durante esta procesión el sacerdote y los fieles desfilan alrededor de la iglesia o desde el exterior de la iglesia, cruzando las puertas, por el pasillo principal, hasta llegar a las bancas para representar la procesión que, se cree, experimentó Jesús en el primer Domingo de Ramos.
- **Viernes Santo:** En este día solemne hay procesiones en Jerusalén y en Roma. El papa en Roma, y el patriarca de Jerusalén, en Tierra Santa, caminan con la congregación para simbolizar la marcha que Jesús tuvo que soportar mientras cargaba la cruz en la que iba a ser crucificado.
- **Corpus Christi:** En la Fiesta del Cuerpo y la Sangre de Cristo (llamada Corpus Christi, cuerpo de Cristo latín), se lleva a cabo una procesión con el Santísimo Sacramento en la custodia. Finalizada la misa el sacerdote o diácono junto con todos los fieles desfilan desde el interior de la iglesia hacia el exterior y pueden detenerse en tres altares temporales y removibles, haciendo pausas para leer las Escrituras, rezar en silencio y ofrecer la Bendición con el Santísimo Sacramento. Finalmente, regresan a la iglesia para más himnos, incienso, y la Bendición final. En 1246, Santa Juliana de Mont Cornillon (1192–1258) promovió por primera vez esta fiesta, y en 1264, el Papa Urbano VI la extendió a la Iglesia universal, para reforzar y reafirmar la creencia en la Presencia Real. (Vea el Capítulo 8 para tener más información sobre la Presencia Real.)
- La Liturgia Divina bizantina tiene dos procesiones pequeñas:
  - **La pequeña entrada:** El libro de los Santos Evangelios es llevado alrededor del altar por el sacerdote o diácono. Simboliza la entrada de Jesús (la Palabra) al mundo por medio de su sagrado nacimiento.
  - **La gran entrada:** Los regalos santos de pan y vino son llevados por el sacerdote al altar, mientras el coro canta el Himno Querúbico. Simboliza la entrada de Jesús a Jerusalén el Domingo de Ramos.

Los Viernes sin Carne

Otra tradición católica es abstenerse de comer carne los viernes de la Cuaresma. Practicar la abstinencia en términos generales, significa dejar voluntariamente la comida, bebida o algún otro placer. Pero los católicos tienen un requerimiento específico: los católicos deben de abstenerse de comer carne el Miércoles de Ceniza y todos los viernes de la Cuaresma, así como ayunar el Miércoles de Ceniza y el Viernes Santo.

- **La abstinencia:** Refrenarse de comer cualquier tipo de carne, si se es mayor de 14 años. Sí, el pollo *es* carne —carne blanca, pero carne. El pescado es el sustituto típico, pero los vegetarianos y cualquier otra persona pueden comer cualquier otro alimento que no contenga carne, como frutas, vegetales, pasta y demás. Sólo la carne de animales de sangre caliente está prohibida en los días de abstinencia.
- **El ayuno:** Si se tiene que ayunar, entonces sólo puede hacerse una comida completa al día. Sin embargo, pueden tomarse dos comidas pequeñas en adición a la completa, pero no pueden igualarla si se combinan. Tampoco se permiten refrigerios. El ayuno sólo aplica a los católicos entre los 18 y los 59 años de edad. (Vea el Capítulo 9 para tener más información sobre las leyes del ayuno y la abstinencia.)

Según una leyenda urbana, el papa, los cardenales y obispos iniciaron la abstinencia de la carne los viernes para promover el negocio de pescaderías del papa. ¡No! Esa leyenda no tiene bases, de hecho San Pedro, el primer papa, era pescador, y Jesús les dijo a los apóstoles, "Yo los haré pescadores de hombres" (San Mateo 4, 19). Sin embargo, los papas siguientes no han tenido intereses financieros o económicos en el negocio del pescado a pesar de este extraño rumor.

La tradición se remonta al siglo primero, cuando los cristianos se abstenían de comer carne los viernes en honor a la muerte de Jesús en la cruz el Viernes Santo. Como Jesús sacrificó su carne para la salvación de la humanidad, la carne de animales de sangre caliente no se consumía los viernes.

La práctica de la abstinencia de ciertos alimentos y el ayuno se remonta al tiempo del Antiguo Testamento. La Biblia dice que Dios les dijo a los hebreos a través de Moisés cómo prepararse para celebrar el *Yom Kippur,* el Día de la Expiación. Aunque no se menciona el ayuno, la Biblia dice que para este día, "Afligirán sus almas" (Levíticos 16, 31; 23, 27–32; Números 29, 7), y desde la antigüedad, los rabinos han interpretado esto como ayuno. El Nuevo Testamento también menciona la práctica, diciendo "Pues ha parecido bien al Espíritu Santo… que no coman carne de animales ofrecidos en sacrificio a los ídolos, que no coman sangre ni carne de animales estrangulados" (Hechos 15, 28–29).

Antes del Vaticano II (vea el Capítulo 8), no se permitía a los católicos comer carne ningún viernes del año además de ayunar los días de la Cuaresma. Pero estaban dispensados los enfermos, mujeres embarazadas o lactantes, y aquellos que hacían trabajos pesados, así como los militares durante época de guerra. Yendo aún más atrás en la historia católica, a los católicos no se les permitía comer carne, huevos, queso o productos lácteos durante la Cuaresma. Sin embargo, desde el Vaticano II, la obligación es abstenerse de la carne el Miércoles de Ceniza y todos los viernes de cuaresma, y ayunar el Miércoles de Ceniza y Viernes Santo.

Aunque los obispos de Estados Unidos recibieron una *dispensa* (relajación de la regla por una razón legítima) de Roma para refrenarse de la abstinencia cada viernes y no sólo durante Cuaresma, se alienta de manera especial a los católicos a hacer algún tipo de sacrificio, mortificación, caridad o ejercicios de piedad todos los viernes fuera de la Cuaresma —para mostrar respeto y honor al Señor. Con frecuencia esto no se menciona cuando se explican las reglas modificadas, pero se menciona en los cánones 1252–1253 del Código de Ley Canónica de 1983. Recientemente, varios obispos y párrocos han sugerido a los católicos que se abstengan de la carne cada viernes del año en reparación del pecado del aborto y para rezar por la defensa de la santidad de la vida humana en todas sus etapas y condiciones.

Las Obras de Misericordia Corporales y Espirituales

Una de las formas, para los católicos, de sustituir la abstinencia cada viernes fuera de la Cuaresma es llevando a cabo una de las siete Obras de Misericordia Corporales, que están basadas en el sermón de Cristo en el Juicio Final (San Mateo 25, 35–36):

- Alimentar al hambriento
- Dar de beber al sediento
- Vestir al desnudo
- Hospedar al peregrino
- Visitar al enfermo
- Redimir al cautivo
- Enterrar a los muertos

En contraste con las Obras de Misericordia Corporales, que se preocupan del bienestar físico de una persona, las siete Obras Espirituales de Misericordia responden a las necesidades espirituales:

- Corregir al que vive en el error
- Enseñar al que no sabe
- Dar buen consejo al que lo necesita
- Consolar al triste
- Sufrir con paciencia los defectos de nuestros prójimos

- Perdonar las injurias
- Orar a Dios por los vivos y los difuntos

El uso de los Sacramentales

No te confundas —los sacramentales pueden usarse mientras se administra y se recibe un sacramento, pero no se refieren a los siete sacramentos: bautismo, penitencia, Santa Eucaristía, confirmación, orden sagrado, matrimonio y unción de los enfermos. Estamos hablando de cosas diferentes. Cristo instituyó los siete sacramentos (vea los Capítulos 6 y 7) que son inalterables y permanentes. Por otro lado, los sacramentales fueron creados por la Iglesia y por lo tanto pueden cambiarse o revisarse. Pueden crearse nuevos y suprimirse los antiguos.

Después de que un sacerdote, obispo o diácono bendice un objeto se vuelve *sacramental,* lo que significa que cuando se usa en conjunción con una oración, invoca la bendición de Dios. Objetos benditos —rosarios, escapularios, medallas, estatuas, iconos, Biblias, cruces y crucifijos— son sacramentales. Casi todo puede bendecirse, pero el católico que posee el artículo bendito no lo puede vender y sólo puede usarlo de manera sagrada. Normalmente, el sacerdote o diácono hace la señal de la cruz con su mano derecha sobre el objeto y rocía agua bendita sobre él mientras dice una oración de bendición. Por cierto, el agua bendita también es sacramental. El agua que ha sido bendecida por un sacerdote, obispo o diácono se torna en agua *bendita,* el sacramental más común y usado a diario por los católicos alrededor del mundo. (Para tener más información sobre el agua bendita, vea el Capítulo 5; para mayor información sobre objetos bendecidos, vea el Capítulo 1.)

Los sacramentales no son amuletos de buena suerte, talismanes u objetos mágicos. Para los católicos son simples recordatorios de los dones sobrenaturales que Dios otorga —como la gracia, que es invisible. Estos sacramentales visibles y tangibles, recuerdan a los católicos de todo lo que los sentidos no pueden percibir.

Las cenizas en el Miércoles de Ceniza

Esta tradición que señala el inicio de la Cuaresma, es un recordatorio intenso de que nuestros cuerpos algún día morirán y se convertirán en polvo. "A las cenizas, cenizas y al polvo, polvo" dicen en el cementerio cuando se va a enterrar un cuerpo, así que las cenizas del Miércoles de Ceniza, el primer día de la Cuaresma, son recordatorios religiosos, como el agua bendita y las palmas el Domingo de Ramos. Las cenizas nos recuerdan nuestra mortalidad y la necesidad de arrepentirnos. Las palabras que se dicen al imponer la ceniza en la frente son "Recuerda, hombre, que eres ceniza y en ceniza te convertirás" (Génesis 3, 19). (Para mayor información sobre la Cuaresma vea el Capítulo 8.)

La bendición de las palmas

Estas hojas de palma, que se distribuyen a la congregación en la Misa del Domingo de Ramos, el domingo anterior a la Pascua, conmemoran las palmas que la muchedumbre puso a los pies de Jesús cuando entraba a Jerusalén (San Marcos 11, 1–11). Un detalle interesante es que en la tradición bizantina se usan hojas de sauce en lugar de palmas, simplemente porque era muy difícil, si no es que imposible, conseguir palmas antiguamente (antes de las compañías de mensajería) en las regiones frías, como Rusia y el Este de Europa.

La bendición de gargantas

En la fiesta de San Blas (3 de febrero), los católicos van a que les bendigan la garganta después de Misa. El sacerdote sostiene dos velas benditas formando una cruz alrededor de la garganta de cada individuo, mientras reza: "Por la intercesión de San Blas, obispo y mártir, que te libres de toda enfermedad de garganta y de todo mal, en el nombre del Padre y del Hijo y del Espíritu Santo. Amén."

San Blas, un obispo y mártir del siglo IV, fue médico antes de hacerse sacerdote y luego obispo. Durante un resurgimiento de las persecuciones romanas, llevaron ante San Blas, quien esperaba en prisión la muerte como mártir, a un niño pequeño que se estaba ahogando con una espina de pescado. Como nadie conocía la maniobra de Heimlich en esos tiempos, rezar era lo único que se podía hacer. Después de que San Blas bendijo al niño, la espina saltó milagrosamente fuera de su boca y el niño se salvó.

El exorcismo

La auténtica posesión demoníaca es muy rara. La posesión demoníaca se menciona varias veces en el Nuevo Testamento en donde se cuenta la historia de cómo Jesús exorcizó a los demonios (San Mateo 4, 24). La Iglesia afirma que los demonios son ángeles celestiales que fueron expulsados al infierno porque se rebelaron contra Dios. Sin embargo, los dones sobrenaturales que tenían en el cielo, se van con ellos al infierno. Por lo que pueden manipular a las personas y a las cosas de forma sobrenatural. Los demonios pueden atacar de una de las siguientes maneras:

- **Posesión:** Asaltando a una persona desde su interior, el demonio toma control del individuo de algunas maneras.
- **Obsesión:** El demonio ataca al individuo desde afuera.
- **Infestación:** Un edificio o morada de algún tipo es tomado por Satán.

Se puede solicitar a un exorcista, un sacerdote con la facultad de sacar a los demonios, que realice un exorcismo, una oración que pide la bendición de Dios usando agua y sal bendita para alejar el mal y proteger contra asaltos diabólicos. Antes de que el obispo local autorice un exorcismo, que también es un sacramental, se pide que siquiatras y médicos competentes evalúen a la víctima. Si la ciencia médica no puede explicar o tratar a la persona y la evidencia de lo diabólico está presente, entonces se permite un exorcismo. Los fenómenos diabólicos pueden ser cualquiera de los siguientes:

- El poseído habla en leguas que no conoce.
- Voces que no son naturales emanan del individuo poseído.
- El cuerpo del poseído *levita* (se levanta del suelo).
- Levitan objetos o muebles.
- Hay presencia de olores ofensivos.

Pero el exorcismo es sólo un último recurso, porque la mayoría de los incidentes reportados se consideran fenómenos naturales. Sin embargo, hay que considerar que el demonio sólo puede influenciar el cuerpo y el mundo físico, y no tiene ningún poder sobre el alma, en especial la libre voluntad. El diablo no puede forzar a alguien a pecar contra de su voluntad. La mejor defensa contra el mal sobrenatural es la fe en Dios y la oración. Cuando los católicos se sienten nerviosos de que alguna forma de mal está presente, por lo general rezan a San Miguel, ya que fue él quien derrotó a Lucifer y lo exilió al infierno por rebelarse contra Dios (Revelaciones o Apocalipsis 12:7). La siguiente es la *Oración a San Miguel arcángel:*

> San Miguel arcángel, defiéndenos en la lucha. Sé nuestro amparo contra la perversidad y acechanzas del demonio. Reprímale Dios, pedimos suplicantes, y tú, príncipe de la milicia celestial, con el poder que Dios te ha conferido, arroja al infierno a Satanás y a los demás espíritus malignos que vagan por el mundo para la perdición de los hombres. Amén.

Las campanas

Cuando se bendice una campana que está destinada para el campanario, algunas veces se le llama el bautismo de la campana. De hecho, sólo los seres humanos son bautizados por el sacramento del bautismo, pero se dice que la campana recibe un tipo de bautismo porque el obispo unge la campana con aceite consagrado y, tradicionalmente, se le da un nombre a cada campana, así como las personas bautizadas reciben un nombre.

Desde el tiempo de Carlomagno, se esperaba que las iglesias, en especial las catedrales, tuvieran campanas que repicaran para llamar a la Misa y en las horas de oración —6 de la mañana, 9 de la mañana, 12 del día, 3 de la tarde, 6 de la tarde, 9 de la noche, 12 del día y 3 de la madrugada. Las horas de oración coinciden con la *Liturgia de las Horas* (también conocida como *Breviario* u *Oficio Divino*), que es la oración oficial de la Iglesia después de la Misa. Es básicamente una oración de los salmos con otras lecturas bíblicas y que se hace varias veces durante el día. Se tocaban las campanas para que los monjes regresaran de los campos donde trabajaban y entraran a la capilla para la oración matutina o vespertina. También se tocaban para anunciar la muerte o la elección de un nuevo papa, la muerte o ascensión de un nuevo rey o reina, entre otros. Tradicionalmente cuando las campanas de la iglesia tocan al medio día y a las seis, se reza el *Angelus,* que se originó en el siglo XIV. Una persona lo dirige y el resto responde con las frases en itálicas, y todos dicen el *Ave María.* Para rezar el *Angelus,* lee lo siguiente:

> El ángel del Señor anunció a María.
> *Y concibió por obra y gracia del Espíritu Santo.*
> Dios te salve, María, llena eres de gracia, el Señor es contigo, bendita tú eres entre todas las mujeres, y bendito es el fruto de tu vientre, Jesús
> *Santa María, Madre de Dios, ruega por nosotros pecadores, ahora y en la hora de nuestra muerte. Amén.*
> He aquí la esclava del Señor.
> *Hágase en mi según tu palabra.* (Se dice otro Ave María.)
> El Verbo se hizo carne.
> *Y habitó entre nosotros.* (Se repite el Ave María.)
> Ruega por nosotros, Santa Madre de Dios.
> *Para que seamos dignos de alcanzar las promesas de Nuestro Señor Jesucristo.*
> Oremos: *Te suplicamos Señor que derrames tu gracia en nuestras almas para que los que, por el anuncio del ángel hemos conocido la Encarnación de tu Hijo Jesucristo, por su Pasión y cruz seamos llevados a la gloria de su Resurrección. Por el mismo Jesucristo Nuestro Señor. Amén.*

Parte V
La Parte de los Diez

"Perdóneme, pero no entiendo su Latín de Iglesia. ¿Pordía repetirlo, usando la pronunciación clásica?"

En esta parte . . .

Hablaremos de diez católicos famosos; de diez personas que han muerto y ya son reconocidos como santos; y de diez lugares que los católicos quieren visitar alguna vez durante su vida.

Capítulo 17

Diez Personajes Católicos Famosos

En Este Capítulo

- Conocer a algunos líderes católicos famosos
- La conversión al catolicismo para después escribir sobre el tema

En este capítulo verás nuestra seleción de los diez católicos más famosos, comenzando con el de mayor fama. Pero atención: el haber sido bautizado católico no significa que una persona sea un *buen* católico. La Iglesia Católica considera que un buen católico es aquel que practica su fe regular y fielmente todos los días de su vida. Una persona que no está de acuerdo con la doctrina oficial católica en temas de la fe y la moral, que nunca asiste a Misa o que es muy inconsistente al asistir a Misa, o que muestra una vida escandalosa e inmoral no se considera ser católico practicante ni tampoco bueno.

La Madre Teresa de Calcuta (1910–1997)

Agnes Gonxha Bojaxhiu nació el 26 de agosto 1910, de ascendencia albanesa Fue bautizada el 27 de agosto en Skopje, en Macedonia y años más tarde el mundo entero la conocería como la Madre Teresa de Calcuta.

Se unió a las Hermanas de Loreto en 1928, hizo su entrenamiento en Dublín, Irlanda y tomó sus votos finales en 1937. En esa época, se le conocía como Hermana Teresa. Se le nombró directora de una escuela de niñas de clase media en Calcuta, India, después de algunos años de enseñar historia y geografía. Más tarde, en un viaje en tren hacia Darjeeling el 10 de septiembre de 1946, dice que tuvo una fuerte intuición y un mensaje del Señor para trabajar con los más pobres de entre los pobres del mundo. Así que contrario al mito, no fue una reacción emocional al ver a la gente que moría de hambre en las calles, lo que la llevó a dejar a las Hermanas de Loreto y formar las Misioneras de la

Caridad. Fue en ese viaje en tren —en donde dijo que Jesús le habló a su corazón y la llamó a servir a sus hermanos y hermanas pobres.

En 1948, el papa Pío XII le dio permiso de formar su propia comunidad de religiosas para trabajar con los más pobres de entre los pobres. Ella era una católica firme, enseñó y defendió abiertamente la doctrina católica en lo relativo al aborto, la anticoncepción y la eutanasia, así como en la justicia social y en la *opción preferencial por los pobres* —una enseñanza social católica que dice que los creyentes y la sociedad tienen un deber especial para ayudar a los pobres, porque carecen de los recursos para ayudarse ellos mismos. Fundó hospitales modestos, clínicas, escuelas y centros de atención a leprosos en la India y para pacientes de SIDA en los Estados Unidos. Habló ante las Naciones Unidas, el congreso y el presidente de los Estados Unidos, defendió valientemente la vida de los nonatos y promovió la adopción y el método Planificación Familiar Natural (PNF) como las únicas alternativas morales para el aborto.

La Madre Teresa y sus hermanas pasaban una hora diaria ante el Sagrado Sacramento. Cuando se le preguntaba por qué, ella contestaba, "¿De qué otra manera podemos reconocer a Cristo entre los pobres si primero no lo vemos y lo conocemos en la Sagrada Eucaristía?"

Probablemente la católica más famosa el siglo XX, esta monja que ganó el Premio Nóbel de la Paz (1979) y la cuarta persona en el mundo en ser llamada ciudadana honoraria de los Estados Unidos (1996), viajó por todo el mundo extendiendo el mensaje de amor por los pobres —especialmente los más pobres del mundo. Considerada como un San Francisco de Asís moderno, la Madre Teresa es respetada por gente de todas las creencias, religiones, culturas y preferencias políticas. Desde un leproso "intocable" en la India hasta una persona muriendo de SIDA en Norteamérica, ella vio a Cristo en aquellos que sufrían. Fue una verdadera servidora de la caridad para ellos.

La Madre Teresa murió el 5 de septiembre de 1997, en el mismo día del funeral de la Princesa Diana en Inglaterra.

El Papa Juan Pablo II (1920–2005)

Pensamos que el segundo católico más conocido de la era moderna es el Papa Juan Pablo II, el número 264 y el primer papa no italiano en más de 450 años (vea la Figura 17-1).

Karol Josef Wojtyla nació el 18 de mayo de 1920 en Wadowice, Polonia. Era el hijo de Karol Wojtyla y Emilia Kaczorowska. Su madre murió nueve años más tarde, seguida por su hermano, Edmund Wojtyla, médico de profesión, en 1932, y su padre, un oficial de tropa de la armada, en 1941.

La invasión Nazi y la ocupación de Polonia en 1939 forzaron a Karol a trabajar en una cantera de piedra de 1940 a 1944 y después en una fábrica de químicos, para evitar que lo deportaran a Alemania. En 1942, sintió el llamado al sacerdocio y se unió al seminario clandestino del Cardenal Adam Stefan Sapieha, arzobispo de Cracovia. Fue ordenado sacerdote el primero de noviembre de 1946. Lo mandaron a Roma y obtuvo el doctorado en teología del seminario Dominicano del Angelicum en 1948.

Durante los diez años siguientes fue profesor de teología en universidades católicas en Polonia. El 4 de julio de 1958 el Papa Pío XII lo ordenó y consagró como obispo auxiliar de Cracovia. En 1964 el Papa Pablo VI lo hizo arzobispo de Cracovia y tres años después cardenal. Estuvo presente en Roma para el Concilio Vaticano Segundo, que se reunió de 1962 a 1965.

Figura 17-1: Papa Juan Pablo II.

El Papa Pablo VI murió en agosto de 1978 y el Cardenal Albino Luciani fue elegido como su sucesor, quien tomó el nombre de Juan Pablo en honor de Pablo VI y Juan XXIII, los dos papas del Vaticano II. Pero Juan Pablo I sólo vivió un mes. Por lo que el 16 de octubre de 1978, el Cardenal Karol Wojtyla fue elegido como Obispo de Roma tomando el nombre de Juan Pablo II.

Juan Pablo II escribió encíclicas, exhortaciones, cartas e instrucciones al mundo católico; beatificó a 1,342 y canonizó a 482 santos; y nombró a 231 cardenales. En adición, 17,700,000 peregrinos participaron en sus audiencias semanales de los miércoles. Y en 104 viajes visitó 129 países, habló con jefes de estado más de 1,600 veces, y recorrió más de 1,174,000 kilómetros (730,000 millas). Fue un hombre de Dios muy ocupado.

El 13 de mayo de 1981, a las 5:19 de la tarde, un potencial asesino, Mehmet Ali Agca, hirió de un disparo a Juan Pablo II, quien estuvo cerca de la muerte. Después de una operación de seis horas y 77 días en el hospital, el Papa regresó a Portugal un año después del intento de asesinato, para dar gracias a Nuestra Señora de Fátima, a quien atribuyó el estar con vida. Hablaba con fluidez varios idiomas. Tomó seriamente los deseos del Concilio Vaticano Segundo de revisar el Código de Derecho Canónico, cosa que no se había hecho desde 1917, y el Catecismo Universal, que tampoco se había revisado desde el Concilio de Trento en el siglo XVI. El Código de Derecho Canónico de 1983 y el Catecismo de la Iglesia Católica de 1992, junto con sus encíclicas, son un monumento a su dedicación a la verdad y a la justicia.

Con un cariño especial por la gente joven, el Papa Juan Pablo II llevaba a cabo la Jornada Mundial de la Juventud a nivel internacional. A pesar de su avanzada edad y su salud, lo condujo en Roma en el 2000 con una asistencia de casi 3,000,000 y dos años después en Toronto con 800,000 personas de 173 países.

El Arzobispo Fulton J. Sheen (1895–1979)

Nacido el 8 de mayo de 1890, en El Paso, Illinois, hijo de Newton Morris y Delia (Fulton) Sheen, fue bautizado como Peter John (P.J.) Sheen, pero más tarde tomó el nombre de soltera de su madre y desde entonces se le conoció como Fulton J. (John) Sheen (vea la Figura 17-2).

Ordenado en Peoria el 20 de septiembre de 1919 hizo sus estudios en la Universidad Católica de América y luego un post-grado (Doctorado) en la Universidad de Lovaina en Bélgica (1923). También asistió a la Sorbona en París y a la Universidad Angelicum en Roma, donde obtuvo un doctorado en teología (1924).

Fue nombrado asistente parroquial por un año en Peoria en la Parroquia de San Patricio. Ocho meses después el obispo de Peoria Edmund M. Dunne dijo que había estado probando al joven sacerdote para ver si el éxito se le había subido a la cabeza. "Quería ver si eras obediente", le dijo el obispo. Se le transfirió, entonces, a la Universidad Católica en donde enseñó de 1926 a 1950.

Figura 17-2: Arzobispo Fulton J. Sheen.

© Bettmann/CORBIS

Sus elocuentes sermones y discursos eruditos impulsaron al Consejo Nacional de Hombres Católicos a patrocinar una Hora Católica en la radio, los domingos por la noche en la NBC en 1930. Cuando salió al aire, las 118 afiliadas de la NBC radio así como transmisoras de onda corta se aseguraron que 4,000,000 de personas en todo Estados Unidos escucharan a un sacerdote católico por primera vez. Sheen consideró que esta era su oportunidad para mostrar de manera intelectual los errores y debilidades del comunismo.

El Papa Pio XI lo hizo monseñor en 1934, y luego fue ordenado y consagrado obispo auxiliar para la Arquidiócesis de Nueva York en 1951. Más tarde ese año, fue invitado a ser el anfitrión de una serie de televisión semanal, titulada *Life is Worth Living* (Vale la pena vivir la vida). El programa duró cinco temporadas desde el 12 de febrero de 1952 al 8 de abril de 1957, primero en la cadena Dumont Network y después en ABC. Llegó a estar por encima del programa *The Milton Berle Show* (El show de Milton Berle) como el número uno en audiencia televisiva. Mostraba y exhibía un punto de vista con clase, virtuoso, pero patriota y pastoral, que ayudó a limar sentimientos anti-católicos profundos y de rencor que prevalecían desde los días de la América colonial.

En 1950 Fulton fue nombrado director nacional de la Sociedad para la Propagación de la Fe, que era la organización de misiones de la Iglesia Católica.

Dieciséis años después se le promovió a obispo de Rochester (1966–1969). Pero su fama e influencia se debe a los programas de radio y televisión y las numerosas pláticas, discursos, retiros y conferencias que dio alrededor del mundo.

Varias celebridades, músicos, y políticos deben su conversión al catolicismo a Fulton J. Sheen. Murió a la edad de 84 años, el 9 de diciembre de 1979.

La Madre Angélica (1923–)

Rita Frances Rizzo nació en Canton, Ohio, el 20 de abril de 1923, hija de John Rizzo y Mae Helen Gianfrancisco. Seis años más tarde sus padres se divorciaron, y Rita y su mamá se quedaron solas. Se unió a las Hermanas Franciscanas (Pobres Clarisas) de la Adoración Perpetua en Cleveland, Ohio, el 15 de agosto de 1944, como Hermana María Angélica de la Anunciación.

Finalmente, la Hermana María Angélica llegó a Birmingham, Alabama, el corazón del cinturón bíblico bautista (Bible Belt). A pesar de su juventud, Roma le permitió convertirse en Abadesa de un nuevo monasterio, Nuestra Señora de los Angeles, que se inauguró el 20 de mayo de 1962, justo a los diez meses de haberse iniciado la construcción. (Al convertirse en abadesa recibió el título de respeto de "Reverenda Madre" o "Madre" para abreviar.) Su propia madre se unió a la comunidad y tomó el nombre de Hermana María David.

En 1973, editó un libro y un folleto de apostolado católico para divulgar la fe. Pero lo mejor estaba por llegar. En 1981, La Madre Angélica decidió entrar a la televisión. Y el 15 de agosto de 1981, inauguró la estación de televisión Eternal Word Television Network (EWTN, Red Global Católica de la Palabra Eterna). Llegó a 1,000,000 de hogares en menos de dos años y en 1990 ya tenía una programación de veinticuatro horas al día. Hoy en día, dos décadas después, a través de la transmisión por satélite, cable, radio y onda corta de EWTN, se alcanza a 79 millones de personas en 81 países. (EWTN también está en Internet en www.ewtn.com/spanish/index.asp.) EWTN se ha convertido en la cadena católica más grande y más vista en todo el mundo, y la Madre Angélica sigue involucrada.

La Madre Angélica sufrió lesiones en un accidente con una máquina pulidora de pisos. El accidente sucedió cuando era *novicia* (una monja que se está entrenando sin haber hecho sus votos) en 1946. El 28 de enero de 1998, mientras rezaba el rosario con una mujer italiana a la que no conocía, se curó milagrosamente —sus piernas ya no necesitaban muletas.

Un año después, el 19 de diciembre de 1999, consagró su nuevo monasterio y santuario: el Santuario del Santísimo Sacramento en Hanceville, Alabama, que está a una hora al norte de Birmingham y Irondale, donde están el estudio de televisión y los servicios de Internet. Ese monasterio, casa de Dios, construido gracias a la generosidad de un grupo de millonarios, es comparable a cualquiera en Europa. La custodia de dos metros de alto (siete pies) es la joya de la corona que contiene la Sagrada Eucaristía, expuesta para la adoración pública de manera independiente de la Misa.

John F. Kennedy (1917–1963)

John Fitzgerald Kennedy, el trigésimo quinto presidente de los Estados Unidos, fue el primer católico romano en tener el puesto más alto del país (vea la Figura 17-3).

Nació en Brookline, Massachusetts, el 29 de mayo de 1917; hijo de Joseph P. Kennedy y Rose Fitzgerald Kennedy. Fue uno de nueve hijos de esta rica e influyente familia. Su padre encabezó la Comisión de Valores y Cambio (SEC) y más tarde fue embajador en Gran Bretaña.

Figura 17-3: John Fitzgerald Kennedy.

John se graduó de Harvard en 1940 y un año después se enlistó en la marina de los Estados Unidos antes del ataque a Pearl Harbor y la declaración de la guerra. El barco que comandaba (PT-109) en el Pacífico fue atacado y hundido por los japoneses. Salvó a su tripulación, pero se lastimó gravemente la espalda. Se retiró de la marina en 1945 y se postuló para el Congreso de 1946 por el partido Demócrata. Fue reelecto dos veces.

El 12 de septiembre de 1953, se casó con Jacqueline Bouvier, con quien tuvo tres hijos (Carolina, 1957, John, Jr., 1960; y un hijo que murió a los pocos días de nacido). Fue senador de Massachussets en 1953. Siete años más tarde, fue nominado por los demócratas para la presidencia, frente al candidato de los republicanos el vicepresidente Richard M. Nixon, y la ganó en 1960.

Durante la campaña, fue atacado por su catolicismo, pues dijeron que sería un impedimento para ser un buen presidente —como si hubiera un conflicto de lealtad entre la Constitución de los Estados Unidos y el papa como jefe supremo de la Iglesia Católica. Se publicaron caricaturas en los periódicos de JFK en un barco con marineros jesuitas viniendo de Roma para invadir a los Estados Unidos. Hubo muchos artículos y editoriales desplegando prejuicios anti-católicos en toda la nación. Pero disipó las dudas irracionales al asegurar al público de su compromiso para respetar y defender la Constitución —manteniendo que no representaba y no representaría un conflicto con sus creencias religiosas personales. Finalmente el público aceptó el hecho de que los católicos podían ser americanos patriotas y buenos católicos al mismo tiempo.

Los historiadores todavía debaten el punto de si John F. Kennedy fue un católico devoto o practicante. Lo que se sabe es que fue el primer católico en ser elegido presidente y que su catolicismo tuvo una cobertura positiva por parte de la prensa durante su mandato: junto con Jackie y los niños iba a Misa los domingos; obispos y cardenales frecuentaban la Casa Blanca y se dijo una misa católica de réquiem elaborada, solemne y triste para su funeral después de su asesinato en noviembre de 1963.

Alfred E. Smith (1873–1944)

Nacido en la parte este de la ciudad de Nueva York en 1873 de padres pobres y abuelos irlandeses inmigrantes, Alfred Emanuel Smith fue el primer político católico nominado a la candidatura de la presidencia. Dos veces fue gobernador de Nueva York por el partido demócrata y trabajó mucho para lograr reformas políticas. Sin embargo su catolicismo y su oposición a la Prohibición le costó la elección frente a Herbert Hoover en 1928. Cada año la Arquidiócesis de Nueva York patrocina una cena de la Fundación Alfred E. Smith en donde se reúnen políticos de los dos partidos y eclesiásticos por igual.

Padre Edward Flanagan (1886–1948)

Nacido en Roscommon, Irlanda en 1886, Edward Flanagan llegó a los Estados Unidos en 1904. Fue ordenado sacerdote en 1912 después de asistir a la universidad de Mount Saint Mary en Emmitsburg, Maryland, y al seminario St. Joseph en Dunwoodie, Nueva York, y finalmente terminar sus estudios en Roma e Innsbruck, Austria. Como sacerdote recién ordenado lo mandaron a Omaha, Nebrasca, donde encontró que la situación de pobreza extrema entre los huérfanos era deprimente. La situación lo motivó a fundar Boys' Town (la Ciudad de los Muchachos) en 1917 para varones sin hogar, que hoy en día sigue encargándose de niños y niñas no privilegiados. En 1938, Spencer Tracy ganó un Oscar por su papel como el Padre Flanagan en la producción de MGM, *Forja de hombres.*

John Ronald Reuel Tolkien (1892–1973)

J.R.R. Tolkien, autor de *El señor de los anillos* y *El Hobbit,* nació en Sudáfrica en 1892; cuatro años más tarde, al morir su padre, se mudó a Inglaterra junto con su madre y su hermano menor, Hilary. Ahí, su madre y su tía se convirtieron al catolicismo, lo que molestó a ambos lados de la familia. Sin embargo, Ronald, como se le conocía entonces, y su hermano adoptaron la religión católica romana. Contemporáneo de C.S. Lewis, autor de las *Crónicas de Narnia* y *Cartas del diablo a su sobrino,* Tolkien aprendió a usar la crónica fantástica para transmitir sutil pero estratégicamente valores católicos sin perder la imaginación y la emoción de la lectura.

Gilbert Keith Chesterton (1874–1936)

Nacido en Londres en 1874, G. K. Chesterton fue bautizado en la Iglesia de Inglaterra (Anglicana). Irónicamente, escribió el libro de misterio *El Padre Brown* (1910) antes de unirse a la Iglesia Católica Romana en 1922. Este libro habla de un sacerdote callado y de apariencia ingenua que resuelve misterios al estilo de Sherlock Holmes, Lord Peter Whimsey, o Hércules Poirot. Otra ironía es que no aprendió a leer hasta que tenía 8 años aunque más tarde resultaría ser un prolífico y estudioso autor de 17 obras y 9 libros de ficción así como numerosos ensayos y poemas. Su libro *Ortodoxia* es un clásico de los *apologetas* —la gente que defiende al catolicismo a través del uso de la lógica, la razón y el debate— y de críticos literarios por igual.

Cristóbal Colón (1451–1506)

El descubridor europeo de América en 1492 quizá sea la ruina de los historiadores políticamente correctos, pero nadie puede negar que su insistencia en llevar misioneros Franciscanos y Dominicos al Nuevo Mundo fue esencial para divulgar el catolicismo entre los nativos en el norte, centro y sur del continente Americano.

Nacido en Génova en 1451, Cristoforo Columbo (su nombre en italiano) llegó a ser un navegante excelente desde su juventud y siempre soñó con hacer un viaje para encontrar una ruta más cercana al Lejano Oriente, porque la ruta de Marco Polo por tierra a China era cada vez más peligrosa y cara. El sabía que el mundo era redondo, al igual que varias de las personas más educadas y cultas de su tiempo. El rey Fernando y la reina Isabel de España finalmente financiaron la expedición para asegurar la riqueza española (la meta de Fernando) y para evangelizar y divulgar la fe católica (el sueño de Isabel).

Antes de zarpar en la Niña, la Pinta y la Santa María, Colón se confesó y asistió a la Misa para recibir la Sagrada Comunión. Su navío almirante tenía una capilla. Hoy en día, el altar de la capilla está en Boalsburg, Pennsylvania, en el Museo Cristóbal Colón. En un principio, el altar formaba parte del Castillo Colón en España. Pero Mathilde DeLagarde Boal, esposa del Coronel Teodoro Boal, lo heredó de su tía, Victoria Colón, descendiente de Colón, en 1908. Un año más tarde, el altar fue enviado a Pennsylvania, donde permanece en exhibición muy cerca de la Universidad de Pennsylvania (Penn State University). (David Boal, el tatarabuelo de Teodoro Boal, fundó Boalsburg, Pennsylvania.)

Hay que recordar que 1492 todavía era la Edad Media. La Reforma no ocurrió sino 15 años después. Y no se comprendía la dimensión sociológica de la exploración y la colonización. A diferencia de Cortéz, Colón no veía a los nativos de América como esclavos o enemigos, sino como potenciales conversos y aliados de la España católica.

Capítulo 18

Los Diez Santos Católicos Más Conocidos

En Este Capítulo

- Santos que llevaban las heridas de Cristo
- Los mártires, ¿quienes eran?

Los santos tienen un lugar especial en el corazón de los católicos. Los católicos respetan y honran a los santos y los consideran los héroes de la Iglesia. La Iglesia enfatiza que eran gente común y corriente, de familias normales y eran totalmente humanos. No nacieron con una aureola sobre la cabeza y no siempre estaban sonriendo. Lo que los distingue de los demás es que no se desesperaron, siguieron puliendo sus almas para llegar al cielo contra viento y marea.

En este capítulo, compartimos un poquito de la vida de diez de estas personas extraordinarias que se convirtieron en santos populares. Los hemos enlistado en orden cronológico.

San Pedro (Murió Alrededor del 64 d.C.)

Hermano de Andrés, hijo de Jonás y Príncipe de los Apóstoles, San Pedro era conocido primero como Simón. Era pescador de profesión y junto con su hermano eran de Betsaida, una ciudad en el Lago Genesarét —que también era el pueblo de origen de San Felipe apóstol.

Los estudiosos de la Biblia opinan que estaba casado, porque el Evangelio habla de la curación de su suegra (San Mateo 8, 14; San Lucas 4, 38). Pero no se sabe si era viudo en el tiempo en que conoció a Jesús. Es muy probable que su esposa ya hubiera muerto, porque después de la Crucifixión, Resurrección y Ascensión de Cristo, Pedro, como jefe de la Iglesia, tenía un itinerario muy ocupado. Tampoco menciona nunca a su esposa en su epístola. Todos estos hechos, llevan a los estudiosos de la Biblia a concluir que el primer papa era viudo.

Según la Biblia, Andrés fue quien presentó a su hermano, Pedro, a Jesús y le dijo, "¡Hemos encontrado al Mesías!" Cuando Pedro dudaba en seguir completamente a Jesús, Jesús se acercó y le dijo, "¡Los haré pescadores de hombres!"

Los fieles creen que fue su confesión de fe la que hizo a Pedro sobresalir de entre el gentío e incluso entre los doce apóstoles. San Mateo 16 cuenta la historia: Jesús preguntó, "¿Quién dice la gente que soy?" Los otros once simplemente repitieron lo que habían oído decir a otros: "Juan el Bautista, Elías o uno de los profetas". Pero cuando les preguntó directamente, "¿Pero quién dicen ustedes que soy yo?", sólo Pedro respondió, "Tu eres el Cristo, el Hijo del Dios viviente". Su respuesta recibió la aprobación de Jesús y lo hizo el pastor principal de la Iglesia y líder de los apóstoles. San Mateo 16, 17–19 dice:

> "Dichoso tu, Simón, hijo de Jonás, porque ningún hombre te ha mostrado esto, sino mi Padre que está en el cielo. Y yo te digo que tú eres Pedro y sobre esta piedra voy a construir mi Iglesia; y ni siquiera el poder de la muerte podrá vencerla. Te daré las llaves del Reino de los Cielos; lo que tú ates en este mundo, también quedará atado en el cielo, y lo que tú desates en este mundo, también quedará desatado en el cielo."

El griego, que se usó para escribir el Evangelio originalmente, usa la palabra *Petros* como el nombre propio de un hombre y la palabra *petra* para referirse a una piedra. Pedro significa piedra, pero en griego, al igual que en muchos otros idiomas excepto el inglés, los sustantivos tienen género. *Petra* es la palabra para designar a una piedra, pero es femenina, así que no llamarías a un hombre *petra,* sin importar qué tan "fuerte como una roca" pueda ser. Creemos que si Jesús usara *petra* en lugar de *petros* para llamar a Pedro, los otros apóstoles y discípulos nunca hubieran dejado de molestarlo al respecto, porque usar una terminación femenina hubiera sido inapropiado. (Ya sabes que los marineros y pescadores usan un lenguaje muy florido.)

Un aspecto significativo de este pasaje es que Jesús dijo que edificaría *su Iglesia,* así que los católicos creen que la Iglesia no le pertenece a Pedro o al papa sino a Cristo. Por eso uno de los títulos del papa es Vicario (Embajador) de Cristo. Nota el peso de la última frase: "lo que tú ates en este mundo, también quedará atado en el cielo, y lo que tú desates en este mundo, también quedará desatado en el cielo". Ese *lo* le está dando muchísima autoridad. Y la segunda persona del singular, *tú,* usada en griego —no en el plural— es por lo que los católicos creen que la autoridad total, suprema, inmediata y universal se la dio a Pedro y no a los otros apóstoles. Esa es la razón por la que el sucesor de Pedro, el papa, tiene más autoridad en la Iglesia que los sucesores de los apóstoles —los obispos.

Según una tradición piadosa, Pedro fue crucificado boca abajo sobre su cabeza porque no se sentía digno de morir en la misma forma que Jesús murió el Viernes Santo. Esa misma tradición dice que Pedro huía de las primeras persecuciones en Roma cuando se le apareció Jesús en el camino, dirigiéndose a Roma. Que no haya confusiones, esto fue después de su Resurrección y Ascensión. Pedro le preguntó, "Quo vadis Domine?", que en latín significa "¿A dónde vas Señor?" Cuando Jesús respondió que se dirigía a Roma a ser crucificado otra vez, Pedro se dio cuenta de que debía volver a Roma para encargarse de la Iglesia naciente, incluso si eso significaba ser martirizado, y así lo hizo.

San Judas (Murió durante el Primer Siglo d.C.)

Hermano de San Santiago el Menor y al parecer pariente de Jesús, Judas es también conocido como Judas Tadeo, patrón de las causas imposibles. Una de las razones de este atributo es que es casi imposible encontrar información sobre él. De hecho, con frecuencia se le llama San Judas el Obscuro. Pero, otra razón por la que es invocado para los casos desesperados podría ser por la semejanza de su nombre con el Judas Iscariote—quien traicionó a Cristo.

Se ha supuesto que su padre fue Cleofás, a quien asesinaron por apoyar a Jesús, y que su madre fue María Cleofás, y quien, según el Evangelio, estaba junto a la cruz. (San Juan 19:25).

Se dice que su martirio fue morir a garrotazos. (Vea el Capítulo 13 para leer la novena de San Judas.)

San Benito (480–543)

San Benito de Nursia, el fundador del monaquismo occidental, fue hijo de un noble romano y el hermano gemelo de Santa Escolástica, fundadora de las Monjas Benedictinas. Creció y estudió en Roma hasta los 14 años, cuando decidió dejar la ciudad por una vida más tranquila de oración y trabajo.

Desarrolló una estructura para la vida monástica llamada la *Regla,* que es un conjunto de leyes, costumbres y prácticas para todos los miembros de una comunidad religiosa, que continúa hasta nuestros días y es la base para varias comunidades religiosas. El objetivo principal de la vida Benedictina es, viviendo una vida sencilla de pobreza, castidad y obediencia en comunidad, poder dirigir la vida entera hacia la santidad. Los Benedictinos, conocidos por su arduo trabajo y su amor por la Sagrada Liturgia y la Sagrada Escritura, así como su dedicación al estudio y aprendizaje, fueron modelos a seguir de muchas comunidades religiosas que vinieron después, como los Dominicos. Los monjes Benedictinos fueron los que huyeron de las ciudades hundidas en la decadencia moral de un Imperio Romano que se desintegraba, y después de que los bárbaros invadieron y ocuparon los territorios, esos mismos monjes preservaron la cultura, el idioma, el patrimonio, el arte y el aprendizaje. Conservaron la mayor parte de los manuscritos y documentos seglares y religiosos de aquella era y eventualmente educaron a los bárbaros civilizados una vez que éstos se habían establecido y cansado del saqueo.

Los famosos monasterios Benedictinos de Monte Cassino y Subiaco en Italia, datan del tiempo de Benito y a la fecha cuentan con miembros de la orden. Un sello de la vida benedictina, además del trabajo y la oración, es el voto de estabilidad: a diferencia de los sacerdotes diocesanos que son transferidos frecuentemente, una vez que un hombre se une al monasterio benedictino, por lo general se queda ahí el resto de su vida, a menos que por circunstancias especiales tenga que unirse a otra abadía.

Santo Domingo de Guzmán (1170–1221)

Santo Domingo fue contemporáneo de San Francisco de Asís. Los fieles creen que cuando la madre de Santo Domingo, Juana de Aza, esposa de Felix de Guzmán, estaba embarazada, tuvo una visión de un perro llevando una antorcha en la boca, que simbolizaba al hijo que esperaba, quien crecería para convertirse en un *perro cazador del Señor.* Se le dio el nombre de Domingo, porque en latín *Dominicanis* puede ser *Domini + canis* (perro cazador del Señor).

Con el Santo Rosario, Domingo pudo predicar exitosamente contra la herejía albigense. Promovió la devoción mariana, la práctica de rezar el rosario, alrededor de Europa Occidental. La herejía albigense negaba la naturaleza humana de Cristo y sólo creía en su naturaleza divina, mientras que el catolicismo enseña que tenía naturaleza humana y naturaleza divina completas unidas en una persona divina. Las personas que seguían el Albigenismo no podían aceptar un dios que sufriera y muriera por los pecados de la humanidad. Los católicos creen que, según la tradición piadosa, María le entregó el Rosario a Domingo, y que conquistó el Albigenismo no sólo predicando sino con la ayuda del Rosario.

Su orden de frailes predicadores, los Dominicos, junto con sus hermanos los Franciscanos, dieron nuevas energías a la Iglesia en el siglo XIII y llevaron claridad de pensamiento y aprendizaje substancial a más personas que nunca. El lema de Santo Domingo era *veritas,* que en latín significa *verdad.*

San Alberto el Grande, Santo Tomás de Aquino, Santa Catalina de Siena, San Vicente Ferrer, el Papa San Pío V, San Martín de Porres, San Raymundo Peñafort y Santa Rosa de Lima eran todos Dominicos.

San Francisco de Asís (1181–1226)

Hijo de un rico comerciante de telas, Pietro Bernadone, Francisco fue uno de siete hijos. Hoy en día la gente diría que creció con una cuchara de plata en la boca.

Aunque fue bautizado Giovanni, más tarde su padre cambió su nombre a Francesco (en italiano). Era guapo, cortesano, ingenioso, fuerte, inteligente, pero muy celoso. Le gustaba jugar y pelear rudo como a la mayoría de sus contemporáneos. Las disputas locales entre pueblos, principados, ducados y demás eran muy difundidas en esta época del siglo XII, porque el país no se unificó sino hasta finales del siglo XIX, bajo el liderazgo de Garibaldi.

Francisco era un hombre de mundo, pero no era malo o inmoral. Después de pasar un año como prisionero de los rivales Perugianos, que pelearon con sus vecinos los Asisianos, Francisco decidió que por un tiempo iba a vivir un poco más tranquilo. Un día, se encontró con un leproso en el camino, quien al principio le causó repulsión por su olor y fealdad. Arrepentido, Francisco se dio la vuelta, se bajó del caballo, abrazó al mendigo y le dio ropa y dinero. El hombre desapareció de inmediato y Francisco creyó que era Cristo quien lo visitaba bajo la forma de un mendigo. Fue entonces a Roma para visitar la tumba de San Pedro en donde entregó todas sus posesiones terrenales — dinero, ropa y pertenencias— a los pobres y se vistió con los harapos de un hombre pobre. La Dama Pobreza sería su novia.

Su padre no estaba contento por la humillación que le causó, así que se lo llevó, lo golpeó y lo encerró para que volviera a la razón. Su madre lo ayudó a escapar para que se refugiara con un amigo obispo, pero su padre lo encontró al poco tiempo. Sin embargo, como estaba en un lugar que era propiedad de la iglesia, Signor Bernadone no pudo violar el santuario y forzar a su hijo a regresar a casa. Francisco tomó lo poco de ropa que todavía le quedaba y se la aventó a su padre diciendo: "Hasta ahora te he llamado mi padre terrenal; de ahora en adelante sólo diré 'Padre nuestro que estás en el cielo'".

En 1221, inició su propia comunidad religiosa llamada Orden de Frailes Menores (OFM), que hoy en día se conoce como los Franciscanos. Tomaron votos de pobreza, castidad y obediencia, pero a diferencia de los Agustinos y los Benedictinos, que eran monjes que vivían en monasterios fuera de los pueblos y ciudades, San Francisco y sus frailes no eran monjes, sino mendicantes, lo que significa que mendigaban para conseguir comida, ropa y cobijo. Lo que conseguían lo compartían entre ellos y los pobres. Trabajaron entre los pobres en las ciudades.

Los católicos tienen la creencia de que en 1224 San Francisco de Asís fue bendecido con el don extraordinario de los *estigmas,* las cinco heridas de Cristo marcadas en su propio cuerpo.

San Francisco de Asís amaba a los pobres y a los animales, pero más que nada amaba a Dios y a su Iglesia. Quería que todos conocieran y experimentaran el profundo amor de Jesús que sentía en su propio corazón. Se le atribuye la creación de dos devociones católicas: Las Estaciones de la Cruz (vea el Capítulo 16) y los Nacimientos.

Santa Clara, la fundadora de las Clarisas Pobres y la contraparte femenina de San Francisco de Asís, San Antonio de Padua, San Bernardino de Siena, San Buenaventura, San Lorenzo de Brindisi, San José de Cupertino y San Maximiliano Kolbe, asesinado en Auschwitz por los Nazis durante la Segunda Guerra Mundial, fueron todos Franciscanos.

Santo Tomás de Aquino (1225–1274)

El más grande intelectual que la Iglesia Católica jamás haya conocido nació en una familia aristocrática, hijo de Landulph, conde de Aquino, y Teodora, condesa de Teano. Los padres de Tomás lo mandaron a los cinco años, normal en ese tiempo, a la abadía Benedictina de Monte Cassino. Se esperaba que si no mostraba talentos para convertirse en caballero o noble, al menos podía llegar al rango de abad u obispo y con esto aumentar el prestigio e influencia de su familia.

Diez años más tarde, Tomás, por el contrario, quería unirse a la nueva orden mendicante, que se asemejaba a la de los Franciscanos en que no iban a monasterios, sino que trabajaban en las áreas urbanas. Esta nueva orden que le interesaba era la Orden de Predicadores, conocida como los Dominicos.

Su familia tenía otras ideas, y lo puso bajo arresto domiciliario por dos años en un esfuerzo por disuadirlo de la vocación dominica. Esta no cambió. Mientras estaba cautivo, leyó y estudió asiduamente y aprendió metafísica, la Sagrada Escritura y las *Sentencias de Pedro Lombardo.* Finalmente se dieron por vencidos y a los 17 años ya estaba bajo la tutela de San Alberto el Grande, el orgullo de la intelectualidad Dominica. Alberto fue el primero en cubrir el vacío entre la alquimia y la química haciéndola pasar de superstición a ciencia. Tomás aprendió mucho de su maestro académico.

Tomás de Aquino es conocido por dos cosas: una es su monumental trabajo teológico y filosófico, la *Suma Teológica,* que abarca casi todas las doctrinas importantes y dogmas de su era. Lo que San Agustín y San Buenaventura fueron capaces de hacer con la filosofía de Platón en relación a la teología católica, Santo Tomás de Aquino lo hizo con Aristóteles. El *Catecismo de la Iglesia Católica* hace muchas referencias a la Suma, 800 años más tarde. También es conocido por los himnos y oraciones que compuso para el Corpus Christi a petición del papa. Santo Tomás también escribió *Pange Lingua, Adoro te Devote, O Salutaris Hostia,* y *Tantum Ergo,* que con frecuencia se canta en la Bendición Eucarística (vea el Capítulo 16 para mayor información sobre la Bendición

Eucarística). Murió mientras se dirigía al Segundo Consejo de Lyon para fungir como *peritus* (experto).

Para mayor información sobre Santo Tomás de Aquino, consulta los Capítulos 3, 8, 9, 14, y el Apéndice.

San Ignacio de Loyola (1491–1556)

Hijo de Don Beltrán Yañez de Oñez y Loyola y Marina Saenz de Lieona y Balda, Ignacio nació en 1491 y creció para convertirse en soldado. La vida militar le venía bien. Le gustaba el régimen y la disciplina, y le daba un sentimiento de logro, porque servía y defendía a la patria y a su monarca.

Cuando una herida de bala de cañón en la pierna lo obligó a tener una larga recuperación, pidió le trajeran algo que leer para pasar el tiempo. Lo único disponible era un libro sobre las vidas de los santos. Un día se dio cuenta que en lugar de pelear por reyes terrenales y príncipes debería convertirse en Soldado de Cristo y ganarle almas al verdadero enemigo, el demonio, y llevarlas de regreso al verdadero Rey de Reyes, Dios todopoderoso. Se dio cuenta que la disciplina militar podía usarse para disciplinar el alma y no sólo el cuerpo.

Desarrolló un método de espiritualidad, los *Ejercicios Espirituales,* que se centraban en usar la mayor cantidad de imaginación durante la meditación. Se le pedía a la gente que escogiera una escena de la Biblia e imaginara que no eran espectadores, como en una obra de teatro, sino testigos o participantes de la escena bíblica que contemplaban. Por ejemplo:

Digamos que te encuentras en las bodas de Cana (San Juan 2, 1–11). Sientes una brisa fresca que te roza el lado izquierdo de la cara. Puedes percibir el aroma a carnero asado. El día está soleado y la gente ríe y habla como lo hacen en las recepciones de las bodas. Entonces comienzas a escuchar las palabras que se susurran alrededor de la mesa, "No tienen más vino", justo cuando tú tomas un sorbo de tu copa y te das cuenta de que está casi vacía. Ahora trata de imaginar el resto de la historia por ti solo.

Este uso de la imaginación ayudó a los fieles a apreciar la realidad de las Escrituras. También les permitió trascender lo que apenas conocían en ideas de memoria y usar experiencias sensoriales pasadas para pretender, pero también para aprender y experimentar el evento.

A los 46 años fue ordenado sacerdote, por lo que con frecuencia se le invoca como el santo patrón de las vocaciones tardías o de las segundas carreras. En 1534, formó la Sociedad de Jesús, que más tarde se conocería como los Jesuitas. Temidos, admirados, menospreciados y con frecuencia mal entendidos, los Jesuitas se convirtieron en una comunidad religiosa poderosa e influyente por dos razones:

- **Su cuarto voto de total obediencia al pontífice romano.** Otras órdenes tomaron el voto de obediencia, pero algunas veces la lealtad a la orden estaba antes que la obediencia a la jerarquía. Ignacio prefería que sus sacerdotes estuvieran a la total disposición del papa para ir a donde los enviara y hacer lo que les pidiera.
- **Su trasfondo histórico y experiencia profesional.** La mayoría de los Jesuitas tienen uno o más doctorados o el equivalente y estudian más antes de la ordenación a diferencia de sus colegas diocesanos o de otras comunidades religiosas.

San Fancisco Xavier, San Edmundo Campion, San Luis Gonzaga, San Pedro Canisio, San Roberto Bellarmino y San Isaac Jogues fueron Jesuitas.

Santa Bernardita Soubirous (1844–1879)

Bernardette nació el 7 de enero de 1844, en Lourdes, Francia. Sus padres, Francis y Louise Soubirous eran extremadamente pobres pero querían mucho a su hija. Ella sufría de asma severa, lo que la mantenía atrasada algunos años en la escuela.

Los fieles creen que el 11 de febrero de 1858, vio la aparición de María en una gruta a orillas del Río Gave cerca de Lourdes. La mujer no dijo quién era pero le pidió a Bernardita que regresara puntualmente a la gruta y que rezara el Rosario por la conversión de los pecadores, para que se alejaran del pecado y regresaran a Dios.

En un principio, la gente del pueblo creyó que estaba loca. Pero el 25 de febrero la mujer le pidió a Bernardita que excavara un hoyo en la tierra hasta que apareciera un manantial. Hizo lo que le pidió y apareció el manantial.

Se dice que de inmediato el agua tuvo propiedades milagrosas y la escéptica población de Lourdes se acercó a la grieta para beber del agua milagrosa. Los ciegos veían, los paralíticos caminaban, los sordos oían y los enfermos se curaban, entre otras cosas.

Se cree que el 25 de marzo de 1858, la mujer anunció a Bernardita que ella era la *Inmaculada Concepción.* Irónicamente, el dogma de la Inmaculada Concepción sólo tenía cuatro años desde que el Papa Pío IX lo había definido (1854), y los estudiosos mantienen que una pastorcita de pocos conocimientos, de un pueblito de Lourdes no podía haber oído de la existencia de ese término y mucho menos comprenderlo.

Las autoridades públicas, que estaban en contra de los católicos y los clérigos, cerraron la gruta hasta que el emperador Luis Napoleón III ordenó que se abriera. Su hijo había enfermado y su esposa, la emperatriz Eugenia de Francia, consiguió un poco de agua de Lourdes, y los fieles creen que curó a su alteza imperial.

Bernardita no vivió una vida normal después de eso y en 1866 ingresó al convento de las Hermanas de Nuestra Señora en Nevers, en donde pasó el resto de su corta vida. Trece años más tarde, se descubrió que padecía de una enfermedad parecida a la tuberculosis, que producía un dolor agudo y crónico, pero dijo que las aguas curativas de Lourdes no eran para ella.

Murió en 1879 y hasta hoy, su cuerpo permanece incorrupto (que no se descompone a pesar de no tener tratamientos de momificación o embalsamiento). El santuario de Lourdes es un lugar internacional de oración y todavía se atribuyen curaciones milagrosas al agua de la gruta, donde los católicos creen que la virgen María se le apareció a Bernardita.

Santa Teresa de Liseux (1873–1897)

María Francisca Teresa, la menor de cinco hijas, nació el 2 de enero de 1873. A la edad de cuatro años, su madre murió y dejó a su padre con cinco hijas para criarlas solo. La mayor de 13 años, María, ayudaba mucho. La segunda, Paulina, se unió tiempo después a la orden de monjas carmelitas y fue seguida por su hermana María. Teresa quería unirse a sus hermanas como carmelita cuando tenía 14 años. La orden normalmente hacía que las niñas esperaran a tener 16 antes de entrar al convento o monasterio, pero Teresa era inflexible. Acompañó a su padre a una audiencia general papal de Su Santidad Papa León XIII y sorprendió a todo el mundo al tirarse frente al pontífice y rogarle que le permitiera ser una carmelita. El sabio papa replicó, "Si el buen Dios así lo quiere, entrarás". Cuando regresó a casa, el obispo local le permitió ingresar antes. El 9 de abril de 1888, a la edad de 15 años, Teresa ingresó al monasterio carmelita de Lisieux y se unió a sus dos hermanas.

El 8 de septiembre de 1890, tomó sus votos finales. Mostró sorprendentes reflexiones espirituales para alguien tan joven, pero fue debido a su relación inocente (no infantil) con Jesús. Sus superiores le pidieron que llevara un diario con sus pensamientos y experiencias.

En 1896, a la edad de 23 años, tosió sangre y se le diagnosticó tuberculosis. Sólo vivió un año más, y fue un largo año en el que soportó un sufrimiento físico intenso, doloroso y amargo. Sin embargo se dice que lo hizo amorosamente para acompañar a Jesús en la cruz. Ofreció su dolor y sufrimiento por las almas que pudieran estar perdidas, para que regresaran a Dios. Su *pequeño camino* consistía en, según sus propias palabras, "hacer pequeñas cosas con frecuencia, hacerlas bien y con amor". Murió el 30 de septiembre de 1897.

A pesar de que tuvo una vida corta y enclaustrada, ya que nunca salió del monasterio, y mucho menos de su nativa Francia, es llamada patrona de las misiones extranjeras. El motivo de esto es que durante la Primera Guerra Mundial, muchos soldados heridos en batalla que se recuperaban en los hospitales —así como los que estaban en las trincheras esperando su posible muerte— leyeron su autobiografía y cambiaron sus corazones. Muchos de los que se habían vuelto fríos o tibios en su fe católica querían imitar a Santa Teresa de Lisieux, conocida también como la *pequeña flor,* y convertirse en los pequeños hijos de Dios.

San Pío de Pietrelcina (1887–1968)

El Padre Pío nació el 25 de mayo de 1887 en Pietrelcina, Italia. Como mostró evidencia de tener vocación de sacerdote desde muy temprano, su padre se fue a los Estados Unidos para ganar suficiente dinero con el que Francisco (su nombre de pila) pudiera ir a la escuela y al seminario. A los 15 años tomó los votos y el hábito de los Frailes Capuchinos Menores y asumió el nombre de Pío en honor al Papa Santo Pío V, patrón de su ciudad. El 10 de agosto de 1910 fue ordenado sacerdote. Se cree que menos de un mes después, el 7 de septiembre, recibió las estigmas, como San Francisco de Asís.

Durante la Primera Guerra Mundial, sirvió como capellán en los Cuerpos Médicos Italianos. Después de la guerra la noticia de sus estigmas se expandió lo que le trajo enemigos importantes que estaban celosos y envidiosos de este hombre simple, devoto y místico. En 1931 le fue prohibido celebrar la Misa públicamente y escuchar confesiones a causa de unas acusaciones falsas que enviaron a Roma. Dos años más tarde, el Papa Pio XI, canceló la suspensión y dijo, "No se me ha dispuesto en contra del Padre Pío, pero se me ha dado información errónea".

En 1940, convenció a tres médicos para que fueran a San Giovanni Rotondo para ayudarlo a construir un hospital, *Casa Sollievo della Sofferenza* (casa para el alivio de los que sufren). Fue hasta 1956 cuando finalmente se construyó el hospital, debido a la Segunda Guerra Mundial y las pocas donaciones, pero al final se logró.

Los católicos creen que leía las almas, es decir que cuando la gente se confesaba con él, de inmediato podía decir si estaban mintiendo, ocultando pecados o estaban verdaderamente arrepentidos. Se dice que un hombre sólo confesó que era cruel de vez en cuando, y el Padre Pío le dijo, "No te olvides cuando fuiste cruel con Jesús al faltar a Misa tres veces este mes".

Era tan querido en toda la región y de hecho, en todo el mundo que tres días después de su muerte el 23 de septiembre de 1968, más de 100,000 personas se reunieron en San Giovanni Rotondo para rezar por su alma.

Capítulo 19

Diez Lugares Católicos Famosos

En Este Capítulo

- Visitar algunos santuarios milagrosos
- Descubrir la historia, arte y arquitectura católica

Aunque algunas religiones requieren o insisten en que sus miembros visiten sus lugares santos y sagrados, la Iglesia Católica no lo hace. A los católicos se les alienta a hacer peregrinajes —viajes religiosos a lugares santos. Este capítulo nos muestra los diez lugares preferidos por los católicos para visitar alguna vez en su vida, comenzando con el más popular a la cabeza de la lista.

La Basílica de Guadalupe

La Basílica de Guadalupe de la Ciudad de México, en México, es el lugar número uno de peregrinaje para los católicos —en segundo lugar está la Ciudad Eterna de Roma. Esta basílica alberga la imagen milagrosa de la Virgen de Guadalupe, que los católicos creen fue impresa por María en la tilma de un indio azteca de 57 años, Juan Diego, el 12 de diciembre de 1531.

Iba caminando hacia el norte de la Ciudad de México, en el cerro del Tepeyac, cuando Juan Diego vió a la Virgen María, quien tenía la apariencia de una mujer azteca, no europea, y estaba embarazada. Ella le dijo a Juan Diego que visitara al obispo del lugar y le dijera que quería que se construyera una iglesia en su honor.

Después de esperar varias horas para ver al obispo Fray Juan de Zumárraga, nacido en la aristocracia española, se le otorgó una audiencia a Juan Diego. El respetuoso aunque incrédulo obispo le dijo a Juan Diego que necesitaba una señal del cielo que comprobara que en realidad era voluntad de Dios construir una iglesia en el lugar. San Juan Diego contó a María lo que le había pedido el obispo y ella le dijo que cortara rosas de un arbusto que había aparecido de la nada. Estas rosas de Castilla no eran originarias de México, y mucho menos del frío de diciembre, aunque eran muy comunes en España. Sucede que el pasatiempo favorito del obispo era la jardinería y en España era un experto oficial de rosas antes de que lo mandaran a México.

Juan Diego llevó las rosas en su tilma (capa) al obispo y cuando la abrió, el obispo cayó de rodillas al suelo. No sólo las rosas eran preciosas y poco comunes, sino que la imagen de la Virgen de Guadalupe estaba en la tilma. La imagen correspondía a la descripción que hace la Biblia de una mujer "envuelta en el sol como en un vestido, con la luna bajo sus pies y una corona de doce estrellas en la cabeza. La mujer estaba en cinta . . . ." (Apocalipsis 12, 1–12).

A la fecha la ciencia no puede explicar cómo llegó la imagen a la tilma. No está pintada, teñida, cocida, impresa y tampoco es producto de ningún proceso hecho por el hombre, y no se trata de un fenómeno natural. Está en exhibición en la Basílica en la Ciudad de México, en donde el Papa Juan Pablo II canonizó a Juan Diego en el 2002. Millones de personas de América del norte, centro y sur, Europa, Africa y Asia visitan este lugar santo.

San Giovanni Rotondo en Italia

En Italia, a 40 millas de Foggia, hay un pueblo llamado San Giovanni Rotondo, el lugar donde descansan los restos de San Pío de Pietrelcina, conocido cariñosamente como el Padre Pío. (Pietrelcina es la ciudad donde nació el Padre Pío.) Era un monje Capuchino, un tipo de Franciscano, humilde y sencillo. (Encontrarás una breve biografía de su vida en el Capítulo 18.)

Durante su vida, miles de personas acudían a él para confesarse y pedir su bendición. Desde su muerte, cientos de miles de personas han hecho el peregrinaje para ver el lugar en donde el Padre Pío celebraba la Misa y oía confesiones, así como visitar la iglesia en donde está enterrado. Más que nada, quieren ver el lugar en donde se cree recibió las estigmas —las cinco heridas de Cristo. La Iglesia de Nuestra Señora de Gracia es donde pasó todo esto y adonde va la gente. *Casa Sollievo della Sofferenza* (casa para aliviar a los que sufren) es el hospital que fundó, está en el mismo pueblo y también es visitado por muchos peregrinos. En todas las tiendas, restaurantes y casas en San Giovanni, se pueden ver fotografías y estatuas del Padre Pío, el santo del lugar, a quien quieren y admiran.

El *Centro Nacional Padre Pío* está en Barto, Pennsylvania, cerca de Reading, Pennsylvania, y ahí se puede ver una réplica de la capilla de San Giovanni. En la capilla se exhibe uno de los guantes manchados de sangre que el Padre Pío usó cuando tenía los estigmas.

La Basílica de Czestochowa en Polonia

La tradición piadosa mantiene que durante un tiempo indeterminado después de la Crucifixión de Cristo, San Juan el Discípulo Amado, pintó un icono de la Virgen María. Los fieles creen que Jesús antes de su muerte entregó a su madre al cuidado de Juan (Juan 19, 26-27). San Lucas también pintó un icono de María (vea la figura 19-1), el cual pudo haber hecho basándose en el icono de Juan o hecho con la madre de Jesús estando presente. Una tradición piadosa explica que Santa Helena, la que encontró la Cruz Verdadera (vea el apéndice A) en el siglo cuarto y madre del Emperador Constantino, fue quien descubrió esta pintura.

Sin importar el origen del icono, o quién lo pinto, el hecho es que ha sido uno de los grandes tesoros espirituales de Polonia. De alguna forma, durante las invasiones musulmanas, la imagen llegó a Polonia a través de Rusia. En el siglo XV, el príncipe polaco San Ladislaus, la mantuvo a salvo en su castillo hasta que los invasores tártaros amenazaron con arrasar Polonia. Con la intención de llevarla a su lugar de nacimiento en Opala, el príncipe Ladislaus se detuvo a pasar la noche en Jasna Gora, cerca de Czestochowa.

Según la tradición, a la mañana siguiente, los caballos se negaron a moverse mientras la imagen estaba en el carruaje. El príncipe tomó esto como una señal de Dios de que el icono debía permanecer ahí. Así que dejó el icono, ahora conocido como la Madona de Czestochowa, al cuidado de Pauline Fathers que era el encargado de las necesidades espirituales de Czestochowa y Jasna Gora.

Figura 19-1: Varios creen que el Evangelista San Lucas creo esta pintura de Maria, llamada la Madona Negra de Czestochowa.

Hoy en día, la Madonna Negra reside en la magnífica basílica de Czestochowa. Algunos dicen que su cara es negra a causa de los intentos por destruirla; se dice que los hussitas herejes le prendieron fuego pero no se quemó. Otros afirman que es por la pigmentación en la pintura, que fue afectada por el humo negro de los cientos de velas que han estado prendidas frente a ella durante siglos.

Se cuenta que en una ocasión un soldado tártaro desenvainó su espada y la golpeó cortándola dos veces, de ahí las dos cuchilladas que tiene, a la fecha, en la mejilla derecha. La historia dice que cuando intentó golpear el icono una tercera vez, antes de que pudiera completar el movimiento de su brazo, gritó de dolor y cayó muerto de un ataque fulminante al corazón.

Millones de peregrinos visitan la ciudad y la Basílica de Czestochowa donde se exhibe el icono. Providencialmente, la pintura sobrevivió la diabólica invasión Nazi y la ocupación, y luego la invasión comunista hasta que Polonia volvió a ser independiente.

Una réplica del icono adorna el Santuario Nacional de Nuestra Señora de Czestoshowa en Doylestown, Pennsylvania, no muy lejos de Philadephia.

La Basílica de Lourdes en Francia

Santa Bernardita (vea el Capítulo 18) fue una niña de Lourdes, en Francia, a quien los católicos creen que se le apareció María en 1858 —del 11 de febrero hasta el 16 de julio. María le pidió a Bernardita que hiciera con las manos un hoyo en la tierra y descubriera un manantial milagroso. A la fecha el manantial ha sido el catalizador de cientos de miles de curaciones inexplicables, inmediatas y totales.

La basílica original construida sobre la gruta en 1876, ya no era suficiente para la cantidad de gente que la visitaba, y en 1958, se construyó una iglesia de concreto con capacidad para 20,000 personas. Hoy en día, de 4 a 6 millones de peregrinos la visitan cada año y aproximadamente 200 millones han acudido desde 1860.

Cada noche se reza el Rosario en todos los idiomas y se lleva a cabo una procesión con velas; presenciar y ser parte de esta experiencia, pensamos, es conmovedor.

Fátima en Portugal

Los católicos tienen la creencia de que María se apareció a tres pequeños niños pastores, Lucía, Jacinta y Francisco, en Fátima, Portugal en 1917. Visitó a los niños seis veces los días 13 de cada mes, de mayo a octubre, y les pedía rezar el Rosario por la conversión de los pecadores, para que se arrepintieran de sus pecados y buscaran la misericordia y el perdón de Dios. Decía que muchas almas se habían perdido porque nadie había rezado por ellas, y habían llebado vidas de maldad.

Los fieles creen que durante las apariciones a los niños de Fátima, la Virgen también predijo la Segunda Guerra Mundial y la expansión del comunismo, en especial el perverso imperio de la Unión Soviética, que esclavizó a casi toda la Europa Oriental durante la Guerra Fría. Pidió que el papa y los obispos del mundo consagraran a Rusia a su Inmaculado Corazón y que los fieles recibieran la Santa Comunión el primer sábado del mes.

En mayo de 1982, un año después del intento de asesinato que casi lo mata, Juan Pablo II pidió a los obispos de todo el mundo que se unieran a él para consagrar a Rusia al Inmaculado Corazón de María en acción de gracias por salvarle la vida el 13 de mayo de 1981. Siete años después de la consagración, cayó el Muro de Berlín, y en 1991 la Unión Soviética colapsó y dejó de existir. Rusia sobrevivió. Muchos atribuyen el final de la Guerra Fría a fuerzas políticas como Ronald Reagan y Mikhail Gorbachov. Algunos católicos lo atribuyen a la influencia espiritual de Juan Pablo II y a la intercesión de la Virgen de Fátima.

En el último día de las apariciones de Fátima, el 13 de octubre de 1917, ocurrió lo que se conoce como el *Milagro del Sol.* Avelino de Almeida, el editor en jefe de *O Seculo,* el diario anticlerical de Lisboa, se encontraba entre las 70,000 personas que presenciaron el evento. Esto fue lo que escribió al día siguiente en su diario:

> Desde el camino, donde estaban amontonados los vehículos y donde cientos de personas se habían quedado por no tener que avanzar a través del campo enlodado, vimos que la inmensa masa volteó hacia el sol que estaba en su punto más alto y un cielo sin nubes. Parecía una placa de pura plata y era posible mirar fijamente sin sentir ninguna incomodidad. Los ojos no ardían, no se cegaban. Pudo haber sido un eclipse que sucedía en ese momento. Pero en ese mismo momento se produjo un gran grito, y la multitud más cercana a nosotros empezó a gritar: '¡Milagro! ¡Milagro! . . . ¡Maravilloso. . . ¡Maravilloso!'

Había llovido y la tierra estaba mojada, al igual que la ropa de la multitud. Cuando el sol comenzó a encogerse y a expandirse y luego a rotar y girar como si fuera a chocar contra la tierra. La mayoría pensó que era el fin del mundo. No fue así. Y cuando terminó el fenómeno sus ropas estaban secas. Los astrónomos a la fecha no pueden explicar lo que pasó.

Jacinta y Francisco murieron al poco tiempo, pero la mayor de los tres niños, ingresó a un claustro de la orden carmelita. Sor Lucía murió el 13 de febrero del 2005. El Papa Juan Pablo II beatificó a Jacinta y Francisco el 13 de mayo del 2000.

Jacinta y Francisco están enterrados en una hermosa basílica, muy cerca del lugar de la aparición. Si el tiempo lo permite, los peregrinos rezan el Rosario todas las noches en el lugar en donde se apareció Nuestra Señora de Fátima. También asisten a una de las misas al aire libre que se celebran ahí mismo.

Roma

Así como los judíos quieren visitar Jerusalén y los musulmanes quieren visitar la Meca, los católicos tienen la misma pasión y deseo de ver Roma en algún momento de sus vidas. Desde la conversión del Imperio Romano a mediados del siglo IV, la Ciudad Eterna, como se le llama con frecuencia desde su fundación en 753 a.C., ha sido el centro del catolicismo. El primer papa, San Pedro y el gran misionero y apóstol San Pablo fueron, ambos, martirizados en esta ciudad entre el 64 y 67 d.C.

Durante el comienzo de la historia del catolicismo (consultar el Apéndice A para más detalles), los hombres, mujeres y niños cristianos, soportaron 300 años de violencia y agresiva persecución; muchos mártires están enterrados en las catacumbas debajo de la Roma moderna. Esta ciudad es un lugar de recuerdo y conmemoración para aquellos que murieron sólo por ser cristianos.

En la Roma antigua, los cristianos enterraban a sus difuntos, en especial los restos de los mártires, en cementerios subterráneos llamados *catacumbas.* La tradición romana era quemar los cuerpos, mientras que los cristianos, al creer en la resurrección del cuerpo al fin del mundo, no los quemaban, sino que los enterraban como lo hicieron con Jesús después de su muerte y subsiguiente Resurrección.

Cinco catacumbas están abiertas al público en Roma, y varios peregrinos católicos vienen a honrar a aquellos que murieron por su fe cristiana en los primeros días de la Iglesia:

- Santa Inés en la Via Nomentana
- Santa Priscila en la Via Salaria
- Santa Domitila en la Via Delle Sette Chiese
- San Sebastián en la Via Appia Antica
- San Calixto en la Via Appia Antica

Roma es también una ciudad en donde predominan las iglesias; hay cerca de 900, si no es que más. De éstas, siete son basílicas, cuatro de las cuales son llamadas *basílicas patriarcales:*

- San Pedro *(San Pietro in Vaticano),* que se muestra en la Figura 19-2.
- San Juan de Letrán *(San Giovanni in Laterano)*
- Santa María Mayor *(Santa Maria Maggiore)*
- San Pablo Extramuros (San Paolo fuori le mura)

Todas las basílicas tienen una silla especial o trono para que el papa se siente cuando celebra la Misa en esa iglesia, y sólo el papa la puede usar —nadie más, ni siquiera un obispo o un cardenal. Hay un par de puertas santas en cada basílica que sólo se abren durante el Año Santo, que ocurre cada 25 años, y los peregrinos pasan por ellas.

- **Basílicas mayores:** Basílicas mayores son por lo general iglesias grandes que fueron lugares imperiales o palacios aristocráticos durante la era pagana en Roma. El emperador otorgó los palacios a la Iglesia Católica en compensación por todas las vidas, tierras, propiedades y dinero confiscado a los cristianos durante las persecuciones romanas.
- **Basílicas menores:** Basílicas menores son las que están fuera de Roma designadas especialmente por el papa, como las basílicas de Lourdes y Czestochowa.

Figura 19-2: La Basílica de San Pedro en el Vaticano.

La Catedral de Notre Dame

No estamos hablando de la casa del equipo de fútbol americano colegial Fighting Irish (los luchadores irlandeses) en South Bend, Indiana, sino de la original Notre Dame (vea la figura 19-3) en París, Francia, que es otro lugar católico popular para visitar. El rey Luis VII de Francia quería una catedral majestuosa para la hija mayor de la Iglesia (como se le conoce a Francia), y pidió al obispo Maurice de Sully que se encargara del proyecto. La primera piedra se colocó en 1163, y llevó hasta 1250 terminar finalmente esta magnífica catedral.

Reyes y reinas han sido coronados en esta catedral; jefes de estado, como el General de Gaulle, han tenido su Misa funeral aquí; y varios papas han celebrado la Misa en este edificio a lo largo de los siglos. Se ha convertido en el prototipo de las catedrales góticas con el que se comparan otras como Chartres, Rheims o Amiens.

Notre Dame es tan grande que sólo puede apreciarse desde el otro lado del puente del río Sena. Sin embargo no es la iglesia más grande del mundo. Ese honor se lo lleva la Basílica de San Pedro en Roma. Esta famosa catedral fue el centro de la novela de Victor Hugo *Notre Dame de Paris,* más conocida como *El jorobado de Notre Dame.*

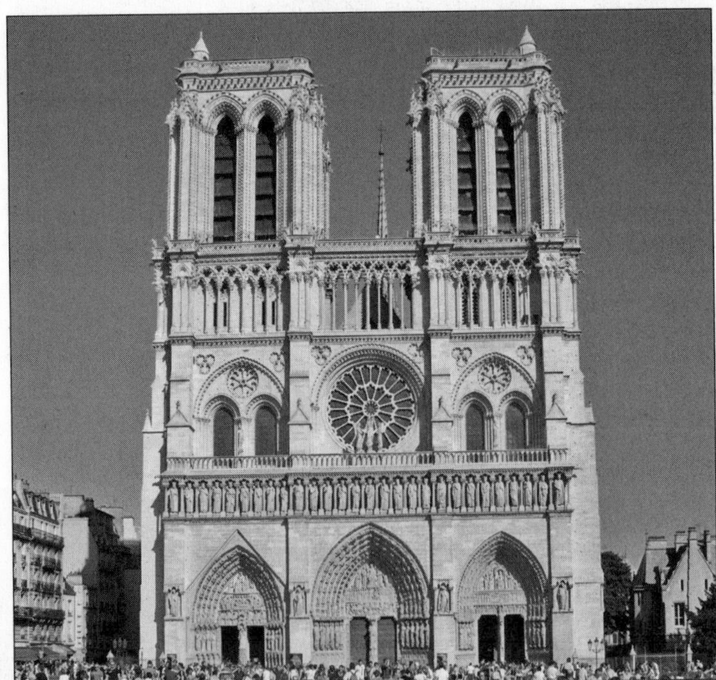

Figura 19-3: La Catedral de Notre Dame.

El Santuario Nacional de la Inmaculada Concepción

No se necesita ir a Europa para ver iglesias grandes y hermosas. Varios católicos visitan el Santuario Nacional de la Inmaculada Concepción todos los días en Washington, D.C. (Vea Figura 19-4).

Nuestra Señora de la Inmaculada Concepción es desde 1847 la patrona de los Estados Unidos de América. El 15 de agosto de 1913, en la Fiesta de la Asunción de María, el obispo Thomas J. Shahan, rector de la Universidad Católica de América en Washington, D.C., tuvo una audiencia papal con el Papa San Pío X y le pidió permiso para construir un santuario nacional en los Estados Unidos en honor a María. El papa no sólo dio su permiso y bendición, sino también un cheque personal de $400 dólares para comenzar la campaña de contribuciones. El cardenal James Gibbons, arzobispo de Baltimore, bendijo la primera piedra el 23 de septiembre de 1920, pero la Depresión y la Segunda Guerra Mundial demoraron el progreso de la construcción.

Figura 19-4: El Santuario Nacional de la Inmaculada Concepción.

En 1953, los obispos de la nación se comprometieron a ayudar a terminar la Gran Iglesia Superior, que es el cuerpo principal del santuario; se llama Iglesia Superior para distinguirla del sótano o iglesia inferior que es mucho más chica. El santuario se terminó de construir el 20 de noviembre de 1959; es la iglesia más grande de la Iglesia Católica Romana en el Hemisferio Occidental y la octava en el mundo.

Adyacente al Santuario Nacional de la Inmaculada Concepción se encuentra la Universidad Católica de América (CUA, por sus siglas en inglés Catholic University of America). Fundada en 1887, es la única universidad americana acreditada para otorgar diplomas eclesiásticos en teología, filosofía y ley canónica, y es la única universidad nacional de la Iglesia Católica en los Estados Unidos. Si quieres visitar el Santuario Nacional usando el sistema de tren subterráneo (Metro), necesitas tomar la línea roja y bajarte en la parada de la Universidad Católica (Brookland-CUA).

La Basílica Menor de Santa Ana de Beaupré

El lugar más antiguo de peregrinajes en Norteamérica es la Basílica Menor de Santa Ana de Beaupré en Québec, Canadá. La iglesia original la construyeron en 1658, y le siguieron dos más. La primera basílica fue edificada en 1876 pero un incendio la destruyó en 1922. Una segunda basílica y una cuarta iglesia fueron consagradas en 1976.

La iglesia fue construida en honor a Santa Ana, la madre de María y abuela de Jesucristo. Los colonizadores franceses que vinieron a Canadá eran muy devotos de Santa Ana, por lo que resulto natural para ellos nombrarla en su honor. Es el orgullo y gozo de los canadienses franceses e ingleses por igual.

Se han asociado numerosas curaciones milagrosas con los peregrinajes a este fantástico santuario. Cada año, más de 1,000,000 de personas visitan este lugar santo. Con frecuencia recitan la siguiente oración cuando visitan la basílica:

> O bondadosa Santa Ana, he venido para honrarte y visitarte en este santo santuario de Beaupré. Aquí, los peregrinos con frecuencia han sentido algunos de los frutos de tu bondad, poder e intercesión. Como todo verdadero peregrino, también tengo favores que pedirte. Sé que serás tan buena conmigo, como lo has sido en el pasado, con miles de otros que han venido a implorarte en este santuario. Santa Ana, conoces la gracia de la que tengo más necesidad en este momento, el favor especial por el que he hecho este peregrinaje. Escucha mi oración. Encomiendo a tu cuidado todas mis necesidades materiales y espirituales. Te encomiendo a mi familia, a mi país, a la Iglesia y al mundo entero. Manténme fiel a Cristo y a su Iglesia y un día llévame a la casa eterna del Padre. Amén.

El Santuario del Santísimo Sacramento

La Madre Angélica (vea el Capítulo 17), quien fundó la Cadena de Televisión de la Palabra Eterna (EWTN) en Irondale, Alabama, también construyó el Santuario del Santísimo Sacramento en Hanceville, Alabama.

La Madre Angélica dice que estando en un peregrinaje en Bogotá, Colombia, vio una estatua del niño Jesús cobrar vida y decirle: "Constrúyeme un templo y yo ayudaré a los que te ayuden." Dice que estaba confundida, porque los católicos no están acostumbrados a usar la palabra *templo.* Las palabras *iglesia, catedral, basílica y santuario* son familiares y de uso común, pero no *templo.* Más tarde, cuando la Madre Angélica visitaba la Basílica de San Pedro en Roma, vio la palabra *templo* grabada en mármol. Dice que en ese momento supo que tenía que ser algo grande y maravilloso.

Se necesitaron 200 trabajadores —el 99 por ciento de ellos no eran católicos— para construir el templo en cinco años, con donaciones de cinco familias millonarias, que quisieron permanecer en el anonimato. Ni un solo centavo recolectado para la cadena EWTN se destinó al proyecto, que se calcula costó entre 25 y 30 millones de dólares.

El lema de la Madre Angélica es "Sólo lo mejor para Jesús; Si el presidente de los Estados Unidos tiene la Casa Blanca y la reina de Inglaterra el Palacio de Buckingham, entonces nuestro Señor y Salvador, Jesucristo, presente en el Santísimo Sacramento, se merece lo mejor para su casa". El Santuario del Santísimo Sacramento puede estar en Hanceville, Alabama, pero los materiales para construirlo vinieron de todo el mundo. Los azulejos vinieron de Sudamérica, las piedras de Canadá y el bronce de Madrid, España. Los pisos, columnas y pilares están hechos de mármol italiano. Y un mármol jaspe rojo, poco común, que llegó de Turquía fue usado para las cruces rojas en el suelo. La madera para las bancas, puertas y confesionarios es cedro importado de Paraguay. Trabajadores españoles construyeron las puertas. Los vitrales son importados de Munich, Alemania Sin embargo, la característica más impactante es la custodia de 2 metros (7 pies) de alto que contiene al Santísimo Sacramento.

Desde la Misa de Consagración que abrió el santuario al público en general, este espacio de oración de 380 acres, ha sido visitado por miles de peregrinos — muchos de los cuales no son católicos.

Apéndice

Una Breve Historia del Catolicismo

Las clases de historia son para algunos igual de emocionantes que una novela de Stephen King (y a veces igual de grotescas). Para otros son tan aburridas como el un formulario de impuestos. Nosotros estamos en la primera categoría. Si tú también eres de los primeros entonces estás en el lugar indicado.

La Antigüedad (33–741 d.C.)

En esta sección examinaremos la historia de la Iglesia Católica desde la época de Jesús hasta la caída del Imperio Romano — desde el primer siglo hasta el octavo.

La Roma Pagana (d.C. 33–312)

Lo que hoy es Israel, en el tiempo de Jesús, era conocido como Palestina y, aunque había un rey (Herodes), era una monarquía controlada porque el verdadero poder civil que regía en Tierra Santa era el Imperio Romano. Poncio Pilato fue nombrado el procurador (gobernador) de Judea por César Tiberio y él era la verdadera autoridad en Jerusalén.

Sin embargo Palestina no era considerado territorio conquistado de Roma — sino un aliado impotente y reluctante. Al inicio los judíos fueron exonerados del requisito Romano de dar culto a los dioses del Imperio, Aunque se le daban atributos divinos al mismo César, empezando con Augusto.

Los cristianos, siempre y cuando fuesen considerados como una facción de los judíos, bajo la ley romana, gozaban de la misma protección y tolerancia. (Los expertos dicen que de acuerdo a la mentalidad romana, lo que existía era un desacuerdo teológico entre los judíos tradicionales y la minoría de judíos cristianos; y hasta que el asunto se politizó, Pilato dudó inicialmente en ejecutar a Jesús.)

Los primeros cristianos

Los fieles creían que después que Jesús murió crucificado, resucitó de entre los muertos. Sus seguidores fueron conocidos como los cristianos. La mayoría de judíos que aceptaron a Jesús como el Mesías querían preservar sus tradiciones judías y seguir practicando su fe hebrea. Estos iban al Templo y a la sinagoga, observaban el Shabat y la Pascua, obedecían las leyes que regían su dieta (purificada) y además se reunían cada domingo, el día de la Resurrección, para escuchar lo que predicó Jesús y celebrar la Misa. (Consulta el Capítulo 8 para conocer más sobre la Misa).

Los Hechos de los Apóstoles, el libro del Nuevo Testamento que le sigue inmediatamente a los cuatro Evangelios de Mateo, Marcos, Lucas y Juan, explica cómo en sus comienzos la autoridad religiosa de Jerusalén toleraba a los primeros cristianos como un grupo fragmentado del judaísmo.

El cristianismo se forma como religión independiente

Existen dos factores que ocasionaron la separación y la independencia del cristianismo como religión aparte:

- El creciente número de gentiles conversos al cristianismo eventualmente eclipsó las raíces judías originales. A pesar de que Jesús y sus 12 apóstoles fueron judíos practicantes cuando él los llamó a seguirlo, los viajes de San Pablo y los otros discípulos a territorios no-judíos fueron fuertes mecanismos de cambio. En el cristianismo fueron aceptadas mayores influencias de las culturas griegas y romanas y sobrevivieron menos de las costumbres y tradiciones judías. Al finalizar del siglo primero, la mayoría de los cristianos no eran conversos del judaísmo al cristianismo.
- La destrucción del Templo de Israel en el 70 d.C. sirvió como el Waterloo de las relaciones entre los judíos y cristianos. Seis años antes el emperador Nerón había culpado falsamente a los cristianos por el incendio de Roma. Por esto, fanáticos judíos —inspirados e instigados por algunos de los fariseos radicales— quisieron eliminar alos romanos paganos e intentaron declarar la guerra contra el imperio. Como respuesta, bajo la orden del general Vespasiano, los romanos quemaron el Templo antiguo e histórico, sagrado para cada judío (y también cristiano). Fue Tito, su hijo, quien quiso mostrar a los revolucionarios judíos una dura lección y castigarlos por desafiar a su padre Vespasiano. Incendió hasta dejar en ruinas el Templo y vendió como esclavos a unos 97,000 sobrevivientes.

Ese tiempo oscuro de la historia judía trajo como resultado la expulsión final y formal de los cristianos del judaísmo. Ya no eran considerados ni añadidura, ni socios iguales, el cristianismo se convirtió en una religión distinta e independiente.

Pero a los cristianos no se les quería ni en Roma ni en Jerusalén. Los romanos consideraban que adorar a un criminal ejecutado (Jesús) era peligroso para la estabilidad del imperio. Los judíos también consideraban que adorar a Jesús como el Hijo de Dios era una blasfemia y una herejía.

Los cambios que afectaron a la Iglesia naciente

Los judíos fueron expulsados de Palestina durante lo que se conoce como la diáspora. Durante el exilio de Babilonia dos terceras partes de los judíos, especialmente los helenistas (judíos de habla griega), fueron echados de su tierra para prevenir que se convirtieran en un rival político y militar. Saulo, que después de su conversión fue llamado Pablo, era un judío helenista; y más tarde llegó a ser uno de los misioneros más importantes del Evangelio de Cristo y de la religión cristiana.

Algunos de los primeros cristianos eran gentiles y otros eran judíos. Esto ocasionó ciertos problemas al principio —especialmente en lo concerniente a las leyes que regían la alimentación y la circuncisión. La mayoría de los cristianos originales fueron primero judíos que seguían fielmente la Ley de Moisés. Sus hombres eran circuncisos y sólo se alimentaban de comida kosher (alimentos aprobados por el régimen alimenticio de la ley judía). Pero cuando paganos, griegos y romanos, comenzaron a aceptar que Jesús era el Mesías e Hijo de Dios, surgió la pregunta si debían hacerse judíos antes de hacerse cristianos. Algunos dijeron *sí* y otros dijeron *no*. Esto ocasionó división incluso entre los apóstoles.

Jesús no había dejado instrucciones específicas sobre este asunto, por lo tanto estos temas tuvieron que ser solucionados durante el primer concilio general de la Iglesia, el Concilio de Jerusalén. Fue en este concilio donde se decidió que las leyes judías ya no aplicaban. Ya no era obligatorio que los nuevos cristianos fueran primero judíos. El lazo con la antigua religión de Abraham, Isaac y Jacob se desató finalmente después de la decisión de que los conversos no-judíos no tenían que aceptar primero el judaísmo, ni la Ley de Moisés, para poder ser cristianos. Desde entonces la fe cristiana no tuvo ataduras al judaísmo.

Después de la caída de Jerusalén, la destrucción del Templo y los viajes misioneros de San Pedro y San Pablo a Roma, la Iglesia se mudó de Jerusalén a la Ciudad Eterna—el centro permanente de la Iglesia.

Las persecuciones romanas

La persecución romana de los cristianos fue tan feroz y genocida como lo fue el Holocausto de los nazis en contra de los judíos durante la Segunda Guerra Mundia. Aunque las persecuciones romanas duraron casi 300 años. Los historiadores identifican estas persecuciones en tres épocas: la primera desde el año 64 d.C. hasta el 112, la segunda desde el 112 d.C hasta el 186 y la tercera desde el 189 d.C. hasta el 312.

La primera época

En el año 64 d.C., durante el reinado de Nerón (54–68 d.C) se desató la primera época de las persecuciones romanas, quien culpó a los cristianos por el incendio de Roma. Muchos historiadores concuerdan en que Nerón mismo inició el incendio de Roma para edificar una nueva ciudad, en contra de la oposición de la aristocracia romana. Este período de persecución continuó hasta el reinado de Domiciano (81–96) y tuvo su fin bajo el emperador Trajano (98–117).

Las mentiras dan vida a los prejuicios y las falsedades que se esparcieron acerca de los cristianos aumentaron el furor de las persecuciones. Los acusaban de llevar a cabo sacrificios humanos, cosa que el romano civilizado consideraba barbarismo. En realidad fue la doctrina cristiana de la Presencia Real de la Santísima Eucaristía la que fue tomada fuera de contexto: los fieles mantenían que ellos estaban comiendo y bebiendo el cuerpo, la sangre, el alma y la divinidad de Cristo. Al distorsionar esta doctrina muchos empezaron a temer y despreciar a esos supuestos caníbales. Muchos, por sus creencias supersticiosas, empezaron a ver que cualquier calamidad o desastre era señal de que los dioses les castigaban o era el resultado de tener cristianos en diversos lugares del imperio. De hecho, cuando habían inundaciones, terremotos, o incendios, la solución más fácil era acusar a los cristianos.

Tertuliano, un apologeta del cristianismo en la antigüedad escribió lo siguiente:

> Los cristianos tienen la culpa de todo desastre público y toda desgracia que sobreviene al pueblo. Si el Tíber sube hasta los muros, si el Nilo no sube e inunda los campos, si el cielo retiene la lluvia, si hay un terremoto o hambre o plaga, enseguida surge el clamor: "¡Los cristianos a los leonesl"

La segunda época

La segunda época de las persecuciones romanas continuó con Trajano por medio del emperador Filósofo Marco Aurelio (161–180) y tuvo su fin con Cómodo (180–192) —el emperador que se menciona en la película *Gladiador* (2000; Universal Pictures), que fue una nueva versión de la película *La caída del Imperio Romano* (1964; Samuel Bronston). Los emperadores de esta época eran menos tiránicos y déspotas comparados con los de la primera época, pero aún se promovieron las persecuciones.

Durante esta época Plinio el Joven escribió al emperador Trajano preguntándole qué hacer con los cristianos que eran buenos ciudadanos de Roma, pero los cuales eran considerados traicioneros porque se resistían a ofrecer incienso a la imagen del Cesar. ¿qué respondió el emperador?

- El cristianismo era un crimen capital y si eran legalmente acusados y declarados culpables tenían que recibir la pena de muerte por su traición.
- Podían irse libres quienes renunciaran a su religión cristiana.
- El magistrado romano no debía buscar y cazar a los cristianos, ni debía actuar siguiendo informes anónimos en contra de alguien. Prevalecía una política de "no digas y no preguntes". Sin embargo Roma dejaba a las autoridades locales la decisión de arrestar y torturar a los cristianos, ya que Roma consideraba una tarea servil eliminar a los cristianos del imperio.

Mártires famosos de las persecuciones romanas

Muchas personas fueron martirizadas durante las persecuciones romanas. Mártir es la palabra griega que significa testigo. Estos cristianos fieles trataron de evitar la persecución, pero aceptaban las horas de torturas y la muerte horrible que resultaban, al dar su testimonio por la fe.

El primer diácono de la Iglesia y el primer mártir Cristiano fue San Esteban (llamado también el proto-mártir). Lo apedrearon hasta la muerte por ser cristiano (Hechos 7, 58). Saulo de Tarso, quien luego pasó a ser Pablo Apóstol, estuvo presente en ese momento. Fue decapitado por orden del emperador Nerón. (Ya que San Pablo era ciudadano de Roma, a diferencia de San Pedro y los demás apóstoles, no podía ser crucificado, pero sí ser decapitado.) Pedro fue crucificado con la cabeza hacia abajo, por petición propia, porque se sentía indigno de ser crucificado de la misma forma que Jesús.

Todos los apóstoles fueron martirizados con la excepción de San Juan, conocido como el discípulo que Jesús amaba. Sus perseguidores trataron de quemarlo vivo, en aceite hiviente, pero sobrevivió. Por lo tanto fue exilado a la isla de Patmos, donde escribió su libro de la Revelación o el Apocalipsis. Murió de vejez en el año 100 d.C. Aquí les damos una lista de mártires famosos:

- **Santa Inés:** La mataron a espadas cortándole la garganta después de que fracasaron varios intentos de quemarla
- **Santa Agueda:** Es la patrona de enfermedades del seno, porque le cortaron ambos senos
- **Santa Lucía:** Le arrancaron los ojos (es la patrona de los que sufren enfermedades a los ojos además es patrona de Sicilia)
- **San Sebastián:** Fue martirizado a flechazos
- **San Lorenzo:** Fue quemado sobre una parrilla candente
- **Santa Cecilia:** Fue decapitada después que fallaron varios intentos de sofocarla.
- **San Policarpo, Santa Perpetua, Santa Felícita, Santa Tecla, San Boris, San Gleb, San Sabas y muchos otros:** Fueron martirizados de diversas maneras —a algunos los echaron a las fieras salvajes y otros desollados en carne viva; otros fueron quemados, envenenados, apedreados, aplastados, azotados, ahogados, y crucificados.

La mayoría de los sentimientos negativos contra los cristianos nacía de una mentalidad de masas. Cuando un grupo grande de romanos se juntaban y se emborrachaban, entonces iban en búsqueda de cristianos a quienes dar golpizas.

La tercera época

La última época de las persecuciones fue la más virulenta, violenta y atroz.

Séptimo Severo (193–2 1), el sucesor de Cómodo, restableció las persecuciones por todo el imperio en vez de las persecuciones locales. Cuatro emperadores después, Maximino Thrax (235–238) quiso acabar con los obispos y desarrolló una campaña de arresto y ejecución de los papas y obispos, con la idea de destruir a los líderes y así acabar con el cristianismo. Otros tres emperadores después, llegó Decio (249–251) quien inauguró la persecución más sangrienta. El no sólo buscaba a los cristianos formales y bautizados, sino también aquellos de quien se sospechaba eran cristianos, los que eran tratados como traicioneros y terroristas. Aunque nunca hubieron amenazas en contra del emperador, el imperio ni nada romano. Ellos sólo querían dar culto a su propio Dios. Bajo Diocleciano (284–305), emperador del imperio del Oriente, (el Imperio Romano se dividió en 286) se desató la persecución más extensa e intensa. Niños, mujeres, hombres y familias completas fueron torturadas y asesinadas. El odiaba verdaderamente a los cristianos y al cristianismo y juró erradicar ese cáncer del mundo.

La Roma cristiana (313–475 d.C.)

"La sangre de los mártires es semilla de cristianos", dijo Tertuliano, un apologista cristiano de tiempos antiguos.

Cuando el emperador Constantino pasó su famoso edicto de Milán, en el año 313 d.C., terminaron trescientos años de persecuciones incesantes y violentas, al legalizar al cristianismo. Ser cristiano dejó de ser un crimen castigado con la muerte y por fin pudieron caminar al aire libremente.

El cristianismo como religión del estado

Aunque el edicto dio a los cristianos permiso de practicar su fe abiertamente, no fue hasta el año 380 d.C. que el cristianismo se estableció como la religión oficial del estado. En ese momento se invirtieron los papeles: el paganismo se criminalizó y el cristianismo, que era el crimen, se hizo la religión oficial del Imperio Romano.

Fueron varios los resultados de la nueva alianza de la iglesia y el estado. La Iglesia recibió del Estado ventajas financieras, materiales y legales. Para recompensar a la Iglesia por sus pérdidas durante 300 años de persecuciones romanas, fueron donados edificios, particularmente los antiguos templos paganos, tierras, propiedades, herencias y dinero.

En los días de antaño, los de la Iglesia subterránea, los cristianos llevaron a cabo sus cultos bajo tierra en las *catacumbas* —los centros antiguos de entierros cristianos. Los romanos paganos quemaban a sus muertos. Los cristianos enterraban a sus muertos en la creencia en la resurrección del cuerpo en el fin del mundo.

Aún hasta nuestros días, muchas de las antiguas basílicas de Roma y en toda Italia se asemejan en su arquitectura a templos paganos, ya que casi todas lo eran antes de ser transformadas en casas de culto cristiano. Los altares sobre los cuales antiguamente se sacrificaban animales a los dioses paganos de los romanos pasaron a ser altares para el Santo Sacrificio de la Misa.

Soñando con Jesús

Santa Helena fue la madre del emperador romano Constantino. Ella condujo una expedición a Tierra Santa para buscar los restos de la *Cruz Verdadera,* la cruz en la que crucificaron a Jesús.

Constantino también se convirtió al cristianismo aunque sobre su lecho de muerte. Pero su conversión gradual se inició mucho antes —después de la victoria en el puente de Molvian. El estaba convencido que la batalla resultó a su favor porque obedeció las directivas de un sueño que tuvo en el que se le indicaba que debía imprimir la *Ki* (X) *Ro* (P), las primeras dos letras griegas del nombre de Cristo (*Chr* istos) sobre los escudos de sus tropas. Explicó que Dios le habló en sueños y le dijo *"in hoc signo vinces"*, que quiere decir en latín "*bajo esta insignia conquistarás*".

La alianza entre la Iglesia y el estado también tuvo sus resultados negativos. Los emperadores, especialmente los de Oriente en el Imperio Bizantino, sentían que tenían el derecho divino de regir los asuntos de la Iglesia, solucionar argumentos doctrinales, nombrar obispos nuevos y asegurar la ortodoxia (creencias legítimas). El concepto de que el César (cualquier otra autoridad seglar, emperador o rey) tenga derechos sobre la Iglesia se llama *César-papismo,* una combinación de las palabras César y papal, o sea *lo que debía pertenecer al papa.* Este asunto surgió una y otra vez entre los emperadores bizantinos y luego entre los santos emperadores romanos. Algo positivo que surgió, debido a la influencia del emperador en asuntos de la Iglesia, fue en el año 325, cuando el emperador le dijo al papa (el Obispo de Roma) y a los otros cuatro patriarcas (de Jerusalén, Antioquia, Alejandría y Constantinopla) que convenia realizar un concilio general para solucionar la controversia arriana. La jerarquía estuvo de acuerdo. Se convocó el concilio de Nicea para deponer a Arrio, condenar su doctrina como herejía y formular el Credo de Nicea, que ahora se proclama en cada Misa dominical y liturgia divina. (Consulta el Capítulo 4 para mayores datos sobre Arrio y el arrianismo y el Capítulo 3 sobre el Credo de Nicea.) A pesar de que fue el emperador, un líder seglar, quien fomentó que se llevara a cabo el concilio, fueron el papa, los patriarcas y los obispos los que dieron su consentimiento total y utilizaron su autoridad como los líderes y maestros de la Iglesia para dar definición a lo que sería la doctrina formal de la Iglesia universal.

El desarrollo de los patriarcas cristianos

Fueron cinco los centros predominantes durante este período: Jerusalén, Antioquia, Alejandría, Roma y Constantinopla, y cada lugar tenía su líder espiritual, un obispo, que también se llamaba patriarca, del latín pater que quiere decir *padre.* Así que estos cinco pueblos y sus alrededores fueron conocidos como patriarcados.

Los cinco patriarcas que velaban por la Iglesia de esta época recibieron el más alto honor y respeto. El patriarca del Occidente era el obispo de Roma, y el patriarca de Constantinopla era líder espiritual de Oriente. A pesar de estos patriarcados, la autoridad fundamental y final era la del Sucesor de Pedro — otro título del papa.

La ciudad de Roma ha sido el centro del Imperio Romano desde su fundación el año 735 a.C. Aunque el año 286 d.C. se dividiera el imperio entre Oriente y Occidente (Constantinopla y Roma), la ciudad de Roma y su obispo (el papa) permanecían a la cabeza de la Iglesia universal. Aún así, los asuntos diarios —el nombramiento de nuevos obispos y el dar honores eclesiales— era la responsabilidad respectiva e individual de cada patriarca, porque eran del ambiente local y eran quienes mejor conocían su clero y pueblo.

Sin embargo surgieron rivalidades profesionales entre Roma y Constantinopla. Roma ya existía desde el año 735 a.C. pero Constantinopla, relativamente nueva, fue creada en 324 d.C. de lo que fue la ciudad de Bizancio (hoy en día Estambul). Los emperadores de Occidente perdieron poder y prestigio durante las invasiones de los bárbaros (378–570 d.C.), mientras que el papado surgió como un centro de estabilidad en un mundo caótico. Los emperadores en el Oriente tomaron el papel de déspotas con poco poder entre la aristocracia. En el Occidente ya se conocía la larga tradición del senado romano, que era regido por la nobleza y muchas veces estuvo opuesto al César. El emperador del Oriente usó su clase social superior para llenar la corte imperial y dar consejos pero no para compartir la autoridad.

Este cambio proveía muchas ventajas. Primero, los conversos llegaron por esas líneas de comunicación que eran las ciudades y caminos construidos por los Romanos. La *Pax Romana* (la Paz de Roma) que empezó con César Augusto, permitió un mayor y libre intercambio de ideas, mercancía, gente, comunicación y la religión. Con el declinar de las antiguas religiones paganas, también el cristianismo atraía a varios —en particular a las mujeres, los niños y los esclavos. El cristianismo predicaba la igualdad de todos ante los ojos de Dios. Esta enseñanza era radical y liberadora para aquellos que estaban oprimidos y entre los de esas clases sociales habían muchos conversos. Además, el cristianismo predicaba una moralidad, y sus ciudadanos vivían según un alto criterio moral.

El impacto de los griegos en la Iglesia Cristiana

Los filósofos griegos, Platón, Sócrates y Aristóteles tuvieron un impacto enorme sobre la teología católica. Doce años después del Edicto de Milán (313 d.C.), el emperador de Oriente pidió la formación del Consejo Ecuménico de Nicea (325 d.C.) para acabar con la controversia arriana. El debate se enfocó en dos palabras griegas que tenian que ver con la naturaleza de Cristo y su relación con Dios Padre. Arrio el hereje, cuyos seguidores se llamaban arrianos, usaban el término *homoiousios,* para significar que Jesús y el Padre tenían naturalezas similares pero separadas. Pero el lado ortodoxo y el católico usaban la palabra *homoousios,* para significar que ellos compartían la misma naturaleza divina. (La palabra *ortodoxo,* con *o* minúscula, significa correcto o creyente recto, pero *Ortodoxo* con letra mayúscula *O* se refiere a las Iglesias Ortodoxas de Oriente, tales como las Iglesias Ortodoxas Griega, Rusa, y Serbiana.)

Y también, los Padres griegos de la Iglesia, tales como San Atanasio, San Gregorio Nazianzeno, San Gregorio de Nisa, San Basilio, San Juan Crisóstomo y San Juan Damasceno preservaron la verdadera fe contra la herejía y también influenciaron altamente la manera en la que la Iglesia lleva a cabo su teología. Usando términos filosóficos y la razón lógica, ellos explicaban de manera racional y coherente la fe revelada. Además de su arte, música, iconos y sentido de misterio, esto fue considerado el gran don de los griegos.

La Iglesia Católica otorgó el título de *Padre de la Iglesia* a los hombres que llevaron vidas santas antes de 800 d.C., siempre y cuando su doctrina fuese ortodoxa conforme al Magisterio oficial.

Los Padres de la Iglesia de Occidente, San Ambrosio, San Agustín, San Jerónimo y el papa San Gregorio Magno, dependieron mucho de los filósofos griegos para ayudarles a explicar principios teológicos que usaron para desarrollar y entender la doctrina católica:

- **San Ambrosio (340–397 d.C.):** El obispo de Milán, San Ambrosio desarrolló la frase *ubi Petrus ibi Ecclesia* que en latín significa, *donde está Pedro, ahí está la Iglesia.* Esta expresa una doctrina fundamental por la que el auténtico catolicismo se encuentra en el ministerio de Pedro y sus sucesores, mejor conocidos como los papas. Cuando en cualquier momento se desarrollaban debates teológicos, controversias de lados opuestos o se abrían facciones, siempre lo mejor es, de acuerdo con la doctrina católica, ponerse del lado del papa. Así que cuando el papa San León Magno escribió su carta al consejo de Calcedonia (451 d.C.) defendiendo a la doctrina de la unión hipostática (vea el Capítulo 4), los obispos declararon, "Pedro ha hablado por medio de León".
- **San Agustín (354–430 d.C.):** San Agustín se convirtió por medio de San Ambrosio. Santa Mónica, la madre de Agustín, oró por 33 años para que su hijo pagano, hombre de mundo, se convirtiera al cristianismo y fuese bautizado en la fe católica. San Ambrosio fue su mentor, quien le enseñó la religión y lo bautizó el 387 d.C. Agustín escribió su jornada espiritual y su autobiografía en *Las confesiones,* en 387 d.C. la que permanece como una obra clásica hasta el día de hoy.
- **San Jerónimo (340–420 d.C.):** San Jerónimo es mejor conocido por ser la primera persona que compiló y tradujo la Biblia cristiana enteramente, de los varios manuscritos hebreos, arameos y griegos, poniéndolos en un solo volumen en latín. El latín era el idioma oficial del Imperio Romano y la *lingua franca* (idioma internacional) del tiempo de Jerónimo, además era la lengua común (*vulgar* viene de *vulgus* que significa gente común) que el simple ciudadano podía leer y escribir, de ahí que esta primera y completa Biblia se haya llamado la Vulgata. A Jerónimo le tomó desde el 382 al 405 d.C. para poder traducirla.

La caída del Imperio Romano y más invasiones bárbaras (476–570 d.C.)

El establecimiento de la vida religiosa, especialmente el monaquismo, fue uno de los sucesos más importantes de este período. Los *monjes* fueron hombres de oración quienes abandonaban el mundo seglar para darse totalmente a la vida de *ora et labora* (*reza y trabaja* en latín). Este era el lema de San Benito, el padre del monaquismo de Occidente.

Los Monasterios era casas muy grandes que usaban los monjes y tenían de 10 a 50 residentes cada uno, con habitaciones muy austeras llamadas *celdas,* las que estaban conectadas a salones de vida comunitaria, teniendo la capilla como eje central. Todo lo hacían y compartían en común, desde su comida, su trabajo, su descanso y su oración. Su descanso y sus hábitos sanitarios eran lo único que mantenían en privado.

Los monjes tomaban votos solemnes de pobreza, castidad y obediencia. No había esposas, ni niños y las riquezas materiales que llegaban al monasterio eran compartidas bajo la corresponsabilidad del abad, el cual estaba encargado y tenía el rango de obispo. Esta igualdad en el uso de sus recursos hizo posible que todos los miembros, ya sean aristócratas, romanos de clase media u hombres pobres, pudieran unirse al monasterio y ser considerados y tratados como miembros plenos con igual dignidad en la comunidad.

Los monjes optaron por alejarse de las ciudades ajetreadas y mundanas de la Roma imperial, lo que los salvaron durante las invasiones bárbaras. Mientras que las ciudades eran saqueadas, los alrededores campesinos eran ignorados. Los godos, hunos, francos, lombardos, vándalos, anglos, sajones, jutos, mongoles, burgundios, ostrogodos, visigodos, suevos y demás invadieron la frontera del Imperio Romano, que había crecido demasiada extensa, muy débil y sin tropas adecuadas. (Habían más soldados con sangre de tribus alemanas y gálicas en el ejército romano que romanos puros de la península de Italia.)

En el año 452 d.C., Atila el huno, el bárbaro más famoso, pudo llegar hasta las mismas puertas de la ciudad de Roma. El emperador Valentiniano III pidió ayuda al papa San León Magno quien salió al encuentro de Atila con 100 sacerdotes, monjes y obispos, cantando en latín, con incienso humeando, y cargando cruces, crucifijos y portando las imágenes de Jesús y María.

Ante el bárbaro más despiadado y fiero se presentó esta procesión. Quizá solo Gengis Kan puede compararse con la ferocidad de Atila, del que con solo escuchar su nombre se estremecían los corazones de muchos. Los miles que conformaban la tropas de los hunos contrastaban con esa procesión de algunos cientos de clérigos que tenían por líder a un anciano de pelo y traje blanco. Y por primera vez en su carrera Atila tuvo miedo.

San Patricio y sus monjes

San Patricio (387–493 d.C.), hijo de un oficial romano en Bretaña, fue capturado y esclavizado por piratas irlandeses cuando tenía 16 años. Se escapó después de seis años de cautiverio. Fue ordenado sacerdote y luego fue consagrado obispo, y con cierta ironía, el papa Celestino I lo envió como misionero a la tierra de Irlanda en 433 d.C. para que convirtiera la nación a la fe católica. (Para leer más sobre San Patricio vea el Capítulo 1). Los monjes que trajo y los nativos que pudo convertir sentaron la base de evangelización para la mayor parte de las Islas Británicas. Son ellos también los responsables de introducir la confesión (vea el Capítulo 7) privada (auricular) en los siglos 6 y 7. Hasta ese tiempo, el sacramento de la penitencia se celebraba abiertamente frente al público, o sea que los penitentes confesaban sus pecados delante de todos en la congregación en presencia del obispo o el sacerdote. Los monjes irlandeses lo adaptaron para que él que se confesaba pudiese hacerlo en privado y recibir la absolución anónimamente y confidencialmente.

El sabía que muchos le temían y que se estremecían ante su nombre, además que sus tropas eran de mayor número. Mas al ver ese hombre santo y escuchar que le llamaban el Vicario de Cristo en la tierra, y que aún los ángeles del cielo estaban sujetos a su autoridad, Atila tuvo temor, no del hombre que veía, sino del poder de Dios, que no veía. Entendió que solo alguien con total confianza en que sus armas eran de mayor poder o de tropas superiores se atrevería a presentarse delante de él de esa manera. Temía ver que el papa no temía, porque podía llamar a su lado a los ejércitos celestiales, que vendrían a luchar en defensa de la Iglesia, y los hombres no pueden triunfar contra fuerzas espirituales. Por lo tanto, Atila retrocedió y no se atrevió a saquear a Roma. Pero fue Odoacro quien saqueó a Roma en 476 d.C. y depuso a Rómulo Augústulo, el último emperador del Occidente.

Después del fracaso del Imperio Romano, los reyes teutónicos y señores de poder sabían que sería muy difícil gobernar todo ese pueblo y territorio. Sin el senado romano, sin un sistema de leyes y sin autoridades locales —todo poder recaería en el rey que acababa de conquistar. Aún así los obispos sobrevivieron la caída. Los reyes paganos trataron con los obispos cristianos y ese contacto poco a poco fue introduciendo la fe a estos invasores bárbaros.

Los obispos dependieron de los monjes para que les ayudaran. Durante las invasiones bárbaras, las ciudades fueron destruidas, pero los monasterios sobrevivieron porque estaban ubicados a las afueras de las ciudades. Los monjes salieron y fueron a su encuentro para predicarles de Jesús y la Iglesia Católica. Muchos se convirtieron, particularmente después que se convirtiera el rey o jefe de la tribu.

Además de civilizarse, los invasores se urbanizaron y suburbanizaron. Dejaron de vivir como nómadas y saqueadores para adoptar una vida más estable. Este es el origen, el génesis, de las naciones europeas como España, Francia, Alemania e Inglaterra. La Iglesia entonces adoptó el modelo Imperial Romano para gobernar, creando parroquias, diócesis, arquidiócesis y áreas metropolitanas, y esta misma estructura ayudó a las tribus a formar las fronteras civiles y culturales como las de los francos, los lombardos, los sajones y demás.

¿Adivinas dónde aprendieron a leer y escribir los francos, lombardos, anglosajones y otros? Además, ¿quién preservó el latín y el griego como idiomas hablados y escritos? ¿Quién protegió los libros, escritos filosóficos, leyes, la poesía y la literatura, la geometría y la gramática para que pudiese de nuevo florecer la cultura? Fueron los monjes.

Los monjes no sólo preservaron la literatura, la ley, la filosofía y el arte grecoromano, sino también la agricultura. Los bárbaros nómadas no eran agricultores por naturaleza. Desconocían eso de criar animales de granja, sembrar, cosechar y demás, pero los monjes lo hacían como parte normal de sus vidas —esa parte que se llama *labora* de su lema *ora et labora* (oración y trabajo). Los monjes enseñaron a los bárbaros cómo cosechar su comida; cómo construir puentes, sistemas de acueductos y alcantarillados; y también de qué manera crear e interpretar leyes ya que ellos retuvieron en sus monasterios toda la historia y el conocimiento de los Griegos y los Romanos, previniéndola de su destrucción. El conocimiento no se perdió, sino que se compartió.

El papa San Gregorio Magno y Carlos Martel (590–741 d.C.)

San Benito de Nursia (480–547 d.C.) es conocido como el padre del monaquismo de Occidente, porque fue quien fundó el primer monasterio en Europa en Subiaco, Italia. También fundó el famoso monasterio de Montecassino, Italia, donde en 1944 se llevó a cabo una batalla clave durante la Segunda Guerra Mundial. Su orden religiosa de monjes se llama la Orden de San Benito, o comúnmente, los benedictinos. Su lema es *ora et labora* (reza y trabaja), que es el punto central de la vida monástica en la Iglesia de Occidente.

El papa San Gregorio Magno (540–604 d.C.) nació en la nobleza romana, hijo de un Senador, se hizo monje benedictino el 575 d.C. El pueblo y el clero romano quedaron tan impresionados por su santidad personal, su sabiduría y conocimiento, que al morir el papa Pelagio II en 590 d.C., Gregorio fue elegido como su sucesor por aclamación y consentimiento unánime. Antes de haber sido monje había sido prefecto de Roma (572–574 d.C.), que era un puesto de liderazgo político, a pesar de tener solo 30 años de edad. Esa experiencia le ayudó luego como papa (590–604 d.C.) cuando se desintegraron los poderes políticos y militares que abandonaron la ciudad de Roma. Congregó a los ciudadanos, coordinó y participó personalmente en el proyecto monumental de cuidar a los que estaban enfermos con la plaga y a los hambrientos, quienes formaban la mayoría, ya que casi no existía gobierno civil. El puesto de Gregorio como papa, y al ser el único líder visible en Roma realzó aún más el poder, el prestigio y la influencia del papado.

El *canto gregoriano,* cantos religiosos en latín, reciben su nombre del papa San Gregorio por el amor que le tuvo a la música y a la Liturgia Sagrada. En 596 d.C., envió a San Agustín de Canterbury con unos otros 40 misioneros a Inglaterra para convertir a los anglos, jutos y sajones, quienes eran los invasores teutónicos de Bretaña, que había sido un puesto fronterizo desde 43–410 d.C.

Carlos Martel (688–741) es otra figura clave en la historia de la Iglesia Católica. Mahoma, que nació en la Meca, 570 d.C., fue el fundador y profeta del Islam cuando tenía 40 años (610 d.C.) y murió en Medina en 632 d.C. Ya para el año 711 d.C., las tropas musulmanas ocuparon España al conquistar a los visigodos que la habían controlado desde 419 d.C. Carlos Martel fue el hijo ilegítimo de Pipino II (Pipino de Heristal) y el abuelo de Carlomagno. Alcanzó una victoria decisiva y clave durante la Batalla de Poitiers en 732 sobre Abd-er-Rahman y los moros (los musulmanes españoles del tiempo). Fue esta la victoria más crucial para todo el mundo cristiano, porque determinó si el Islam o el cristianismo sería la religión predominante en Europa en los siglos futuros.

La Edad Media (800–1500 d.C.)

Esta sección relata la historia de la Iglesia Católica desde el tiempo de Carlomagno hasta el amanecer de la Reforma Protestante —del noveno hasta el decimoquinto siglo d.C.

La Cristiandad: Un grande y poderoso reino

La fuerza que tuvo el antiguo Imperio Romano fue su habilidad de unir a muchos pueblos, personas de varios idiomas y culturas —la unidad en la diversidad. Un solo emperador gobernó a muchos ciudadanos de muchas partes, y se impuso una sola ley, que fue aplicada e interpretada en todo el enorme imperio. Pero al caer Roma, diversos grupos de bárbaros la invadieron y ocuparon su imperio, se disolvió la unión y permaneció sólo la diversidad, lo que resultó en el caos.

Aún así un sólo vestigio de unidad sobrevivió la decadencia moral y militar del Imperio Romano, y esa fue la Iglesia Católica, que tenía una sola cabeza (el papa en Roma), una sola ley (el derecho canónico) y los mismos siete sacramentos en todo el mundo. La unión también existía entre el papa y los obispos, entre los sacerdotes/diáconos y sus respectivos obispos y entre el pueblo de las parroquias y sus párrocos.

Después que los bárbaros se calmaron, se establecieron y se volvieron verdaderamente civilizados, gracias a los monjes, los jefes locales de los bárbaros, sus príncipes y reyes, empezaron a pelear entre ellos en vez de buscar la unión.

La ascendencia del Santo Imperio Romano

Clodoveo, rey de los francos (466–5 1 1), surgió como el gobernante de mayor predominio después que uniera en masa a los pueblos semi-autónomos de los francos y pusiera fin al último general romano, Afranio Siagrio, el año 486. En el 493 se casó con la princesa Clotilde de los burgundios y así unió a los francos y a los burgundios. Para poder casarse con Clotilde —ella era una cristiana devota— también se convirtió a la fe católica y con él todos sus soldados en el día de la Navidad del año 496.

Clodoveo estableció exitosamente la primera dinastía (conocida como los *merovingios* por el nombre de su abuelo Meroveo) para así surgir de las cenizas del Imperio Romano. Esta dinastía ocupó el área que los romanos llamaban *Galia,* la cual hoy en día es la moderna Francia, Bélgica y Luxemburgo. También se dio cuenta de la ventaja de tener un solo gobernador y una sola religión, por lo que no sólo adoptó personalmente el cristianismo, sino lo exigió de todos sus soldados y súbditos, los cuales hasta ese momento eran básicamente paganos.

Los hijos y nietos de Clodoveo no fueron monarcas fuertes ni competentes como lo fuera él, así que la unidad de su reino empezó a desintegrarse. Los merovingios fueron reemplazados en 751 por otra dinastía, la *Carolingia,* cuando Pipino el Breve (714–768) depuso a Childeberto III el último rey merovingio. El padre de Pipino fue Carlos Martel, quien en el 732 tuvo la victoria en la Batalla de Poitiers. Con Pipino el Breve y la dinastía carolingia en el poder, se estableció la escena para la llegada de su hijo Carlomagno. Carlos (742–814) fue su nombre de pila, pero la historia lo conoce como Carlos el Magno (*Carolus Magnus* en latín, y *Carlomagno* en español y *Charlemagne* en francés).

El papa León III le otorgó a Carlomagno el mismo título que tuvo su padre,el de *patricus romanorum,* que quería decir que tenía el deber especial de proteger el pueblo y las tierras de Roma. El día de la Navidad en el año 800, el papa León coronó a Carlomagno como emperador del Santo Imperio Romano. La intención del papa León fue ver un solo gobernante, el Santo

Emperador Romano, como gobernante secular del mundo conocido. Pero al ser la Iglesia quien coronaba al emperador por manos del papa en Roma, la Iglesia alcanzó, de esta manera, la superioridad que necesitaba: quien instala también tiene el poder de quitar. Por eso después en el siglo once, cuando el Santo Emperador Romano Enrique IV trató de controlar a los que eran nombrados obispos en su reino, fue depuesto y excomunicado por el papa Gregorio VII, conocido también como Hildebrando Aldobrandeschi.

Bajo el poder de Carlomagno, un solo idioma litúrgico también unía al pueblo del Santo Imperio Romano. El latín era la *lingua franca* (la lengua común) de la Iglesia Católica y la del gobierno. Tenía lógica, porque los otros idiomas que se hablaban en este tiempo aún era primitivos (no tenían vocabulario extenso), y muchos de ellos nunca fueron escritos —sino sólo hablados. En otras palabras, a diferencia del griego y el latín, que existieron mucho antes y ya se regían por leyes exactas de gramática, declinación, conjugación, y demás, los primitivos francés, español e italiano apenas empezaban a desarrollarse. Se necesitaban definiciones y traducciones corrientes y aceptadas para que todos estuvieran juntos en la misma página. Al hacer del latín el idioma de la vida devota del pueblo se solidificó más al imperio, porque de esa manera los ciudadanos podían viajar a cualquier parte y experimentar la misma Misa exacta, sin importar en qué país se encontraban o de qué país eran.

El Desgarrón: el cisma de Oriente/Occidente

El Imperio Romano de Oriente, conocido como Bizancio, no tomó a bien el nombramiento del Santo Emperador Romano o el levantamiento del imperio, porque les parecía claro que el papa quería hacer de los Carolingios los gobernantes únicos de todo el antiguo Imperio Romano —Oriente y Occidente. Obviamente esto haría redundantes la existencia del emperador de Bizancio y el patriarca, quienes permanecían cercanamente aliados. Desde que el antiguo Imperio Romano fue dividido en 286 d.C. y se estableció la antigua ciudad imperial de Constantinopla por el emperador Constantino (306–337 d.C.), la parte oriental del Imperio Romano sobrevivió a pesar de las invasiones bárbaras en el Occidente. Después de la caída de Roma en 476 d.C., Bizancio fue el único vestigio de aquel imperio. Fue visto como una cachetada al emperador de Oriente y a su imperio, el coronar a Carlomagno, rey de los francos, como el Santo Emperador Romano y nada menos que por manos del papa en Roma. A partir de esto, la relación entre Oriente y el Occidente sufrió serio deterioro, hasta declinar en una separación formal en 1054, cuando se dio el cisma. La Iglesia de Oriente se volvió la Iglesia Ortodoxa Griega al romper toda relación con Roma y la Iglesia Católica Romana —desde el papa hasta el Santo Emperador Romano y demás. Al pasar de los siglos, la Iglesia Oriental y la Iglesia Occidental se hicieron cada vez más distantes, agravándose aún más por las siguientes razones:

- **Geografía:** El Occidente abarcaba Europa occidental y las áreas del norte y del oeste del Mar Mediterráneo; y el Oriente abarcaba Asia Menor, el Medio Oriente y el Norte de África.

- **Ignorancia:** La Iglesia Bizantina fue desconociendo cada vez más el latín y las tradiciones latinas y viceversa. La mayoría de los patriarcas en Constantinopla no podían leer el latín y la mayoría de los papas en Roma no podían leer el griego. Los bizantinos en el Oriente usaban pan con levadura en su Liturgia Divina para simbolizar al Cristo resucitado y los latinos de Occidente usaban pan sin levadura tal como lo usó Jesús en la Ultima Cena.
- **Diversidad de teología:** Ambas son válidas, pero cada uno tiene una perspectiva distinta. El Occidente (latín) era más práctico y Aunque totalmente creyentes en la divinidad de Cristo, pusieron el enfoque sobre la humanidad de Cristo al presentarlo en su arte —especialmente al hacer crucifijos con personajes reales. El Oriente (bizancio) era más teórico y, Aunque creían completamente en la humanidad de Cristo, pusieron su enfoque en su divinidad, lo cual era más misterioso.
- **Personajes y la política:** Miguel Cerulario, patriarca de Constantinopla, y el papa San León IX no eran amigos, y desconfiaban el uno del otro. Cerulario se pasó de la raya cuando escribió una carta en la que dijo que el usar pan sin levadura era costumbre judía pero no cristiana. Estaba en efecto negando la validez de la Santísima Eucaristía en la Iglesia Occidental. León se opuso al decir que los patriarcas siempre fueron las marionetas de los emperadores bizantinos.

Finalmente el papa León y el Patriarca Miguel se excomulgaron mutuamente de sus respectivas iglesias. En 1965, el papa Pablo VI y el Patriarca Atenágoras I de Constantinopla abolieron esas mutuas excomunicaciones después de 900 años.

A pesar de ello el cisma que dividió en dos al cristianismo aún existe hasta el día de hoy. Aunque ambos lados reconocen la validez de su orden sagrado y sacramentos, aún no existe permiso para la intercomunión de los católicos romanos y la Iglesia Ortodoxa. Eso quiere decir que bajo circunstancias ordinarias los católicos no están permitidos de recibir la Santa Comunión en las Iglesias Ortodoxas, y viceversa, los Ortodoxos nunca deben recibir la Santa Comunión en las iglesias católicas. Como explicamos en el Capítulo 8, el compartir la misma fe en la Presencia Real no basta para poder compartir la Santa Comunión; para esto también uno tiene que estar *en comunión* con todos los demás que se están comulgando, o sea, unidos en doctrinas, jurídica y moralmente.

Las Cruzadas

En el inicio, la intención de las Cruzadas fue honorable. Fue una respuesta al pedido de ayuda por el emperador bizantino, que todavía en ese tiempo era una iglesia hermana.

Fue en 1095 que el emperador bizantino Alejandro Comnenus, envió sus embajadores al papa Urbano II en Roma, pidiéndole ayuda para defender al cristianismo contra el ataque inminente. Los sarracenos (musulmanes árabes durante la era de las Cruzadas) arrasaron con la Tierra Santa y los cristianos perdieron la libertad de poder visitar los lugares santos de peregrinaje. Y esto fue, sin pensarlo mucho, lo que dio inicio a las Cruzadas para liberar la Tierra Santa.

El papa también vio la posibilidad que las Cruzadas tenían para acabar y disolver las batallas territoriales y de poderío que existían internamente entre los monarcas cristianos. (Aún no existían estados nacionales claros y bien definidos.) El buscaba poder unirlos bajo un solo estandarte, el cristianismo, con el primer propósito de liberar la Tierra Santa para los peregrinos, en contra de un enemigo común, el extremismo musulmán y su expansión.

Las Cruzadas fueron ocho:

1. **La primera Cruzada (1095–1101).** Durante esta primera Cruzada, los cruzados tomaron a Jerusalén en el año 1100. Esta fue iniciada por los campesinos pobres alemanes y franceses bajo el liderazgo de Pedro y Walter Penniless. Fueron derrotados por los turcos y luego se les unieron la nobleza y después de un mes de batallas alcanzaron la victoria en la Ciudad Santa (Jerusalén). Después de esta Cruzada nueve caballeros franceses crearon a los Caballeros Templarios como una orden militar para servir a la Iglesia con el fin de liberar Tierra Santa. Al ser una Orden resultó que no estaban sujetos a la autoridad del rey local ni del emperador. Esta autonomía, junto con su valentía, coraje y sus destrezas estratégicas y tácticas les dieron grandes resultados en el campo de batallas y se hicieron ricos en sus ganancias económicas. Fue el papa Clemente V quien eventualmente los suprimió luego que Felipe IV (el Justo) los acusó con cargos falsos de herejía.
2. **La segunda Cruzada (1145–1147).** El emperador Conrado II y Luis VII de Francia lideraron la segunda Cruzada después que cayera Edesa en una reconquista Saracena en 1144. Esta Cruzada fue promovida en Europa por la predicación de San Bernardo de Clairvaux (1090–1153).
3. **La tercera Cruzada (1188–1192).** El emperador Frederico I, Felipe II de Francia y Ricardo I de Inglaterra (conocido como Ricardo Corazón de León) llevaron a cabo la tercera Cruzada después de que Saladín capturara a Jerusalén en 1187. En su regreso a Inglaterra fue tomado rehén por Leopoldo V de Austria hasta que emperador Enrique VI pagara por su rescate. Eso permitió que gobernase Inglaterra el príncipe Juan, su hermano, famoso por Robin Hood, hasta que Ricardo fue liberado en 1194.

4. **La cuarta Cruzada (1204).** Los sarracenos arrasaron a Constantinopla. El marqués de Monferrato (francia) fue el líder de la cuarta Cruzada. El emperador bizantino Isaac Angelo II fue derrotado en 1195 y fue puesto en la prisión por su hermano Alejo III. El hijo de Isaac, Alejo IV, fue casado con la hermana del Rey Alemán Felipe de Swabia para poder ganar respaldo en alcanzar el trono de bizancio y deponer a su tío (Alejo III). Pidieron ayuda de los Cruzados. La meta era ir a Egipto. Fue Venecia quien les dió una fuerza marítima por 85,000 marcos. Sólo una tercera parte llegó Venecia en octubre de 1202 y los cruzados no pudieron recolectar el dinero. Para pagar la cuenta, se pusieron de acuerdo en recobrar el pueblo de Zara, Croacia, que se había opuesto al gobierno de Venecia y que en 1186 se había aliado con Hungría. El papa Inocencio III declaró la excomunión a cualquier cruzado que se atreviera a atacar la ciudad cristiana, pero los cruzados igualmente invadieron para poder pagar a los Venecianos por sus barcos. Esta Cruzada sufrió mayor deterioro cuando después fueron a Constantinopla para ayudar a Alejo IV a derrotar a su tío. Tomaron control de la ciudad, e Isaac II y si hijo Alejo IV fueron instalados como coemperadores por un breve plazo hasta que su propia gente los depusieron del poder. Se formó un motín y se generó violencia con un sentimiento anti-occidental ya que el pueblo detestaba la presencia del ejército de los cruzados. Los cruzados respondieron saqueando la ciudad de Constantinopla el 1204. Los bizantinos pudieron recuperar su capital en el año 1261.

5. **La quinta Cruzada (1217).** El Duque Leopoldo VI de Austria y Andrés de Hungría llevaron a cabo la quinta Cruzada, conquistando a Damieta en la delta del Nilo. Pero sus peleas internas, entre las tropas francesas e italianas y los Caballeros Templarios, corroyeron su victoria, y en el 1221, la ciudad fue devuelta a los sarracenos.

6. **La sexta Cruzada (1228–1229).** El emperador Frederico II tomó parte en la sexta Cruzada. Thibaud de Champagne y Ricardo de Cornwall se unieron a él en 1239. El papa excomulgó a Frederico porque tardó en unirse a la Cruzada, lo que resultó en no tener un gran ejército a quién comandar. Decidió hacer negociaciones con el sultán y no irse a la guerra con lo que alcanzó diplomáticamente una tregua de 10 años que conllevaba control cristiano de Jerusalén, Belén y Nazarét.

7. **La séptima Cruzada (1249–1252).** San Luis IX de Francia fue líder de la séptima Cruzada después que el sultán de Egipto anexara a Jerusalén. Federico fue capturado como rehén, y luego liberado a cambio de dinero.

8. **La octava Cruzada (1270).** San Luis de Francia llevó sus tropas nevamente y murió en Túnez, de enfermedad y no en batalla. Esta última cruzada y su derrota en Túnez dió fin a las Cruzadas. En este tiempo, peleas sin razón, rivalidades nacionales, interés por la política y problemas nacionales hicieron que los monarcas cristianos descontinuaran sus campañas y convencieron al papa no invocar la Cruzada de nuevo.

La infame Cruzada de Niños ocurrió en 1212. Por propia iniciativa miles de niños quisieron liberar la Tierra Santa, pero hombres malvados se aprovecharon y vendieron a muchos de ellos como esclavos a los *moros* (los musulmanes que habitaban en España). Muchos de los niños murieron de hambre y agotamiento en el camino.

Vistas como pérdida total, las Cruzadas no liberaron Tierra Santa del poderío musulmán y por eso desataron la injusticia, el libertinaje, la avaricia, la envidia, la animosidad, las peleas internas y el prejuicio, de ambas partes durante estas guerras santas. Por ejemplo, los cristianos latinos fueron invitados por sus hermanos del Oriente para liberar la Tierra Santa y estos Cruzados terminaron atacando tierra bizantina, para sus propias ganancias. Existieron frecuentes batallas entre los reyes y príncipes cristianos en el camino hacia la cruzada. Los celos y la envidia les prohibía trabajar juntos exitosamente. Además sobrepasaron las fronteras del cristianismo, la brutalidad, la ausencia de misericordia y también de la decencia humana. Los cristianos y musulmanes, de ambas partes, mataron a los inocentes, mujeres y niños. Ambos cometieron atrocidades. No era que las religiones cristiana y musulmana estuvieran en guerra, sino que algunos de los miembros de esas religiones abusaron de su fe para usarla como excusa de propósitos con ganancias territoriales, económicas y políticas.

Sin embargo, a juicio de muchos historiadores, si no hubieran ocurrido las Cruzadas las fuerzas militares musulmanas se hubieran unido para llevar a cabo una ofensiva enorme en contra de Europa, y por falta de un gobierno unido nada la hubiera detenido. Las Cruzadas sí detuvieron esa expansión. También abrieron de nuevo las rutas del intercambio de bienes hacia el lejano Oriente. (Las rutas de intercambio de bienes permanecieron cerradas por varios siglos debido a la fuerza y la expansión musulmán en Arabia y el Medio Oriente.)

Las Cruzadas son para los católicos una gran prueba de que los fines nunca justifican los medios. La creencia católica es que sin importar cuán alta sea la meta o noble sea la obra sólo se pueden emplear medios morales. Sino será una obra inmoral. En otras palabras, Aunque fuera bueno y noble, poder liberar a aquellos que estaban oprimidos, la Cruzadas debieron finalizarse cuando muchos de los europeos empezaron a enriquecerse con ello y cuando los cristianos y musulmanes recurrieron a tácticas barbáricas.

La Edad de Oro

Durante la Edad Media floreció la Iglesia Católica —especialmente bajo el papa Inocencio III. La Iglesia alcanzó su cenit tanto espiritual como políticamente. De hecho, nunca jamás se vería a estos dos mundos tener un lazo tan estrecho en la Iglesia.

Avanzan los hombres del monasterio

Los dominicos y los franciscanos se formaron como nuevas órdenes durante este tiempo. Se les conocía como los *mendicantes* porque no poseían propiedades y dependían de mendigar. No estaban enclaustrados como los benedictinos o trapenses. Más bien, se hicieron predicadores itinerantes, que iban de un pueblo a otro llevando el Evangelio. En vez de que el pueblo tuviera que ir al monasterio, el monasterio iba hacia ellos. Estas órdenes religiosas tuvieron mucho éxito. He aquí algunos datos de sus fundadores:

- **Santo Domingo**, fundador de los dominicos, nació en España en 1170. Era muy devoto de la predicación. Se unieron a él algunos sacerdotes celosos por las almas y decidieron tener vida en común. De este pequeño grupo nació una orden cuyo propósito principal fue el de predicar. Fueron mejor conocidos como la Orden de Predicadores (OP) o comúnmente como los dominicos. Al ir de un pueblo a otro, pudieron combatir la ignorancia que llevaba a la herejía (enseñanzas falsas en materia de fe y moral). Llegaron a ser profesores brillantes de la Universidad de París. Santo Domingo también fundó la orden femenina de las monjas dominicas.
- **San Francisco de Asís**, el fundador de los franciscanos, nació en Italia en 1182. San Francisco dijo que había recibido un llamado del Señor para reconstruir su Iglesia. Y así lo hizo al establecer la Orden de los Frailes Menores (OFM) o los franciscanos como se les conocen comúnmente. Fue con Santa Clara, quien fundó la versión femenina de la orden conocidas como las clarisas pobres. Igual que los dominicos, los franciscanos iban de pueblo en pueblo predicando, enseñando y celebrando los sacramentos. Después su orden estableció universidades y viajaron al Nuevo Mundo de las Américas a predicar el Evangelio. (Vea el Capítulo 18 para mayor información sobre Santo Domingo y San Francisco).

Arquitectura gótica, arte y literatura mayor

La construcción de las grandes catedrales ocurrió durante este período en la historia. La arquitectura era gótica y el nuevo estilo permitía los altos techos abovedados y los enormes vitrales en color.

Los libros de esta época eran pocos porque la imprenta aún no se había inventado. Los manuscritos eran transcritos a mano y eran muy costosos, así que el pueblo en general no estaba educado y era iletrado. Los vitrales en color se volvieron para los pobres un tipo de Biblias en fotos.

Cada ciudad importante quería una catedral cada vez más grande que las demás. Tomó siglos levantar una de estas casas de Dios y mantenían al pueblo con empleo aún cuando estaban en medio de una guerra o motín. Aún hoy los viajeros pueden visitar estos enormes testimonios de fe tanto en Francia como en Alemania.

Este tiempo en la historia vió el aumento de pueblos, asociaciones o gremios y sociedades. (Por cierto, los gremios muchas veces patrocinaban una capilla, o un vitral, o uno de los altares en la catedral.) Durante este tiempo florecieron también muchos artistas famosos como Giotto di Bondone (1266?–1337) quien pintó usando la perspectiva y dibujaba escenas realistas de hombres, mujeres y la naturaleza.

También fue una época de gran desarrollo en la literatura; Dante Alighieri de Florencia (1265–1321) escribió el más famoso de los poemas cristianos, *La divina comedia,* que es un viaje imaginario por el infierno, el purgatorio y el cielo; Geoffrey Chaucer de Inglaterra (1343–1400) escribió los *Cuentos de Canterbury,* que son pequeñas anécdotas de los peregrinos en viaje a un santuario.

Desarrollo intelectual

Las universidades se formaron en la Edad Media. Primeramente se encontraban asociadas a las catedrales y sus facultades existían para educar al clero. Después se expandieron incluyendo las ciencias seglares. Bologna formó una escuela de leyes; París introdujo la filosofía, la retórica y la teología; y Salerno formó una escuela de medicina. También se formaron en este tiempo las universidades de Oxford, Cambridge, San Andrés, Glasgow, Praga y Dublín.

Con la llegada de grandes escuelas también vinieron grandes maestros como Pedro Lombardo, San Alberto Magno, Guho de San Victor, Alejandro de Hales, Juan Duns Scoto —por nombrar algunos. Santo Tomás de Aquino y San Buenaventura fueron los más notables e influyentes intelectuales y estudiosos. Aquino fue miembro de la orden de los dominicos (la Orden de los Predicadores) y Buenaventura era franciscano (la Orden de los Frailes Menores).

Santo Tomás de Aquino

Santo Tomás de Aquino (1225–1274) era hijo de un conde y una condesa adinerados. Sus hermanos estaban dotados con los dones físicos de fuerza y belleza que les ayudó a ser elegibles para casarse entre la nobleza y poder vivir la vida del caballero. Tomás no era del tipo de Arnold Schwarzeneger, pero pudo haber sobrepasado fácilmente a Einstein, Newton o Stephen Hawking. Su papá pensó que si su hijo no podía ser soldado o caballero ni casarse para tener mayor dinero y clase social, al menos podría subir de rango en la iglesia. Tomás quiso estudiar, enseñar y predicar la fe católica, pero no tenía ambición alguna por avanzar en la jerarquía. (Vea los Capítulos 3 y 17 para más sobre Santo Tomás.)

Hasta que Santo Tomás de Aquino llegó al escenario San Agustín (354–430) fue el más grande de los teólogos. San Agustín dependía enormemente de Platón en sus fundamentos filosóficos. Pero Tomás optó por considerar las nuevas las obras redescubiertas de Aristóteles, que se desviaban ligeramente de Platón:

- **Platón:** Platón veía al hombre como un alma prisionera de un cuerpo y no confiaba totalmente en lo que sus cinco sentidos le comunicaban. (Usó el ejemplo de la ilusión óptica para demostrar las decepciones del ojo.)
- **Aristóteles:** Aristóteles, por su parte, veía al hombre como la unión esencial de cuerpo y alma, y por lo tanto, para él y su filosofía los sentidos son muy importantes como fuentes de conocimiento. De acuerdo a él no son los sentidos los que mienten sino el juicio del que interpreta lo que dicen.

La visión que tenía Aristóteles de la interconexión de cuerpo y alma, el mundo material y el espiritual, le daban sentido a las cosas, según Tomás. Es por eso que para él los siete sacramentos alcanzaron su sentido pleno, ya que cada uno de ellos posee una parte externa que se dirige a uno de los cinco sentidos. Los signos externos tales como el agua, el óleo, el pan y el vino y otros, simbolizan todo lo invisible. Tomás usó esta metodología en sus grandes obras, la *Suma contra gentiles* y la *Suma teológica,* donde describe las doctrinas de la fe católica.

San Buenaventura

El colega y el contemporáneo de Santo Tomás de Aquino era San Buenaventura (1221–1274) quien pertenecía a la orden de los franciscanos. San Buenaventura era un genio intelectual que escribió el comentario sobre las *Sentencias de Pedro Lomardo,* las cuales explicaban las principales doctrinas de la fe católica. Mientras que Tomás contaba con Aristóteles, Buenaventura utilizaba a Agustín y Platón —sin repudiar ni rechazar a Aristóteles. También pasó mucho tiempo en las obras internas de los franciscanos al ser elegido Provincial general de la orden.

La decadencia

Si el siglo 13 fue la época de oro de la Iglesia, los siglos 14 y 15 fueron su decadencia.

El clima inestable y peligroso de Roma

Si el papa Inocencio III (1198–1216) personificó el cenit del poder y la influencia papal, el papa Bonifacio VIII (1294–1303) encarnó uno de los papados más complicados, misteriosos y contradictorios de la Iglesia.

El rey Felipe IV de Francia y Bonifacio desde muy temprano se hicieron enemigos empedernidos. Con el pasar del tiempo la situación empeoró y en 1303, Felipe envió mercenarios para arrestar e intimidar a Bonifacio buscando que dimitiera. Lo golpearon y lo humillaron en Anagni pero rehusó retirarse. Los ciudadanos vinieron a su defensa y lo rescataron. Pensó en excomulgar a Felipe pero murió antes de llevarlo a cabo.

Después de su muerte fue elegido el papa Benedicto XI pero era muy débil y conciliador para poder ir en contra de Felipe. Su reinado, de sólo nueve meses, produjo la división del Colegio de los Cardenales entre aquellos que odiaban a los franceses, por lo que le hizo Felipe a Bonifacio, y aquellos simpatizantes de los franceses que querían una reconciliación y seguir adelante. (Para más sobre el Colegio de Cardenales, vea el Capítulo 2.)

El papa Clemente V (1305–1314) fue el papa que sucedió a Benedicto XI. La coronación papal se llevó a cabo en Lyons y Clemente nunca pisó Roma. Cuatro años después de su elección se mudó a su palacio francés en Avignon, supuestamente para evitar las masas peligrosas de Roma porque era francés y porque era fácilmente influenciado por el rey Felipe de Francia quien le ofreció protegerlo.

Después que el papa Clemente llegara a Avignon, los papas permanecieron ahí por unos 70 años —el mismo número de años que los judíos estuvieron cautivos en Babilonia; por eso este tiempo es llamado *el cautiverio babilónico de los papas.*

Felipe aseguró su prestigió al presionar a Clemente para que nombrara un mayor número de cardenales franceses que italianos. De esta manera, cuando se muriera, la mayoría de dos terceras partes elegiría a otro francés, cosa que sucedió una y otra vez.

En 70 años hubo siete papas en Avignon, mientras que el pueblo de Roma tuvo que vivir sin el obispo del lugar. Fue Santa Catalina de Siena, (1347–1380) quien viajó a Francia y en una audiencia con el papa Gregorio XI (1370–1378) le suplicó que regresara a Roma lugar del obispo de Roma. Este le hizo caso y volvió a la Ciudad Eterna.

Dos papas a la misma vez significan doble problema

El papa Gregorio XI murió en 1378 y el cónclave (vea el Capítulo 2) llevado a cabo para escoger al sucesor estaba al punto de escoger a otro francés que volviera a Francia. Pero el gentío romano tuvo otras ideas. Se animaron tanto los italianos en contra de tener otro papa no italiano que penetraron a través del techo del cónclave, que se llevaba a cabo en el Vaticano, y gritaron a los cardenales, muchos de los cuales eran franceses, "Dénnos un papa romano, o a cualquier costo, un italiano" El cónclave escogió rápidamente al más anciano y débil de los cardenales italianos —Urbano VI— de 60 años. Su plan era escoger a alguien que fuera a durar poco tiempo (uno que tuviera ya los pies en la tumba), regresar a Francia y después que el papa anciano muriera, llevar a cabo en Francia el próximo cónclave. Sin embargo apenas Urbano fue elegido como papa mostró su verdadero temperamento. Ya papa, mejoró su salud e inició la reforma de la jerarquía para disminuir los abusos y la corrupción.

Te podrás imaginar cómo se sintieron los franceses cuando se dieron cuenta de que no regresaría el papa a Francia y que se estaban implementando serias reformas. En vez de volver a Francia, los cardenales franceses huyeron a Fondi en el reino de Nápoli para decidir, allí, su próxima movida. Se dieron cuenta de que Urbano VI iba a poner la casa en orden, por lo tanto decidieron alegar que la elección de Urbano VI fue inválida. Contaron que fueron presionados y tuvieron miedo de tener que sufrir a manos del gentío por lo que escogieron a un italiano. Con la bendición del rey Felipe, cinco meses después de la elección de Urbano VI en Roma, los cardenales franceses llevaron a cabo en la Catedral de Fondi en Nápoli, el *cónclave de Avignon,* en 1378, donde eligieron a Clemente VII el *antipapa* (que significa un papa inválidamente electo). Este papa nació en Ginebra, no era ni francés ni italiano (por eso parecía ser la elección adecuada) pero llevó a cabo la mayoría de su sacerdocio en Francia. Ocho meses después huyó a Avignon.

Para ese momento ya existía un *cisma* (una división en la Iglesia). Algunos católicos obedecían y seguían al papa romano Urbano, y otros seguían a Clemente el papa de Avignon. Al morir Urbano en 1389, los cardenales eligieron a Bonifacio XI como su sucesor. Clemente murió cinco años después y terminó el cisma pero los cardenales franceses volvieron a elegir otro antipapa — Benedicto XIII. Y otra vez, dos hombres a la misma vez ,decían ser el papa.

Y ahora son tres

Fue muy frustrante el que hubiera dos hombres simultáneamente reclamando que eran el papa, tanto para los estudiosos como para los gobernantes civiles de la época, y por eso exigieron un concilio general de la Iglesia. El problema era que sólo un papa puede convocar un concilio de la Iglesia y sólo un papa puede aprobar o rechazar los decretos que resultantes. Y ni el papa Benedicto de Avignon, ni el papa romano Bonifacio renunciarían ni se quedarían en silencio.

En 1409 se formó un concilio ilícito que se reunió en Pisa sin presencia ni aprobación de los presuntos papas. Los cardenales reunidos echaron fuera a ambos papas existentes y eligieron a un tercer personaje, Alejandro V. Esto empeoró las cosas. Tres papas reclamaban ser los auténticos sucesores del trono de San Pedro: el papa romano, el papa de Avignon y el papa pisano. Cada uno denunciaba a los otros dos, lo que causó una gran confusión para la mayoría de los fieles para decidir cuál era el verdadero papa.

El papa pisano Alejandro V sólo sobrevivió unos 11 meses y su sucesor fue Juan XXIII. (Ya que este hombre no es reconocido como un papa legítimo, cuando Angelo Roncalli fue electo papa en 1958, decidió tomar el nombre y número de Juan XXIII.)

La solución al problema de muchos papas

El Santo Emperador Romano Sigismundo exigió que un Concilio General se llevara a cabo en Constancia. El decimosexto concilio de la Iglesia se reunió desde 1414 a 1418. Debían estar presentes todos los cardenales y los obispos, además participaron unos 18,000 clérigos. La agenda incluía encontrar una solución para el Gran Cisma, lo que sucedió. Escogieron a Martín V como el único papa y les pidieron a los demás que renunciaran. Este concilio también condenó como heréticos a los escritos de Juan Wyclif (el inglés) y a Juan Hus (el bohemio). El señor Hus fue entregado a las autoridades civiles y en 1415 recibió la pena de muerte, quemado atado al poste. Wyclif había muerto en 1384.

El papa romano Gregorio XII, considerado el papa verdadero, renunció voluntariamente al puesto después de aprobar formalmente el Concilio de Constancia. (Sin haber tenido la aprobación papal hubiera sido considerado tan ilegítimo como el de Pisa.) Fue el de Avignon, Benedicto XIII, quien se negó a renunciar al puesto y por eso lo removieron públicamente. El papa de Pisa, Juan XXIII, trató de escapar pero lo capturaron y fue depuesto. Por lo tanto Martín V (141 7–143 1) fue el único que reclamó y fue reconocido como el papa —Obispo de Roma y Supremo Pontífice Romano.

La Iglesia sobrevivió esta penosa época pero las heridas y sus cicatrices fueron profundas y después surgieron de nuevo. El Gran Cisma debilitó grandemente el poder político del papado y sembró las semillas que retoñaron en los argumentos anti-papales en el tiempo de la Reforma.

La Muerte Negra

Si la cautividad babilónica (el papado de Avignon) y el Gran Cisma no fueron suficientes, apareció otra mosca en el remedio: la Muerte Negra —la peste bubónica— que mató a unos 25 millones de habitantes en cinco años. Más de una tercera parte de toda Europa.

La plaga o peste bubónica se llamaba la Muerte Negra por los puntos rojos que marcaban al cuerpo y que eventualmente se tornaban negros al descomponerse la carne. Las mentes inquisitivas quieren saber. En los 1330s, hubo una epidemia de peste en China. En octubre de 1347, unas naves italianas mercantiles llegaron a Sicilia, desconociendo que estaban infectadas con la peste.

La Muerte Negra duró desde 1347 hasta 1352. El mayor porcentaje de los que murieron fueron los clérigos ya que los sacerdotes de parroquia entraban en contacto con los enfermos al tener que darles la unción de los enfermos (conocida entonces como la extrema unción) y así se infectaban. Fueron tantos los sacerdotes que murieron a causa de la plaga que hubo una enorme crisis de vocaciones. Muchos obispos y superiores de las órdenes religiosas, en su desesperación, aceptaron a muchos candidatos indignos, incompetentes o sin formación adecuada para recibir el orden sagrado. Esto abrió las puertas en Europa a muchos clérigos ignorantes, supersticiosos, inestables y poco confiables.

Como secuelas de la plaga, en medio de esa inmensa devastación en Europa, hubo muchísimos abusos en la Iglesia debido a un clero pobremente formado, inmoral y en el que no se podía confiar, que había ocupado los lugares de tantos buenos hombres que habían muerto a causa de la plaga. Aunque los requisitos para poder ser sacerdote se redujeron debido a la enorme falta de clero muerto a causa de la Muerte Negra, la alta jerarquía (obispos, cardenales y papas) no la pasaron mejor. Su plaga no se encontraba en la pulga escondida en las ratas sino en sus propios corazones. Estaban infectados con el nepotismo, la codicia, la lujuria, la avaricia, la envidia, la pereza y demás vicios. Claro está, no fue toda la jerarquía —ni fue su mayoría. Pero un caso entre ellos siempre era demasiado.

Veamos este caso: las familias Borgia y Medici competían por el papado y usaban cualquier método posible para que uno de sus familiares pudiese ser papa. Alejandro VI (1492–1503) era un Borgia, pero tuvo varios hijos ilegítimos. Su decadencia no tuvo rival. Entre Alejandro VI, el Papa Inocencio VIII (1484–1492) y el Papa León X (15 13–1521), quien era miembro de la familia Medici, el papado llegó a su nivel de decadencia más bajo. (Vea el Capítulo 2 para más sobre estos papas famosos.)

Las semillas de la reforma se sembraron.

La Reforma hasta la Edad Moderna (1517–hoy día)

Este sección echa un vistazo a la historia de la Iglesia Católica del tiempo de la Reforma hasta la era moderna —los siglos 16 hasta el 20.

Crece la necesidad de reformar

Durante la Edad Media, los filósofos griegos (personificados en Platón y Aristóteles) ayudaron a formar una filosofía propiamente cristiana (como vemos en Agustín, Tomás de Aquino y Buenaventura). Esta, a su vez, empezó a andar de la mano con la teología sagrada. El idioma del latín era conocido pero su uso predominaba en el contexto religioso y legal. Las artes libres y las ciencias religiosas eran parte normal en la educación universitaria y Cristiandad fue el término dado para unificar la cultura, religión y gobierno cristiano, que en ese entonces prevalecía sobre la Europa medieval, Occidental y Central.

Al finalizar el siglo 15, el pueblo fue testigo de la desintegración de esa unión. Se vió el nacimiento de naciones e idiomas modernos, el descubrimiento en 1492 del Nuevo Mundo por Colón y el renacimiento del estilo clásico en el arte, la arquitectura y la literatura. Las obras clásicas griegas y romanas desde Homero, Sófocles, Virgilio, Ovidio, Horacio y Cicerón eclipsaron a los conocidos Platón y Aristóteles. Nació el humanismo, como sistema de ideas que trataban de unir los mundos de la fe celestial y la sabiduría terrenal; entre lo sagrado y lo mundano. Al menos esa fue la intención original. Este resurgimiento se transformaría en el ímpetu tras lo que se llamaría el Renacimiento.

El Renacimiento nació en Florencia, de donde surgieron poetas como Dante Alighieri y Francisco Petrarca; los artistas Miguel Angel Buonarroti y Leonardo da Vinci, y lformadores de ideas como Vittorino da Feltre y Juan Boccaccio. Se conoce esa ciudad además por los nombres de los Medici, Maquiavelo y Borgia. Desde Italia se difundieron los ideales del Renacimiento cruzando los Alpes hasta Francia, Alemania y finalmente Inglaterra.

La Iglesia apoyó al Renacimiento y patrocinó a las ciencias, la literatura y el arte. Pero, fue mucho *el secularismo* (lo mundano) infiltrado y mucha gente perdió el respeto por sus líderes espirituales. Muchos de los abusos en la Iglesia no fueron tratados a tiempo. Un clero ignorante y un episcopado avaro abrieron la puerta a los *reformadores,* hombres determinados en reformar a la situación. Desafortunadamente, mucho de esto no tenía que ver con reforma sino con rebelión, lo que condujo a la división.

San Francisco de Asís fue un reformador en su tiempo —la Edad Media. La gran diferencia entre él y Martín Lutero fue que Francisco reformó manteniéndose *dentro* de la estructura de la Iglesia, mientras que Lutero, y otros como él —Calvino, Zwinglio y Hus— salieron *fuera* de la estructura de la Iglesia, que con el tiempo resultó en una división interna y un rompimiento completo con la Iglesia Católica. Del otro lado están San Vicente Ferrer, San Juan de la Cruz, Santa Teresa de Avila, San Bernardino de Siena y San Juan Capistrano, que escogieron reformar desde el interior de la misma Iglesia.

La corrupción en la Iglesia

El papa Julio II (1503–13) decidió reconstruir la Basílica de San Pedro, que tenía necesidad urgente de reparaciones. Le comunicó a los fieles que cualquiera que se confesara y recibiera la Santa Comunión, y que después donara algo de acuerdo a lo que pudiese dar (que se llama limosnear) para la restauración de la Iglesia histórica, podría recibir una indulgencia plenaria, cumpliendo todas las condiciones propuestas. Una *indulgencia plenaria* es la remisión total del merecido castigo temporal por los pecados ya confesados. Mejor dicho, es aplicar la divina misericordia de Dios para quitar los efectos de pecados pasados. La indulgencia no es el perdón en sí, ni tampoco es una absolución; presume que ambos requisitos se han cumplido para que la indulgencia aplique. Los pecados pueden tener una doble consecuencia, el castigo *eterno* (el infierno) y el castigo *temporal* (el purgatorio). Esos pecados mortales de los que uno no se arrepiente ni ha buscado el perdón resultan en el castigo eterno. Los pecados que han sido perdonados ya no merecen castigo eterno, pero sí retienen un castigo temporal. Es la misericordia de Dios la que perdona los pecados, pero es la justicia de Dios la que premia el bien y castiga el mal.

Pensémoselo de esta manera: si el cirujano te opera para sacarte un tumor maligno, que puede matarte, te ocasionará una herida al cuerpo. Después de remover el tumor, te pondrá unos puntos. Es verdad que te sanó del cáncer que amenazaba tu vida pero la herida que te ocasionó tiene que sanar y al pasar el tiempo también tendrá que retirarte los puntos. El pecado es como una enfermedad espiritual, y el pecado mortal es como el tumor maligno, que tienen que extraer cuanto antes. Las indulgencias son como el tener que quitar los puntos después que la herida haya sanado.

Estas son las condiciones para poder obtener una indulgencia plenaria:

- Llevar a cabo algunas oraciones específicas o alguna obra de caridad.
- Ir a la confesión y comulgar siete días antes o después de la misma.
- Estar libre de toda atadura al pecado, aún el pecado venial.

Esa última condición es la clave: nadie puede *comprarse* una indulgencia. Alguna persona mala, que acaba, digamos, de matar a otra persona, robar algún banco o cometer adulterio no podrá obtener una indulgencia para poder escapar la justicia divina. Para que la persona pueda obtener una indulgencia tiene que haber mantenido el estado de gracia —estar libre de pecado mortal— y *libre de todo apego al pecado,* aún los veniales. Apego, se refiere a esos recuerdos placenteros por pecados pasados que ya fueron perdonados. Así que ninguna cantidad de dinero podría garantizar automáticamente algúna indulgencia. Si uno que sentía dolor por sus pecados, los confesó, y fue absuelto y después hizo alguna obra de caridad, como el limosnear u otro acto de misericordia, entonces podrían ser elegibles para obtener una indulgencia.

El problema empezó cuando algunos obispos y sacerdotes, avaros y codiciosos, junto con algunos príncipes de mentalidad similar, vendieron realmente las indulgencias a cambio de dinero, que era una violación de la ley canónica y que es llamada el pecado mortal *simonía.* Decir, “Si donaras algunas monedas de plata para este proyecto, podrás usar la indulgencia para sacar a tu abuela del purgatorio” es un pecado mortal. Las indulgencias no funcionan de esa manera, pero algunos hombres sin escrúpulos vieron la oportunidad de explotar a otros y así lo hicieron. Leon X (hijo de Lorenzo de Medici), sucesor del papa Julio, fue uno de esos hombres sin escrúpulos. Y en Alemania esta práctica fue motivada, donde iban los predicadores de pueblo en pueblo para promover la reconstrucción de la Basílica San Pedro.

Además, debido a la ignorancia del clero (por la escasez de sacerdotes durante la peste), se distorsionó el mensaje original del papa Julio II, pareciendo que la Iglesia realmente vendía favores espirituales por dinero.

Se levanta la clase media

Los tres eventos más significativos en la Edad Media antes de la Reforma fueron:

- La Muerte Negra (Peste) que mató a 25 millones de personas (dos terceras partes de Europa) y eliminó a una gran porción del clero. Esto llevó a la ordenación de un clero repleto de hombres pobremente preparados, malamente entrenados, e incompetentes, los cuales infectaron a los fieles con supersticiones y mala teología, dejando a la Iglesia enferma y sin el clero apropiado.
- El cautiverio babilónico (también conocido como el *papado de Avignon*) que mantuvo al papa fuera de Roma por unos 70 años y dejó a la Iglesia sin pastor y sin ánimo.
- El Gran Cisma dejó a la Iglesia confundida y buscando respuesta, porque llegó a haber tres hombres a la misma vez que decían ser el papa.

Estos factores se combinaron con el hecho de que económicamente Europa se estaba alejando del sistema feudal para entrar en el sistema mercantilista comercial. Este cambio formó una clase media que no había existido anteriormente.

Antes de la creación de una clase media, lo que había era la clase pobre y la aristocracia adinerada. Pero al añadir una clase media, la división económica era de la siguiente manera:

- La Iglesia y la nobleza poseían las tierras.
- Los pobres no tenían nada pero se les pagaba por trabajar las tierras.
- La clase media tenía dinero pero no tenía tierras.

Para que la clase media pudiera obtener tierras tendría que obtenerlas de las propiedades de la Iglesia o de la nobleza, que no era fácil porque la nobleza tenía ejércitos. Surgieron ideas que sugerían que si la Iglesia desapareciera — o al menos la Iglesia como dueña de tierra— entonces por primera vez la nueva clase media podría obtener propiedades.

Agreguemos la política de esa época: los ingleses, franceses, españoles, alemanes y otros, tenían reyes y reinas, príncipes y condes, barones y duques, pero todos eran inferiores al emperador. Si faltara el emperador, la nobleza del lugar podría tomar el control sin tener alguien más alto a quien acudir. Por lo tanto los nobles querían romper con el emperador.

Pero ya que el emperador tenía tropas, ¿cómo poder romper legalmente con él? ¿Y si los príncipes Alemanes rompieran su relación con el emperador que estaba alineado con el papa? Al romper su conexión con el papa, los príncipes podrían romper simultáneamente con el emperador. Si surgiera otra religión, que no fuera la del papa, y ésta se formara, entonces las lazos de autoridad se suavizarían. Romper con la Iglesia de Roma fue algo muy oportuno para algunos de los príncipes alemanes que querían romper con el emperador. Y de esa manera algunos obispos que nunca llegarían a ser cardenales o papas vieron la oportunidad de aprovechar el día y romper con la Santa Sede y ser su propia autoridad, cosa con la que estuvieron de acuerdo.

Las fuerzas económicas y políticas que estaban a favor de una revolución sobrepasaron cualquier oportunidad de reformas internas como en el pasado. Ahora esas fuerzas se movían hacia una revolución —en contra de la autoridad del papa y del emperador.

Cuando los pobres vieron a sus obispos oponerse a la autoridad del papa y a la nobleza amotinándose en contra del poder imperial, ellos vieron que podían rebelarse en contra de la aristocracia. Sin embargo no tenían dinero y no poseían ejército, así que la Revolución de los Campesinos (1225) fue breve y terminó en desastre y muerte.

Los reformadores

No hay excusas para la corrupción de algunos miembros del clero y la jerarquía que levantó la justa ira de los reformadores. Lo que sigue es la perspectiva Católica sobre las ideas y los actos de los reformadores.

Martín Lutero

Martín Lutero (1438–1546) fue un sacerdote agustino que retó a Juan Tetzal, otro sacerdote católico, por vender indulgencias.

El 31 de octubre 1517, Lutero clavó sus 95 tesis a las puertas de la iglesia de Wittenberg, donde había un tipo de tablilla para fijar anuncios. No fue un acto de revolución, pero por la gran cantidad de anuncios y noticias que se colocaban ahí —que eran de diversas discusiones o cosas para la venta— la gente del pueblo se acercaba y las leían todos los días cuando pasaban por las puertas.

Aunque Lutero tuvo muchos puntos válidos y tenía intenciones buenas, otros factores contribuyeron grandemente a sus dificultades en la víspera de la Reforma:

- El temor que le tenía a los relámpagos y truenos lo obligaron a hacerle una promesa a la Virgen María durante una noche de tormenta: si ella le ayudaba a sobrevivir la tormenta se haría monje. Cumplió con su palabra, pero promesas como esas son las peores para entrar a la vida religiosa.

- Siempre le preocupaba la salvación de su alma. Andaba desanimado consigo mismo por su incapacidad de vivir en la forma que requiere un monje por lo que llegó a la conclusión que es imposible que alguien pueda ser bueno. Esa conclusión le llevó a decir sus famosas palabras "Es sólo por la fe que el hombre se puede salvar. Son inútiles las buenas obras". Esta fue la doctrina que enseñaba en la Universidad de Wittenberg.

San Agustín (354–430), a cuya orden religiosa perteneció Lutero, fue adversario de Pelagio, un hereje que decía que la persona humana podía lograr su entrada al cielo y que el humano no necesitaba la ayuda de Dios. Esta herejía fue condenada y la Iglesia enseñó solemnemente que cada obra buena depende de la gracia divina; a solas, el humano no puede hacer nada, sólo pecar, pero con la ayuda de la gracia, puede llegar a hacer cosas grandes. El *pelagianismo,* enseñaba que el hombre se puede salvar a sí mismo. Agustín condenó correctamente a la idea de Pelagio que decía que las buenas obras a solas son las que hacen santa a la persona, sin necesidad de la fe. El monje agustino Lutero se fue al otro extremo, diciendo que sólo la fe sin obras es lo único que necesita la persona.

En la Biblia aparece una vez la frase *sólo por la fe,* "Vea cómo por las obras obtiene el hombre la salvación y no sólo por la fe" (Santiago 2, 24). No dice que las obras a solas salvan al hombre, pero Santiago sí dijo, "Así también la fe: si no tiene obras, está completamente muerta" (Santiago 2, 17). Irónicamente, San Pablo es quien dice, "Pues estoy convencido que el hombre obtiene la salvación por la fe y no por el cumplimiento de la ley" (Romanos 3, 28). Él tampoco usó la frase *sólo por la fe.* Fue Santiago solamente quien lo dijo. El catolicismo enseña que es sólo por la gracia que somos salvados y que *ambos la fe y las obras* son necesarias para la salvación.

Volviendo a la controversia de las indulgencias, la Iglesia no piensa que el problema fue el concepto ni la práctica de las indulgencias sino los abusos que necesitaban ser corregidos. La Iglesia está de acuerdo en que Lutero ejerció sus derechos al denunciar los abusos, pero se sobrepasó en su reacción hacia las indulgencias y en cierto sentido perdió la esencia por querer denunciar lo circunstancial.

La Iglesia piensa que Lutero tenía fervor por las almas pero erróneamente confundió *la infalibilidad,* que es estar libre de error, con el concepto de *la impecabilidad,* o estar libre de pecados. Algunos sacerdotes, obispos y hasta algunos papas inmorales, sin duda, no pueden ser excusados. Pero no se puede decir que sus pecados tuvieron efecto sobre la veracidad de su doctrina ni la validez de sus sacramentos. Pensémoslo de esta manera: si algún malhechor te dijera que 2 + 2 = 4, sigue siendo verdad sin importar cuán malo o inmoral sea. De la misma manera existieron, penosamente, algunos papas y obispos inmorales, pero su santidad o la falta de santidad en ellos no tiene nada que ver con la verdad que enseñaron. De manera similar es una enseñanza católica afirmar que la validez de los sacramentos no depende del estado moral del ministro sagrado (diácono, sacerdote u obispo), ya que el pueblo de Dios tiene el derecho de recibir sacramentos válidos para su bien. Esto se llama en latín *ex opere operato,* que se traduce *de la obra hecha,* y quiere decir que los sacramentos conceden su gracia a pesar de la condición espiritual del sacerdote que los administre.

La invención de la imprenta por Gutemberg (su primer libro fue la Biblia Vulgata en latín de 1455) revolucionó el debate religioso y político Con la impresión masiva de folletos y diversos impresos era más fácil influenciar la opinión de la gente. Martín Lutero se aprovechó de este avance tecnológico que ayudó grandemente a esparcir las ideas de la Reforma por toda Europa. Es incorrecto decir que la Iglesia Católica estuvo en contra de imprimir la Biblia en el idioma nativo (vernáculo) o en grandes cantidades para el uso del pueblo. Al contrario, fue el papa quien pidió a San Jerónimo traducir del hebreo, el griego y el arameo al idioma del día (el latín) y por primera vez juntar los libros de la Biblia en un solo volúmen. Esto fue lo que facilitó el uso y la difusión de la Palabra de Dios. Beda el Venerable fue el primero en traducir la Biblia del latín al inglés a finales del siglo 7 y San Cirilo la tradujo al antiguo slovako en el siglo 9, lo que prueba que no existía una ley en contra de traducir la Biblia al idioma del pueblo. Es cierto que muchas Biblias las encadenaban en las iglesias, pero no era para mantenerlas *fuera de las manos del pueblo* sino que *eran para el pueblo,* tal como hacen los bancos con los bolígrafos, o los teléfonos públicos que encadenan el libro de la guía telefónica para que lo usen todos.

Lutero se hizo aliado de Federico III de Sajonia, quien ya estaba predispuesto a tener conflictos con el emperador (primero con Maximiliano y después Carlos V). Federico consideraba a Lutero y su Reforma como un catalizador para formar un movimiento separatista y romper con el imperio para así formar un reino Alemán autónomo. Lutero vio a Federico como su protección y garantía de que podía irse en contra de la doctrina y autoridad del papa. Los seguidores de Lutero y los reformadores que le siguieron fueron mejor conocidos como protestantes, porque estaban *protestando* en contra de la Iglesia de Roma. Después que se separaron formalmente del catolicismo, los que se apegaron a la doctrina de Lutero fueron conocidos como los luteranos.

Enrique VIII

En primera instancia Enrique VIII, el rey de Inglaterra, se opuso a Lutero y a la Reforma Protestante, pero cuando Catalina de Aragón, su esposa, no daba a luz a un heredero varón, quiso que su matrimonio fuera anulado para casarse con Ana Bolena. (Catalina sí dió a luz a una niña de nombre María I, y ésta sería reina después del heredero de Enrique, Eduardo VI.)

El papa se opuso a darle la anulación, sin importarle cuánto dinero ni cuántas amenazas le fueron enviadas. En 1533 Enrique se declaró a sí mismo Cabeza Suprema de la Iglesia en Inglaterra y separó al clero de Inglaterra de su alianza con Roma. De este modo formó la Iglesia Anglicana y se divorció de Catalina para casarse con Ana. Pero Ana tampoco concibió un varón. Le dio una niña de nombre Isabel I, la media hermana de María. Ana fue ejecutada por mandato del rey. La mayor parte de la jerarquía y la aristocracia Inglesa se puso de parte de Enrique, con la excepción de unos católicos fieles, tales como San Juan Fisher, el obispo de Rochester, y Santo Tomás Moro, el canciller de Inglaterra. La famosa película *El hombre de dos reinos* (*A man for all seasons,* 1966; Columbia Pictures), basada en la obra teatral de Robert Bolt, muestra la vida y el martirio de Santo Tomás Moro, quien sacrificó su vida por no traicionar su fe católica ni aceptar a Enrique como Cabeza Suprema de la Iglesia en Inglaterra.

El rey Enrique VIII tuvo un total de seis esposas y fue padre de un solo hijo enfermizo de nombre Eduardo VI, y dos hijas, María e Isabel. Eduardo VI subió al trono, pero debido a su mala salud su reinado no duró mucho. María Tudor, la hija de Enrique VIII y su primera esposa Catalina, una católica muy devota, tomaron el trono de Enrique. Su catolicismo y el hecho de que fueran de la realeza española hizo que no fuera aceptada entre la nobleza inglesa. Después de que Enrique se separó de Roma, él se apoderó de todas las tierras y propiedades de la Iglesia, deshizo los monasterios y vendió todas las propiedades o las regaló a los de su propia corte y a los aristócratas. Estaba muy claro que la nobleza no quería que bajo el reinado de María se restaurara el catolicismo.

La media hermana de María, Isabel, heredó el trono, dominando al reino con su fe anglicana durante su largo reinado desde 1558 hasta 1603.

Juan Calvino

Juan Calvino, un laico muy austero de Suiza, seguía las ideas de Lutero y estableció la Iglesia Calvinista en Ginebra en 1541. El calvinismo rechazaba la mayoría de los entretenimientos y placeres porque presumía que todo era pecaminoso. Si uno alcanzaba bendición y prosperidad en los negocios y gozaba de buena salud era señal de que era uno de los elegidos o predestinados de Dios. Calvino creía en la predestinación absoluta, o sea, que toda alma que se condena al infierno o se salva en el cielo es sólo por un acto de la voluntad de Dios. Su teología se resume de esta manera:

- **Depravación total:** El hombre no se salva a sí mismo. El hombre no es intrínsecamente malo pero no tiene la capacidad para hacer el bien.
- **Elección incondicional:** Es Dios quien escoge a quién se salva sin contar algún mérito personal.
- **Expiación limitada:** El sacrificio de Cristo en la cruz fue con el propósito de salvar sólo a los elegidos.
- **Gracia irresistible:** Cuando Dios escoge salvar a alguien, ellos son infaliblemente salvos.
- **La perseverancia de los santos:** Los escogidos por Dios no pueden perder su salvación.

Estas ideas se esparcieron por partes de Francia, donde fueron llamados los *hugonotes.* Fue con la ayuda de Juan Knox que Escocia también abrió las puertas a un tipo de Calvinismo, que luego se convirtió en la Iglesia Presbiteriana.

Los efectos buenos y malos

Martín Lutero enseñaba que sólo la Escritura *(sola scriptura)* y sólo la fe *(sola fide)* eran las dos piedras angulares de la religión cristiana, y que la Iglesia como institución no era necesaria para la salvación del individuo. Esta enseñanza generó un efecto dominó, con muchos otros disintiendo de la doctrina Católica y formando sus propias religiones.

Pero Lutero y la Reforma Protestante sí impulsaron a que la Iglesia Católica definiera formalmente y con mayor claridad su doctrina sobre lo que es la gracia, la salvación, y los sacramentos. También motivó reformas internas, tales como el establecimiento de seminarios para dar una formación más unificada y completa a sus sacerdotes. La Reforma no puso a la Iglesia a la defensiva sino que le ocasionó una gran re-evaluación interna, no de sus doctrinas ni de su culto, sino de un compromiso muy serio de limpiar la Iglesia de toda forma de abusos y así trazar las líneas para definir exacta y precisamente lo que es el cristianismo católico y lo que es el cristianismo protestante.

La Iglesia Católica responde: la Contrarreforma

La Iglesia convocó en 1545 el Concilio general de Trento, que duró más de 18 años debido a guerras y otras interrupciones, como la muerte del papa. Este tiempo, conocido como la Contrarreforma, estuvo marcado por hombres y mujeres que combatieron los ataques y que sobresalieron en su santidad. Los siguientes personajes, por ejemplo, fueron fruto de la Contrarreforma, e hicieron mucho más que responder a la Reforma Protestante. Ellos trajeron realmente a la Iglesia Católica una auténtica renovación:

- San Carlos Borromeo reformó al clero al instituir los seminarios y casas parroquiales.
- San Ignacio de Loyola creó un ejército espiritual para ganar almas para Cristo y para la fe católica. La orden que formó se llama la Sociedad de Jesús (se abrevia *S.J.*), y son mejor conocidos como los *jesuitas.*
- Santa Teresa de Avila y San Juan de la Cruz reformaron la vida religiosa, retomando el carisma original de sus fundadores.

- San Felipe Neri dió al clero diocesano un nuevo sentido de su piedad personal y espiritualidad sacerdotal.
- El papa San Pío V detuvo los abusos y reformó al clero; trajo unidad a la Sagrada Liturgia (para celebrar la Misa y los sacramentos de la misma manera, en todo lugar) para toda la Iglesia del Occidente y reformó el *calendario litúrgico* —el año eclesiástico.

La Iglesia ahora pudo usar la imprenta para su bien, y así dar el contraataque a sus oponentes, imprimiendo catecismos en grandes números, el derecho canónico, la Biblia católica y las vidas de los santos para que muchas nuevas comunidades religiosas pudieran evangelizar por medio de sus escuelas y sus parroquias. Como resultado de este esfuerzo muchas partes de Alemania, Suiza y Francia que habían sido protestantes volvieron a la religión católica.

Los monarcas católicos de España, Fernando e Isabel, colonizaron el Nuevo Mundo, y las órdenes religiosas, tales como los franciscanos, los dominicos y los jesuitas, fueron a esas enormes nuevas tierras, para evangelizar a los nativos y poder establecer iglesias, misiones y escuelas.

La Compañía de Jesús (los jesuitas) abrió la puerta a la creación de los mejores colegios y universidades en el mundo entero. Los sacerdotes jesuitas regularmente obtenían su doctorado en alguna ciencia secular, tal como matemáticas, química, biología o leyes, juntamente con su formación religiosa en filosofía y teología. Los jesuitas fueron considerados como la mejor respuesta a la Reforma usando medios positivos para mostrar las ventajas, el razonamiento lógico, la belleza y la historia del catolicismo sin ataques negativos o personales a los protestantes. Los jesuitas misioneros fueron a predicar y enseñar donde ningún europeo jamás había pisado: al Japón, a China, la India y al Nuevo Mundo.

La Contrarreforma también dio lugar a un nuevo estilo de arte y arquitectura, llamado el barroco. Mientras que la nueva fe de los protestantes enfatizó la Palabra escrita de las Escrituras, el catolicismo continuó su antigua tradición de enfocar la atención en el simbolismo expresado por los sacramentos. Los sacramentos son signos tangibles para el cuerpo físico (por medio de los sentidos humanos) de la obra y presencia invisible de la gracia divina.

El culto protestante con el pasar del tiempo se ha vuelto más simple, menos místico y más exclusivamente bíblico, con el más mínimo rito posible. Si en ese entonces se observaba mucho rito se les acusaba de *papismo* (catolicismo). Los *papismos* significaba lo que se podía identificar con el papa y el catolicismo. Era un papismo si se tenía rito formal, incienso, agua bendita, oraciones en latín y vestidos complicados. Donde el catolicismo trataba de unir lo físico con lo espiritual para el cuerpo y el alma en su celebración de los sacramentos y ritos, el protestantismo buscó un método de usar sólo la Biblia como guía de la fe.

La Edad de la Razón

La segunda parte del siglo 16 hasta mediados del siglo 18 trajo aún mayores cambios al mundo de ideas —y a la Iglesia Católica.

La ciencia y la religión

La gente comenta que Galileo (1564–1642) fue un adelantado a su tiempo y que la Iglesia Católica retardó a las ciencias durante siglos. Nada está más lejos de la verdad.

Primero que nada, la ciencia moderna y la metodología de la experimentación y observación científicas nació entre los monjes católicos, como lo fue San Alberto Magno y Gregorio Mendel. Fue Alberto, por ejemplo, quien unió la alquimia y la química. De lo contrario la ciencia no hubiera sido parte de los cursos de las universidades. Quizás era primitiva, pero todavía era ciencia.

Galileo Galilei (1564–1642) no fue el primero que propuso el *sistema solar heliocéntrico* —que el sol es el centro del sistema solar, y que la tierra es sólo otra planeta que gira a su alrededor. El monje y astrónomo polaco Nicolás Copérnico (1473–1543) desaprobó el erróneo *sistema ptolemeico* —en el que la tierra es el centro y que el sol y las demás planetas están en orbita a su alrededor.

Galileo no fue arrestado, ni excomulgado, ni maltratado por su teoría científica. Pero sí *fue* ridiculizado en ese entonces, porque a sus teorías les faltaban evidencia sobresaliente y conclusiva. Fue sólo después de los avances en la astronomía y los telescopios que por fin se darían las pruebas.

Es falso decir que a Galileo lo hicieron prisionero para silenciar su idea heliocéntrica. Estuvo arrestado en su propio hogar (y cuidado, bastante cómodamente) por la simple razón que cruzó la línea de la ciencia a la religión y declaró que la Biblia estaba en error cuando dice que el sol sube y se pone. El mantuvo que el sol estaba quieto y que la tierra era la que se movía. Estaba correcta su ciencia, pero la Iglesia concluyó que su teología bíblica estaba en error. Esa manera de hablar —*el sol se pone* y *el sol sube* o El decir el *amanecer* y *el atardecer*— aún está en uso en el siglo 21 Aunque todos hoy creemos en un universo heliocéntrico, no geocéntrico. La Biblia contiene muchos tipos de literatura, géneros y formas de hablar, tales como la analogía, la metáfora, y la similitud. Si Galileo se hubiese quedado en el fórum de la ciencia no hubiese tenido problemas pero fue su ataque público en contra de la creencia que la Biblia existe sin errores lo que lo puso en contra de la doctrina de la Iglesia.

La fe y la razón

Se manifestaron actitudes tibias en la Iglesia francesa a mediados del siglo 18. Declinó mucho su práctica religiosa y moral. Después nació en el parecer general que la Iglesia ya no la necesitaban y que la mente humana no necesitaba tampoco la dirección de la gracia divina. La fe es una cosa sin sentido, la razón basta. Esta es la manera de pensar de lo que se llama el *racionalismo.*

La filosofía y la ciencia empírica buscaban descubrir verdades que la mente humana a solas no pudiese alcanzar. La teología no la consideraban una ciencia sino una superstición. Los racionalistas hicieron de la religión un mito. Y tampoco respetaban la revelación divina. Sin embargo la Iglesia enseñaba que la revelación era la comunicación divina de esas verdades que la mente humana jamás podría alcanzar —o al menos no todos de la misma manera. Y la fe es necesaria para poder aceptar la revelación.

Aún así la Iglesia creyó que la fe y la razón pueden coexistir, ya que la Iglesia afirma que ambas fueron creadas por Dios. Los teólogos católicos no consideraban enemigos a los filósofos o los científicos. Los teólogos creen que las verdades teológicas que son conocidas por la revelación y aceptadas por la fe no pueden contradecir las verdades filosóficas conocidas por la razón o las verdades científicas conocidas por la observación y experimentación. Al contrario, ellos lo consideraban como una misma observación del universo pero partiendo de diferentes puntos de vista.

Los racionalistas confiaban mucho en el mundo, la razón humana y su poder. El famoso filósofo Voltaire fue quien incorporó las ideas racionalistas. Fue a causa del desarrollo de su filosofía que el movimiento de la Ilustración se volvió una máquina de guerra en contra del cristianismo Fue Jean-Baptiste Rousseau, otro filósofo del tiempo, que dijo que el mundo podría ser salvado mejor por la educación que por Jesucristo.

La Edad de Revolución

La Revolución Industrial llegó a Inglaterra al amanecer el siglo 18. También ocurrieron durante este tiempo las Revoluciones Americana y Francesa. Muchas ideas fueron introducidas en las materias de la filosofía, la religión y la sociedad, y estos ideales le dieron cuerpo al movimiento de la Ilustración. Empezó la era de revolución.

Los efectos de la Revolución Francesa sobre la Iglesia

La masonería, los racionalistas y los filósofos apoyaron los extremismos de la Ilustración, y así dieron las bases para el lanzamiento de la Revolución Francesa. Además, mucha de la aristocracia Francesa y algunos monarcas corruptos habían oprimido al pueblo por largo tiempo. Desafortunadamente la Iglesia de Francia también se enredó con el gobierno. (Anteriormente la llamaban la Hija Mayor de la Iglesia por la alianza entre la Iglesia y los Francos del siglo 5.) Era muy obvia la gran separación existente entre el clero de la alta jerarquía, los obispos y los cardenales, y la baja jerarquía, los sacerdotes.

Empezó a cambiar el ambiente de Francia por eso de 1789. El gobierno confiscó las tierras de la Iglesia con la idea que él mismo cuidaría al clero. Al año siguiente, fueron cerrados todos los monasterios y los conventos. Se les impuso la Constitución Civil del Clero y fueron disueltas una tercera parte de las diócesis.

En 1793, empezó el Reinado del Terror, que resultó en la ejecución de muchas personas, la mayoría de ellas inocentes, durante la Revolución Francesa. Al rey Luis XVI lo depusieron de su trono y lo mataron. El odio contra la Iglesia llegó al grado de locura. La famosa ópera de Poulenc *Los diálogos carmelitas* (1957) señala los efectos desastrosos de la Revolución Francesa. Se basa en un recuento verídico de una monjas carmelitas que se resistieron a tomar el juramento nuevo de la ley de supresión. Por eso fueron decapitadas por la guillotina. Durante este tiempo estos horrores fueron muy comunes en Francia. La misma Catedral de Notre Dame fue convertida en un cuartel para cuidar animales y se colocó una imagen de la diosa de la razón donde antes estuvo la imagen de la Virgen María.

Cuando Napoleón llegó al poder en Francia, observó que el pueblo francés en su corazón era católico. Trató de ganarse al pueblo haciendo ofertas mentirosas y a medias a la Iglesia Católica. En 1801 firmó un *concordato* (un trato del Vaticano) con el Papa Pío VII por el que le devolvía a la Iglesia las propiedades confiscadas durante la Revolución Francesa y el infame Reinado del Terror. Llegó hasta el extremo de pedir que el Papa viniera a Paris y lo coronara emperador en la misma Catedral de Notre Dame. Con su orgullo audaz, arrebató la corona de las manos al papa anciano y se coronó él mismo y después a su emperatriz Josefina.

Pero la Revolución cambiaría al catolicismo para siempre —no sólo en Francia sino a través de toda Europa. El pueblo francés ahora podía declararse nocatólico o no-cristiano. Al crear el estado civil se permitió el divorcio. El anticlericalismo y el ateísmo creció mucho en el país que una vez fue llamado la Hija Mayor de la Iglesia.

Napoleón fue derrotado en 1814 después que perdió la campaña en contra de Rusia y lo exiliaron a Elba. Regresó a París el siguiente año (1815) y tuvo un corto reinado de 100 días hasta que fue derrotaron por el duque británico de Wellington. Fue exiliado a la isla de Santa Helena hasta que murió de cáncer en 1821. Después de la derrota y el exilio de Napoleón se formaron dos facciones en Francia. Los liberales que querían continuar los ideales de la Revolución Francesa y los conservadores que buscaban restaurar la monarquía y el catolicismo. A pesar de ello en Francia la Iglesia Católica nunca ha podido recuperarse completamente de la devastación que creó la Revolución. Se sembraron las semillas de la indiferencia hacia la verdadera fe, las que brotaron y florecieron en el siglo 20 después de la Segunda Guerra Mundial.

La restauración de la monarquía y la Iglesia en Francia

El siglo 19 vio la restauración de la monarquía en Francia. Se abrieron de nuevo los colegios católicos, los conventos, los monasterios y los seminarios. Se le dio una gran atención a la formación del clero. Con la llegada de unas nuevas libertades la Iglesia gozó de un optimismo renovado. Se establecieron nuevas comunidades religiosas fueron establecidas y se crearon nuevas parroquias y diócesis. Comenzó a verse un reavivamiento de devoción y la Iglesia piensa que ocurrieron dos grandes eventos espirituales:

- En 1858, la Virgen María se apareció 18 veces a una niña pobre de nombre Bernadette Soubirous en Lourdes. Hasta el día de hoy, cientos de miles de personas peregrinan a Lourdes para renovarse espiritualmente o en búsqueda de un milagro.
- El pequeño pueblo de Ars, Francia, se hizo el hogar del más santo de los sacerdotes de parroquia, San Juan Vianney (1786–1859). No pertenecía a ninguna orden religiosa, como los dominicos o franciscanos. Mas bien, era un sacerdotes diocesano (vea el Capítulo 2), el primer sacerdote diocesano en ser canonizado. Hoy es el patrón de los sacerdotes de parroquia. Su trabajo y su evangelización se hicieron para cada sacerdote el modelo a ser imitado y copiado. (Vea el Capítulo 7 para más sobre Juan Vianney.)

El Movimiento de Oxford en Inglaterra

Con el Acto de la Emancipación de 1829, la Iglesia Católica en Inglaterra recibió la libertad de culto —algo que no se permitía desde el tiempo del rey Enrique VIII. Lo que ocurrió fue un gran renacimiento de la fe. Las comunidades religiosas volvieron de Italia y pudieron predicar, enseñar y empezar nuevas devociones.

También hubo un gran florecimiento en la Iglesia oficial de Inglaterra, la Iglesia Anglicana. Fue llamado el Movimiento de Oxford (1833–1845) que trató de recuperar muchas de las doctrinas católicas e introducir muchas de las costumbres, tradiciones, ritos, pompa y color de la Iglesia Católica. Hasta este momento, los anglicanos se habían inclinado por lo puritano. Tenían menos vestiduras, poco color litúrgico, pocas estatuas, velas y demás. En pocas palabras, el Movimiento de Oxford trató de romanizar sus creencias y prácticas, manteniendo al mismo tiempo su identidad anglicana.

Uno de los grandes partidarios del movimiento fue Juan Enrique Newman. Un ministro Anglicano y profesor de Oxford que fue influenciado por la fe católica y que luego se convirtió al catolicismo. Después fue cardenal y se unió al oratorio de San Felipe Neri.

Se empezaba a ver un florecimiento del catolicismo en Inglaterra.

El catolicismo del Nuevo Mundo

La Iglesia Católica estaba firmemente sembrada en el Mundo Nuevo en la Canadá francesa y América española en Centroamérica y Suramérica, pero en las colonias protestantes de Inglaterra y que pasarían a formar los Estados Unidos, la Iglesia Católica crecía lentamente a causa del prejuicio e inclinación anti-Católico.

En el año 1792 el Padre John Carroll fue hecho el primer obispo de los Estados Unidos en Baltimore, Maryland, que fue colonizado por un católico, el Señor Calvert. Desde esta colonia, la fe católica pudo extenderse a manos de un sacerdote que durante las persecuciones celebraba la Misa en los hogares, pero en secreto. El padre Farmer atendió las necesidades espirituales y sacramentales de los católicos que ya vivían en las colonias que alcanzaban hasta Nueva York. Por su trabajo y esfuerzo, hubo muchos conversos alrededor de 1808, y se estableció la diócesis nueva de Nueva York, Philadelphia y Boston.

La conversión de Santa Elizabeth Ann Bailey Seton, una episcopaliana adinerada, al catolicismo abrió la puerta al establecimiento de una nueva orden de religiosas dedicadas a la educación, con el nombre de las Hermanas de la Caridad. La Iglesia Episcopal americana es la versión —después de la revolución— americana de la Iglesia Anglicana de Inglaterra. El primer colegio y seminario fueron establecidos en 1791. La orden francesa de San Sulpicio se encargó del Seminario de Santa María en Baltimore y la Sociedad de Jesús formaba la facultad de la Universidad de Georgetown. Los primeros años del siglo 19 vieron el aumento de las órdenes dedicadas a la educación, tales como los Hermanos de la Caridad, los Hermanos de la Santa Cruz, las Hermanas Religiosas de la Misericordia, las Hermanas de San José de Chestnut Hill, las Hermanas de San Francisco y los Hermanos Xaverianos.

Las monjas y los religiosos de la misma nacionalidad vinieron con los inmigrantes que llegaron al país. Estas monjas y religiosos hablaban el idioma del inmigrante y eso les hizo posible a los hijos de los inmigrantes poder entrar a la manera de vida en el Mundo Nuevo sin perder su fe. El Nuevo Mundo era un continente nuevo en donde establecer la Iglesia Católica.

Pero durante el siglo 19, con el aumento de nuevos inmigrantes provenientes de los países católicos de Europa del este, sur y central, y de Irlanda, aumentó la intolerancia contra los católicos. En Nueva York se fundó el partido Know Nothing el que provocó motines que terminaron quemando las iglesias católicas. Los conventos fueron quemados en la ciudad de Boston. También el Klu Klux Klan, que era muy poderosa en la década de 1920, añadió, además de los judíos y negros, a los católicos y sus iglesias en su lista de objetivos.

Sin embargo, para fines del siglo 19, la Iglesia ya estaba firmemente plantada y enraizada en el suelo americano. Para el siglo 20 ya no se consideraba a los Estados Unidos como tierra de misión.

La Edad Moderna

Alrededor de la época del Concilio Vaticano I (1869–1870), que definió la doctrina de la infalibilidad papal (vea el Capítulo 2), el proceso de unificación italiana empezó a formarse bajo el liderazgo de Victor Emanuel amenazando los Estados Papales. El rey Carolingio Franco Pipino el Breve, padre de Carlomagno, concedió los Estados Papales *(Patrimonium Petri)* al papa bajo su gobierno temporal (754–1870). Los poderes temporales del papa estaban siendo amenazados bajo este proceso de unificación de Italia, especialmente en Roma, que era el centro de los Estados Papales y la futura capital de la Italia unificada. Aunque el papa perdiera su poder temporal en 1870, sería luego reconocido como el gobernante de la nación independiente más pequeña del mundo (0.44 millas cuadradas). Para lograr esto, el Vaticano y el gobierno de Italia firmaron el Pacto de Letrán de 1929.

Para fines del siglo 19, Europa cambiaba mucho. Ciertas áreas que antes eran partes de imperios se hicieron países independientes. Este tiempo definió a Francia, Alemania e Italia como países. Alemania formó una nación y vio al papa como una amenaza a su unificación. Otto Van Bismarck (1815–1898) promulgó unas leyes que perseguían a la Iglesia Católica en Alemania, llamadas *kulturkampf* (un conflicto de culturas). Esto ocasionó una gran emigración de católicos alemanes hacia los Estados Unidos huyendo de la persecución de la tierra que los vio nacer.

Fue en esta situación que León XIII (1878–1903) vino a ser papa. La Revolución Industrial estaba en pleno apogeo en Inglaterra, Alemania y en los Estados Unidos. Se amenazaban y negaban los derechos comunes de los trabajadores. El papa León escribió una encíclica papal magnífica titulada *Rerum novarum,* que tiene que ver con la santificación del trabajo, la dignidad de los trabajadores y la justicia que se les debe. Condenó toda forma de radicalismos, como el extremismo capitalista y el ateísmo comunista, mientras que defendía los derechos a la propiedad privada y el derecho de formar los gremios o sindicatos para proteger los derechos del trabajador. Esta encíclica social dio el ímpetu para formar los sindicatos en los Estados Unidos.

El papa San Pío X (1903–1914) sucedió a León XIII. Era conocido como el papa de los niños. Extendió la edad en que se pueda recibir la Santa Comunión a los que hayan alcanzado la edad de la razón o sea los 7 años. También compuso un resumen de errores. Aquí condenó ciertas creencias del *modernismo,* una herejía que negaba ciertos aspectos de la fe y que aceptaba toda manera de progresismo hasta hacer daño a la misma integridad de la fe. El ser un modernista no significaba que estabas pensando modernamente o que lograbas comunicarte con tus contemporáneos. Más que justificar su mensaje el modernismo usaba mentiras para probar sus teorías. El modernismo no fue nada más que un escepticismo académico descontrolado.

La conmoción de dos guerras mundiales y la oposición de la Iglesia al comunismo y al fascismo

La Primera Guerra Mundial (1914–1918), la guerra de las guerras que debió acabar con todas, derramó mucha sangre. Al final de la guerra el Imperio Austrohúngaro quedó dividido. Ciertas personas que estaban de parte del antiguo imperio y que odiaban a Austria, vieron que la Iglesia estaba de parte del antiguo régimen de poder, y por eso fue perseguida la Iglesia en estas áreas. Bismarck y su Alemania fueron derrotados, sumergidos en una enorme depresión económica. Se perdieron muchas vidas de ambos lados.

En 1917, tres niñitos en Fátima, Portugal (vea el Capítulo 19), tuvieron una aparición de la Bienaventurada Virgen María. Ella les dijo a los niños que si la gente no cambiaba, se alejaba de su malos caminos y regresaba a su Hijo Jesús, una gran guerra les vendría encima. María también pidió que los obispos, unidos al papa, consagraran al mundo a su Corazón Inmaculado. El pueblo no hizo caso de su pedido y resultó la Segunda Guerra Mundial.

Juntamente con la gran depresión de 1929, el fascismo ganó mayor poder. Europa estaba en gran confusión. En España se llevó a cabo una terrible guerra civil a manos de los comunistas anti-Católicos que lucharon contra los que apoyaban a los reyes. Así como en la Revolución Francesa muchos sacerdotes y religiosas fueron martirizados. Sin embargo, bajo el liderazgo del General Franco (1892–1975) los comunistas fueron derrotados en 1939. Aunque la Iglesia pudo florecer, España estuvo bajo su dictadura hasta la década de 1970.

Italia, que estaba siendo regida por la Casa de los Savoy después de la unificación en 1870, quedó, en 1928, bajo la influencia del dictador fascista Mussolini (1883–1945). Después se unió a Adolfo Hitler (1889–1945) durante la Segunda Guerra Mundial (1939–1945). Pero fue en Alemania donde el fascismo alcanzó lo más profundo de la depravación y la maldad.

La Iglesia estuvo unánimemente en contra de los males del comunismo por un lado y el fascismo del otro. Con el desgarro de la Segunda Guerra Mundial, el papa Pío XII (1939–1958) trató por medio de la diplomacia de ayudar a aquellos afectados por las influencias diabólicas de Adolfo Hitler. Aunque hoy ha sido difamado por algunos en la prensa mundana, el papa Pío XII trabajó activamente para poner a salvo la vida del pueblo judío. Al poco tiempo de haber sido elegido como papa (2 de marzo 1939), el periódico Nazi, el *Berliner Morganpost* decía: "La elección del cardenal Pacelli (como Pío XII) no es aceptada favorablemente en Alemania, porque siempre ha estado en contra del nazismo."

En un momento durante la guerra, el Vaticano, que era considerado territorio neutral por el Convenio de Ginebra, escondió más de 3,500 judíos. Por medio de sus nuncios (embajadores), la Iglesia falsificó documentos de bautismo para ayudar a que los judíos aparecieran como católicos cristianos. Por eso muchos sacerdotes, religiosas y laicos católicos dieron su vida por rescatar y esconder a sus hermanos y hermanas judíos. Documentos del Vaticano recién dados a conocer muestran que la Iglesia Católica operó un sistema subterráneo que ayudó escapar a unos 800,000 judíos del Holocausto. El editorial del periódico *New York Times* (25 de diciembre 1942) decía:

> La voz de Pío XII es una voz solitaria en el silencio y la oscuridad que envuelven a Europa esta Navidad. El es casi el único gobernante que queda en el continente europeo que se atreve a levantar la voz.

Finalmente, en 1958, la primera ministro Golda Meir envió un elogio conmovedor con motivo de la muerte del papa Pío XII:

> Compartimos la pena del mundo entero. . . . Cuando nuestra gente atravesó los horrores del martirio, el papa alzó su voz para condenar a los perseguidores y se conmiseró con sus víctimas. La vida de nuestro tiempo ha sido enriquecida por una voz que expresó las grandes verdades morales por encima del tumulto de los conflictos diarios. Nos enlutamos por esta pérdida de un gran defensor de la paz.

El testimonio más elocuente en defensa del verdadero Pío XII y en su apreciación, quien hizo todo lo posible por salvar a los judíos durante la Segunda Guerra Mundial, se encuentra en 1945 en la conversión al catolicismo del rabino principal de Roma, Israele Anton Zolli. Tomó Eugenio como su nombre bautismal, nombre de pila del papa Pío XII. Muchos se han quejado ya 50 años después de que el papa pudo esto y lo otro, debió hacer esto y lo otro para detener o evitar el Holocausto. Que maravilloso es observar las cosas 50 años después del hecho. Se han descubierto documentos provenientes de naciones que pertenecían al Pacto de Varsovia después de la caída de la Unión Soviética que muestran que Hitler tenía planes para capturar al papa Pío XII si acaso ocasionara protestas alborotadas y poner en su lugar a un antipapa con residencia en Bélgica. Nunca sabremos si el Papa Pío conocía o desconocía de este plan.

El camino pedregoso de la Iglesia en Europa del Este

La Rusia de los zares cayó en manos de los comunistas en 1917 durante la Primera Guerra Mundial (1914–1918). Lo que resultó fue un gobierno sin dios que después se hizo enemigo de la Iglesia Ortodoxa y la Iglesia Católica de Oriente.

Después de la Segunda Guerra Mundial muchos de los países del Este fueron ocupados por la URSS. Ese estado ateo persiguió activamente a la Iglesia y a todo aquel que perteneciera a ella. No podían ser nombrados los obispos en sus diócesis. Declararon ilegales a los seminarios. Por medio de la Iglesia subterránea pudo mantenerse viva la Iglesia Católica en Europa del Este.

Deja que entre el sol

No todo fue oscuridad y decaimiento después de la Segunda Guerra Mundial. La Iglesia Católica tuvo una gran expansión en los Estados Unidos. De 1910 hasta 1930 creció enormemente la población del país. Esto fue por la gran inmigración proveniente de Europa del Sur y del Este, que eran principalmente países católicos. Por lo tanto alrededorde la década de 1950 mejoraron las finanzas, la política y la socialización de los grupos emigrantes. La década de 1950 vio un aumento en vocaciones al sacerdocio y la vida religiosa. Crecieron tremendamente las iglesias, los seminarios, las escuelas, los colegios, las universidades, los hospitales y otras instituciones.

Con la muerte del papa Pío XII se inició una nueva época en la Iglesia con el reinado del papa Juan XXIII (1958–1963). Algunas de las costumbres hechas por los hombres que habían sido práctica de la Iglesia desde el Consejo de Trento eran ya arcaicas y requerían de una reforma. El llamó a un nuevo concilio, el Segundo Concilio Vaticano (1962–1965), conocido como Vaticano II. El papa Juan XXIII murió un año después de inaugurado el Concilio. El papa Pablo VI (1963–1978) fue elegido como su sucesor y fue quien llevó el Concilio a su término. El concilio no definió ninguna doctrina nueva ni tampoco alteró substancialmente a otras. No quitó tradiciones ni devociones católicas pero pidió que todas se mantuvieran en su perspectiva correcta referentes a las verdades reveladas por la fe y subordinadas a la Sagrada Liturgia de la Iglesia. El Vaticano II no creó enseñanzas nuevas pero explicó la antigua fe de manera nueva para poder aplicarla a los asuntos y situaciones nuevas. (Vea el Capítulo 8 para más sobre el Vaticano II.)

El papa Pablo VI escribió muchas *encíclicas* (las cartas del papa dirigidas al mundo), siendo la más famosa la que se titula *Humanae vitae,* o *De la vida humana.* Esta retó a la sociedad moderna la que había caído en una mentalidad contraceptiva. En 1968 predijo que si la sociedad no respetaba la vida humana desde el momento de la concepción, entonces terminaría no respetándola por completo. Dijo que los métodos artificiales contraceptivos abrirían el camino a mayores abortos, el divorcio, la decadencia familiar y otros problemas sociales. En el 25 aniversario de la encíclica el papa Juan Pablo II escribió otra encíclica titulada *Evangelium vitae,* o *El Evangelio de la vida.* En ella dice que las advertencias de Pablo VI se han cumplido. (Vea el Capítulo 12 para saber más de los controversiales temas discutidos por la Iglesia).

Después de la muerte del papa Pablo VI el 6 de agosto 1978, a los 20 días fue elegido Juan Pablo I. El papa tomó los nombres de sus dos predecesores Juan XXIII y Pablo VI, los dos papas del Concilio Vaticano II. Desafortunadamente solo vivió un mes como papa y murió misteriosamente en sueños el 28 de septiembre de 1978. Abundaron los rumores acerca de las circunstancias de su muerte repentina pero jamás nada creíble ni demostrable se pudo establecer como causa anormal de su deceso.

El 16 de octubre 1978, el Cardinal Karol Wojtyla fue elegido papa y tomó por nombre Juan Pablo II. (Vea el Capítulo 17 para mayores detalles sobre su vida.) Durante su pontificado cayó la Muralla de Berlín, la Unión Soviética y gran parte del mundo se fue a la guerra en el Golfo Pérsico. Aunque la Iglesia da cara a nuevos problemas ya al comienzo del siglo 21, las palabras alentadoras del papa Juan Pablo II dichas al comienzo de su reinado, resuenan para nosotros, “No tengan miedo”.

Índice

• Número •

• A •

• B •

• C •

• D •

• E •

• F •

• G •

• H •

• I •

• J •

• L •

• M •

• N •

• S •

Notas

Guía útil para palabras y expresiones
de uso cotidiano
Frases en Inglés
PARA
DUMMIES
¡El libro de consulta para todos!
Conozca los fundamentos del lenguaje de una manera fácil y práctica
Encuentre las palabras que necesita de manera rápida en las secciones Palabras para Recordar
Con las guías de pronunciación no tendrá problemas para que lo entiendan
Gail Brenner
Autora de uno de los libros más vendidos Inglés Para Dummies

Comience a hablar inglés rápidamente
con esta guía fácil y divertida
Inglés
PARA
DUMMIES
Diálogos del libro en disco compacto de audio
¡Soluciones prácticas para todos!
Información gratis diariamente en dummies.com
Gail Brenner
Creadora e instructora del curso, "Programa del lenguaje de inglés intensivo", en la Universidad de California, Santa Cruz

!Vista es de Windows - lo mas exito de venta - y tiene las ventajas
mejores para Ud.!
Windows Vista
PARA
DUMMIES
Incluye todos los detalles y aspectos de Vista y todos elementos esenciales de Windows
¡El libro de consulta para todos!
Obgenga consejos gratis en linea en dummies.com
Andy Rathbone

"¡Aclara misterios y provee ayuda útil!"
U.S. News & World Report
En Español
Fotografía Digital
PARA
DUMMIES
4a Edición
Cubre qué camara comprar, cómo imprimir sus imágenes y más
¡Soluciones Prácticas para Todos!
eTips GRATIS en dummies.com
Julie Adair King
Autora de Photo Retouching & Restoration For Dummies

¡La guía número uno en ventas que sigue mejorando, actualizada con lo último en aparatos para PCs!
PCs
PARA
DUMMIES
10ª edición
¡Cubre temas nuevos como redes, Internet y otros más divertidos!
¡Soluciones prácticas para Todos!
eTips GRATIS en dummies.com
Dan Gookin
Autor del éxito número uno en ventas Comprar una PC Para Dummies
ST EDITORIAL

¡La forma más fácil para entender Windows XP!
¡Más de 11 millones de copias impresas!
Windows XP
PARA
DUMMIES
Cubre Mis Imágenes, Multimedia, redes caseras y mucho más...
¡Soluciones Prácticas para Todos!
eTips GRATIS en dummies.com
Andy Rathbone
Autor del bestseller #1 Windows ME For Dummies

¡Desde suscribirse hasta vender — la guía más vendida para ser exitoso con las subastas en línea!
En Español
eBay
PARA
DUMMIES
4a Edición
Consejos expertos de cómo hacer ofertas para ganar y vender con exito
¡Soluciones Prácticas para Todos!
eTips GRATIS en dummies.com
Marsha Collier
Autora de Starting an eBay Business For Dummies

¡Ahora actualizado y mejorado!
La forma más divertida y fácil de tener presencia en la Web
Crear Páginas Web
PARA
DUMMIES
6a Edición
¡Soluciones Prácticas para Todos!
eTips GRATIS en dummies.com
Los mejores consejos para crear sus páginas Web
Bud Smith
Coautor del libro Web Usability For Dummies
Arthur Bebak
Fundador de Netsurfer Communications, Inc.

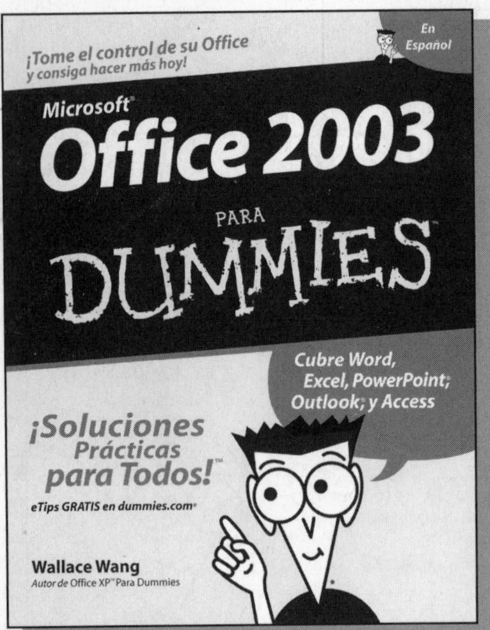
¡Tome el control de su Office
y consiga hacer más hoy!
En Español
Microsoft®
Office 2003
PARA
DUMMIES
Cubre Word, Excel, PowerPoint, Outlook, y Access
¡Soluciones Prácticas para Todos!
eTips GRATIS en dummies.com®
Wallace Wang
Autor de Office XP Para Dummies

¡Totalmente actualizado!
Su guía fácil para usar el correo electrónico, la Web y más
Internet
PARA
DUMMIES
10ª Edición
El bestseller # 1
¡Más de 4 millones de copias impresas!
¡Soluciones Practicas para Todos!
eTips GRATIS en dummies.com®
John R. Levine
Margaret Levine Young
Carol Baroudi

Use todas las nuevas herramientas para
hacer que su red trabaje a gran velocidad
Redes
PARA
DUMMIES
6a Edición
¡Soluciones Prácticas para Todos!
eTips GRATIS en dummies.com®
Cubre Windows XP, NetWare 6 y Red Hat Linux
Doug Lowe
Autor de PowerPoint For Dummies